国家社科基金一般项目"华夏文明传播的观念基础、理论体系与当代实践研究"（项目编号：19BXW056）的阶段性成果

圣贤文化传承与华夏文明创新研究丛书（第二辑）

管国兴　主编

华夏圣贤
传播论

谢清果　等著

九州出版社　全国百佳图书出版单位　JIUZHOUPRESS

图书在版编目（CIP）数据

华夏圣贤传播论 / 谢清果等著. －－ 北京 ：九州出版社，2022.5

ISBN 978-7-5225-0954-9

Ⅰ．①华… Ⅱ．①谢… Ⅲ．①中华文化－文化传播－研究 Ⅳ．①G125

中国版本图书馆CIP数据核字(2022)第091806号

华夏圣贤传播论

作　者	谢清果　等　著
责任编辑	王海燕
出版发行	九州出版社
地　址	北京市西城区阜外大街甲 35 号（100037）
发行电话	(010)68992190/3/5/6
网　址	www.jiuzhoupress.com
印　刷	北京九州迅驰传媒文化有限公司
开　本	720 毫米 ×1020 毫米　16 开
印　张	17.25
字　数	360 千字
版　次	2022 年 7 月第 1 版
印　次	2022 年 7 月第 1 次印刷
书　号	ISBN 978-7-5225-0954-9
定　价	56.00 元

圣贤文化传承与华夏文明创新研究　丛书

序

代天言说：作为媒介的圣贤

圣人是中国古代的理想人格，它脱胎于远古神话时代"天人交应"的精神需要，成为连接"天人关系"的纽带，是"天道"在人间的"化身"。"圣人"被视为沟通天人的中介，是约定俗成的"代天言说"的象征符号，在历史发展进程中被不断建构和形塑，成为传播者建立群体普遍共识与文化身份认同的媒介，也成了中华文明世界观与价值观的代言人。

"圣人"是中华文化中的最高理想人格。"圣人"与巫同源，是能沟通天地人神的"传播之王"，作为最高的人格理想，"后世的圣人形象和内涵多有变异，但其多知、善听、善施教化的角色一脉相承"。[①]"圣人"是世界观与价值观的具体化与人格化，不同的学派对"圣"内涵也会有不同的诠释和称谓。

一、圣贤：建立群体普遍共识的媒介

文化是人类的本质存在，"人的成长过程就是内化特定文化规范的过程"[②]。马克思·韦伯形容人是"悬在由他自己所编织的意义之网中的动物"[③]，所描述的正是文化的特征，换句话说，文化就是人所创造的一套复杂的符号体系。这种传播不仅是讯息得以空间传递和发布的过程，更是讯息"在时间上对一个社会的维系"[④]，因此需要将这种传播放在传播仪式观的视域下考察。所谓"传播的仪式观"是指将传播看作"创造（created）、修改（modified）和改造（transformed）一个共享文化的过程"[⑤]。传播一词"与'分享'（sharing）、'参与'（participation）,'联盟'（association）、'团体'（fellowship）及'拥有共同信仰'（the possession of a

---

① 潘祥辉：《传播之王：中国圣人的一项传播考古学研究》，《国际新闻界》2016年第9期。
② 闫伊默、刘玉：《仪式传播：传播研究的文化视角》，《文化研究》2009年第2期。
③ 克利福德·格尔茨：《文化的解释》，译林出版社，1999年，第5页。
④ [美]詹姆斯·W.凯瑞：《作为文化的传播："媒介与社会"论文集》，丁未译，北京：中国人民大学出版社，2019年，第18页。
⑤ [美]詹姆斯·W.凯瑞：《作为文化的传播："媒介与社会"论文集》，丁未译，北京：中国人民大学出版社，2019年，第40页。

common faith）这一类词或短语有关。这一定义反映了'共性'（common）、'共有'（communion）、'共同体'（community）与'沟通'（communication，即传播）在古代有着同一性和共同的词根"①。要而言之，以圣贤为媒介的传播，不是一种简单的由此及彼的传达信息的行为，而是一种"共享信仰的表征（representation）"②，目的是建立起文化共识与群体认同。

（一）作为文化认同表征的圣人

于克斯库尔（Uexhull）在《动物的周围世界与内心世界》③一书中提出"周围世界"的概念，指主观世界与客观世界在意义中的融合，他认为所有物种都生活在从其自身的符号中建构出来的"世界"之中。客观的物世界对所有生物都是唯一的，但却不是任何物种都能感受并生活于其中的"周围世界"。"周围世界"是由意义关系编织成的，于克斯库尔将其比作"气泡"④。事物的客观意义取决于它们作为认识对象在"气泡"中如何被"安置"。但也并非完全同于克库尔斯所认为的那样，不同物种才会生活在不同"气泡"之中。事实上，就人类这个物种来说，"气泡"也并非单一的。人类的"气泡"是不同的"文化社群的意义世界"，文化是意义或者意义规范的总集合，同一文化中的每个人，虽然个人的意义世界有很大的个人化成分，但却在更大规模上共享一个属于该文化社群的意义世界。⑤

文化社群的共享意义是一种文化身份认同（cultural identity），它是一种"共享的个体性特征"（shared individuality），通过社会行动者对其不断进行形塑和发展而活跃在社会互动与历史进程之中。⑥法国解释学家保罗科利（Paul Ricoeur）认为，人的自我认知是被自我描述所定义的，无论是个体与共同体的认同，都是建立在叙述的历史事实之上的。⑦"圣人"正是在历史发展进程中被不断构建起来的认同（identity），古典社会知识分子群体读"圣贤书"、奉"圣人之言"、行"圣人之道"，体现的正是一种群体的身份认同。"圣人"不仅是作为具体物质实体的人（如尧舜孔孟），更是一种"拟人格"，因其代表最杰出、最优秀、最理想的人格而被视为完美的"意见领袖"。

---

① [美]詹姆斯·W.凯瑞：《作为文化的传播："媒介与社会"论文集》，第16页。
② [美]詹姆斯·W.凯瑞：《作为文化的传播："媒介与社会"论文集》，第18页。
③ Jakob von Uexhull, *Umwelt und Innnenwelt der Tiere*, Belin:Springer, 1921.
④ John Deely, *The impact on Philosophy of Semiotics*, South Bend: St. Augustin's Press, 2003, pp.29.
⑤ 赵毅衡：《哲学符号学：意义世界的形成》，成都：四川大学出版社，2017年第6页。
⑥ Halime Yücel, Cultural identity in Turkish advertisements, *Social Semiotics*, Vol.29, no.5 (2019).
⑦ Ricœur Paul, *Soi-même comme un autre [Oneself as Another]*. Paris: Seuil Points, 1990.

（二）作为通万物之情的媒介的圣人

"圣"的原始含义为"通"，圣巫同源，因此圣人又被视为"通人"，既是沟通天地之人，也是通达万物情理之人。① 既然圣人被赋予了"代表天地之道与万物情理"的意义，那么"何谓圣人"的问题就本然关联着"何谓天道"的认知问题。当"天道"不再是虚无缥缈的概念虚设和各执一词的意见分歧，而是获得了最广泛承认的意义、是普遍共识之时，它才算具有了"真实性"，因为"我们经常认为'真'的意义，经常就是这样一种假定整个社群都承认的意义，如果这样的意义社群很大，意义很稳固，此种意义就常被称为'客观真理'"。而普遍共识的达成并非水到渠成的，任何群体都会有自己的观念，乃至群体中的个体也会有自己的观念，因此"领袖"在传播中的作用就显得尤为突出，"正是由于领袖具有不可替代的重要性，因此对他们而言，若想获得成功，就务必通过使用象征符号来对其追随者加以组织。特权对于等级制度有多重要，象征符号对于普罗大众就有多重要。象征符号确保零散的个人能够组成一个集体"②。"圣人"正是被符号化的"领袖"，这一"领袖"通常不是传播真正的主体，而是一种拟主体，就像在文本中不是真正的作者而是"隐含作者"一样。它实际充当着传播媒介的作用。以"圣人"为媒介的传播是一种文化传播，目的是推行传播者所奉行的价值体系以形成传播话语。圣人在中国古代等级社会中处于传播的尊位，《周易》有云"天地之大德曰生，圣人之大宝曰位"（《系辞下》），在中国古典社会的差序格局中，无论是作为物质实体的"圣人"（如统治者、文化领袖等），还是作为"拟人格"的"圣人"，都被视为掌握最大传播权力的象征。

（三）作为承载儒家核心价值观符号的圣人

本节所论及的"圣人"主要是在儒家价值体系的关照之下，因其最具代表性，作为中国古典社会意识形态主流，儒家思想及其人文精神是"中华文明时代初期以来文化自身连续发展的产物，体现了三代传衍的传统及其养育的精神气质，儒家思想与中国古代文化发展的进程具有一种内在的联系。儒家的价值观也称为中华文明体系的主流"③。从儒家的源头来看，"儒"是主持婚丧祭祀典礼之人，也是精通风俗文化和礼仪习惯之人，《周礼·天官》云"儒，以道得民"，郑玄注"儒，诸侯保氏，有六艺以教民"，又注"师儒"云："乡里教以道义者"，即儒也是教人

① 潘祥辉：《华夏传播新探：一种跨文化比较视角》，上海：复旦大学出版社，2018年，第10—12页，13—14页。
② [美] 李普曼：《舆论》，常江，肖寒译，北京：北京大学出版社，2018年，第180页。
③ 陈来：《古代宗教与伦理》（导言），北京：生活·读书·新知三联书店，1996年，第7—8页。

以道德义理的师。儒家学说一开始的立足点便是超越了自然初始形态的人文的存在，是已经社会化（即文化或人化）的人，这是儒家价值体系展开的逻辑起点。在社会互动中，行动者们会进行信息沟通、符号互动和资源转换。"资源"即指那些能满足人的需要的各种物质和非物质、有形和非有形的事物，社会互动的过程实际上就是个体从他人那里获取资源满足自身需要以消除机体内的"不均衡状态"（G.H. 米德）的过程。① 人的需要除生理需要、安全需要、社交需要、尊重的需要、自我实现的需要② 外，还有一种与世界观和价值观相联系的需要，即"价值需要"，是"个体对外界事物和世界秩序的解释而产生的"，满足价值需要的资源是"与个体世界观、价值观相一致的某种世界秩序"。③ 个人需要的满足是社会互动背后的根本动机，对以儒家为主流的中华文化价值体系而言，比起物质需求来更为看重高层次的精神需求的满足，因此才会出现如"孔颜之乐"般的境界追求。宋代大儒张载"横渠四句"言"为天地立心，为生民立命，为往圣继绝学，为万世开太平"，目的正是构建一种与儒家所奉行的世界观、价值观相一致的"世界秩序"，这种"世界秩序"即其所归属文化社群的共享意义在当时社会空间中的普及，也是在历史时间进程中的延展。

要实现这种社会理想离不开个体的努力，因此儒家的社会理想最终也要靠个人的人格理想而间接实现，"正是成人（人格的完善）构成了儒家的价值目标"④。对于继承中华文化"天人合一"核心思想的儒家文化而言，天人之辩的人文要求（自然的人化），不外是由自在的人走向自为的人（使本然的我转化为理想的我）；群己关系上的群体关怀（安人），奠基于主体人格境界的提升（修己）；而对于人的内在价值及其本质力量，唯有通过人格的完善，才能得到展现和确证；治平（治国、平天下）的外王理想，同样以内圣（完美的品格）为其前提。因此，从自然的超越到人文世界的建构，'壹是皆以修身为本'（《大学》），社会理想与人生理想最后统一于人格境界"⑤，由此而开出了其从"格致诚正"到"修齐治平"的"内圣外王"的整体修养进路。在这个过程中，"圣人"既是充当指引与鼓舞作用的"灯塔"，又是承载"天道"普遍共识的载体，更是文化社群对于自我的身份认同。

① 胡荣：《社会学导论：社会单位分析》，厦门：厦门大学出版社，1993 年，89—90 页。
② 戈布尔：《第三思潮：马斯洛的心理学》，上海：上海译文出版社，1987 年。
③ 胡荣：《社会学导论：社会单位分析》，厦门：厦门大学出版社，1993 年，第 107 页。
④ 杨国荣：《善的历程——儒家价值体系研究》，上海：华东师范大学出版社，2009 年，第 7 页。
⑤ 杨国荣：《善的历程——儒家价值体系研究》，上海：华东师范大学出版社，2009 年，第 7—8 页。

"圣人"作为已约定俗成的"代天言说"者①，充当着"现实中的人"去连接"意识形态的思辨光环中透视着的人"②的媒介，由此一来，圣人之言便具有真理的意蕴。

二、圣贤：传播群体身份认同的媒介

（一）文化社群区隔：作为人性善恶导向标识的圣人

如前所述，所谓"客观实在"只是一种集体认可的意义解释③，因而人与人之间能否相互理解，在于是否能分享符号的解释元语言。换言之，意义能够共享原因是社群共同使用的符号体系。这个社群并非地域性的，而是意义性的，跨越时间和空间。心学开山始祖宋儒陆九渊说："宇宙便是吾心，吾心便是宇宙，东海有圣人出焉，此心同也，此理同也。西海有圣人出焉，此心同也，此理同也。千百世之上至千百世之下，有圣人出焉，此心此理，亦莫不同也。"④这里的"人同此心，心同此理"便是对这种集体共享意义的"召唤"——儒家基于伦理道德的价值体系的普适性。然而这里说的似乎是普适之同，实际上都对意义的共享添加了很严格的社群范围限制⑤。事实上，无论是"人皆可以为尧舜"（《孟子·告子章句下》）还是"涂之人可以为禹"（《荀子·性恶第二十三》），社群范围划定都是"尧舜孔孟"这样的"圣人"，以及受"圣人之学"教化、以"成圣成贤"为目标的人，而并非全社会各个阶层的所有人。

对社群范围区隔的划分理论上影响甚至决定着该社群文化传播的纵深度。对于以儒家思想为主流的中国古典社会而言，这个划分体现在对人性的规定中。对人性的规定实际上是对"什么是人"的认知，而后者又关联着"如何成为理想的人"。关于人性论（新儒学称"心性论"）的探讨古今未绝⑥。人性论（心性论）构成中国传统思想中非常重要的组成部分，提供着整个社会体系建构的依据。对人性的规定涉及如何看待"人"，是自然生物学意义的"人"还是社会伦理属性的"人"。杨国荣先生认为，"人的本质"和"人性"这两个共通概念其实存在着区别，

---

① 《周易·说卦传》："昔者圣之作《易》也，将以顺命之理。是以立天之道曰阴与阳，立地之道曰柔与刚，立人之道曰仁与义。"又有宋代新儒家鼻祖周敦颐《太极图说》言："圣人定之以中正仁义而主静，立人极焉。"

② 孙伯鍨：《探索者道路的探索》，北京：北京师范大学出版社，2017年，第12页。

③ Alfred Schutz, Collected Papers Vol.I, *The Problem of Social Reality*, The Hague: Martinus Nijhoff. 1973, pp.143.

④ （宋）陆九渊著：《陆九渊集》卷三十六，钟哲点校，北京：中华书局，1980年，第483页。

⑤ 赵毅衡：《哲学符号学：意义世界的形成》，成都：四川大学出版社，2017年第6页。

⑥ 关于当代人性论的探讨，可参见沈亚生、杨琦：《我国当代人性论研究的回顾与思考》，《清华大学学报（哲学社会科学版）》，2014年第1期。文章总结了我国当代人性论研究中的五种代表性理论。

前者是基于"把人理解为具体、真实的存在"而言（即自然的机能），而后者突出"人之为人"的本质（即人的感性规定，是抽象的本质层面）。①中华传统文化中更关切"何以为人"的问题。"人之异于禽兽者几希"（《孟子·离娄下》）正是人类对于自我种群身份认同的叩问。而使这种对人性的规定能够摆脱头脑中空泛概念而在"日用常行"中运作起来、在具体的人身上转化为现实的力量的机制就是对于"成圣成贤"的追求。

那么人能否成圣成贤呢？对这个问题的回答关系到有多少人会被划分进了该文化社群之内。要实现价值体系最广泛传播，要建立理想的社会秩序与文化秩序，要最大限度地争取传播话语权、知识与文化话语权乃至政治话语权，就要尽可能赋予更多的人"成圣成贤"的可能性。从人性论源头先秦诸子时代来看，对后世影响最大的两种思潮——无论是持"性善论"的思孟一派还是持"性恶论"的荀子，所探讨的都是一种人人"成圣成贤"的可能性，并由此而展开他们的人格成就与社会建构理想。孟子以被视为人之本能的"四端之心"为出发点，即"恻隐之心，仁之端也；羞恶之心，义之端也；辞让之心，礼之端也；是非之心，智之端也"，认为人性本善，"凡有四端于我者，知皆扩而充之矣"，就像刚点燃的火会蔓延、喷出的泉水会流向远方一样，是势不可挡的人性发展趋势，"苟能充之，足以保四海；苟不充之，不足以事父母"（《孟子·公孙丑上》）。孟子继承并扩充了孔子"仁"之原则，并认为人之性善不是仅停留在主观意识层面的，而是可以成为整个社会的准则："人皆有不忍人之心，先王有不忍人之心，斯有不忍人之政矣。"（《孟子·公孙丑上》）而身处战国末期的荀子则看到了人欲横流而导致的社会秩序混乱，因此站在"性恶论"的角度提出从礼法规约来防止社会失序或文明失范，保障群体的生存与发展。他说："礼起于何也？曰：'人生而有欲，欲而不得，在不能无求，求而无度量分界，则不能不争，争则乱，乱则穷，先王恶其乱也，故制礼义以分之。'"（《荀子·礼论》）

性善论与性恶论代表了先秦儒家对人性规定的两种向度，无论是道德自律还是道德他律，他们的立足的起点不同，终点却都指向人的自身与社会结构的双重优化，都把圣人作为常人通过努力可以无限趋近的目标。

(二)"圣人与我同类"：文化身份认同的建构

自小邦周取代大邑商后，当时的人对于天命的认识遭遇剧烈震荡，殷商统治者"有命在天"的理论被"天命靡常，唯德是辅"（《尚书·多士》）的"以德配天"

---

① 杨国荣：《中国哲学中的人性问题》，《哲学分析》2013 年第 1 期。

所取代，自周以后，"德"的观念逐渐明确起来。春秋战国是中国历史上的思想文化转型期，以此为界，由"崇神"（崇拜上帝、上天）而转向"崇圣"。[①]春秋战国时期的圣人虽仍旧被崇高化、理想化、神圣化，"诸子百家均假托远古圣人之名"[②]，但圣人与"上帝""上天"的不同之处就在于是圣人是"人"，无论是孟子说"圣人，与我同类者"（《孟子·告子上》）、"圣人之于民，亦类也，出于其类，拔乎其萃"（《孟子·公孙丑上》），还是荀子说"涂之人百姓，积善而全尽，谓之圣人"（《荀子·儒效》），都是在说明同一件事，就是圣人与常人同类。

然而理论上普通人能成就圣人，实际上却未必能做到："曰：圣可积而致。然而皆不可积也，何也？曰：可以而不可使也。故小人可以为君子，而不肯为君子，君子可以为小人，而不肯为小人。小人君子者，未尝不可以相为也，然而不想为者，可以而不可使也"，因此，"涂之人可以为禹则然，涂之人能为禹则未必然也"（《荀子·性恶》）。这种"理论上的可能性"，终究离现实的人是有距离与隔阂的，代表最高理想的圣人依然是崇高而遥不可及的。可以说，先秦时期的原始儒学从"天人关系"角度出发安立其价值体系，为其学说存在的合理性找到了终极依据，为其理想的实现找到了贯通之道。但此时的"圣人"，除了"托古"言志，以尧、舜、文王为圣，都已去时人远矣——"圣人，吾不得而见之矣"（《论语·述而》）。

秦统一六国之后"以吏为师，以法为教"，儒家学说有违当朝统治者意图而遭到打压，汉初统治者以黄老道家之学治国，儒学依旧沉寂。直到汉武帝时期实现政治上的大一统后，在文化上奉行"罢黜百家，独尊儒术"的方针，儒学重获主流意识形态的地位。西汉时期人才选拔制度是察举制，汉代诏举贤良方正[③]的对策时，董仲舒上策三篇，史称"天人三策"。不同于先秦原始儒学，董仲舒将天道人格化、超验化："为生不能为人，为人者天也。人之为人本于天，天亦人之曾祖父也。此人之所以乃上类天也。"（《春秋繁露·为人者天》）他提出"天人感应"说，实际是以人的意志作为天的意志，天既被赋予了超验的神学色彩，是至高无上的依据，是王权合理性与合法性的终极来源，同时又具有了工具色彩，成为规范人行为（尤其是统治者行为）的手段，因为"凡灾异之本，尽生于国家之失。国家之失乃始萌芽，而天出灾异以谴告之。谴告之而不知变，乃见怪异以惊骇之。惊骇之尚不知畏恐，其殃咎乃至。以此见天意之仁而不欲害人也"（《春秋繁露·必

---

① 刘泽华：《王、圣相对二分与合而为一——中国传统社会与思想特点的考察之一》，《天津社会科学》1998 年第 5 期。

② 王文亮：《中国圣人论》，北京：中国社会科学出版社，1993 年，第 7 页。

③ 察举制制科之一，《汉书》卷四《文帝纪》载汉文帝下诏"举贤良方正能直言极谏者，上亲策之，傅纳以言"。其余制科还包括明经明法诸科。

仁且智》)。"君权神授"后,王权的强化与儒学的独尊,要求思想领域也要一统,这种统一意识形态的载体自然就是儒家经典。而所谓的"经",被认为是"圣人之言"。"圣人之所命,天下以为正。正朝夕者视北辰,正嫌疑者视圣人。"(《春秋繁露·深察名号》)圣人作为最高准则,成为一切价值理想的"化身",在汉儒董仲舒处表现得十分明显,如对群体自觉关切与承担责任:"盖圣人者,贵除天下之患"(《春秋繁露·盟会要》);对社会人生发展规律的掌握:"天命成败,圣人知之,有所不能救,命乎矣"(《春秋繁露·随本消息》)等。因为在董仲舒的人性论中,人性分为三个层次,即"性三品说":"圣人之性,不可以名性;斗筲之性,又不可以名性,名性者中民之性。中民之性……待渐于教训而后能为善。善,教训之使然也。"(《春秋繁露·实性》)"性三品说"可追溯到孔子"唯上智与下愚不移"(《论语·阳货》)之论。圣人是"上智"之人,是中民与斗筲"先天不可能、后天不可及"的,是教化职责的承担者,这里实际仍是在"天人感应"的宇宙观与"君权神授"的政治观之下,为了王权统治的合理性与权威性而辩护。此时的"圣人"具有先天"善质",而作为"下愚"的"斗筲之民"已没有了成圣的可能,只能以外在王教来约束,"可养而不可改,可豫而不可去"(《春秋繁露·玉杯》)。"性三品"的划分看似缩小了文化社群划定的范围,实际上比之先秦儒家"人皆可以为尧舜"的美好愿景而更具有了实践与实现的可能性,因为除却"上智"与"下愚","中民"才是占大多数的人,中民之性才是"教化之质",这就为教化提供了条件,"中民如果成善,则必须教化。无王教,则质朴不能善。这意味着教化成为必要"①。因此,这依然未偏离"圣人与我同类"的初衷。

到了魏晋以后,随着道教的盛行与佛教的传入,儒释道三足鼎立的局面形成。尤其到了隋唐时期,佛教中国化进程基本完成,佛教浩瀚周密的"成佛"理论与对众生一视同仁的教义在中土社会的生活与思想领域造成了广泛影响,佛教在民间广泛传播,并渗透于统治阶层,声势一度压倒儒学。儒家的士人们不得不"出入佛老,返于六经",以应对外来思想系统与价值体系的冲击。为了应对佛道二教对儒学独尊地位的冲击,为使知识分子群体更进一步树立起"成圣成贤"的信心,自魏晋以来的"援道入儒"和"援佛入儒"后,汇流的儒学为其价值体系建立起了日益完备的本体论(心性论)与方法论(工夫论)。新儒学开山鼻祖周敦颐作《太极图说》,论述了以"太极"为本体的宇宙观,天地万物都是阴阳与五行的变化作用构成的,而只有人"得其秀而最灵",在人类中又突出圣人的作用,认为圣人"定之以中正之义","立人极"。周敦颐的宇宙论仍旧沿袭儒学素来的价值观,

---

① 沈顺福:《从半神到人到神:儒家圣人观的演变》,《江西社会科学》2013年第12期。

为道德本体论的建立架构了基本模型，对后来者影响很大。

然而，新儒学的另一位先驱横渠先生张载曾明确指出一个现实的问题："知人而不知天，求为贤人而不求为圣人，此秦汉以来学者之大蔽也。"（《横渠学案上》，《宋元学案》卷十七）常人"无必为圣人之志"的根本原因还是在于"圣人"理想的难以企及。即使强调"圣人与我同类"、个体自身完全具备成圣潜力，而在个人成圣实践中，却依旧面临社会、环境乃至舆论等各方面成圣条件的不足。而如果作为天人关系之中介、世界秩序与价值体系之代言人的"圣人"在人们的普遍认知中逐渐成为不再能实现的虚悬理想或成为远古追思，那么"圣人"这一符号就很可能逐渐丧失对于群体成员的号召力与凝聚力，最终甚至可能导致整个群体文化认同的瓦解。因此张载并非如同以往的人那样，以成就"圣人"为虚悬的崇拜对象、退而求其次的能成为"贤人"或"君子"便满足，他明确提出要以成圣为目标，并教人"学必如圣人而后已"（《宋史·本传》）。

进一步消除圣人与常人之间的鸿沟，使圣人成为"可成就之人"，是解决"无必为圣人之志"问题的途径，也是儒家为复其"道统"、重获并稳固其社会主流意识形态地位的必然选择。理学创始人程颐与程颢明确宣称"人皆可以至圣人"（《河南程氏遗书》卷二十五），因为"天理"为万物之本体，而"理则自尧、舜至于涂人，一也。才禀于气，气有清浊，禀其清者为贤，禀其浊者为愚"（《河南程氏遗书》卷十八），此即是说，"天理"只是一个，无论圣人还是常人，先天都无差别的平等享有，而资质品性的不同是由于后天的气禀不同，得起清者则贤，得其浊者则愚。因为先天本性都为至善之"天理"，区别只在于后天禀受不同，遮蔽了先天之性，因此要通过学问与修养来"变化气质"，人皆可"学为圣人"。

二程的后继者、"综罗百代"的儒学集大成者朱熹进一步完善和精细化了"天理"本体论的理论体系，同样以天理与气禀来解释人性，提出"性即理"之说："禀得精英之气，便为圣为贤，便是得理之全，得理之正。"（《朱子语类》卷四）朱子还以"四书"为中心，以理学为方法，对孔孟儒学做了全新的解释，此即是后来成为官方指定科举"教科书"的《四书集注》。儒家价值体系从而既获得了终极合理性（天理的权威化），又阐明了常人如何通过努力而成就完美人格的进路（学为圣人）。

程朱理学认为"天理"是世界本源，所谓的"天理"既是经学义理，又以"理一分殊"来论述本体与现象（体与用）的关系，即万物各得其理，但万物一原，天理只有那一个，且以"理气关系"来展开论述人的可能性，因此要实现人生价值的终极追求，方式就是"格物穷理"。理学发展到后期，道德的修养逐渐教条化，经学义理（即"天理"）流于空谈，与生活实践日渐脱离。程朱理学以"格物"

而"学为圣人"的道路似乎并不好走,"物理"与"吾心"仍然是两个事物,不知从何进入,所以有了王阳明"格竹致疾"的轶事。明代大儒王阳明吸收佛老智慧,创立良知心学,以"心即理"对程朱理学"性即理"进行了进一步的祛魅,以"良知"取代"天理",使价值本体回归了价值世界,让"学为圣人"的理想人格成就可能性完全依赖主体本身,而非依赖于外部的对象世界,即所谓"始知圣人之道吾性自足,向之求理于事物者误也"(《年谱一》)。圣贤人格是儒家价值体系在传递过程中所获得的"化身",而其本身也成为被赋予信任的载体。"圣人之道"积累至宋明,已经被赋予了完满的阐释,而没有任何一位作为典范的"圣贤"能比自己就是圣贤(王阳明所谓"满街都是圣人")更令人心生向往、信心倍增。阳明心学将权威的本体"天理"内化为人自身皆具有的"良知","只致良知,虽千万经典,异端曲学,如执权衡,天下轻重莫逃焉"(《五经臆说十三条》,《王文成公全书》卷二十六)。"圣人之所以为圣人,惟以其心之纯乎天理而无人欲"(《示弟立志说》),阳明心学将一切道德律令的根源从外界收回到主体自身,使自我传播(内向传播)成为成圣的主要践履方式。成圣实践被系于德性之上,"这就冲破了朱熹等人为圣人设置的人力限制,使无技能、无勋业、无著述的圣人形象成为可能"①。成圣工夫变得更日常化、世间化,成圣的方法从超越凡俗回到日用常行,"圣人"崇高不可及的神圣性被大大削弱,一定程度上撼动了当时社会思想领域的天理权威主义与经学独断论,为后世开启对理学的全面反思与批判埋下伏笔,而这些反思与批判也往往是以"复归真正的圣人之学"为旗帜的:"他们都理直气壮地承认这种转折意味着自己的思想已经汇入了源远流长的圣人之道,意味着自己尽毕生之力所追求的宏大目标——'学为圣人'的理想已经获得了重要奠基。"②

综上所述,"圣人"虽然被立为"天道"在人身上的最高体现,是沟通天与人的媒介,但它并不先于它所要传递的内容而存在。作为被不断建构和形塑的、代表着群体普遍共识与文化身份认同的媒介符号,圣人作为"'被传递的对象并不预先存在于其传递的过程之前',换句话说传递过程(或中介化)构建被传递的对象,过程生产起源"③。中华文化中"天"或"天道"所指涉的是"真理",是世界的真实与本源,但正如同尼采所言"不同的心灵有不同的宇宙",人无法突破主观性来认识世界,"认识"本身就不可能是客观的,我们认识到的世界是我们的视角

---

① 方旭东:《为圣人祛魅——王阳明圣人阐释的"非神话化"特征》,《中国哲学史》2000 年第 2 期。

② 王文亮:《中国圣人论》,北京:中国社会科学出版社,1993 年,第 144 页。

③ 朱振明:《媒介学中的系谱学迹线——试析德布雷的方法论》,《新闻与传播评论》2019 年第 3 期。

所及的世界。尤其对于理想人格所关涉的价值世界而言，它本身就是人类文明创造的，它背后的"真理"更是被建构的产物。作为价值世界"真理"最高代言人的"圣人"与作为其现实典范的"贤人"，在历史的演进过程中不断建构和重新阐释，但它始终代表的都是"天道"的具体化与人格化，因为任何一种价值体系要想获得广泛而普遍的传播，都需要获取"共同视角"，或者说是"共识"。美国学者约翰·基恩指出，最终关于真相的认同取决于人们的共识（agreement）和信任（trust）。①"圣人"符号在漫长的历史传播过程中，早已取得了作为"天道代言人"的文化认同，这种"共识"与"信任"正是它能不断成为传播媒介的原因所在。

既然我们明了圣贤在中华文化情境中俨然其代言人，圣贤情结、圣贤精神、圣贤信仰已经深深地根植于我们的文化传统之中。本书的核心内容分上下两篇，上篇集中探讨圣贤文化如何在中华文化的生活、制度、精神等各层面的具象传播表征；而下篇则就更宽泛的层面，从中华文化本身的传播思想、传播现象等进行研究，虽然没有直接观照圣贤，但是其内部实质也是审思中华圣贤文化是如何建构自己的传播思想的。换言之，上篇是圣贤传播的文化研究，而下篇则是圣贤文化的传播研究，相互为用。

（董熠 谢清果）

---

① 转引自彭兰：《假象、算法囚徒与权力让渡：数据与算法时代的新风险》，《西北师大学报（社会科学版）》2018 年第 5 期。

目 录

上篇　圣贤传播的观念基础与实践演绎

第一章　作为传播观念的圣贤

"内圣外王"与"哲人王"：
两种政治理念中的传播观念比较

　　讨论华夏的政治传播问题面临两方面的挑战：一方面它需要摆脱政治传播研究的现有范式框架，依据中国传统历史语境对"政治""传播"和"政治传播"重新赋能；另一方面它须对西方政治传播理论谱系有所回应，借此确定自身在传播学体系中的合理位置。本章试对"内圣外王"与"哲人王"两个分属中国和古希腊的传统政治哲学思想加以发生学考察，剖析它们的形成背景、论述方式，并借以讨论两者对政治中的传播的不同认识方式与行动逻辑及其在各自政治模式中功能角色的不同想象。从而彰显中国"内圣外王"旨趣，即将政治寓于个体化的道德行动中，通过道德知识的传播建构其理想的政治场域，它既带有朴素的部落道德秩序传统，又受到先秦思想家们的创造性转化，进而衍生为独特的中国古代政治传播观念及其现象。

　　美国汉学家史华慈的《中国政治思想的深层结构》一文，曾提出过一个有趣的"史华慈问题"。他本人是如此表述的："在中国历史中，有一思想特质似乎贯穿它的发展，我们或许可以称之为'典范'，但我更愿称之为'深层结构'。我并不是指它是儒家所特有的，而应该说是先秦许多思想家（像墨家、法家、道家等）所共有的特质。"① 这里的所谓"深层结构"，首先指处于中国的政治生态最顶点的实际是一个"神圣的位置（sacred space）"，那个位置本身要远比谁占据那个位置更重要。同时，这个位置本身被想象为某种超越性的力量，中国的政治结构本身，很大程度就仰仗于这个神圣位置上的个体的道德品质来改变整个社会的结构属性。而问题所在是："为什么千百年来受苦于这个权力毫无限制的结构的儒生，不曾好好思考过要向这个结构挑战，或试图限制它的力量，或是提出另一个替代品？"②

　　在这段表述中，史华慈认为先秦诸子除去在各自政治理想的主张方式、实现路径上的具体认识和表达差异外，始终存在着某种共同的价值模式，也就是"深

---

① 许纪霖、宋宏编：《史华慈论中国》，北京：新星出版社，2006 年版，第 25 页。
② 许纪霖、宋宏编：《史华慈论中国》，北京：新星出版社，2006 年版，第 26 页。

层结构"。这种深层结构缔造了中国古代长期而稳定的高度专制主义中央集权政治生态，同时也把"神圣位置"置于了共通价值模式的中心。任锋认为，史华慈的这一问题并非王权专制所可以概括的，它实际涵盖了政—教、王—圣，或者说中国古代传统中政治权威和精神—伦理权威间的关系。无论在周代还是秦汉及其后的政治秩序及其理想原则中，这一问题所指向的价值模式，都具有中心性与重要性。[①] 它直接指向了究竟是什么构成中国古代的最高政治权力及其合理性，直接指向了占据中国权力最高点的皇权的结构复杂性。它不仅由暴力的权力构成，在此结构下还有许多隐性的结构并存着，它又随着中国历史的变更而不断变化，融入我们文化的各个层面，进而形成某种"集体无意识"。[②]

本章的研究对象建立在假定这样一种"深层结构"关系存在的基础上，它代表了古代政治实践中对于权力合理性、政治活动的目的和最高理想等问题上的共识。它在不同的政治学说文本中，表现为某种共同并具有典型性的表述方式和思维逻辑，而通过比较分析和解释学方法，便可在上述命题中得出中国古代社会关于"什么是我们所说的政治"的片面回答，进而继续追问"什么是我们所理解的政治传播"，它有何特点，又如何表现。在现代传播学语境中，"政治"与"政治传播"两个范畴其实都有着高度明确的定义，但这两种定义本身却又是高度西方化和现代化的。想要为"华夏的政治传播"寻找一些更加恰切合理的阐释，就应当对过往"政治传播"关于"什么是政治""什么是有关于政治的传播"等关键定理提出合理的挑战。

另一方面，政治传播作为一个高度西方原生性的研究领域，想仅从本土语境出发自圆其说或许又是远远不够的，为此本章在借用"内圣外王"作为对中国古代政治价值—行动模式的概括的同时，也试图寻找出一个西方文明中具有对照性的政治观念—柏拉图《理想国》中的"哲人王"来与之进行比较。作为一个外来名词的政治（πολι），本就滥觞于古希腊，一开始所指代的，就是希腊式的通过不同形式公民参与所实现的统治活动，这使得两种"政治"从观念源头上的比照更加具有意义。这种比照能够更好地反映中国传统思想中，尤其是先秦思想中对"政治"的理解和想象，它与西方政治学所使用的"政治"存在着的巨大差异。因理解差异而产生出行为的差异，在中国古代的政治传播实践中造就了许多独具特色的观念，就比如"道统"观与"素王"说，它们都是基于中国政治和政治传播逻辑阐发出的特有观念。本章的后半部分则尝试在前半部分的基础上进行

---

① 任锋：《如何理解"史华慈问题"？》，《读书》2010 年第 6 期。
② 赵瑞广：《为什么要重视"史华慈问题"》，《才智》2013 年第 3 期。

举例和说明，最终对当下中国古代政治传播研究的部分问题予以补充和纠偏。

第一节　中西"政治"理念比较与传播意识的差异

一、作为"问题"而不是"命题"的政治传播

研究中国古代政治传播问题的初衷是挖掘传统政治实践与观念的现代价值，借此探索具有世界价值的本土理论并延展政治传播研究的深度和广度[①]。源于这一初衷，中国古代的政治传播研究被要求以本土语境和历史实践来阐释其独特的传统政治模式、观念或制度。客观来看，中国古代政治实践的特殊性决定了"政治传播"的形式特殊性，因此它很难被直接地置入现代语境中加以比较分析。要回答什么是"中国古代的政治传播"，首先离不开对"什么是中国古代的政治"的先行反思。

本章所认为的研究对象，与其说是一个"政治传播"问题，不如说是一个基于对"政治"的理解的传播问题。其区别在于，政治传播的范畴界定是高度学科化的：它要么是从政治学角度把政治传播视为一种政治现象与政治行为；要么是从传播学角度把政治传播理解为传播在政治过程中所扮演的角色。[②]所谓政治传播，是一个基于现有的对政治学和传播学的基本定义的讨论。它把自己想象为"政治共同体的政治信息的扩散、接受、认同、内化等有机系统的运行过程"[③]。当我们尝试探讨"政治传播"时，就等于默认了对什么是政治、什么是传播的一套现代阐释框架。

现代政治学是一个高度西方化、近代化的命题，它有着固定的内涵与外延，有着对什么是政治的明确界定与想象。甚至传播学本身就是一场现代政治学的命题作文考试。发端于两次世界大战的传播学，最初的意义就是解决政治学问题的延伸手段。如何利用"传播"解决对应的政治问题，不仅仅是传播的母题，也形塑了传播学的基本思维框架以及几乎不可能摆脱效果论的设问模式。这样一来，政治传播就成了"基于命题作文的命题作文"，是在"政治"和"传播"两个既成事实式的规定现象之间穿针引线的过程。在当下和现代的语境中这当然不构成问

---

① 白文刚：《"中国古代政治传播研究"专题主持词》，载谢清果、钟海连主编：《中华文化与传播研究（第二辑）》，北京：九州出版社，2017年，第5页。

② 荆学民、施惠玲：《政治与传播的视界融合：政治传播研究五个基本理论问题辨析》，《现代传播（中国传媒大学学报）》，2009年04期。

③ 荆学民、苏颖：《中国政治传播研究的学术路径与现实维度》，《中国社会科学》2014年第2期。

题，因为现代社会的政治文明模式和现代传播体系几乎是普适性的。但问题是，在传统的中国古代社会中我们真的存在着这样一种对政治的想象吗？进而，我们真的可以通过这套想象来关照和理解发生于古代的政治传播实践吗？作为文章的第一个问题，将是一个笨拙但必要的问题，即对"什么是政治"赋予一个片面、不成熟但绝对必要的专门语境下的定义。这要从古希腊人所理解的"政治"起初究竟为何物开始思考，也要在先秦诸子对"政治"一词的讨论中寻求一个最大公约数、一种价值共性。于是本章的第一个小问题尝试回答的将是"当我们在讨论政治时我们在讨论什么"，通过中西两种早期政治观在议题上的差异，以此来铺垫其后更加深刻的观念比照。

二、"正义"之"政"与"哲人王"：作为科层结构的政治

和我们想象中的古代希腊是一个遍地城邦的文明世界不同，在希腊文明的早期，城邦仍是一种木秀于林的"高级"社会形态。至少在西摩尼德斯到《荷马史诗》的篇章中出现"城邦"这一观念时，大部分的希腊人都是处于"埃特诺斯(ethne)"而不是城邦的社会组织形态当中。[①] 更多时候，城邦这种组织形式代表着主导古希腊政治文明生态更文明的那一面。乃至政治学 (πολιτεια) 一词的词源就直接来自"城邦"(πολιε)。更有趣的是，雅典人还习惯用"πολιε"和"αστυ"两种不同的表达来分别指代政治意义上的城邦与文化意义上的城邦，且两者又同时特指雅典所独有的那种文化与政治。[②] 换言之，政治一词起先不过是雅典人组织起权力活动的那套特殊行为方式的指称，在政治成为一门被讨论的学问以前，政治首先是一种"实然"概念、一种纯粹的地方性知识。

随着柏拉图《理想国》的诞生，对于政治之"应然性"的探讨便开始了。因为它透过苏格拉底对正义、知识以及善的探讨，化之标准化的价值概念以评判存在于古希腊的不同城邦制度生态，最终对"什么是最好的政体"[③] 大胆给出了自己的回答设想。所以，柏拉图的理想国虽然是一座"用语言建立的城邦"[④]，却现实地将"政治"从一种具体事物上升为哲学观念的价值思索。

在《理想国》中，评判一个政体优劣的核心价值依据就是"正义"。他说："我

① [英] 克里斯托弗·罗马尔科姆·斯科菲尔德主编，《剑桥希腊罗马政治思想史》，晏绍祥译，北京：商务印书馆，2016年，第35页。

② 张小勇：《政治的词源学——从西方古典语言语源学来看》，《思想与文化》2018年第1期。

③ 黄洋：《西方政治学的前史：公元前5世纪希腊的政治思想》，《历史研究》2020年第1期。

④ Ioannes Burnet: *Platonis Opera, Volume IV,* Oxford Classical Texts, Oxford: Oxford University Press, 1902. 转引自黄洋：《西方政治学的前史：公元前5世纪希腊的政治思想》，《历史研究》2020年第1期。

们建立这个国家的目标并不是为了某一阶级单独突出的幸福，而是为了全体公民的最大幸福；因为，我们认为在一个这样的城邦最有可能找到正义，而在一个建立的最糟的城邦里最有可能找不到正义。"①不同于在苏格拉底之前的希腊人将"正义"理解为一个人所为及其所应得。柏拉图并不认同以那种惩恶扬善朴素正义观，视通过"恶"的行动所伸张的正义同样为不义②。在普遍联系的社会共同体中，总充满着善恶与利益的相互冲突，由此将每一个个体的利益都变成"正义"的孤岛。所以，一个理想政体就当把"保证给人人的个人幸福转变为保护社会所承认的某种利益"。"正义"是对不同利益纠葛予以评判并维护普遍利益的最终准则。

柏拉图对所谓"理想政体"的论辩，实际就是将"正义"作为目的论，而将"政治"作为方法论。对于同时存在着寡头制、僭主制和普遍民主制等多元政治生态的雅典城邦而言，"正义"成了可通约的最高价值准则、一切制度合理性基础。理想国的存在，是为了维护城邦共同体的普遍利益和每一个具体个体的合理利益。它就像神话故事中的利维坦一样，既吃人也救人，或者吃人和救人本就寓于相同的目的和行动中。

三、"教化"之"政"与"内圣外王"：作为道德传播活动的政治

和许多现代学术概念一样，汉语中的"政治"是由日文转译而来的舶来品。而多数情况下先秦文本都将"政"与"治"分开使用。"政"主要指国家的权力、制度、秩序和法令；"治"则主要指管理人民和教化人民，也指实现安定的状态等。偶有连用的情况表意也各不相同，比如《尚书·毕命》有"道洽政治，泽润生民"，意为国家在治理下处于安定的状态；而《周礼·地官·遂人》说的"掌其政治禁令"，"政""治""禁""令"则是分别表意，各指代一部分政府职能范畴。显然两者的重点都在于"政"。《论语·颜渊》中有"季康子问政于孔子，孔子对曰：'政者，正也。子帅以正，孰敢不正？'"。《管子·法法》则说："政者，正也。正也者，所以正定万物之命也。"可见以"正"来解释"政"是法家和儒家都认可的一般性答案，故在《说文解字》里段玉裁也用了"政者，正也。从支从正"的阐述。在这里支的本意应当是敲打或戒尺，也有一说将之释义为"文"，故"政字从正从文，谓有以防民，使必出于正也"③。两者或许又恰好代表了法家和儒家对于实现"正"的两种不同路径主张。

---

① ［古希腊］柏拉图：《理想国》，郭斌和张竹明等译，北京：商务印书馆，1986年，第133页。
② 廖申白：《西方正义概念：嬗变中的综合》，《哲学研究》2002年第11期。
③ 严复：《政治讲义》，《严复集》（第五册），北京：中华书局，1986年，第1247页。转引自：储昭华，幸玉芳：《中国传统"政治"概念的形成及其演变趋势》，《哲学分析》2018年第9期。

无论如何，"政"与"正"是直接联系的，甚至可以把"正"视作先秦政治思想当中的目的论来看待。它含有明确的主体和对象间的分立关系和某种行动准则。比如《尔雅·释诂》说"正，长也"，《广雅》则说"正，君也"。是故清代墨学大家王念孙言："凡《墨子》书言'正天下''正诸侯'者，非训为长、即训为君，皆非征伐之谓。"这既说明了"正"作为一种行动的主体是谁，亦能解释它的行动逻辑的出发点在哪里。所谓"政"，本质就是由处于政治活动中心的特定人群（长、君）所开展的训示活动，是通过不同路径实现对政治活动对象的规范性引导，以"使其趋向适宜的轨道和目标"①。前文说，《理想国》的政治理念是以"正义"为目的，以"政治"为方法，那么与之相对的，先秦关于"政"的阐释都不约而同地指向以"正"为目的，

因此，用《左传·隐公十一年》中的"政以治民"和《桓公二年》所用的"政以正民"予以通俗性概括就再贴切不过了。可见中国传统文化语境中的"政者，正也"，其核心含义从一开始就与古希腊 文明中作为公共事业的"政治"概念的原初含义截然相异，蕴涵着不同的 价值取向，其发展趋向也自然殊异。 而二者之间的根本差异就集中体现在上述政道层面上。对"政者，正也"的为政模式来说，由于人民不具有"政治上独立 的个性"，不能"自觉其为一政治的存在"，必然以"正人治民"为精髓、以"君临天下""整齐万民"为旨归。牟宗三则将之总结为"无政道可言"②而却有着鲜明治道表述的中国政治传统。

第二节　从"内圣外王"看传统政治传播中的行动逻辑

以柏拉图为代表的古希腊政治哲学价值系统把"政治"看作一种公共性事业，是部分公共生活的整体呈现形式。它首先是一种"实然"的存在状态，也就是先有广泛存在于城邦世界中的可以被归类为"政治"的实践结构，而后人们才在总结反思中产生关于政治之应然性的思考。这种应然最终指向了要维护普遍而非部分特殊利益的"正义"观。而先秦思想家所理解的政治或许恰恰相反，它首先是"应然"，是特定人群对其对象进行的规范引导行动的统一指称，再从是"文"还是"文"、是"正"还是"征"的辩证中形成一套符合各家思想主张和价值取向的行动逻辑，然后才走向实然的结构与制度。如果说前者是作为结构的政治，是对实践结构的反思，那么后者当属作为行动的政治，它先是一种"正人"的行动倾向，然后才是依据不同的价值取舍产生不同的实际行动和政治模式。

---

① 储昭华、幸玉芳：《中国传统"政治"概念的形成与演变趋势》，《哲学分析》2018 年第 9 期。
② 牟宗三：《政道与治道》，桂林：广西师范大学出版社，2006 年，第 19 页。

尽管两种观念的产生方式截然不同，但它们在关于"正义"或"正"的政治分别如何实现上却又有许多殊途同归之处，它们都致力于塑造政治活动中的理想主体形态以使得由他们所主导的政治活动本身也走向理想，这里的"理想主体"，就是《理想国》中的"哲人王"和中国儒学乃至整个思想文化传统中的核心价值"内圣外王"。

一、"哲人王"：正义的内化

在苏格拉底看来，正义之所以为正义，无论对国家还是个人都是一样的。只不过在国家之中会因为规模而表现得清晰深刻，在个人身上时则显得细微难辨。在《理想国》里，柏拉图正是借由苏格拉底之口指明了能够显现正义并代表正义的人。他说："除非哲学家成为我们这些国家的国王，或者我目前称为国王和统治者的那些任务，能严肃认真地追求智慧，使政治权力与聪明才智合二为一。"① 因为哲人王拥有实现正义所最需的知识与美德：前者保障了统治者是"最完善的护卫者"②，而后者则保证统治的权力能够为"不爱权力的人掌权"③，一个出类拔萃的统治者不仅要知道如何将这个国家管理到最好，更重要的是如何保证统治本身是为维系正义所用。目睹所谓民主传统不断滑向堕落与民粹深渊的柏拉图，已不再相信制度本身能够具有正义性，甚至产生出"没有一种政体会完全稳固"④ 的超前认识，而最终又回到"王与王的美德"，回到以他者的道德建构正义秩序。

柏拉图所冀望的政治文明，在现代的西方政治学看来恰恰是"反文明"的表现。尽管在我们的印象中，雅典仿佛就是那张代表民主政治传统的历史名片，雅典的实际政治史却一直呈现为广泛民主和僭主政治反复更迭的斗争史，寡头统治在其政治光谱中存续的时间可能并不比民主政治短，其执政成果也并一定比民主时期要逊色，反倒是一人一票的民主政治才直接导致老师苏格拉底的死。伯里克利和科林斯（雅典独裁者）的区别，可能也仅在于掌握最高权力之后是选择"集权"还是"放权"。换言之，民主是雅典政治生态的一种表现，而远非实质。乃至于，当学者们去回顾苏格拉底、柏拉图的政治理想时，会得出他们支持民主制和认为他们反对民主制两

---

① ［古希腊］柏拉图：《理想国》，郭斌和、张竹明等译，北京：商务印书馆，1986 年，第 215 页。

② ［古希腊］柏拉图：《理想国》，郭斌和、张竹明等译，北京：商务印书馆，1986 年，第 257 页。

③ ［古希腊］柏拉图：《理想国》，郭斌和、张竹明等译，北京：商务印书馆，1986 年，第 312 页。

④ ［古希腊］柏拉图：《柏拉图全集》（第三卷），王晓朝译，人民出版社 2003 年，第 715 页。

种截然不同的结论。①但至少有一点可以明确，那就是苏格拉底们从未对寡头政治表明过明确的反对态度。伯内特（J.Bernet）认为，真正导致苏格拉底之死的原因，恰恰是因为，他是"伯里克利民主政治不可救药的反对者"②。

在《政治家篇》中，柏拉图认为有多少种不同类型的政体就有多少种不同类型的性格，也就能有多少种灵魂。反过来说，政治制度是城邦公民的习惯里产生出来的；习惯的倾向决定其他一切的方向。比起习惯，习惯本身应该由谁主导、为谁履行，才是政治的履行。或许在柏拉图看来，真正能够拯救雅典、拯救希腊文明所面临现实衰落的，不是民主，而是基于新道德的新政治信念，是摆脱政教暧昧关系的、一套建立在希腊哲学先贤智慧基础之上的哲学主义信仰。在柏拉图眼中，以"法治"为最高准则的政治不过是位居第二等的政治，因为"法律并不能完美地判定什么对所有人而言是最高贵、最正义的，因此它并不能实现最好的情况。人与人之间的差异、行为之间的差异以及人事无规则地不断变化都不允许任何有普遍而简单的规则"。法律所给出的是一套可以处理信息并给予相应结果的行动框架，而理想国所试图建构的则全然不同。他在《第七封信》中说："只有正确的哲学才能为我们分辨什么东西对社会和个人是正义的。除非真正的哲学家获得政治权力，或者出于某种神迹，政治家成了真正的哲学家，否则人类就不会有好日子过。"③理想国是一套秩序井然的分工系统，在这个社会中生产者、军人、决策者三个阶层各司其职。而哲学家所要履行的，就是掌握权力的决策者职能，是要使得"正确的哲学"能够成为"分辨"的工具。理想国所需要的，不是一套作为"法治"的信息预处理框架，而是作为"哲人王"的信息处理中枢，它的存在能使得城邦的每一个活动者不再是单独的实践个体，而构成紧密协作、人人又处于不同节点的传播网络。

二、"内圣外王"：道德的外显

自三代以降，"禹传子，家天下"的历史事实标志着氏族部落的政治传统走向瓦解。政治成为一种不再为人分享的世袭专有权力，因而垄断权力的人就要为其垄断的合法性寻找到一套有力的言说。商人的办法是垄断对"巫"的解释权，通过神秘化的巫术信仰来赋予其掌握"天命"的合法性基础。商君就是拥有关于天

---

① 朱清华，方朝晖：《理想国家的宣言——〈理想国〉》，昆明：云南人民出版社，2002 年，第11—12 页。

② J.Burnet, *Greek philosophy, Thales to Plato*, London Macmillan, 1914, p189. 转引自朱清华，方朝晖：《理想国家的宣言——〈理想国〉》，昆明：云南人民出版社，2002 年，第 14 页。

③ [古希腊] 柏拉图：《柏拉图全集》（第四卷），王晓朝译，北京：人民出版社，2003 年，第79—80 页。

命的最高解释权限的最大的巫师，所以他的权力就来源于他解释占卜天命的权威和这些解释本身。

周取而代之以后，在继承天命观念的同时又走向更高级的一面，将巫觋文化中神秘化的天命赋予理性化表达。其统治之所以合理不再由占卜仪式所决定，而是通过建构起关于"德"的概念，"以德配天""敬德保民"和"修德配命"把"德"包装成天命的直接显现形式，也使得"德"成为中国政治哲学永恒的核心价值命题。

这些命题、逻辑延续至春秋战国之后则变得更加丰满。它发展为包含了"天"和"德"两种合法性的双重书写，得权之人既是受命于天，又要合乎天道。以《管子》为例，它所代表的法家政治哲学让道家讲的天道自然和儒家讲的人道有为为其合理性背书。这种合理性既表征为可能世界的理想价值，即天道，又要具有生存世界的效用价值，即人德。《管子·幼官》篇中说："畜之以道，养之以德。畜之以道则民和，养之以德则民合，故能习，习故能偕，偕习以悉，莫能伤也。"《兵法》篇则说："畜之以道则民和，养之以德则民合。和合故能谐，谐故能辑，谐辑以悉，莫之能伤。"张立文认为，此处的"道"和"德"是为修辞上的对言，意同义同，两者都需要通过主体自身的畜养来实现。① 道是天地秩序奉行的最高理念，而德则是与之相对应的万物应有之本性。统治者所需要做的，是将用"德"来契合"道"，以实现"会请命于天，地知气和，则生物从"（《管子·幼官》）的和合境界。在先秦政治哲学关于"什么是理想政治"的逻辑链条中，往往一端连接着昭昭天命，另一端关系着个人的德性修养。在陈来看来，"道之以政"和"为政以德"是儒家思想对于"政以治民"的古代朴素政治观念的一次改造，它由"天理合一""天德合一"等关于政治与天命的本体关系思考，进一步发展为对于政治的直接思考。② 不同于"哲人王"把道德作为政治家能够从事好的政治活动的前置条件，追求"德"在这里兼作为方法和目的，乃至就等同于政治活动本身。不同于现代政治学将政治作为区别于道德的独立行为体系，这种道德的政治将理想的政治想象为在共同的政治实践中存在着的伦理共同体。因而，用"内圣外王"来概括这种将个人的道德活动与政治活动直接转化的认识模式就再恰当不过了。

"内圣外王"一说最早出自《庄子·天下篇》："是故内圣外王之道，暗而不明，郁而不发，天下之人各为其所欲焉以自为方。"依梁涛的考据，虽然《庄子》被视为道家代表性经典，但《天下篇》大概率实作于庄子后学"黄老派"之手。相比

---

① 张立文：《管子道德和合新释》，《社会科学战线》2010 年第 2 期。
② 陈来：《论"道德的政治"——儒家政治哲学的特质》，《天津社会科学》2010 年第 1 期。

庄子本人"寂然无声，漠然不动，引之不来，推之不往"的价值取向，黄老派的后学们则表现出对政治实践的积极关注，在思想主张上，他们也充分地融合了名家与法家的设问与儒家精神价值，发展为对治世问题的一套独立思考。① 钱基博先生则认为："'圣'之为言'通'也，所以适己性也，故曰'内'。'王'之为言'往'也，所以与物化也，故曰'外'。'内圣外王'，盖庄生造此语以阐'道'之量，而持以为扬榷诸家之衡准者，惟引庄生之言足以明之。"② 因而它不仅是用以描述《庄子》一家之政治理念的专门概念，更是一套用以比较和衡量诸子思想主张的概念工具。

"内圣外王"作为一种政治路线的普适性与作为思维工具的适用性，虽然它仅在《天下篇》一笔带过，却得以在宋学中再次发扬光大，成为整个儒家思想的精神内核。甚至可以说，完整意义上的"内圣外王"的政治理念，就是儒学话语在一个法家命题上化用了道家的概念表述，进而生成一个可被视为道德政治的全新观念模式。相较于法、道两家，儒学不仅仅有关于"内圣"何以"外王"的逻辑阐述，更建立起关于如何"修身成圣"的系统性学说。《中庸》对圣人的描述如是说："唯天下至圣，为能聪明睿知，足以有临也；宽裕温柔，足以有容也；发强刚毅，足以有执也；齐庄中正，足以有敬也；文理密察，足以有别也。溥博渊泉，而时出之。溥博如天，渊泉如渊。"③ 最终，拥有这些品质的人，就能实现"配天"，与天地合德。在孟子看来，应该是"以德行仁者王"（《孟子·公孙丑上》），在达到"德"的要求成为"圣"时，"王"是"天与之"（《孟子·万章上》）的自然结果。《孟子》以"人皆可以为尧舜"为标志，宣告着"圣"已不单是客观存在的先赋品质，更可以作为修养的行动本身，作为一种理念来予以践行和贯彻。尤其到了宋明理学当中，"成圣"已不仅仅是一种可能的追求，它被赋予了具体的现实路径，并被置为"学"的最终目的（"圣人可学而至欤？曰：然。"④）。它将知识、道德与政治统合为一个整体。贯通在同一的行动中。这种行动逻辑如何理解和处理知识、道德与政治效果三者间的关系，而本章想要追寻的"内圣外王"的政治哲学理念当中的传播思想，便隐匿于其中。

---

① 梁涛：《〈庄子·天下篇〉"内圣外王"本意发微》，《宗教与哲学》2014 年第 3 期。

② 钱基博：《读〈庄子·天下篇〉疏记》，载张丰乾编《庄子天下篇注疏四种》，北京：华夏出版社，2009 年，第 104 页。

③ [宋] 朱熹：《四书章句集注》，北京：中华书局，1983 年，第 38 页。

④ [清] 江永，[清] 汪绂著，严佐之、丁红旗校点，上海：华东师范大学出版社，2014 年，第45 页。

第三节　从"内圣外王"看传统政治传播中的文化现象

和理想国的正义论一样，内圣外王首先是社会政治实践传统的表现形式。它从原始社会的道德—知识崇拜当中不断发展形变，并形成基于道德场域的政治传播行动模式，中国历史当中许多特殊的文化观念与现象，都可以视作这种政治传播实践模式的直接现象。

一、作为道德和知识的政治

尽管《庄子》原篇中并没有直接阐明什么才是"内圣外王之道"，而只是给出"配神明，醇天地，育万物，和天下，泽及百姓"的基本要求。这既是对"圣"的要求，也是对"王"的要求，因为"圣有所生，王有所成，皆原于一"（《庄子·天下篇》），"王"与"圣"本来就是天然统一的。特别是在往日官学一体的时代中，道德的知识与治国的知识在很大程度上就是同一种知识，他们都由兼作氏族首领和知识领袖的王来相继传承。在这里"首领、贵族们的个体'内圣'本是与其能否成功地维系氏族团体的生存秩序的'外王'，相紧密联系在一起的"①。

作为一种理想的政治生态，《庄子》所讲求的"内圣外王"并非凭空创见，而是实然地存在于更早的部族社会中。在那里，"王"是唯一掌握并运用知识的人，所谓知识同时杂糅了对伦理和自然的理解，原始人类的认识水平也难于区别两者。所以在这样一个世界中，道德、伦理与礼乐、自然是全然一体的，两者的叙述完全一致并形成物与理的统一，这也决定"关于道德的叙述必须诉诸一个超越于这个现实世界的本体"②。拥有伦理和自然知识的人往往被包装出神话主义色彩，比如被尧选为继承人的舜一方面拥有亲孝的崇高道德觉悟，另一方面还是一名气象和地理专家，所以当"尧使舜入山林川泽，暴风雷云，舜行不迷"（《史记·五帝本纪》）时，这种超乎常人的能力就被认为是基于道德伦理和自然知识共同显现出来的"圣王"的征兆。近年对清华简的研究中可发现，在周文王用以训诫未来政治领袖的《保训》一篇中，有"命"而无"天"，即没有周人喜欢讲的"敬德"观，可见周文王当时所讲的"天命"尚不足以上升为道德意识或治国方略，而暂时还只是历数、祭祀一类的知识信仰③。所谓道德、礼制和作为一套政治观念体系的天命圣王观，都是这种知识信仰的继续发展。

---

① 李泽厚：《中国古代思想史论》，天津：天津社会科学院出版社，2003 年，第 252 页。
② 汪晖：《现代中国思想的兴起（上卷）（第一部）》，北京：生活·读书·新知三联书店，2015 年，序第 5—6 页。
③ 吴国武：《〈保训〉"中"字及相关问题的再思考》，《扬州大学学报（人文社会科学版）》2015 年第 6 期。

春秋之后，连绵的战乱和原先的周王室陷入衰微，这才导致"天子失官，学在四夷"，"王"在知识上的绝对控制力走向终结。也由此带来了《天下篇》所说"天下之治方术者多矣"的知识混乱局面。各家都拥有创造和定义各自知识的权力，却又无非是自己一叶障目的一部分。由此《庄子》中才会有"暗而不明，郁而不发"的感叹①。

"王"不再拥有于民而言绝对的知识传播权力，不再拥有绝对的道德和关于道德的权威，"圣"就不再能得到彰显。墨子说："三代圣王既没，则天下失义。"（《墨子·明鬼下》）"圣"无以彰显，则"道"就无人伸张，便也远离治世的理想了。所以先哲们关于治世的追求无一例外诉诸寻"道"，最后又不约而同落实到寻求那个能彰显"道"的人身上。《荀子·正论》说："圣人，备道全美者也。"可见其需是能像原始氏族社会的首领一样拥有绝对知识和绝对道德的理想主体。

"内圣"是中国传统道德政治逻辑之上构建的完美的道德和知识主体。"外王"则是传统政治理念当中对于这种完美主体所具的历史形象的概括。在先秦哲学家们看来，"内圣"和"外王"是天然统一的，但这种统一同时又必须建立在对传播的天然想象之上。潘祥辉认为，在中国文化传统中这种王化的圣人，"发端于上古的巫圣，因'闻声知情'而具有了克里斯玛，成为沟通天地人神的灵媒"，这种"沟通天地人的传播角色"是其特有的，因而其用"传播之王"来概括这种特殊性②。在他看来"圣人"不是从其对知识和道德的绝对权威，而是其所具备的特殊的传播技能当中获得它的合法性和克里斯玛，是因"传播"而不是因"道德"而为王。道德、知识与传播，无论谁应当是其中的主导因素，至少在古老政治实践和基于这些政治实践发散出的政治思想大辩论中构成了对"圣"的整体想象，也由之构成对实现"王道"可能性的认识。

先秦思想家们对于王道理想的认识，首先基于对道德政治的普遍共识：先秦思想传统中的政治观认为，人与人之间的政治是建立在价值共识之上的主体间的政治，是由伦理价值以及人与人之间的普遍交往所构成的道德连续体。因而"政"就是"正"，就是追求用崇高的道德统一人民的行动理念。为此就需要有一个在道德、知识和传播能力上都臻至完美的行为主体来领导。绝对的知识和道德意味着无限的传播能力，也就意味着"内圣"与"外王"的天然统一。这种统一是"天命（道）"与"人德"的统一，是自我价值与社会和自然价值的高度统一；从政治上来讲，体现为道德与政治浑然一体的价值形态。从其政治意涵上讲，"内圣外王"

①　陈仁仁：《〈庄子·天下篇〉"内圣外王"思想的提出及其认识论意义》，《湖南大学学报（社会科学版）》2011年第1期。

②　潘祥辉：《"传播之王"：中国圣人的一项传播考古学研究》，《国际新闻界》2016年第9期。

就是"修己治人"，不同于存在时序和逻辑先后的"修己以治人"，此处的"修己"本身就是"治人"的方式，后者是前者的自然延伸和必然结果。

二、"内圣外王"下的传播观念与现象

以"内圣外王"为内核的政治理念，展示了一种以道德知识为主体，以圣人之于常人的影响教化为其实现的理想政治模式。这种对"政治"的理解可能不同于古希腊政治哲学注重的对于传统政治的结构性想象，或者说政治中"法治"的一面；而更注重寓于行动之中的政治效果，或"人治"的那一面。《孟子·离娄上》说："徒善不足以为政，徒法不足以自行。"认同政治是道德和法制两种要素的共同结果。而《荀子·君道》则更深入地论述："有乱君无乱国，有治人无治法，羿之法非亡也，而羿不世中，禹之法犹存，而夏不世王，故法不能独立，类不能自行，得其人则存，失其人则亡，法者治之端也，君子者治之原也。"法的存在使得政治作为一种实践类型得以存在，但作为基石的法并不能实现政治的最高理想形态，只有由道德"内圣"实现的"外王"才是实现质变的途径。中国的先秦政治哲学智慧将"内圣"与"外王"贯穿于统一的行动中，前者偏向于个体化的行动，后者则是由前者引发的系统性影响。这种行动本位并寓于行动当中的政治本身是强调其传播性的，甚至很多时候，它直接作为一种传播而存在。

比如董仲舒的"素王"观即是这种寓传播于道德行动的观念典型。所谓"素王"，大多专指孔子，因他"专行教道，以成素王"（《淮南子·主术》）。董仲舒则说："孔子作《春秋》，先正王而系万事，见素王之文焉。"（《汉书·董仲舒传》）自汉儒之后这一说法广泛流行开来，并逐渐演变为他是"为后世受命之君，制明王之法"。孔子不是实际的王却得以履行"王道"，因为个体的道德不是自觉的，一切道德行为都根源并受命于"天"[①]。董仲舒把上天的授命归结为"任德远刑"的政治理想，能够推动践行该理想的道德传播者就是"行天德者"，就可以"谓之圣人"（《春秋繁露·威德所生》），进而通过神化控制超凡通天的人格，通过"至圣先师"的绝对道德权威为背书，回归到为汉代政治统治服务的基本要求上[②]。

这就等于变相承认了王的身份界定不在于实际地位，而只是一个道德行为判断，不作为实际执政者同样具有行使"王道"的可能。身为"素王"的孔子虽处在实际的政治统治之外，却可以通过"作《春秋》"的传播活动间接参与其中，说明这种政治实践虽然是个人化的，但又是非限定性的，并不只为掌握国家权力的

---

① 干春松：《从天道普遍性来建构大一统秩序的政治原则——董仲舒"天"观念疏解》《哲学动态》2021年第1期。

② 葛志毅：《玄圣素王考》，《求是学刊》1992年第1期。

最高统治者专有，在经过道德知识训练之后，每一个知识精英都具备成为道德秩序传播者进而施行王道的资格。尤其在唐、宋时期，面对本土和外来宗教对政治传统的冲击，它又演化出韩愈和理学家们对"道统"问题的关注。

朱熹认为："盖自上古圣神继天立极，而道统之传有自来矣。"（《中庸章句序》）所谓道统，就是自古以来所传承的政治理想，由于儒家的政治思想陵夷，高尚的知识分子都具有传承和维护过去的道德秩序的责任，"道统"由此变成自觉的政治使命。朱熹评价二程著书立说的行为时用："尚幸此书之不泯，故程夫子兄弟者出，得有所考，以续夫千载不传之绪。"他对自己同样是："熹自蚤岁即尝受读而窃疑之，沉潜反复，盖亦有年，一旦恍然似有以得其要领者，然后乃敢会众说而折其中，既为定著章句一篇，以俟后之君子。"道统的解释者将自己视为道统的传承者，并把积极传播儒家学说思想作为自己的政治使命。在这个过程中道统内部的所有个体都获得了历史主体的地位，而个体力图重建道统的行为也具有了整顿身心道德秩序和政治伦理秩序的双重意义①。宋代理学的发展，使得士人能够围绕着道统意识建立起了能够在"横向和纵向上立体流动的精神交往网络"②，使得道统观强调的历史责任意识被践行到日常化的政治传播活动当中。

基于"内圣外王"的传播观念，"素王"说和"道统"说从不同角度出发，不同程度地发展了这种将道德和知识活动作为政治参与方式的政治方法论，而且具有更加明确的传播动机。由此可参见，在一套完全不同的政治思考模式下，同样能够产生出具有高度逻辑严密性和可实践性的中国传统政治传播观念。

结　语

华夏传播研究面临的一个重要挑战，为来自同一学术概念在不同语境下意义的不可通约性。就如本章谈到"政治"概念时，不得不从希腊与华夏文明的观念源流出发讨论两者在"政治"概念中的认识路径差异，再以发生学的思维探讨这种认识差异产生的原因，进而才能把握本土的政治传播的想象力。正因为古希腊思想像参照系一样为我们确立了我们在政治传播思想中所处的位置，我们才有突破其外缘的可能。需强调的是，本章中所说的"内圣外王"，是仅针对先秦诸子政治理念中的某部分特点及其在后续文化中的衍生现象所做的概括，事实上，"内圣外王"在以儒家思想为核心的中国传统文化中具有更加全局性的丰富内涵。而"哲

①　单虹泽：《"回向三代"与"道统重建"：论儒家的历史意识及其生成逻辑》，《国际儒学论丛》2020第1期。

②　赵云泽、刘珍：《宋明理学的传播观念研究》，《兰州大学学报（社会科学版）》2020年第1期。

人王"则是从古希腊政治哲学中挑选出来的具有典型特征的概念，不是因为它具有绝对代表性，反而是因为它最特别，在相互比较中才最能凸显双方在思维方式、论证逻辑上的差别。所以本章进行比较的两者非全然对等的关系，比较目的旨在凸显彼此的差异而非对东西方政治传播观念进行全局性梳理。

本章的首要用意倒不在于生造用以阐释华夏传播研究或中国传播观念研究中的政治传播问题的新理论，而更希望通过对命题本身的批判来延展政治传播研究的设问链条：在我们试图探讨东西方政治传播观念的差异时，问题首要从"什么是政治"开始，通过反思文化实践差异所造成的概念与概念间的实际差别，才能更加全面地就传播观念差异问题产生有效探讨。

政治作为一种社会性的价值分配实践，并非独立于其他社会活动而存在，只有当它被置入具体的文化语境中时它才能具有完整的意义。不同的文明实践意味着对"政治"不同的理解范式，政治传播活动的外延、内涵也不尽相同：比如本土学者尝试将盲媒、谏言、歌谣、圣王、符命又或是士人的社会生活[1][2]作为政治传播的研究对象，而它们的传播意义，都只有在中国独特的政治实践中才能被回答。相应地，传播在不同政治语境中所发挥的功能角色也不尽相同，马克斯·韦伯[3]认为，中国古代建立起了与现代科层体系截然不同的一套官僚制度，这种差别特别体现在交往方式和身份关系上。"天命"观主导下的对外政治交往，实际形成了不同于现代国际政治交往准则的宗藩体系和朝贡制度。这些都可在中国独特的政治模式及其传播观念中寻找到成因。

放眼当下，西方对华政治传播工作中的很大一部分并非一般政治渠道，也不断通过教育、环保等不同场域来实现。因此我们同样急需一个更加泛化、更广阔的政治传播视野，并将更多本土化的传播实践融入其中。在我们寻求加强国际传播能力，试图构建一个多维、多元的世界政治生态的过程中，需要一个同样多维、多元的政治传播思想体系来助力。

经过概念比较和发生学考察，我们不难发觉中国传统政治传播观念这种首先表现在"政治"观念上的特殊性，尤其是所具有的高度历史意识。这种历史意识

---

① 白文刚：《符命神话与中国古代王朝的天命建构——基于政治传播视角的考察》，《青海社会科学》2014年第1期。

② 潘祥辉：《"歌以咏政"：作为舆论机制的先秦歌谣及其政治传播功能》，《新闻与传播研究》2017年第6期。

③ ［德］马克斯·韦伯：《经济与社会（上册）》，阎克文译，上海：上海人民出版社，2010年，第55—72页。

不断通过把"时间经验通过回忆转化为生活实践导向的精神"[1] 并反映为中国古代知识分子信而好古的整体风貌。这种好古,就是对部落神话时代崇高道德秩序模式的推崇,并在思想上热衷于尝试重建过去的道德政治场域,而在该场域里,个体的道德知识活动是全部关系建构的基础,全部政治活动也都以道德知识传播的面貌来展开。或许正由于"内圣外王"思想推崇的部落时代还不存在完整的科层体制和国家机器,在其思想中也忽略了对国家机器传播功能的关注,呈现为略显浪漫的对"部落道德"的信仰。但就和柏拉图崇尚的理想国设想了一个"蜂群模式"的理想传播系统一样,它们只是构成东西方两种政治文明的起点,而远非终点。

（王皓然　谢清果）

---

[1]　[德]约恩·里森:《历史思考的新途径》,綦甲福、来炯译,上海:上海人民出版社,2005年,第63页。

第二章 作为民俗传播推动力的圣贤

中华贤文化与魏晋南北朝端午民俗的生成与传播

魏晋南北朝时期，天灾人祸的背景下持续且规模巨大的人口流动为端午民俗的传播和演进创造了条件。这一过程中，端午民俗的内核顺应时势，逐渐由"敬天"向"敬贤"转向。以对"贤"的推崇与追求为主的中华贤文化，借助源流故事这一语言符号和与之相关的祭奠仪式等行为符号在端午民俗中完成了自身意涵的嵌入，为端午民俗在南北方不同语言、不同文化的人群间的传播，为其在不同阶级的士族和平民间的传播架起了桥梁。中华贤文化加速了端午民俗形成集体认同的过程，推动了端午节的正式确立。民俗又以"规范"的力量反作用于中华贤文化，成为其进一步散布的动力。

端午节作为中国四大传统节日之一，在国人的民俗生活中占有重要的一席之地。其历时悠久，流行广泛，诸多古老而独特的节俗仍被较为完整地保留了下来，其间丰富的文化内涵也随之传承和传播。而贤文化则可谓端午民俗文化的核心内容，突出的体现之一即在于现今人们已经十分普遍地接受了将纪念爱国诗人屈原作为端午起源的说法，尊贤敬德、缅怀先烈的政治性意味浓厚。只是翻阅史籍，可见屈原传说同端午的关联事实上迟至东汉时期才见载于册，且随后长期同纪念曹娥、伍子胥、介子推和越王勾践等历史人物的说法并行，难以称作确凿不移的信史。但是，这些就端午源流进行附会的传说故事的出现和流变，依然能够为是时民俗传播与贤文化的联结过程提供一些线索。

詹姆斯·凯瑞指出："传播是一个符号和意义交织成的系统，而传播过程则是各种有意义的符号形态被创造、理解或使用的社会过程，在这个过程中现实得以生产、维系、修正和转变。"① 在端午习俗逐渐形成和长期演变的过程中，贤文化借助源流故事这一符号将自身的文化意涵嵌入了整个端午节庆的符号体系之中，使"尚贤"的思想成为民俗的一部分。这一嵌入以魏晋南北朝时期为关键的时间节点，

---

① ［美］詹姆斯·W.凯瑞：《作为文化的传播》，丁未译、北京：华夏出版社，2005年，第12页。

同当世频繁且大规模的人口迁移密切相关，进而对端午民俗传播和贤文化发展皆产生了深远影响。一方面，这促成了现在为大众所熟知的端午民俗的初步确立；另一方面，这对贤文化的向外扩散、上下渗透和纵向传承皆起到了强有力的助推作用。是以，本章欲探析魏晋南北朝端午民俗的生成与传播过程，望探明其间中华贤文化和端午民俗的相互作用。

第一节　端午民俗与传播研究的学术史回顾

端午节因其在中国传统岁时节日中的特殊地位而备受各方人士的关注，相关研究贯穿古今，大致可分为资料辑录、辩证考据和文化阐释三类。古代文献中的相关记载主要集中在前两者的范畴内，常散见于以节日仪式为主题的典籍和史书礼仪志、地方志岁时篇等章节中。历代文人对各地不尽相同的端午民俗和传说进行了长期且详尽的收集、整理和著录，为后世的研究保存了珍贵的信息资料。

由于"任何民俗都是存在于一定历史时期，属于一定集团所特有的"[①]，所以其必然地随着时代变迁和特定历史条件的变化而持续演进。有赖于科技的进步和西方田野调查等研究方法的传入，近现代辑录和考据工作的便捷性和科学性皆有了飞跃性的发展。与此同时，文化阐释类的研究也更上一层楼。相关变化主要发生在 20 世纪 60 年代及以后，结构主义、象征主义、功能主义等理论的引入为端午民俗现象的阐释提供了更多元的视角，学者们的研究倾向随之完成了从端午起源考辨到文化分析的转变。

20 世纪的端午节研究基本限定在民俗学和文化人类学的范畴之内，直至 21 世纪初，以 2004 年韩国"江陵端午祭"申遗事件的发生为重要节点，随着中国政府与民众对端午重视程度的提高，学术界针对端午节的研究迎来了一个高峰。相关研讨会在北京、厦门等地陆续召开，围绕端午非物质文化遗产保护的讨论呈现迸发的态势。

传播学正是在这一背景下正式开始介入端午研究领域，为之提供了跨学科的视野和新的发展点。相关融合的尝试可见以下几个方面：一者，基于传播仪式观理论的考察，相关研究诸如章超[②]探究了端午仪式的存续及其特点，但相关论述较为浅显，未能深入里层。再如郭讲用[③]著文运用比较分析的方法，在探究中韩两国

---

　　① 孙进已：《民俗理论三题》，《民俗研究》1991 年第 4 期。

　　② 章超：《从法定端午节中看仪式传播模式的变迁》，《新闻世界》2009 年第 6 期。

　　③ 郭讲用：《仪式传播：信仰共享与文化转换——中韩端午节仪式传播比较》，《当代传播》2011 年第 4 期。

端午仪式传播及其文化内核的基础上生发出对我国端午节"仪式空壳"问题的自省，进而探究了传统文化的传承问题，其文警示作用显著。二者，跨文化传播视域下的考察，例如郑寅淑，张丽萍[①] 从舆情事件出发，探讨了端午文化在中韩间传播的过程中可能存在的认识差异及其影响，并分析了这一争论事件对两国文化交流的作用。三者，针对端午文化媒介呈现的考察，例如宋素红，聂岑娜[②] 借助统计分析的方法研究了相关问题，发现官方过于重视政治意涵和消费市场展现出的新形式都对端午文化产生了冲击，民众活动呈现新旧传统并举的态势，认为消除文化传播的碎片化势在必行。再如李阳[③] 则通过对媒介融合背景下端午节媒介呈现的说明，探析了端午仪式传播和端午文化符号与情感价值的认同建构。

综上可见，端午民俗传播研究多是由 21 世纪初中韩间特定的历史事件触发，专注于当代端午文化的传承流变与跨文化传播，对历史上端午民俗传播与演进的过程关注不足。同时，因端午民俗传播研究和民俗传播的整体性研究可谓齐头并进，两者皆处在摸索前行的开拓阶段。在这样的情况下，聚焦于单个节日的讨论一方面作为整体的一部分助力于整体的发展，另一方面又在客观层面上对整体研究的成果运用不足，以至一定程度上缺乏系统性。再者，因为端午节本身具备一整套可供共享的符号体系，其间各式文化元素纷繁复杂，所以端午民俗传播的具体内容和文化内核指向什么，需要进一步厘清。

是以，本章在前人相关研究的基础上，选择了魏晋南北朝这一端午民俗初步确立的时期和贤文化这一端午文化的核心内容作为研究对象，期望追根溯源，在借鉴民俗传播相关成果的基础上，探究在端午民俗传播与贤文化的联结过程中两者间的相互作用，以此为推动这一研究方向的发展尽绵薄之力。

第二节 中华贤文化：敬贤思想的内涵与流变

中华贤文化作为华夏文明极为重要的一环，可谓源远流长，且历经世事变迁，与时俱进。其内核是对"贤"的推崇与追求，其外延包括了统治者层面的爱贤、选贤、用贤和社会层面的尚贤、育贤、成贤。换言之，贤者作为德才兼备的能人得到自上而下的尊敬，成为古今有志之士所努力的共同目标。

---

① 郑寅淑、张丽萍：《论互联网中中韩两国端午文化遗产争论的认识差异及其作用》，《当代韩国》2009 年第 3 期。

② 宋素红、聂岑娜：《端午文化的媒介呈现——以〈人民日报〉〈海峡都市报〉为例》，《东南传播》2012 年第 9 期。

③ 李阳：《当代端午节的传播转型与节俗文化认同建构》，《视听》2020 年第 9 期。

一、贤者：中华贤文化的重要传播载体

"贤"，常与"圣"联结，合称"圣贤"，两者意涵近似，但又不尽相同。

首先就交叠部分而言，两者皆指向了才能和德行并存于一人之身的至善，是一种理想化的崇高人格，代表着自黎民至帝王所追求的最高精神境界。《易·系辞上》载："有亲则可久，有功则可大。可久则贤人之德，可大则贤人之业。"①这陈明了贤人所需具备的道德品性和以其德才所应成就的伟大功业。《资治通鉴》亦有言"才德全尽谓之圣人"，即德才兼备的人方可以称得上圣人。但是针对"圣贤"的标准，拥有才德也不过是基础性的。才德之上，"圣贤"所必备的要求是建功立业以福泽天下百姓。换言之，从儒家思想出发，"圣贤"必定是一心为民，以言行践道，并最终有所成就的人。若非如此，则不足以称"圣贤"。《大戴礼记·哀公问五义第四十》所载孔子答哀公问时所言即道出了这个标准。

那么，由内在的德才修养至外在的丰功伟业，圣贤何以成就自身？传播成为实现这一目标的重要途径之一。已有学者论证，"圣人之原型即拥有超凡传播能力，能够沟通天地人神、偏倚耳听口传的'传播之王'"，而"后世圣人的形象与内涵多有变异，但其多知、善听、善施教化的角色一脉相承"②。其论述虽仅言及圣人，但同样适用于贤者。因为圣贤相依，贤者同样作为才高行洁的至善之人，其所扮演的社会角色与圣人具备一定的相通性。贤者一方面通过教育、教化向他人传播知识与道德规范而得以作为实际的传播者存在。另一方面，他们的言论、事迹被记载、被歌颂，这又使其作为传播内容得以流传。贤者乃至中华贤文化的影响力由此而生。

其次就相异部分而言，圣贤的差异突出表现在境界的参差，一般而言，"圣"的境界更高于"贤"。这具体表现在两个方面：一是"圣主""贤臣"之分，"圣上""圣旨"和"圣明"等词都表明了"圣"在古时常与帝王挂钩，"招贤""求贤"和"举贤"则体现"贤"为名词时常作为统治集团的招揽对象存在。二是"圣神""贤人"之分。中国古人所理解的圣人，既是拥有宽广胸怀和雄壮力量的人类救世主，又是道德品质极为高尚的人格化身。③从某种层面来讲，不论是尧、舜、禹等先王，还是孔、孟等圣人，都是在后世之人的缅怀与悼念中被推举上了神坛并具备超人特质的，几乎没有在逝世前封圣者。但成贤则不同，相比于成圣，这仍是个人可通过自身修炼至于当世所达成的目标。

① （魏）王弼、（晋）韩康伯、（唐）孔颖达：《宋本周易注疏》，于天宝点校，北京：中华书局，2018年，第379页。

② 潘祥辉：《传播之王：中国圣人的一项传播考古学研究》，《国际新闻界》2016年第9期。

③ 王文亮：《中国圣人论》，北京：中国社会科学出版社，1993年，第2页。

在这一差异下，相比更近似于作为精神层面的崇拜对象存在的圣人，贤者更多地承担起了现实层面广泛的社会治理责任。以乡贤为例，在古代乡土社会的中国，乡贤在地方管理中作为官僚与民间的中介角色为国家利益服务。[①]从古代的乡老、乡绅参与乡里诸番事物的协调，到现今中国社会对发挥新乡贤作用以助力乡村振兴的新乡村治理模式的探索，这些事实都说明乡贤一直以来都是乡村治理的重要一环。贤者在教化之外通过参与社会治理，向外施加自身权威性的影响力，促成社会整体的正面发展。这一过程中，贤者所承载的贤文化逐步深入人心，渗透至社会生活的多个方面。

综上可见，贤者是中华贤文化传播的重要载体。一方面，贤者具备同圣人相通的多知善教的特点，其既作为传播者也作为传播内容的主要来源在教化传播过程中言说"贤"的思想。另一方面，他们因自身才德被吸纳入统治集团，作为维护社会秩序的重要力量形成社会影响，进而推动中华贤文化的传播。

二、战乱与移民推动魏晋南北朝时期的中华贤文化传播

中华贤文化的传播与形成有其历史过程。尧、舜、禹等先王被尊称为圣时，社会已存在崇圣尚贤的实践，但是相关理论的正式总结和提出事实上迟至春秋战国百家争鸣之时才发生。虽然各家就圣贤的见解并不完全一致，但"圣贤当德才兼备"一点还是得到了广泛的认可。时值乱世，诸侯求强，苍生求存，觅贤、用贤成为自然甚至迫切的要求。秦汉一统后，儒家独尊地位的确立标志着其所倡导的"尚贤"思想于百家博弈之中胜出，其影响长久而深远。至魏晋时期，随着战乱再起，贤文化传播、发展出现了新的契机。

从东汉灵帝中平元年（184 年）至隋文帝开皇九年（589 年），从黄巾起义的爆发至隋灭陈完成全国统一，这四百余年间中原大地上的天灾人祸绵延不休。一方面，战火似无止境的炼狱，魏晋南北朝时期前后存续过的大大小小三十五个政权为了各自利益所发动过的战争不胜枚举。其中既有统治集团内部为争权夺利而同室操戈，也有不同民族间为抢夺资源而兵戎相见，两相交织使民众成为最直接的受难者。另一方面，自然灾害周期往复，再加上缺乏强有力的统一政权组织水利工程等大规模基础设施的建设和开展赈济、调粟、借贷、除害、安辑、抚恤等系统化的救灾举措，这使得自然灾害相较和平时期发生频率更高，波及范围更广，持续性更强。

在这一背景下，大批量的人口流动出现。依据流动的方向可将其大致分为两

---

① 姜方炳：《"乡贤回归"：城乡循环修复与精英结构再造——以改革开放 40 年的城乡关系变迁为分析背景》，《浙江社会科学》2018 年第 10 期。

类：第一类是人口向战乱地区的迁徙，迁入地多在洛阳、邺城等魏晋和北朝政权的中心地带。此类人口流动多是政府强制行为，目的在于补足人口以填补战争的损耗，维系政治统治。第二类是人口向安定地区的迁移。此类多是自发性行为，出于躲避北方中原地区人为和自然双重灾难的需要，从下层民众至上层士族，各阶级人士皆选择了大举外迁，迁入地多为江南、蜀地、河西和辽东等是时被认为相对边缘的地区。其中又尤以江南为主要的落脚点，依据葛剑雄推测，至刘宋大明年间（457—464 年），江南的北方移民及其后裔至少有 200 万①。

事实上，自有秦一代开始，史书中便不乏就移民活动的记载，"移民的主流是北方黄河流域向南迁往长江流域及更远的地区"②。魏晋南北朝的人口流动虽具备多向性，但是整体仍契合这一特征，而其主流趋势在西晋相继爆发"八王之乱"和"永嘉之乱"后可谓极度突显。中原遗黎大规模南渡，这"虽为民族一般之趋势，然其间要以冠冕缙绅之流尤盛"③，可见南迁的北人以上层士族成员为主体，又常是举家一齐行进的家族集团式流动。

人的迁移需要信息也传递信息，人的迁移携带自身文化也面对不同文化。④这样具备一定特殊性的人口流动对于南北方人民的相互了解与文化互通产生了重大影响。随着中原士民南迁，中原文化和江左文化产生激烈碰撞，又最终走向趋同和整合，促成了江左文化风貌的巨大转型，包括玄谈风气浸润下儒道学问皆走向义理、玄佛合流肇始，斥力尚文的风气骤起等。这昭示着一个以建康为重心的汉文化中心，以中华文化主体地位的姿态崛起于江左。⑤南渡士族联合江左世族建立偏安政权，使得中原文化在南方得以存续和发展，避免了因外敌入侵而产生的文化断层。⑥

这一被保留下来的文化虽然随着玄学兴起、道教盛行和佛教传入而呈现出多元共荣、交流互进的特质，但是儒学的地位并未受到根本性动摇。是时多有兼习二学或三学的学者，而儒学往往牢据其一。时人的"尚贤"思想在战火纷飞、天灾人祸不断的特殊年代得到强化。具体而言，帝王常称"天子"，以上天所任命的天下共主的身份标榜和维护自身政权的正统性，其作为无形的天命在人间的代理人而得到世人敬仰爱戴。但魏晋南北朝时期频繁的朝代更迭和权力集团内部为争权夺势所做的诸般不仁不义之事，皆重创了下层民众之于皇权的敬畏，进而动摇

① 葛剑雄：《中国人口史》（第一卷），上海：复旦大学出版社，2002 年，第 568 页。
② 葛剑雄：《中国移民史》（第一卷），福州：福建人民出版社，1997 年，第 45 页。
③ 谭其骧：《长水集》，北京：人民出版社，1987 年，第 220 页。
④ 赵建国：《人的迁移与传播》，北京：中国社会科学出版社，2012 年，第 28 页。
⑤ 孔定芳：《永嘉乱后的中原移民与江左文化》，《江海学刊》1998 年第 5 期。
⑥ 陈寅恪：《金明馆丛稿初编》，北京：生活·读书·新知三联书店，2001 年，第 55—57 页。

了"敬天"思想的根基。在这一历史背景下，"敬贤"，即将于乱局之中力挽狂澜的希望寄托在贤明之士身上，向贤文化问询时代出路，成了从普通百姓至士大夫共同的选择。换言之，贤文化于这一时期逐渐在华夏民族内部成为不同群体间的共识。

第三节　由敬天而敬贤：端午民俗传播过程中的习俗演变

在上述背景下，端午节民俗在魏晋南北朝时期发生了自敬天向敬贤的转向，中华贤文化借助源流故事这一语言符号将自身嵌入整套端午民俗的符号体系之中。其实现有赖于大规模的人口流动，在客观上促成了原本分属不同地域的群众之间的经济、文化往来，为民俗传播奠定了基础。而这又进一步助推了端午民俗的传播、发展。

一、人口流动：端午民俗传播的前提条件

民俗传播机制的相关认识自 20 世纪 90 年代起，经历了一个长足的发展期。孙进已较早地指出："习俗的传播原因：一是由于民族的迁移。另一种传播方式，是通过民族间的经济文化交往。"[1]两者其实都可归属于群体同群体之间的传播，不同民族的人群之间，因为迁移或经济文化往来等原因而产生联结，从而促成民俗的交流。魏晋南北朝时期的人口流动无疑属于这一范畴，尤其是北方汉族的大批南迁，使其同南方百越之间生发出最直接的交往，为南北不尽相同的端午民俗的互通搭建了桥梁。

聚焦到更微观的层面，群体间的传播仍需要依靠个体的互动来完成。是以，仲富兰于 20 世纪末提出民俗传播的结构模式，认为此即"'传者→民俗惯习←→媒介物←→心理积淀→受者'的循环往复的心理传播过程"[2]。这一模式将传者、受者分开，显示了其从人际传播视角出发的考量，更多基于一般的信息传播活动而提出。在科技革命尚未改变世界的时代，人际传播的形式仍主要限于两个人面对面地直接传播和以书信等媒介为主要信息传递渠道的间接传播。前者相较后者，优势明显，包括语言的直接表意、神情姿态的辅助补充、信息的及时交互和沟通氛围的营造等，"在场"感在极大程度上增强了传播效果。

正常而言，同土地关联紧密的传统户籍制度的管理，交通工具主要依靠人力和畜力的技术条件和安土重迁的本性思想控制等多项主客观因素，一齐决定了古

---

① 孙进已：《民俗理论三题》，《民俗研究》1991 年第 4 期。

② 仲富兰：《中国民俗文化学导论》，杭州：浙江人民出版社，1998 年，第 581 页。

代人际传播范围的有限性，即个人的活动区间是有限的，其所能传播的范围常囿于一村或一镇。但是，如上文所述，魏晋南北朝时期频繁的天灾人祸以极其强硬的姿态打破了上层建筑的禁锢，冲撞了黎民思想的藩篱，逼迫人们选择迁徙。每一个个体都作为携带着大量民俗符号的信息系统，在这一过程中同所相遇的新的个体进行着交互。各地不尽相同的端午民俗便在这一传播过程中不断互通有无，逐渐演进。

但是，民俗相较寻常信息有其独有的特殊性，主要体现在：一者，民俗是一个群体内部经过逐级传播所形成的行为模式[①]。二者，民俗包含了一整套可供群体成员之间共同分享的符号系统[②]。概言之，民俗是民间文化中带有集体性、传承性、模式性的现象。有鉴于此，仲富兰在自身民俗传播结构模式的基础上进一步指出，民俗文化的传播主要以口耳相传、行为示范和心理影响的方式扩布和传承[③]。其载体即语言、实物和行为这三类符号，其中语言涵盖了神话故事、谶谣、预言等，实物包括了祭品在内的物象，而行为则体现在林林总总的仪式上[④]。同样，庹继光和刘海贵指出，民俗传播缺乏单一信息来源、固定传播者、明显传播效果等一般信息传播活动的必备要素，但必然具有相对固定的信源、程式化处理、集体认同、信息变异等传播要素[⑤]。

这意味着未达到一定规模的个体间传播、临时性的短暂交往、不成体系的民俗文化沟通，这些事实上都不足以真正推动民俗在不同群体间的流转及其自身的发展。置于魏晋南北朝时期的历史背景下，持续性的、大批量的人口流动首先为端午民俗的传播创造了可能发生的必要条件。在此基础上，中华贤文化的嵌入成了端午民俗传播得以上下贯通布衣与士族，最终达成针对端午民俗的集体认同的重要动力。

二、中华贤文化嵌入：由敬天至敬贤的端午节内核转向

民俗事象是具有传承性的，但是更要注重它在演化和流变过程中的嬗变[⑥]。魏晋南北朝时期，端午民俗最关键的一点蜕变，即在于其文化内核由"敬天"向"敬贤"的转向。虽然终其全期，"敬贤"的倾向皆未能够完全取代"敬天"，甚至难

---

① 孙进已：《民俗理论三题》，《民俗研究》1991 年第 4 期。
② 宋颖：《端午节研究：传统、国家与文化表述》，中央民族大学，博士学位论文，2007 年，第 39 页。
③ 仲富兰：《民俗传播学》，上海：上海文化出版社，2007 年，第 51 页。
④ 仲富兰：《节日与传播互动关系述论》，《节日研究》2012 年第 1 期。
⑤ 庹继光，刘海贵：《民俗传播要素简论》，《新闻大学》2012 年第 4 期，第 7—12 页。
⑥ 仲富兰：《民俗传播学》，上海：上海文化出版社，2007 年，第 5 页。

以称作占据了绝对的主导地位，但是其确已有所萌芽和发展。这突出体现在端午民俗系统中贤文化借助源流故事这一语言符号所完成的意涵嵌入。

　　针对端午的起源，众说纷纭。其中既包含了传世文献中历代先民的附会，例如为了纪念屈原、勾践、曹娥、陈临、伍子胥、介子推等历史人物的诸多传说，也包括了近现代学者基于史料而展开的考据和分析，例如江绍原的"公共卫生说"①、闻一多的"祭龙说"②和刘德谦的"夏至说"③等。其中，江绍原和闻一多两者的说法都主要由端午习俗中的龙舟竞渡一项出发，将其同南方地区的巫术仪式和图腾崇拜等原始宗教信仰相联结。范红在对北方地区端午的登山习俗进行考证后指出，端午节起源于中原华夏族在夏至时节的祭天仪式，后与南方楚越文化交融④。由此可见，就端午起源的追溯事实上出现了古史传说中的"敬贤"和近现代研究中的"敬天"的分野，其中就"敬天"的讨论又呈现出南北地域的差异性，即北方以登山习俗祈年和南方以龙舟竞技祭奠龙图腾。

　　基于现有研究成果来看，就端午起源较为合理可信且得到广泛认可的说法仍是"夏至说"，其同时亦指向"恶日说"。概言之，端午源自夏至，而夏至于汉代及之前常被视作"恶日"，相关习俗以各式宗教色彩浓厚的"避恶"仪式为主，例如蓄兰沐浴、臂系五彩丝和门饰桃印等，皆旨在止恶气以禳病驱邪。其中包裹着先民朴素的敬畏天时与自然万物的思想。

　　"恶日"观念的形成盖因夏至时节作为一年之内白昼渐短的分界，被时人视作阳盛转衰之日。《后汉书》就此记载："仲夏之月，万物方盛，日夏至，阴气萌作，恐物不楙。"⑤端午，亦称端阳，指代阳气之端点，阴气欲将回升之日。在这一层面上，在节期尚未固定的节俗诞生之初，端午和夏至常并行于仲月，并逐渐在发展过程中形成合流。大致在魏晋南北朝时期，这一交融大致完成，以"五月五日"为固定节期，以"祈求丰收和安康、攘病除灾"为重要主旨的端午节渐趋确立。由此可见，端午源起受到以农业为主体的经济基础的决定性影响，又受制于时人对客观世界的认识水平，同时融入了诸多神秘性的元素，"敬天"的意涵是其最原始也最绝对的主题。

　　然而，在端午习俗演进的过程中，其"敬天"的内核却逐渐受到"敬贤"思想的挑战。以端午为祭奠先贤之日的说法频频见载于册，且地区差异性显著。并

---

①　江绍原：《江绍原民俗学论集》，上海：上海文艺出版社，1999 年，第 212 页。

②　闻一多：《闻一多全集（第 5 卷）》，武汉：湖北人民出版社，1993 年，第 11 页。

③　刘德谦：《"端午"始源又一说》，《文史知识》1983 年第 5 期。

④　范红：《端午节起源新考》，《广西民族学院学报（哲学社会科学版）》2003 年第 3 期。

⑤　（南宋）范晔：《后汉书》，郑州：中州古籍出版社，1996 年，第 118 页。

州一带（今山西部分地区）以纪念介子推为主。蔡邕《琴曹·龙蛇歌》载，介子推于晋文公落难时割股啖君，却在其复得势后拒受封赏，并携母隐居。文公以火焚山逼其出，介子推却抱木而烧死，文公遂下令民于五月五日不得用火以祭。[1] 苍梧一带（今广西梧州周围）以纪念陈临为主。据谢承《后汉书》载："陈临为苍梧太守，推诚而理，导人以孝悌，临征去。后本郡以五月五日祠临东城门上，令小童洁服舞之。"[2] 至江浙一带，民众的祭祀对象出现吴越的差异与对立。宗懔《荆楚岁时记》引注《越地传》云："（竞渡）起于越王勾践，不可详矣。"[3] 相传，勾践自五月五日始以"竞渡之戏"之名操练水军，在其忍辱负重最终复国后，此日便成为越人纪念勾践之日。邯郸淳《曹娥碑》则记述了浙东百姓对于伍子胥和曹娥的祭奠。据载，曹娥之父曹盱乃"迎伍君"的巫师，其在祭祀活动中溺亡，曹娥投江历经五日得其尸，遂得立碑设祭。[4] 其中，"伍君"即伍子胥，亦被尊称为涛神。他是识破勾践密谋的有识之士，却因越国作梗而枉死。吴国一带遂保有以歌舞祭之的传统。但是，传播最广的仍是纪念屈原说。宗懔《荆楚岁时记》载："五月五日竞渡，俗为屈原投汨罗日。伤其命，故并命舟楫以拯之，至今为俗。"[5] 应劭《风俗通义》及《续齐谐记》《隋书》等古籍均就此有类似记载。

详细辨析古籍中之于端午起源的各种传说，我们不难发现其中随处可见的贤文化烙印，如介子推割股啖君之忠和归隐山林之淡泊，陈临恪尽职守之诚和推行孝悌之德，勾践审时度势、甘愿忍辱负重之智，伍子胥直言正谏之勇和为谏而死之义，曹娥冒死入江求父尸之孝，屈原投江殉国、杀身以成仁的气节。这些皆是中华民族一以贯之的传统美德，是贤文化的重要表征。其内容以儒家思想为主，强调了仁、义、礼、智、信、恕、忠、孝、悌等德目，同时也兼收并蓄，融入了道家等流派的思想。

与此同时，一些原本意在禳灾的仪式也开始同崇祀先烈挂钩。以竞渡为例，如《荆楚岁时记》所载，魏晋及其以后，世人常以竞渡为纪念屈原之俗，但《古今图书集成》所引《武陵竞渡略》有载："今俗说禳灾，于划船将毕，具牲酒黄纸钱，直趋下流，焚酹诅咒疵疠夭札，尽随流去，谓之'送标'。"[6] 可见，竞渡本意在于以行船为祭，送走疾病和死亡的威胁，蕴含的乃是敬天祈神以求取安康的思

① （东汉）蔡邕：《琴操》，陈文新编：《雅趣四书》，武汉：崇文书局，2004年，第62页。
② （清）姚之骃：《后汉书补逸》，《四库全书·史部》第402册，上海：上海古籍出版社，1987年，第325页。
③ （梁）宗懔：《荆楚岁时记》，宋金龙点校，太原：山西人民出版社，1987年，第48—49页。
④ （唐）释贯休：《曹娥碑》，《全唐诗》第23册第837卷，北京：中华书局，1960年。
⑤ （梁）宗懔：《荆楚岁时记》，宋金龙点校，太原：山西人民出版社，1987年，第48—49页。
⑥ （明）杨嗣昌：《武陵竞渡略》，《古今图书集成》，北京：中华书局，1934年，第2236页。

想。这一点在江绍原《端午竞渡本意考》①和梁光桂《端午竞渡说源》②两文中皆有论证，另有如张君等学者则认为竞渡源自南方水居民族庆祝龙族再生的祭典③。但是在南北端午习俗融汇的过程，这一事项增添了"敬贤"的旨趣且其本意渐被忘却。

由此可见，"敬贤"的意涵以渐进的态势融入端午民俗中，端午在世人认知中逐渐同纪念于端午逝世的贤能之士紧密相连。这一现象至晚于东汉后期已有所显现，但是直至魏晋南北朝时期，随着人口迁徙所推动的南北方的习俗逐渐交互，其才慢慢在全国性的范围内达成共识，各路说法最终归于了屈原说。

三、相辅相成：中华贤文化同民俗传播的相互作用

在历史演进的过程中，纪念屈原之说逐渐形成了十分广泛而深远的社会影响，其传播范围和传播效果皆达到了其他说法难以比肩的程度。其中所弘扬的屈原其人具备的竭忠尽智、刚正不阿、爱憎分明和爱国尽节等精神品格，直接指向了儒家的仁义观。就此，郭讲用指出，我国端午祭主旨主要是对儒家慎终追远、爱国情操、忠义孝悌、士子精神的追忆与传播，契合了儒家实用的文化特点④。田清亦认为，端午节文化崇拜的一个重要体现就是对儒家思想的信仰⑤。可见两人皆意识到了端午民俗中对儒家思想的崇奉，这一趋势的形成同魏晋南北朝时期儒学的通行密切相关。虽然魏晋文化常同玄学之盛被一并提及，但是在洛阳之外和世家大族之下，儒学仍以师承家学的方式遍布邦域，且在事实上推进着其从"儒学"到"儒教"的演变过程。依照张岱年的观点，"孔学是一种以人道为主要内容、以人为终极关怀的宗教"⑥。

从这个层面来看，以儒家思想为其内容重要组成部分的贤文化同样借助世人"敬贤"的理念被抬升。在端午民俗传播的过程中，作为共识的贤文化为端午民俗在南北方不同语言、不同文化的人群间的传播，为其在不同阶级的士族和平民间的传播皆铺平了道路，架起了桥梁。

其作用的实现有赖于民俗符号这一载体。贤文化的嵌入丰富了端午民俗的神秘符号。其中既包括神话故事这一直接由贤文化的意涵所创造的语言符号，也包

---

① 王文宝、江小惠：《江绍原民俗学论集》，上海：上海文艺出版社，1999 年，第 203—229 页。
② 梁光桂：《端午竞渡说源》，《体育文化导刊》1991 年第 3 期。
③ 张君：《神秘的节俗》，南宁：广西人民出版社，2004 年，第 123 页。
④ 郭讲用：《仪式传播：信仰共享与文化转换——中韩端午节仪式传播比较》，《当代传播》2011 年第 4 期。
⑤ 田清：《论端午节的民俗特征演变》，《非物质文化遗产研究集刊》2014 年第 1 期。
⑥ 张岱年：《儒学与儒教》，《文史哲》1998 年第 3 期。

括竞渡等同"敬贤"相勾连的仪式等行为符号。这些符号承载并表达着深厚的文化意义。其作为人类创造的一种文化行为，具有传递、交流、传播等复杂多样的功能，或明显或隐蔽地传递着世俗生活的文化密码和信息。①正是在这些民俗符号被创造、理解和使用的社会过程中，民俗得以传播，并在传播中形成。

民俗符号的作用最突出的表现则在于加速了民众对端午民俗形成集体认同的过程，推动了端午节的正式确立。学者庹继光和刘海贵认为，在民俗当中，仪式和传说等属于表象，而蕴含在其中的文化精神则是内核，表象作为吸引族群成员的工具服务于文化内核的阐释②。但笔者倾向于认为表象下的文化内核才是真正足以吸引族群成员之所在，人们首先选择了自身认同的精神文化，进而对什么样的仪式和传说故事应当被传播或传承进行了取舍。这在端午民俗逐步形成和确立的过程体现得尤为明显，在风雨飘摇的年代，最终为人们所保留下来的源流故事即纪念忠君爱国、尽节死义的屈原的版本。贤文化精神嵌入端午民俗，无疑利于民众认同的凝聚，继而推动端午各项民俗在群体中得到广泛的认同，为端午的确立奠定基础。

在端午民俗形成的过程中及其正式形成之后，民俗又以"规范"的力量反作用于贤文化，成为其进一步散布的动力。

这一作用同样需以民俗符号为其载体。节日民俗符号具有严格的文化规范作用③。被嵌入端午民俗中的源流故事等语言符号和竞渡等仪式符号，一经形成就在特定的时空范围内成为特定的群体内人们所共同遵循的典范，进而成为人们习得其中的贤文化意涵的重要载体。以竞渡为例，据前人学者考证，其在最开始应是南方少数民族庆祝岁首的活动，属于夏至新年的庆典仪式之一。其大概率源自龙图腾的祭典，通行的地域以吴越一带为主，举办的主体大致限定在百越民族之内。这是人们至固定节期必然开展的活动，其功能即在于"让民众自动在同一个时间经历相同的活动，在相同的仪式中体验相同的价值"④。这一价值在其同纪念屈原等人物挂钩后，即融入了贤文化的要旨。而贤文化既推动着竞渡随着人口流动在更广阔的范围内传播，也借这一过程实现着自身影响力的扩大。

换言之，贤文化深远传播的实现倚赖于民俗形成过程中人们对于民俗的"集体遵从、反复演示、不断实行"⑤。而民俗一旦形成，就成为规范人们的行为、语言

---

① 仲富兰：《节日与传播互动关系述论》，《节日研究》2012 年第 1 期。
② 庹继光，刘海贵：《民俗传播要素简论》，《新闻大学》2012 年第 4 期。
③ 仲富兰：《民俗传播学》，上海：上海文化出版社，2007 年，第 42 页。
④ 高丙中：《对节日民俗复兴的文化自觉与社会再生产》，《江西社会科学》2006 年第 2 期。
⑤ 庹继光、刘海贵：《民俗传播要素简论》，《新闻大学》2012 年第 4 期。

和心理的一种基本力量，同时也是民众习得、传承和积累文化创造成果的一种重要方式①。由此可见，端午民俗传播之于贤文化的反作用力在其民俗形成的过程中已开始产生效力，随着其节日习俗的逐步模式化，其最终被固定为一种规范性的力量，成为贤文化散布的重要动力。

（刘苏琳　谢清果）

---

①　钟敬文：《民俗学概论》，上海：上海文艺出版社，2003年，第1—2页。

第三章　作为书院运营者的圣贤

以书院为媒：贤文化的组织传播路径和组织效能研究

书院是中国历史上一种独具特色的文化教育组织，它集聚了大量儒家知识分子，具有知识积累与组织传播的功能，也承担着知识更新与社会控制的使命。在其发展变迁中，书院作为文化内容输入与输出的平台，不仅对"振兴儒学，弘扬圣道"起着重要作用，也对普通民众的文化滋养有着不可磨灭的积极影响。基于此，本章将江西白鹿洞书院作为主要案例，意在探究书院、圣贤、贤文化三者之间的关系，试图厘清贤文化在书院这个特殊文化组织中的传播路径，并探索圣贤在组织传播效能提升中的功能角色。

第一节　华夏组织传播与贤文化

在开始贤文化在书院中的组织传播路径及组织效能研究之前，需要对几个重要概念进行界定。本节将梳理"华夏传播""贤文化""组织效能"的定义，并对相关以往研究进行回顾，试图发现研究的新视角，提出新的研究问题。

一、重要概念界定

1. 华夏传播。20 世纪 70 年代末，在一批接受过西方系统传播学教育，尤其是施拉姆弟子余也鲁、徐佳士等人的推动下，港台地区掀起了一股"传播学中国化研究"的热潮，自此拉开了华夏传播研究的序幕。1993 年，厦门大学成立传播研究所，成了专门推动华夏传播研究的机构。之后，孙旭培《华夏传播论》、黄星民《华夏传播研究刍议》等具有代表性和里程碑意义的著述和文献相继问世，使得华夏传播学逐步发展壮大。

厦门大学黄星民教授于 2002 年将华夏传播研究界定为"是对中国传统社会中的传播活动和传播观念的发掘、整理、研究和扬弃"[①]。其中包括了三层含义：第一层含义是"中国传统社会"，从时间上规定了其范围；第二层含义是"传播活动

[①]　黄星民：《华夏传播研究刍议》，《新闻与传播研究》2002 年第 4 期。

与传播观念"，囊括了历史上与传播相关联的方方面面；第三层含义是"发掘、整理、研究和扬弃"，从中提炼出既可指导我国传播实践、又可丰富发展世界传播学的理论精髓。在此基础上，华夏传播学的内涵意义得到了进一步的发展与补充，华夏传播研究会现任会长谢清果这样定义："华夏传播理论，是在对中国传统文化与文化传统中的传播活动和传播观念进行发掘、整理、研究和扬弃的基础上建构起来的能够阐释和推进中华文明可持续发展的传播机制、规律和思想方法的学说，亦是立足中国历史与现实，能够解释中华文明传播现象，解决中国社会传播问题，运用中华术语建构起来具有中国风格、中国气派的理论体系。"[①]

2. 贤文化。学界目前尚未形成关于贤文化的明确定义，但从各学者对于贤文化的以往研究中可以大致勾勒出贤文化的"具体样貌"。贤，繁体字写作"賢"，它的偏旁部首是"贝"，中国古代使用贝壳作为流通货币，所以"贝"是财富的象征，"贤"一开始代表着财富多的人。"贤"还有敬仰赞赏之意，如《礼记·礼运》"以贤勇智，以功为己"[②]。后逐渐演变为道德修养深厚、才能学识超越常人、在常人中最有德行和威望的人，即"圣贤"。自古以来，仁人志士们就将"修身、齐家、治国、平天下"作为孜孜不倦的追求，圣贤把这种思想和追求付诸生活实践并在大众中传播开来，这种以成圣成贤为追求的社会实践和文化成果形成的中华民族独特文化形态，就可称为贤文化[③]。尹立辉认为，圣贤文化的内涵极为丰富，是中国传统文化的重要组成部分，其中不乏教人修身、立志、治国安邦的大智大睿，深刻影响着中国人的思想和行为[④]。通过对已有相关研究的梳理，不难发现，"贤文化"的传播主体是圣贤，其传播内容主要是"以成圣成贤为追求形成的独特社会实践和中华民族独特文化成果"。本章以贤文化在书院中的传播为主要研究对象，同时也探讨了贤文化的传播主体——圣贤在书院中发挥的独特作用。

3. 组织效能。赫伯特·西蒙在《管理行为》一书中认为，组织指的是一种人类群体当中的信息传播与相互关系的复杂模式。组织效能，则是指组织实现目标的程度，主要体现在能力、效率、质量和效益四个方面。有研究表明，组织效能提升点包含：战略绩效管理、提升人效、优化组织结构、优化流程等方面，最重要的是先发现问题所在，再有针对性地提升。本章从组织效能的角度出发，意在发现圣贤在书院情境下如何通过赋能提高组织传播效能。

---

① 谢清果：《传播学"中华学派"建构路径的前瞻性思考》《新疆师范大学学报》(哲学社会科学版)2017 年第 38 期。

② 王婕、谢清果：《行贤不自贤——〈庄子〉的贤人观研究》，《中华文化与传播研究》2019 年第 2 期。

③ 孙鹏：《贤文化与组织传播研究》，《中华文化与传播研究》2019 年第 2 期。

④ 尹立辉：《试论圣贤文化对大学生完善人格培养的积极影响》，《知识文库》2016 年第 20 期。

二、研究回顾

1. 华夏传播研究概述。华夏传播研究主要以厦门大学黄星民、谢清果，浙江大学邵培仁及其弟子姚锦云为主要代表学者。其中谢清果的《华夏传播研究：媒介学的视角》借鉴媒介学的观念与思路，着重关注日常生活中的媒介，如牌坊、道路等，剖析它们如何勾连起人们的社会关系，维系人们的社会交往，探讨媒介是如何嵌入人们的社会生活，呈现出怎样的华夏传播面貌。2020 年，邵培仁、姚锦云合著《华夏传播理论》，是华夏传播研究领域中又一项重大成果，全书从理论建构的知识论、概念化与命题化实践两大板块出发，不仅探讨了华夏传播理论是否可能、如何可能以及如何建构等问题，而且创造性提出"从观念到概念、从思想到理论"的建构路径，并依据中华文化基因和传播元素探索性地提出一系列华夏传播理论观，是一次积极的、成功的传播学本土化实践。

除去经典著作外，华夏传播研究在机制和平台上也得到了广大支持。2016 年，"华夏传播研究会"作为学术共同体，由厦门大学传播研究所牵头并成立，为推动相关学术活动提供了稳定的组织，也建立了相应的综合性集刊来不断支持其发展，如《中华文化与传播研究》《华夏传播研究》等。

2、贤文化研究概述。笔者把"贤文化"作为主要关键词在中国知网进行搜索，同时在知网进行可视化分析，导出了关键词主体分析图 3-1。可看出，目前关于贤文化的研究中，"乡贤文化"所占比重较大。

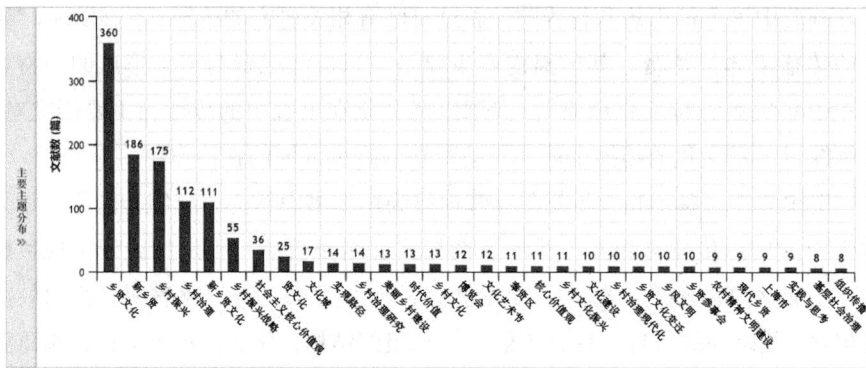

图 3-1：中国知网"贤文化"关键词文献主体分析图

同时笔者根据研究的对象主体进行划分，发现贤文化的研究对象主要为：社区乡村治理、贤文化的文化传播与价值功能与学校教育方法应用等三大类。

贤文化在社区乡村治理中的应用研究较为广泛。该类主要在以"乡镇、社区、公民群体"等组织群体为载体，研究在不同组织群体中，贤文化的正向功能对社区治理、乡村思想政治等领域的促进和推动作用。其次，贤文化的文化传播与价值功能研究类主要集中在贤文化的正向功能传播对中华传统优秀文化的弘扬、传承、创新、文化价值等层面的推动作用。贤文化同样也被部分学校教育所借鉴。例如内蒙古乌兰浩特第四中学开展了"尚贤文化"德育活动,以"仁爱、义勇、尚礼、明智、诚信"即"五贤"教育为主题,在传承传统文化的同时创新发展"尚贤"文化①。

3. 书院文化研究概述。"书院"一词最早完整出现在唐代。清代诗人袁枚在《随园笔记》中写道:"书院之名,起唐玄宗时丽正、集贤书院,皆建于朝省,为修书之地,非士子肄业之所也。"②目前书院的研究现状主要集中在书院历史文化方面、书院教育制度方面以及书院的文化旅游和建筑风水方面。

首先,历史文化方面。学界关于书院文化的研究成果十分丰富,从教育学、历史学角度切入的研究较多,如湖南大学岳麓书院教授邓洪波认为,书院通过教学、祭祀、藏书、刻书履行着积累文化、传播文化的职能,并且对中国文化走向世界起着重要作用③。其次,书院教育制度方面。这方面研究主要集中在书院对我国现代教育有着怎样的借鉴意义,剖析书院的教育机制和理念并提出适合于现代教育的创新举措。最后,书院的文化旅游和建筑风水方面。集中体现在分析书院自然和人文环境角度对旅游资源开发的作用,以及研究书院建筑的布局、建筑的文化底蕴等。

4. 贤文化与书院研究综述。目前,学界关于贤文化和书院的链接研究较少,其中,彭丹基于对江西省流坑古村"文馆"书院历史教育价值的梳理,指出要充分发挥文化载体的传承作用,才能更好地促进传统村落乡贤文化的活态传承和村落发展④。董艳华对清代东北著名书院——银冈书院遗址进行分析,突出其作为"容贤"的文化功能,留下了丰富的文化遗产和精神财富⑤。已有学者将书院和贤文化融合探究,但数量较少,研究范围还有较大开拓空间,值得进一步探索研究。

综合以上研究发现,关于贤文化的研究多集中在企业管理、乡村治理方面,关于书院的研究主要集中在文化、制度方面,将两者联系起来的寥寥无几。同时,作为华夏历史衍生发展而来的贤文化很少与华夏传播关联研究。书院作为一个承载华夏传播功能的特殊组织,也承载着贤文化的传播与发展,然鲜有研究将三者融合探索,可见贤文化在华夏传播语境中的组织实践与传播研究,是比较具有创

---

① 张鑫、陈莹燕、李刚:《贤文化研究综述》,《中华文化与传播研究》2018 年第 2 期。
② 季啸风:《中国书院辞典》,杭州:浙江教育出版社,1996 年。
③ 邓洪波:《中国书院传播文化的功效》,《湖南大学社会科学学报》1992 年第 1 期。
④ 彭丹:《文化自信视角下传统乡贤文化的传承路径分析——以江西省"流坑古村"为例》,《农村科学实验》2018 年第 8 期。
⑤ 董艳华:《试述银冈书院的"容贤"文化功能》,《文学教育》(中)2014 年第 3 期。

新意义的。

白鹿洞书院是中国创建最早的书院之一，为书院制度的产生和发展都开了先声，为后世提供了学规范本和办学准则，具有较高的代表意义。因此在众多学院中，笔者选取白鹿洞书院作为主要案例，在个案分析中找共性特征，比较能凸显书院作为华夏组织的传播功能和特点。

第二节　书院视角下的圣贤与组织效能提升

组织效能提升点包含：战略绩效管理、提升人效、优化组织结构、优化流程等方面。在贤文化的组织传播过程中，书院作为关键平台，那些"品德修养深厚、才能学识超越常人、在常人中最有德行和威望的人"，也就是圣贤，扮演着领导者、传播者、优化者等多重角色，为书院的组织效能提升做出了较大贡献。

一、圣贤办书院：实现双向赋能

赋能，顾名思义即赋予能力或能量。积极心理学中最早出现并使用该词，指通过言行、态度、环境的改变给予他人正能量，以最大限度发挥个人的才智与潜能[①]。赋能是双向的，既包括自我赋能，也包括赋能于他人。圣贤们在书院中提升了思想学识，规范了态度言行，陶冶了道德情操，完成了自我赋能。不仅如此，圣贤的思想行为影响书院学子，使得学子们的才智和内在潜能在潜移默化中得到充分发展，完成了赋能于他人。

白鹿洞书院则是由李渤兄弟自我赋能而诞生的。传言李渤青年时代与仲兄李涉于白鹿洞隐居读书时有一白鹿相伴，再加之该地地势低洼，便将此地称为白鹿洞。李渤兄弟隐居期间，励志诗文，博学多才，李渤更有"李万卷"之称。借由李渤兄弟的思想追求和个人影响力，白鹿洞书院呈现出初始形态：读书的场所。李渤升官后在此建立亭阁楼台，朝廷办"白鹿国学"，因此名声远播。白鹿洞成为教育机构则是从后唐的庐山国学开始的，在北宋正式发展成为白鹿洞书院，于南宋盛名于天下。

在白鹿洞书院的发展过程中，不得不提南宋理学大家朱熹，他所起到的积极推动作用使得书院文化发展壮大，也在为大批学子教育赋能的同时实现了个人的自我赋能。朱熹在南康任职期间，修复白鹿洞书院，直接使得白鹿洞书院再一次走向鼎盛并成为古代四大书院之一。其举措包括：为白鹿洞书院修建屋宇十余间；

---

①   高松：《变局下的赋能之道》，《企业管理》2020 年第 6 期。

亲自主持、主讲白鹿洞书院；聘请名流学者讲学；重视学田建设，制定了购置学田的计划，并筹集了部分资金；通过多种途径为书院收集图书等①。这些举措提供了强大的组织搭建和资源支持，推动了白鹿洞书院的发展与兴盛。朱熹一生致力于书院教育，"四大书院"（湖南岳麓、石鼓书院、白鹿洞书院，河南睢阳书院）中，他精心耕耘过三所：白鹿洞、岳麓和石鼓书院。除此之外，他亲自创办了寒泉精舍、武夷精舍和竹林精舍等书院，以书院为基地发展理学、培养人才。朱熹的一生与教育结缘，讲学生涯长达四十余年，在创办、管理、修复、讲学的过程中，通过书院教育承担了自己作为儒家知识分子的社会责任，提升了自我。同时，朱熹门人弟子众多，一大批学子在书院中开启才智，启发潜能，大多数人继承了朱熹的学术思想并将其传播发扬，创办书院或者讲学于书院，为当时社会的知识传播、文化传承贡献出了不可磨灭的力量。

二、圣贤制规章：优化组织结构

一个组织必须围绕一系列重要问题以保持高度的凝聚力和战斗力，比如目标、宗旨、规划和方针政策等，推动组织成员达成大部分共识。组织在传播的互动过程中自然就会形成共识，共识使得成员间达成默契，推动组织更好发展。书院作为承载着文化传播功能的特殊群体，规章制度也是必不可少的。

南宋时期的白鹿洞书院已经建立起一套比较完备的制度。朱熹为白鹿洞书院亲手拟订的《白鹿洞书院揭示》，分别从待人、治学、修身、处事、接物进行规范，开中国书院学规之先河，被认为是中国书院发展史上第一部实质性的书院规章制度，为书院制度化建设做出了重要贡献。

父子有亲，君臣有义，夫妇有别，长幼有序，朋友有信。右五教之目。尧舜使契为司徒，敬敷五教，即此是也。学者学此而已。而其所以为学之序，亦有五焉。博学之，审问之，慎思之，明辨之，笃行之。右为学之序。学问思辨四者，所以穷理也。若夫笃行之事，则自修身以至于处事、接物，亦各有要，其别如左：言忠信，行笃敬，惩忿窒欲，迁善改过。右修身之要。正其谊，不谋其利；明其道，不计其功。右处事之要。己所不欲，勿施于人；行有不得，反求诸己。右接物之要。

朱熹《白鹿洞书院揭示》

首先，"五教之目"开篇，点明了为学的目的，也是书院育人的目标。接着提

---

① 徐丽琴：《修复书院 振兴理学——朱熹与白鹿洞书院》，《江西教育学院学报（社会科学）》2004 年第 25 卷第 4 期。

出了"为学"的五大路径和准则，强调思辨和实践。之后，朱熹把"义利之辨"作为"处事之要"提出，体现出"义利"的辨别是一个人应该遵守的自我修养和社会道德表明，是为人处世的准绳①。最后以儒家核心思想——"仁"道精神结尾，其实是全文"为学""修身""处事""接物"所要最终实现的伦理境界，即"己所不欲，勿施于人"。短短 200 多字言简意赅，既规范了为学、处事的要义，也勾勒出了书院教育的理想图景。

有学者指出："白鹿洞学规不同于一般的学规，对宋代教育的发展具有带领先行作用，因此成为学风的转折点。"邓洪波说："书院何以有如此魅力，竟引不同时期的名师学子共折腰，其根源就在书院那可称'永恒'的精神及维持其精神的制度保证。而书院精神与制度则尽藏于各种各样的学规、章程之中。"②可见制度保证对于书院精神传播的必要性。而之后的书院制度在该揭示的启迪下，发展得更加规范和完备，甚至从办学宗旨、培养目标、教学内容和方式，以及教师的选聘、学生来源及条件、经费筹集和组织管理等，都有了比较明确的规定和比较规范的条例，其中一些准则如今看来也并不过时，可见其前瞻性。组织制度的规范化和稳定性，成了南宋时期书院兴盛的前提和保障。

三、圣贤刻书：提高传播效率

信息传递将组织的各个部分有机联结成一个整体，从而保障组织目标的实现和组织的生存与发展。它既是保障组织内正常运行的信息纽带，也是组织作为一个整体与外部环境保持互动的信息桥梁。《传播学教程》一书把大众传播定义为"专业化的媒介组织运用先进的传播技术和产业化手段，以社会上一般大众为对象而进行的大规模信息生产和传播活动"。从这个定义出发，有研究者认为，书籍多数是专业性的，有特定读者对象，印刷数量有限，很少超过一国人口的 1%。以一般公众为对象、大量发行的只占少数，因此书刊就主体或整体而言不属于大众媒介③。但也有学者直接将"大众传播媒介"定义为"在传播路线上用机器做居间以传达信息的报纸、书籍、杂志、电影、广播、电视诸形式"④。关于书籍是否属于大众传播媒介，部分学科没有很明确的答复。但在书院的文化语境中，书籍作为思想载体使得知识生产从"一对一"走向"一对多"，从书院内走向书院外，从专业

　　① 李宁宁：《〈白鹿洞书院揭示〉与古代大学的理念及形态》，《九江学院学报》(社会科学版)2015 年第 34 期。

　　② 邓洪波主编：《中国书院学规集成 (第一卷)》，上海：中西书局，2011 年，第 22 页。

　　③ 边春光主编：《编辑实用百科全书》，北京：中国书籍出版社，1994 年，第 4 页。

　　④ 沙莲香：《传播学——以人为主体的图像世界之谜》，北京：中国人民大学出版社，1990 年，第 115 页。

化走向平凡大众，从这个角度来说，书籍符合大众媒介的特点属性。书院藏书、刻书的活动让书籍成了贤文化的载体，并发挥书籍作为大众媒介的特点，使得知识的循环进程加快，组织内外的传播效率得以提高。

书院中学子之间、师生之间、与外部的百姓之间，进行信息交流的一大媒介就是书籍。崔寔认为"是经史典籍实为淑士育才之要具也"，历代各书院也将藏书视为重要的典范之一。白鹿洞书院书籍的来源主要有以下几类：一是朝廷御赐，二是贤士大夫捐赠，三是购买，四是刻书，本书着重分析刻书。关于白鹿洞书院最早的刻书记载是方岳曾在书院刻《先贤书传》，书院除刻印志书外，也刻印师长讲义、生徒作业等。朱熹亦重视刻书，"或刻之金石，以示见之久远计"[1]。书籍的刻印，不仅方便书院内师生传播，也方便书院外人士传播，间接推动了学术思想的繁荣。南宋理学昌盛，朱熹等理学大家丰富的学术成果为书院刻书提供了思想和内容来源，这些书籍除满足自身教学和学术研究需求外，也流向广大百姓，开发民智，促进地方文化事业发展，有助于不同学派思想的交流与碰撞，提高新思想的生产效率。从这个意义上讲，刻书不仅提高了圣贤思想的传播速率，也反助力于圣贤思想的生产与效率提升，两者相辅相成，形成良性循环。

第三节　贤文化的组织传播路径探究

组织传播在严格意义上可以根据组织内的关系结构特征，将组织传播分为正式传播和非正式传播[2]，但实际操作中很难将两者完全分开。组织内的正式传播与非正式传播常常是交织在一起的，成员之间的互动影响着组织向外传播的效率，而与外部的互动也会影响着组织内部成员的交流与沟通，可以说组织中的成员时时在进行传播，不论是对内还是对外。因此在本章节，组织的"内"与"外"将不进行具体区分，而是结合书院的三个活动——教学、祭祀以及讲学，分析贤文化在组织内外的传播路径。

一、圣贤之学：儒家伦理道德为教学本位

陈力丹于 2016 年提出了组织传播的四类理论，即以"机器"类比组织、以"家庭"类比组织、以"系统""有机体"类比组织、以"文化"类比组织。其中，以"文化"类比组织理论认为，人和组织都是处于具体文化（文明）中的，生活在某一文化圈内的人形成相近的认知，某种文化无形中控制着处于这种文化笼罩

---

① 周銮书等主编：《千年学府——白鹿洞书院》，南昌：江西人民出版社，2003 年。

② 陈力丹：《组织的内外传播》，《东南传播》2016 年第 3 期。

下的人和组织①。组织文化的形成依赖于组织中成员之间的互动与意义交换，某种程度上组织本身就可以算作一种文化。并且，拥有较高文化认同感的组织中，成员会潜移默化受到组织文化影响，不自觉地体现在日常言语、行为之中，反作用于组织文化，形成良好互动，书院的组织传播正体现了这一点。中华民族文化的核心是儒、释、道，其中又以儒家思想为核心。在儒家思想如此盛行的古代社会，书院更多是作为儒家象征物而出现的，儒家思想进入书院中，在书院中形成约定俗成的文化崇尚，并通过教学活动传达到各学子，完成了儒学在书院中的第一次传播。其次，整个书院形成崇儒尚贤的组织文化，通过学子们的言行举止、思想追求进一步展现。

封建社会中，教育总是为统治阶级的政治服务的。在儒家思想"建国君民，教学为先"盛行的环境中，书院成为"政治之助"是很自然的事情。学者程廷祚在《钟山书院碑记》中就认为："教之兴也，上躬行以倡，下励志以率，近者悦服，远者观感，此学校之有益政治而化民成俗，其用斯隆也。"书院承载着儒家的道德教育，即培养符合儒家道德观念的理想人物，圣人、贤人是儒家学者推崇的道德理想人格，成圣成贤是"儒教至高无上的成德目标"。白鹿洞书院立学一千多年，历代的课程设置虽有所变化，但主干课程是儒家经典。在其发展历史上，主洞、副讲也大多为儒家学者，如朱熹、陆九渊、湛若水等。白鹿洞书院复兴后，朱熹亲自讲授了《中庸》首章，还请了不同学派的陆九渊讲《论语》喻义章，共同探讨儒学，这也成为历史上一次很有名的会讲。教学中，学子除了学习先圣先贤的学说、继承先圣先贤的学术思想外，还要感怀其德行，学习并继承其道德情操，以达到圣贤之境。

儒家伦理道德为教学本位的传播阶段，通过在书院中形成约定俗成的文化崇尚，达到至高无上的成德目标，也在儒家思想的熏陶与氤氲中，书院中的师生们形成了相对一致的文化价值观，建立起了古代书院独特的组织文化，这与"文化类比组织"的传播模式相似。

二、释菜礼贤：崇儒乃圣朝之盛典

符号作为人类传播的基本要素，是人们在长期生产劳动中为满足交流需要创造出来的一系列传播信息的工具，也是现实世界与意义世界的互动桥梁。胡河宁指出，任何组织都是一个意义系统和符号处理器②。这表现为，组织中的物品在传播过程中被赋予了意义和文化，并相互交织形成了蕴含组织文化的符号系统，组

---

① 陈力丹：《组织传播的四类理论》，《东南传播》2016 年第 2 期。
② 胡河宁：《组织传播符号的伦理意蕴》，《社会科学战线》2006 年第 4 期。

织成员也按照某种约定俗成的仪式对符号进行解读。在组织传播过程中，组织成员对物品进行再编码和再解读，赋予了新的意义内涵。

南宋时期，官学中的庙学制已经比较完备，书院的祭祀活动也比较普及。南宋孝宗淳熙七年（1180 年），朱熹按照《国朝故事及郡图经》，于城东北十五里建白鹿洞书院，行释菜之礼，祭祀先圣，以兖国公颜回、邹国公孟子作为配享的先师。南宋光宗绍熙三年（1192 年），朱熹建竹林精舍，行释菜礼。书院落成时要祭告先圣先师，白鹿洞书院落成，朱熹作《白鹿洞成告先圣文》和《白鹿洞成告先师文》①。作为三大基本活动之一，书院悠久、别致的祭祀传统，通过对象、制度以及建筑等，其实是搭建起了士人与先圣先贤交流"对话"的意义世界。

祭祀对象作为组织传播的符号之一，规定了"对话"的对象和方向。白鹿洞书院的祭祀对象较多，诸如先圣、先儒、先贤等，并根据身份差异，在不同的祀庙中进行祭祀活动。其中，大成殿是专门祭祀孔子及其弟子的祀庙，其名源自《孟子·万章下》中的"孔子之谓集大成"之句，彰显了孔子在整个书院祭祀中的主体地位。除此之外，还设有宗儒祠、先贤祠、二先生祠等祀庙，对象则是朱熹、李宾客、周敦颐、李勃等人。祭祀制度则通过仪式的加持，无形中体现了儒家的传统礼仪，制定了组织传播的功能和制度。祭祀制度以"释菜""释奠"两种祭典形式为主。"释菜"也视为"舍菜"，即放置菜蔬于祭位之前，以通其"神灵"。对于该礼，宋代学者吕大临提出："释菜，礼之至简者也。不在多品，贵其诚也。"祭祀完毕，还会记录成文，"其辞有散文，有韵语，有俪语"，散文类如朱熹《白鹿洞成告先圣文》、胡居仁《祭李宾客白鹿等先生》。诸如此类祭文，不仅仅让学子在仪式中感怀先圣先贤而与他们"对话"，也通过文字符号形成媒介留存，提高信息的保存度，使得圣贤思想源远流长。

三、广延生徒：是学播于乡国者

组织的正常运行离不开组织内部信息的有序传播。组织决策的贯彻、指令的下达以及日常工作的开展等，这就构成了组织的内部传播。根据信息流向及特性的不同，组织内传播又可分为上行、下行、平行传播三类正式传播方式。书院中师生之间、学子与学子之间的交流，符合以上三种传播方式。另外除正式的信息传播方式之外，组织内部存在大量的非正式信息传播，比如学子之间的学术交流等。师生作为书院成员，无时无刻不在参与着组织传播，并与组织内、组织外不断进行意义交换。

---

① 朱熹：《朱子全书》，上海：上海古籍出版社、合肥：安徽教育出版社，2002 年。

组织作为有机体，信息的输入和输出是实时更新的，组织内外的互动也是无时无刻发生着的。书院中的会讲制度为贤文化流向大众奠定了基础，也促进了书院与普通大众之间的意义交换。《礼记·学记》中提到"君子如欲化民成俗，其必由学乎"，白鹿洞书院的会讲向民众开放，使得贤的思想和文化向外传播。会讲是白鹿洞书院的一种教学形式，可以是主洞讲、先生讲，也可以是学生讲或师生切磋；可以是洞内讲，也可以洞外讲。在白鹿洞书院讲会上曾有这样的盛况："讲喻义一章，环而听者千人，田夫野老有闻而泣下者，是学之播于乡国者"，"南北之士皆来集听讲"①。

对比起初始形态私学，这时候的书院教育呈现出了文化教育下移的趋势，传播对象也由上层贵族学子转变为普通大众。一些教育家甚至直接以面向社会下层的讲学为目标，内容不再是四书五经等儒家经典和圣贤之学，而是走向通俗化、大众化。组织内的人和事在不断与组织外进行着意义互换，通过书院会讲的开放性，对普通大众的教化意义得以实现，也使得贤的思想从书院走向大众。

由儒家思想在白鹿洞书院中的传播路径可得出，书院作为独特的文化组织，为贤文化的输出和输入都搭建了比较便利的平台，其中圣贤是传播过程中的关键环节，既是文化输入者也是文化输出者。在儒家文化的熏陶和氤氲下，贤文化经书院传入，学子进行自我信息处理与传播，最终传出书院，形成尚贤崇儒的社会风气，可以说是一个良好的闭环传播。在此传播中，圣贤通过创办书院、刻书讲学、制定制度等实现了自我赋能，也积极承担起了社会责任，体现了高尚的人格和品德。

第四节　探索现代书院传播新发展

江西白鹿洞书院现已成为集"文物管理、教育培训、学术研究、旅游接待、林园管理"五位一体的综合体，同时开展面向不同年龄段学生的主题研学活动，古时圣贤弘扬的书院精神得以代代流传。或许通过与古代书院"对话"，能重温"成人成圣教育"，感知先贤高尚情操，亦能为当今教育提供思路参考。

一、书院复兴：重现"百家争鸣"新态势

书院萌芽于唐代，兴盛于宋代，普及于明清，经元、明而不衰，然至清末，随着整个封建教育制度的衰败和近代新式学堂的诞生，古代书院消失在人们的视

---

① 周銮书等主编：《千年学府——白鹿洞书院》，南昌：江西人民出版社，2003年。

野当中。近些年来，随着官方对传统文化的重视，各种不同规模、形态、性质的书院相继出现，重回大众视野，呈现出复兴的势头。有数据显示，就民政部门正式注册、有稳定办公地点和稳定的工作人员的书院而言，按照我国 34 个省级行政区域，暂不列香港，澳门 2 个特别行政区，2008—2017 年就有将近 800 所书院登记，性质上有公办、民办，公私合办①，既有政府的文化品牌建设，也有企业以书院带动产业区域发展的，可以称得上重现"百家争鸣"之态。

其中，同济复兴古典书院于 2015 年 3 月 14 日正式诞生，由前期同济大学教授柯小刚创办道里书院和大有国学班发展而来，其使命就是做"公益开放的人文通识教育"，亦成为上海最有影响力的复兴书院之一。该书院依托同济大学的优质师资力量，同时吸引上海及外地多方教师参与，课程包括经史子集、传统艺术以及西学经典等，同时传承古代书院的会讲制度，多方讨论并通过网络公开传播。但此类书院复兴更多的是高校承办，除同济复兴古典书院外，苏州大学试办"敬文书院"、郑州大学在"嵩阳书院"旧址上建立新型书院、南方科技大学创办"致仁书院"等，都尝试依托高校优质文化人才资源，探索"校院合作"形式②。当然，现代复兴的书院不仅限于上述形式，它们的出现都揭示了古代书院在现代视域中并没有被抛弃，相反越来越多的有志之士正积极探索传统文化和现代文化的对接与融合，中华传统文化中的精华部分正渐渐被唤醒，大众正重拾华夏传播的珍贵文化记忆。

二、忆古喻今：探索现代教育新模式

书院文化历经千年而弦歌不绝，在书院大势复兴的今天，我们应该进一步思考它对于现代教育的借鉴意义。

连通传统与现代：国学重回大众视野。古代书院教学内容主要是以儒学为核心的传统文化及其经典，是中华民族发展史中先圣先贤的智慧结晶，书院复兴有助于重拾传统文化，并从中挖掘智慧、汲取养分。近年来，民间兴起"国学热""汉服热"等，借此契机，复兴书院可以成为民间国学热的有效投射平台，使得国学组织化、集体化传播。借助复兴的书院，开展与先贤先圣"对话"的传统文化研学活动，让现代青少年以身临其境的方式感知千年历史文脉，或许可以把遗忘多年的传统文化重新唤醒，重新形成崇贤尚贤的社会风气。

---

① 戴美玲：《传承与创新：文化现代化视野下的中国书院研究》，博士学位论文，厦门大学国学专业，2018 年，附录第 150 页。

② 杜华伟：《书院的复兴与现代转化——以同济复兴古典书院为例》，《大学教育科学》2017 年第 3 期。

注重自我教育：修身养性治学。无论是朱熹为白鹿洞书院所作"博学之，审问之，慎思之，明辨之，笃行之"的修身之则，还是王文清为岳麓书院制定"朔望恭谒圣贤，气习各矫偏处"的道德教育，抑或顾宪成为东林书院所写"风声雨声读书声声声入耳，家事国事天下事事事关心"的自我规训，古代书院始终遵循的是"成人"教育，即"促进人的自我提升和自我实现"以达到先圣先贤的道德境界。当代体制下的教育更多以高考为指挥棒，更多呈现出"千人一面"的流程式教育，无法真正发挥学生的主体能动性。立足教育现实并结合古代书院教育优势，融通古今学术体系，培养兼具学术思想和自我学习的现代人才，是如今书院复兴下的一大借鉴之处。

创新教育模式：促进知识流通。作为社会系统中的一个组织，书院的功能是多方面的，包括培养人才、开发民智、文化积累等，其中开发民智是今天仍然可以借鉴的。当今的高校教育与古代书院有着内在的文化根源，将高等教育圈于高校、教室里，将知识限于少数人脑中，绝不是明智之举。或许可迁移书院的讲学制度，多举行公开课或者公开讨论，欢迎各界各方人士参与，不限于学历和职业，这样是否会重现当时"环而听者千人，田夫野老有闻而泣下者，是学之播于乡国者"的景象？"以史为鉴"，在传统文化的历史长河中去其糟粕，取其精华，这是华夏传播一直致力于探索实践的方向。

结　语

基于华夏组织传播视角，在一次次的学术循环与碰撞中，贤文化在书院内外的流动有利于其不断更新与发展，与学子形成良性互动，同时帮助学子获得文化传承。正如文中一直反复提到的，古代书院的教学宗旨是成圣教育，即培养学子逐渐达到圣贤之境，不论这个目标最终能否达成，它都寄托着古代学子们对于先圣先贤的学术追求和道德推崇。这是一个美好的愿望，也是华夏传播研究所体现出的智慧意义：内外兼容，古今贯通，为共同构建人类命运共同体、建设美好的传播世界而贡献中国力量和智慧。

（王晶　谢清果）

第四章　作为规范理想女性人格的圣贤

媒介文本与社会规训：圣贤文化中的女性理想人格研究

"圣贤文化"作为一种对理想人格的期待，已经成了中国传统文化中的思想内核。本章将"圣贤文化"定义为以儒家思想为核心的传统文化中对于理想人格的期待的文化现象，拟从文本分析的角度，对"圣贤文化"的内涵进行探析，分析"圣贤文化"中模糊的性别观，进而探讨"女四书"作为圣贤文化中女性集体无意识的媒介文本，然后借福柯的话语理论并结合女权主义思想对"女四书"背后的生产机制进行分析，最后探讨现代媒介对于建立女性身份认同的启示。

第一节　"圣贤文化"的内涵及其模糊的性别观

一、圣贤文化的内涵

圣贤文化作为中国传统社会的表征文化现象，对于中国封建社会的形成、发展和巩固有着重要的影响。"圣"与"贤"二者在最早的历史观中，是普通民众所追求的两种理想的人格，"圣"作为最高境界的理想期待，是人们拼命追求却难以企及的；而"贤"虽然也是一种理想人格，但是相较于"圣"而言，可以通过不停的学习、修炼而达到。

如果以词源学为溯源对"圣贤"这一概念进行考古不难发现，"圣"与"贤"在中国的历史中是形容两种不同的人格。"圣"，其繁体形式"聖"是由"耳""口""壬"三个字构成。上古时期对于圣人的其中一种解读：圣人即通人，朱骏声在《说文通训定声》中说道："圣者，通也，从耳，呈声，耳顺之谓圣……春秋以前之谓圣者，通人也。"[①] 这里的"通"，既是通天命，同时也是通地事，圣人在天地之间成了一个沟通的媒介。从圣人作为沟通天地的媒介这一命题出发，潘祥辉提出"圣"与"巫"也是同源的。他认为："巫是一种灵媒，其功能是沟通

---

① 朱骏声：《说文通训定声》，北京：中华书局，1984 年，第 880 页。

天地人神,而圣人的特质也在于通天人之变。"①他在对巫媒与圣人的职能进行文献考古时发现墨子也持有相同的观点。《墨子·尚同中》中谈道:"故古者圣王明天,鬼之所欲,而辟天、鬼之所憎,以求兴天下之害,是以率天下之万民,齐戒沐浴,洁为酒醴粢盛,以祭祀天、鬼。"

"贤"在中国的古籍中出现频率非常高,对其含义的考究发现,许慎在《说文解字·贝部》中解释道:"贤,多财也。从贝,臤声。"②"贤"最初的含义是多财,而现代意义上认为"具有才能"的贤与"具有德行"的贤则是形成于春秋战国时期。也正因为"贤"引申出了具有"才能"和"德行"两个层面的含义,中国的"尚贤文化"开始出现,并且贯穿于整个历史发展过程中。但从"贤"这个字来看,其含义包括但不限于以上两种。尹娇对《康熙辞典》《辞源》等国内多部权威辞书中的"贤"进行义项分类时,将"贤"的义项总结为7项,除了前文中提到的两项外,还包括"优良、美善""尊崇、器重""胜过、超过""辛劳"以及"对人的敬辞"。③

在孔子看来,成为"圣人"是最高的理想境界,因此《论语·述而》中有道:"'圣人吾不得而见之矣,得见君子者,斯可矣。"对于孔子来说,他口中所谓的圣人他自己也未曾见过,也就是指尧、舜这些上古帝王。那么究竟什么是"圣贤"?本章将"圣贤"理解为一种理想人格,诸子百家各自都拥有理想人格期待,如道家的"自然无为的顺天人格"、墨家的"仗义而为的侠士风度",而"圣贤文化"则是一种对理想人格的期待的文化想象,中国传统文化以及传统文化中所蕴含的圣贤文化中,影响最深远的思想也就是儒家思想,因此,本章将"圣贤文化"定义为以儒家思想为核心的传统文化中对于理想人格的塑造和践行而形成的一种独特的文化现象。

二、女性缺位:圣贤文化中模糊的性别观

女性是否也可以是圣贤?这一命题在中国的"圣贤文化"中是模糊的。从这一命题出发,对于中国圣贤文化中的性别观的阐释可以有两种视角。一是"圣贤文化"具有普适性,即王阳明《传习录》所谈到的"满街都是圣人"一说。原文为"此地古称佛国,满街皆是圣人",是宋代朱熹为泉州的承天寺所题对联。朱熹作为儒学集大成者,其"存天理,灭人欲"的主张,强化了中国传统社会中的"男

---

① 潘祥辉:《传播之王:中国圣人的一项传播考古学研究》,《国际新闻界》2016 年第 9 期。
② 许慎:《说文解字》,北京:中华书局,2013 年。
③ 尹娇:《中华传统文化核心范畴"贤"的语义分析及文化阐释》,硕士学位论文,福建师范大学,2012 年,第 12 页。

女有别"的性别观，或者说根据陈东原的观点，"妇女重贞洁的观念，经程朱的一度倡导，宋代以后的妇女生活，更不像宋代以前了，宋代实在是妇女生活的转变时代"。[①]但是值得思考的是，朱熹虽然对女性实行压迫，但却又重视女性的教育问题。当然封建社会中的女性教育必然带有一定的规训色彩，但其依然没有明确圣贤文化中的性别观。相反，抛开性别这一议题，"如何成圣"这一问题由北宋"善学圣人者"周敦颐给出了他的观点，即"圣人可学而至"。这一论述中既没有否定"生而为圣"的可能，同时他可以通过学习成为圣人。因此，周敦颐的这一观点使人们有理由相信女性成为圣贤的可能。

此外，王阳明也提出了"满街都是圣人"这一命题。原本是对其三个弟子王艮、董沄和钱德洪进行提问，尔后听完三位弟子的回答后王阳明给予了不同的答复，整个过程实际上是王阳明对弟子因材施教的实例。其中，王阳明回答董沄时道"此亦常事尔，何足为异"，即王阳明也认为圣人是常见的，每个人都可以成为圣人。"满街都是圣人"这一命题从某种程度上来说与孟子所持的"人皆可以为尧舜"有着相似的哲学层面的意义，孟子认为人人都可以是尧舜那样的贤人。在孟子这里，"贤人"相较之下有了参照系即尧、舜，与孔子的观点相似，只不过孔子将尧、舜视为圣人，并且是见不到的或是无法企及的圣人。这里便产生了一个问题，孟子认为人人都可以是尧舜，"人人"这一表述可以被解读为"贤人"的普世性，孟子所持的观点指代范围更广，那么女性是否也能够成为尧舜呢？如果按照孟子的观点，在不考虑性别的情况下，确实所有人都能成为尧舜，但是如果孔子认为"君子"只能指代男性的话，那么比君子人格更为高尚的"圣人"是否也就专指男性了呢？那么"满街都是圣人"以及"人皆可以成为尧舜"这两个命题就值得重新思考。从以上的讨论来看，想要为"圣人也可以指代女性"这样一个命题寻找合理的解释看似行得通，但是进行更长的历史溯源时，不仅仅是本章提出的这个命题，包括孟子、王阳明、朱熹等人的命题都会出现矛盾的地方。因此，从这个角度来看，圣贤文化中对于"圣贤"的期待，其性别观非常模糊。

但是从另一个角度来看，即圣贤文化中的性别观已经自然地、默认地将女性拒之门外，因此对于圣贤的讨论从来不会将其与女性联系在一起，似乎更能站得住脚，尽管这也不全然肯定。《论语》中关于孔子言论的记载显示，孔子对于"君子"的提及频率远胜于"圣人"和"贤人"，"君子"这一形象出现的频率高达 108 次，"君子"这一概念实际上可以看作孔子的男权主义思想中完美的男性形

---

①　陈东原:《中国妇女生活史》，1984 年，转引自汲军、朱小阳:《朱熹女性观的推行与传播》，《江西社会科学》2006 年第 9 期。

象，孔子对于"君子"所抱有的期待相较于对"圣人"和"贤人"来说有过之而
无不及。孔子认为"君子"应该是社会的主导力量，是社会发展的中坚。除此之
外，"君子"应"兴于诗，立于礼，成于乐"来完成个人的修行。"克己复礼"是
孔子乃至整个儒家思想践行的主张，"礼"的内涵中体现的是孔子理想中的伦理秩
序"君，君；臣，臣；父，父；子，子"，不难发现，孔子所崇尚的伦理秩序包括
"君""臣""父""子"，这四个社会意象都是以男性为主甚至可以说完全是由男性
组成。如果从这个角度来看，女性的缺位似乎是以儒家思想为核心的圣贤文化中
的一种"传统"，这种传统甚至后来直接扎根在了中国传统文化的性别观中，对女
性理想人格的塑造产生了直接的影响。

　　性别观的差异实际上也能够反映出为何中国传统文化中儒家思想更占主导优
势。蔡先金认为孔子所持有一种积极、刚健、有为的人生观，强调所谓的"刚健
中正"，这一观点可以看作对《周易》中的"阳尊阴卑"的继承。[1] 而与道家的性
别观相比较可以看出，老子不否认女性的阴柔之气，并且提出了"天门开阖，能
为雌乎？"这一命题。寇征在讨论道家的性别哲学时，认为道家的性别观可以追
溯至母系氏族社会，母系氏族社会中普遍存在着女性崇拜，并且因为母系氏族社
会中生育带有一定的神圣意义，因此女性在社会和家庭中都有着相当的地位和权
力。[2] 道家的性别观中强调"尊母尚柔"便体现其中，这也与道家提倡的"无为"
相呼应。道家的性别观中还有一个重要的观点是对女性能动性的一种褒赞，即"以
静制动"，"老子哲学为女性化的生命哲学，主张贵柔、崇阴、守雌，整个地涂染
上了阴柔的基调，凸显女性的人格地位、生存意志及生存愿望，并将女性表现出
的先天特性升华为一般性的思想原则，以一种特殊的文化样式丰富了传统文化的
内容和中国人的精神生活"。[3] 两个思想学派的性别观看似相对立实则互补，而这
种互补的状态也延续到了其各自的圣贤人本期待之中。

　　除此之外，圣贤文化中凸显各家共识以及更具有男权主义色彩的理想人格即
"内圣外王"在圣贤文化中的缺位。虽然诸子百家对于"圣贤"抱有不同的期待，
但是"都期望一个铁腕人物出现，以结束战乱、实现一统天下的局面，是先秦诸
子的共同呐喊"。[4] 而从"外王"的层面来看，作为统治阶级而言，至少女性在当
时是难以成为诸子百家的期待对象的。因此，将女性排除在"圣贤期待"之外不

　　① 蔡先金：《老子与孔子哲学思维的性别解码》，《华南师范大学学报（社会科学版）》2006 年第
6 期。

　　② 寇征：《道家思想与性别哲学的理想》，《学术交流》2012 年第 4 期。

　　③ 蔡先金：《老子与孔子哲学思维的性别解码》，第 30 页。

　　④ 朱义禄：《从圣贤人格到全面发展——中国理想人格探讨》，《同济大学学报（人文·社会科学
版）》1997 年第 1 期。

再是儒家所独有的传统，而是整个社会的传统，乃至延伸到整个历史的传统中。然而从现代意义上对"内圣外王"进行解读不难发现，这一观点表达了对统治者以及君主专制统治的美化，早在先秦之前就出现了为维护君主统治的"天人合一"这一神学理论，因此《周书·泰誓》中有载"天佑下民，作之君，作之师，惟其克相上帝，宠绥四方"，但是这里的"君主"并没有与"天"形成绝对的统一，而是具有"代理"或是"辅佐"的性质，君权并未具有绝对的权威。而西汉思想家董仲舒提出的"天人感应""君权神授"等理论则直接将君权与神权相统一，即统治者具有绝对的权威，董仲舒的一系列主张使得"内圣外王"在中国传统社会中对于君主的期待上升到了对"圣王"的期待，君权与神权的统一，更是稳固了男性作为统治阶级的主导性地位。

从以上的各种讨论来看，无论是将"圣贤文化"作为具有普遍意义即囊括男女两性的理想人格抑或只强调男性作为社会主导力量而将女性排除在外的圣贤期待，两种视角都没有正面否定或肯定女性在圣贤文化中的地位和能动性，女性在圣贤文化中处于缺位的状态便由此可见。

第二节 "女四书"：圣贤文化中的女性集体无意识媒介文本

中国传统的媒介文本中，不乏专供女性阅读的文本。如果对中国传统文化中的女性媒介进行考究不难发现，大量的女性媒介实际上都是为"女教"这一概念所服务。西汉刘向所著的《列女传》为后来中国传统社会中的女性媒介文本的产制奠定了基调，以至于后来问世的《女书》《女训》《女孝训》以及本章的研究对象《女诫》《内训》《女论语》以及《女范捷录》等女性媒介文本，都只是在进一步刻画传统社会中的女性理想人格，服务于"女教"思想。"女教"与现代"女性教育"两个概念有着本质的区别，"女教"可以被理解为中国传统社会基于"男尊女卑"所建构的一套规训系统，这一系统的基础为"父权主导社会发展"。而现代意义上的"女性教育"是在女性意识觉醒并在后现代主义思潮中反对男权思想、寻求性别平等的背景下出现的概念，现代意义中的"女性教育"是西方社会对于"菲勒斯中心主义"所产生一种抗争，在中国社会的语境下，同样是适用的。基于以上两种概念的差异，女性媒介的含义也在不断发展。从广义上来看，女性媒介至少具有两方面的特点：首先是女性接触的媒介，其次是表现女性的媒介，即媒介的主要受众是女性，媒介的中心形象也是女性。但是在经过后现代主义思潮影响后的女性媒介，或者称为女性主义媒介，产生了更具深层次含义的特点，即女性媒介中是否具有女性意识。①

　　回到圣贤文化中的女性媒介文本这一命题，在对其进行考究前存在着另一个命题亟待被阐释，即："女四书"作为圣贤文化中的女性媒介，二者之间的联系是如何被建构起来的？这里首先涉及的是关于"女四书"作为媒介文本的创作主体的问题。"女四书"包括班昭（东汉）所著的《女诫》、徐皇后（明）所著的《内训》、宋若莘和宋若昭姐妹（唐）所著的《女论语》以及王相母刘氏（明）所著《女范捷录》，后经由王相对该四书作集注编书成《女四书集注》，便构成了如今的"女四书"。"女四书"中的这四种女性媒介文本既有相似之处，又有各自的侧重点。

　　早在《礼记·内则》中就记载了周代女性的地位和生存现状。而东汉班昭所写的《女诫》成了真正意义上传统社会对于女性规训的开端。班昭作为班固之妹，完成了其兄未竟的《汉书》而流传千古。但是这样一位具有才气的女性在《女诫》中认为女性应"卑弱第一"的观点，很显然，与《周易》中的"阳尊女卑思想相契合。"《周易》中有载："天地絪缊，万物化醇；男女构精，万物化生"，但是又说道："乾，天也，故称乎父；坤，地也，故称乎母"，然而"天尊地卑，乾坤定矣；卑高以陈，贵贱位矣"，可见《周易》中虽然肯定了男性与女性二元对立形成了世界体系，但是又从根本上否定了男女两性的平等地位，从而衍生出了"男尊女卑"思想，儒家思想在一定程度上继承了该思想传统。班昭虽为女性，但却深受儒家思想的影响，她在《汉书》中绘制的《古今人表》，将人分为九等，其中最高等级的"上上圣人"共13人，孔子位列其中。从班昭个人来说，她是相信有圣人的存在的。但是班昭在"上上圣人"这一级别中将"太昊帝宓羲氏"（即伏羲氏）置于首位，而"女娲氏"则是被放置在了低一个等级即"上中仁人"的首位，并且"上上圣人"这一级别中是没有女性的。从这个细节来看，班昭的"圣贤观"暗示男性作为社会主导地位而女性屈从于男性的思想。此外，《女诫》中谈及自己的担忧时说："但伤诸女方当适人，而不渐训诲，不闻妇礼，惧失容他门，取耻宗族。"班昭担心将要出嫁的女性，如果女性不遵从妇礼，那么在夫家就会丧失颜面，为父兄宗族蒙羞，言语中表达了女性应该"甘为卑弱"的观点。

　　然而，班昭在《女诫》中的部分表述其实也能反映出她个人的"圣贤观"：首先是肯定了女性成"贤"的可能，即"贤妇"："夫不贤，则无以御妇；妇不贤，则无以事夫。夫不御妇，则威仪废缺；妇不事夫，则义理堕阙。"（《女诫·夫妇第二》）显然，前后的两个"贤"有着不同的寓意。对于"夫"而言，应该是强调其才能和才干，以此管束其妻子，而对于"妇"而言，则是强调其德行，以实现道

---

　　① 　卜卫：《妇女媒介需要女性意识》，《妇女研究论丛》1996年第2期。

义上的对丈夫的敬奉。但是《女诫》中并没有肯定女性成为"圣人"的可能性。《女诫·叔妹第七》中说道："自非圣人，鲜能无过！故颜子贵于能改，仲尼嘉其不贰，而况妇人者也！虽以贤女之行，聪哲之性，其能备乎！是故室人和则谤掩，外内离则恶扬。此必然之势也。"这里所阐述的逻辑关系大致是：圣人是完美的存在，不会犯错，因此即便是颜子犯了错，只要知错能改便值得称赞，因为颜子也不是圣人。而妇女既不能超过颜子，更不可能成为圣人，因此即便是贤良聪哲的妇女也会犯错。若是根据这一逻辑关系对《女诫》中的该部分进行分析，其否定女性成为"圣人"的观点已经非常明显。《女诫》的流传为后世对女性进行规训的媒介文本的生产提供了范本，当然不仅仅只是具有文本层面的意义，还包括观念层面的意义。

后来，徐皇后在《内训》中对《女诫》的评价为"恒病其略"，认为《女诫》的内容过于简洁，高皇后对于女性的训诫和教诲则"卓越往昔，足以垂法万世"，于是便写了《内训》。《内训》中认为女性可以成为圣人，但是要通过修养德性来实现，因此"德性"对于女性来说是最为重要的，故曰"夫人之所以克圣者，莫严于养其德性，以修其身，故首之以'德性'，而次之以'修身'"。《内训》中将女性和"圣人""贤人"联系在一起，并且这些"圣人""贤人"均以古代的女性作为范本对当下的女性进行规训。其中"崇圣训章"将高皇后对于女性的训诫与教诲视为"圣训"，同时提出了"是皆内助而肇兴国家者也"的观点，即《内训》中认为女性中的圣人都是辅助自己丈夫（君主）建立国家并且使国家更加强盛。《内训》中能看到女性中"圣人"的影子，但是其依然是依附在男性的权威之下。在其"景贤范章"中也一样。这一章节中提到了"贤妃贞女"，并且有更为详细的对照，比如应该学习太姜的"真顺率道"、太妊的"端一诚庄"，太姒的"仁明有德"等。如果她们的德性能够学到，那么也就能够成为"圣人"，即使无法成为"圣人"，退一步来说也能成为"贤人"。《内训》中不仅肯定了女性成"圣"、成"贤"的可能，还对"圣女"和"贤女"提出了参照系，是历史上为数不多的将女性与"圣人"和"贤人"进行关联的媒介文本。

如果说《女诫》和《内训》的作者深受儒家思想的影响，那么《女论语》这一女性规训媒介是直接对儒家经典《论语》的致敬。肖忠群在对《女论语》和《女诫》这两部女性媒介文本进行对比时认为，《女诫》更强调"屈从"并且对女性的压制更为彻底，而《女论语》则强调敬事因而其规训的内容较为缓和且更具体详尽。①《女论语》中并未如《内训》中将儒家思想中的"圣人""贤人"与女性进行关联，"而是将贤妇和恶妇放到社会道德中，惟妙惟肖地描述人们对她们的态度，利用人们的自尊心理，将作者的价值标准内化到人心，使得人们发自内心地践行"②。因此，《女论语》对于女性理想人格的追求的制高点至"贤"而止，无法达到《内训》中的女性中的"圣人"层次。

《女论语》中对于"贤妇"的规训相较于《女诫》和《内训》两部规训媒介而言，更有一种守则的意味，前两者意从说理去对女性进行规训，而后者则是通过建立规训的条例来限制女性的思想和行为。其中以对"守节"的规训最为典型，前两者虽然都对守节进行提及，但是并未对其设专章进行规训。《女论语》中对于"守节"的描述：

> 古来贤妇，九烈三贞。名标青史，传到如今。
> 后生宜学，勿曰难行。第一贞节，神鬼皆钦。
> ——《女论语·守节章第十二》

对"守节"的重视甚至能够受到"神鬼"的钦佩，那么《女论语》中的"贤妇观"实际上还有被探讨的余地，即受到"神鬼"钦佩的"贤妇"在其意义上是否也能上升到"圣人"这一概念中呢？如果单从文本的层面出发，将"贤妇"与"神"进行并列讨论，则这种女性"圣人观"是成立的；但是从创作者宋若莘和宋若昭姐妹出自儒学大家的背景出发，这一观点又有悖于儒家思想中的"性别观"。刘燕飞在对《女论语》的著述特点进行分析时，认为其著述特点通俗而容易接受，有利于流传，并且其中的礼仪简明易于模仿和遵守。因此她认为："《女论语》的主要价值不在其思想，而在于将儒家对于女性行世规范以有效形式传播开来，深入人心，成为女性日常做人做事的准则。"③《女论语》中的女性规训可以被看作圣贤文化中女性理想人格在行为、礼仪方面更为具体的标准。《女论语》中涉及的内容更多的是偏向于一些生活中的繁文缛节，比如要求女子"摩锅洗镬，煮水煎汤""整齐碗碟，铺设分张"等，只是生活中的琐事而非陶冶情操的高雅之事。即便是精神层面的"守节"之事，规训的内容也都是诸如"有女在室，莫出闲庭"的具体事宜。《女论语》将女性更多的是放在一个世俗的观念中，而非上升到精神层面的

———————————
①　肖群忠：《中国传统女性道德观述评——〈女诫〉〈女论语〉〈女儿经〉研究》，《社会科学》1990 年第 5 期。

②　刘燕飞、王宏海：《〈女论语〉的著述与传播特点》，《河北学刊》2008 年第 3 期。

③　刘燕飞、王宏海：《〈女论语〉的著述与传播特点》，第 48 页。

"圣"或"贤"。

最后，《女范捷录》中对于女性的规训依然继承和发展了前三者的观点，但是又在某种程度上具有一定的批判现实的意义。从继承来说，《女范捷录》毫无疑义地继承了传统的女性理想人格中"男可再婚，女无再适"的"贞节观"，与《女论语》中所提的"古来贤妇，九烈三贞"具有相似之处，只不过后者中对于"贞烈"的表述更为具体、直接甚至极端："是故艰难苦节谓之贞，慷慨捐生谓之烈"，即女子丧夫还苦守（节操）便是贞，为其（守节）献出生命便是"烈"。对于"贞节观"的继承从整个传统社会文化背景来看是难以避免的，《女范捷录》更加强调了这一理想人格。但是其文本中所传递的思想也具有一定的进步意义，其中最具代表性的就是驳斥了"女子无才便是德"的陈腐思想。《女范捷录·才德篇第十一》中第一句话便是"男子有德便是才，斯言犹可；女子无才便是德，此语殊非"，这直接驳斥了传统社会对于女性在"德"与"才"方面的规训。圣贤文化中，无论是"圣贤""圣人"或"贤人"都十分重视"德"与"才"的培养。儒家思想中有这样一种观点："有德行才能的大儒，其地位虽说低于君主，但德行才能却高于君主，君主应该尊之为师才是。"[①]提出"圣王"这一观念的荀子认为"古之圣王，未有不尊师者也"。儒家这一思想不仅突出了"德才"的重要性，甚至"圣王"也应该尊重具有德才之人，"德才"在某种程度上从"圣贤"人格中被剥离了出来，也意味着"德才"与"圣贤"并非具有必然的、绝对的关系，兼具"德才"之人并非圣贤，圣贤所具有的"德才"也并非就高于普通人。前文介绍了班昭的"贤妇观"，实际上班昭被称为中国历史上第一位女教师，受到了汉和帝以及邓太后的重用，这就为《女范捷录》中对于"女子无才便是德"的反驳提供了案例支撑，此外还将"德"与"才"的辩证关系进行了探讨："夫德以达才，才以成德。故女子之有德者，固不必有才。而有才者，必贵乎有德。德本而才末，固理之宜然。"这其实与《大学》中所强调的"德本才末"表达的意思具有相似性：对于一个人来说，德才兼备是最难能可贵的，"德"与"才"两者中，"德"为本，而"才"由"德"所致，"才"不是最重要的，"德"才是基础和根本。《女范捷录》认为有"德"的女子不必有才，但是有"才"的女子一定有"德"，因此"女子无才便是德"这个观点的逻辑在此看来是值得斟酌的。除此之外，《女范捷录》还对中国古代女性的地位重新进行了审视。《女范捷录·母仪篇第三》中如是论述："父天母地，天施地生。骨气像父，性气像母。上古贤明之女有娠，胎教之方必慎。故母仪先于父训，慈教严于义方。"这一段的论述必须结合《周易》中的"慎始"进行思考。《周易》

---

① 朱义禄：《儒家理想人格与中国文化》，上海：复旦大学出版社，2006年，第237页。

中"正其本而万物理，失之毫厘，差以千里，故君子慎始"的思想，使得古人对于"慎始"特别重视。而"慎始"的第一位便是"母仪"，《周易》《礼》和《春秋》等都对此有相应的描述。因此《女范捷录》中对于女性地位的强调与以儒家思想为核心的圣贤文化是具有一定的冲突和矛盾的，但是其依然受制于"阳尊阴卑"的性别不平等的文化土壤之中。

在对"女四书"中的《女诫》《内训》《女论语》和《女范捷录》分别进行解读的过程中可以发现，女性所产制的媒介文本充满了"男权社会对于女性的理想人格期待"。女性通过其所产制的媒介文本进行自我主体建构，但是这种自主性和能动性却是在女性的"集体无意识"状态下所产生的，女性的这种"集体无意识"将自身始终置于依附于男权、成为"贤妻良母"的卑弱位置。这种"集体无意识"也许来自中国传统社会中社会性别不平等，具有较大的隐蔽性。隐蔽之下的男尊女卑等思想实则早已麻痹了女性的自我意识，影响了女性对于自身价值的感知。①

第三节　话语与女性媒介：权力与规训

福柯提出的"规训权力"（Discilinary Power）认为规训机制能够制造"屈服的身体"。身体规训的历史伴随着人类社会的发展已经多年。福柯在《惩罚与规训：监狱的诞生》中描绘了传统社会中对于犯人施行酷刑的场景。统治阶级为了维护或巩固现有统治，通过"酷刑"这一刑罚制度对被统治者产生身体上的规训。②但是随着现代文明的发展，传统社会的"酷刑景观"逐渐消逝，"身体规训"逐渐被"精神规训"所取代。如果说酷刑被视为政治意义上对身体造成的统治压力，那么精神层面的规训是超出政治意义，渗透到社会各个层面的规训。"酷刑景观"的消逝是"规训权力"介质的变更，话语被赋予了更多的权力。话语概念的引入给予了女性主义者对于女性的生存历史、现状和未来更为清晰的呈现。历史的话语在何时属于过女性或者说与男性平等过，这需要在史料中进行进一步考究，但是从人类社会的发展来看，社会中的男性由于狩猎、战争等而受到尊重，女性便成了男性最早拥有的"资产"，如果说福柯突出的"话语即权力"以性别议题来阐释，男性便绝对掌握社会主导的话语权，女性只能被动接受男权思想下压抑的社会地位。

然而"女四书"的产制从表面将权力转交给了女性主体，使之进行女性媒介文本的创造，文本的作者在建构文本时会有一个意义中心，受众在接触、解读文

———————

①　胡连利、刘伟娜：《媒介对女性的误读与重建》，《河北大学学报（哲学社会科学版）》2006年第1期。

②　米歇尔·福柯：《规训与惩罚——监狱的诞生》，北京：生活·读书·新知三联书店，2012年。

本时也是某种意义的消费与情感的释放。① 从上文对"女四书"的文本解读来看，即便是女性作为"权力主体"在进行媒介的文本建构时，其文本意义的中心想要脱离男权思想的控制也是非常困难的，因此在媒介文本、女性及男性之间出现了三个主体的互动：女性产制女性媒介文本，女性媒介文本对传统社会的女性进行思想和行为层面的规训，但是这里的女性媒介文本是女性集体无意识的产物，实际上是早已根深蒂固的男权思想对女性主体意识的侵蚀的结果。简单来说，男权社会创造了一个母性神话：母性成为女性的代言，"贤妻良母"成为女性的全部价值，这使得女性毕生都在追求成为"贤妻良母"，并逐渐失去了自己的主体意识和声音，女性因此也被合理地禁锢在家庭范围、私人领域。② 而母性神话被认为是"父权社会实施的一种控制和驯服心灵的缜密温柔型的权力技术"，③ 即便是发展到了近现代，这一母性神话依然残存。

此外，对"女四书"的理解也可以借助福柯对于话语内部秩序的阐释，尤其是外部控制原则和话语主体控制原则。外部力量的控制制约着女性媒介文本的生产主体，"禁止"女性超越男性视角发展女性独立人格。而对话语主体的控制会对媒介生产主体进行必要的筛选，班昭、徐皇后等人的身份、家门都足以让她们参与到历史女性媒介文本的生产中来，而且"社团原则"使得女性媒介文本中的某些话语在传统社会的女性群体中保持着流通，其目的是为了忠于统治阶级。话语以及话语主体的这种相互关系，福柯将其称为"学说原则"，即要求双重服从，话语主体服从话语，话语最终又服从于叙述者结合而成的群体。④

以"女四书"为代表的女性媒介文本已然成为传统社会女性的规训媒介，但是由于男权社会设置的"母性神话"过于隐蔽，女性媒介文本已然只是对于男性中心话语的复制和深化。

第四节　圣贤文化中女性理想人格的媒介规训过程的现代启示

无论是对儒家经典的文本进行讨论还是对中国古代女性媒介"女四书"进行文本分析，抑或结合福柯的话语理论和女权主义观点，能够肯定的是中国传统社

---

① 蔡骐、黄金：《女性主义媒介研究初探》，《湖南师范大学社会科学学报》2004 年第 3 期。

② 简姿亚：《近代新母性神话的构建：从身体解放到人格独立——以辛亥时期女性媒介为中心的考察》，《妇女研究论丛》2013 年第 2 期。

③ 简姿亚：《近代新母性神话的构建：从身体解放到人格独立——以辛亥时期女性媒介为中心的考察》，第 82 页。

④ 黄华：《论"话语的秩序"——福柯话语理论的一次重要转折》，《北京行政学院学报》2006 年第 2 期。

会中的女性理想人格的期待在一定程度上是受到这些媒介文本进行规训而形成的一种仪式，同时，这个过程也是一个"他训"和"自我规训"的过程，当然，这两者间必然存在一定的联系。"他训"的过程可以被看作一个设定的过程，即设定"圣贤文化"或整个社会对于女性理想人格的期待，而"自我规训"则是一个实现的过程，即女性通过一定的媒介按照"他训"的标准对其进行发展，使女性的人格能够实现或满足社会期待，但这背后实则是男权社会设置"母性神话"的表征。

但是，伴随着女性自我意识的逐渐苏醒，媒介对女性理想人格的规训效果越来越弱，女性不再是传统社会中依附于男性的"卑弱"群体，而是与男性具有平等身份的社会群体中的一部分。女权主义理论的发展诸如社会性别理论的提出为女性进行自我身份认同以及获取社会身份认同提供了支持。因此，从现代意义上去解读圣贤文化中女性理想人格的媒介规训过程必然是采用一种批判的视角，当然诸如《内训》中重视女性教育、《女范捷录》重申女性地位等具有进步意义的现象则需要特殊分析，但是对于现代的媒介环境而言，媒介不再是满足封建统治者的需求而进行身体和思想层面的规训工具，而是促进社会改变错误认知、促进女性获得社会认同的助推器。因此，本章对圣贤文化中女性理想人格的媒介规训过程进行分析后结合现实层面的思考，对"建立女性身份认同的必要性"和"树立尊重女性的先进性别文化观念"进行了探讨。

一、建立女性身份认同的必要性

身份认同是一个复杂的心理结构，在表层上是人们显而易见的行为模式，在中层上是个体对于同类群体的共同性的认知和对自我身份的觉察，在深层上是有关身份所带来的情感体验。[①] 从传统圣贤文化中女性理想人格的媒介规训过程来看，媒介在这过程中掌握着绝对的话语权，传统社会中的大多数媒介都是为了满足封建专制主义统治者稳固政权的需求，虽然"女四书"看似女性媒介，似乎与封建统治没有直接的关联，但实际上是通过对女性的思想进行规训，使之在规训过程中建立身份认同。从个体来说，传统社会中的这种身份认同在社会认同和自我认同层面没有太大的区别，女性最终是为了完全实现社会期待。而现代媒介中女性的身份认同的建立虽然也抱有一定的社会期待，但是女性在进行身份认同过程中并不以社会认同作为完全的自我认同，原因在于女性意识以及自我意识的显现使得个体的特征被放大，也就是个性被凸显，因此在现代社会中无论男性、女性或是其他性别，都不可能完全地符合社会期待，而只能是部分实现，因为个性与共

---

① 张淑华、李海莹、刘芳：《身份认同研究综述》，《心理研究》2012 年第 1 期。

性在某些节点上存在着矛盾，在不会对社会产生破坏或消极影响的情况下，个性层面上的自我认同应该被鼓励。从对圣贤文化中女性理想人格媒介规训的过程来看，现代媒介至少应该从以下方面促进女性的身份认同：

首先是道德层面的认同。道德是人们共同生活及其行为的准则和规范。[①]"女四书"中对于女性的规训都上升了到精神层面。《女诫》中的"妇行"、《内训》中的"谨行"、《女论语》中的"早起"以及《女范捷录》中的"孝行"等都是对女性的生活及行为层面提出的准则和规范。这些章节虽然都对女性的道德层面的认同提出了不同的标准，却都整齐划一地将女性的道德认同与男性的道德认同进行区分，并且女性在道德层面的认同带有一定的强制性。而对于现代的媒介而言，专门针对某一性别提出特定的行为准则规范实际上是一种性别偏见的表现，所以媒介需要强调的是一种具有普世意义的准则规范和价值取向，而不应从性别层面的差异去进行道德层面的划分。

其次是制度层面的认同。制度层面的认同主要是针对法律认同、政策认同等方面，最主要的目的是媒介通过其被赋予的权利促进法律、政策等对女性的认同，保障女性在社会生活中的合法权利。制度层面的认同对于女性来说其重要性不言而喻，医疗、人身安全、财产、消费等能否得到保障，都是通过促进制度层面的认同去实现的。制度层面的保障是衡量国家发展水平的重要指标，而女性的生存现状一直是全球关注的议题，因此一个国家对于女性在制度层面的认同水平也间接地成了衡量其发展水平的社会表征。

而促进女性自我身份认同也是现代媒介的重要任务。吉登斯的自我认同（self-identity）理论认为自我认同是个体依据个人的经历所反思性地理解到的自我[②]，自我认同的主体是"自我"，而从米德的"自我理论"来看，"自我"由作为意愿和行为主体的"主我"和他人的社会评价和期待中的"客我"构成，"主我"和"客我"的互动形成了作为社会成员的"自我"。媒介作为呈现社会部分现实的载体，通过展示"他人的社会评价和期待"为女性自我身份认同提供参考，而女性自身会因此受到影响，引发对自己的反思，加深对自我的认知。如果说"女四书"对传统女性的规训印证了"规训权利"这一概念的内涵，那么随着社会的进步，媒介成为思想和身体解放的工具也是必然的趋势。辛亥革命时期创办的第一份女性媒介《女报》，在当时不遗余力地将女性从缠足等陋习中解放出来，封建专制制度

---

① 王钦殿、康健：《关于社会转型期女性理想人格构建的几点思考》，《妇女学苑》1998 年第 1 期。

② 吉登斯：《现代性与自我认同：晚期现代中的自我与社会》，北京：生活·读书·新知三联书店，2016 年。

被推翻后众多的女性读物如《岭南女学新报》《女子世界》《妇孺报》等都为从思想上解放社会女性做出了大量的努力。当然，大众传播媒介电视、电影等对女性的形象、身体、思想观念上的塑造为促进女性自我身份认同做出了努力。法国新浪潮时期的女性电影导演从女性本身的角度出发对女性身体、形象等符号进行刻画，推动了女性的自我身份认同浪潮。

二、树立尊重女性的先进性别文化观念

儒家以男女有别为起点，对女性的理想人格做了以依附男性、顺从男性为基调的设计，而无视女性应有的平等的权利和独立人格，把妇女推入了痛苦的深渊。[①]宋代以后理学的兴起、"存天理、灭人欲"观点的提出，女性在思想和身体层面的束缚被强化。儒家思想中的这一性别观传统也影响到了中国传统文化中对于圣贤和女性的期待。因此，从根本上打破这种具有偏见性的性别观，媒介在这过程中需要在传播男女平等价值观方面铁肩担道义，坚守尊重人权、反对歧视的法律和道德底线；坚持男女平等价值观传播的正确方向，引导平等和谐的两性关系，进一步营造有利于妇女发展的社会文化环境。[②]具体来看：

首先应该传递性别平等的科学观念。"性别平等"这一概念与女权主义运动有着紧密的联系，尤其是"社会性别"这一概念的引入，直接对19世纪的"生物决定论"进行反驳。因此"社会性别"这一概念所对应的"生理性别"，二者之间的区别在于"先天"与"后天"。"生理性别"强调"先天性"，即人一出生就是非男即女（非雌即雄）的二元对立的性别观，而"社会性别"则认为"性别"这一概念是一个社会建构的产物，而非与生俱来的性别观。很显然，中国古代传统文化中的性别观是一种"生理性别观"，前文中提到的男性和女性生下来后，《诗经·小雅·斯干》中记载的不同态度就能看出。虽然现在关于"社会性别"中的女性主义哲学具有不同看法，但是他们都具有一个共识，即：性别并非产生于单一的、共同的"根源"中，对它的考察必须置于具体的阶级、种族、国家和文化中。同时，不满于把妇女仅描述为受害者的简单模式，而更多地转向寻找妇女在历史与现实中的能动作用。

王卫国认为大众传媒在提倡科学认识性别平等时，可以从三个方面看待性别平等，即性别平等是一种文明、一种文化和一种人权。从第一个层面来看，媒介需要将性别平等与社会文明相联系，将性别平等观念作为衡量一个社会的文明程度的变量之一，比如以公益广告的形式，倡导"性别平等"观念，使之能够深入

---

① 朱义禄：《儒家理想人格与中国文化》，上海：复旦大学出版社，2006年，第93页。

② 王卫国：《树立尊重女性的先进性别文化观念》，《妇女研究论丛》2015年第3期。

人心，改善社会中对于女性所持偏见。而作为文化层面的"性别平等"则可以用讲故事的形式进行普及，比如女性主义电影，可以将本国、本民族具有代表性的女性进行文化形象的塑造，强调女性的能力、主观能动性以及社会成就，使之更具影响力。而作为人权的"性别平等"观念，则需要媒介在日常的信息传播活动中促进与女性相关的法律法规以及政策的落实，保障女性作为社会一员与男性具有同等的权利。

其次是打破社会中对于性别的刻板印象。刻板印象（Stereotype）指的是"常以高度简单化和概括化的符号对特殊群体与人群所做的社会分类，或隐或显地体现着一系列关乎其行为、个性及历史的价值、判断与假定"。作为整个社会对于性别的固有观念、态度和看法，想要打破社会对于不同性别的刻板印象，会是一个艰难且漫长的过程，而这个过程就像刻板印象形成的过程一样，甚至所消耗的时间跨度更长。尤其是对于中国来说，圣贤文化经历了几千年的积淀成了中国传统文化的核心，这种刻板印象随着中国社会的变迁也扎根在了社会文化当中。比如男性应该是"阳刚"的形象，而女性应该是"阴柔"的形象，这种刻板印象从《周易》起就已经赋予其社会性的意义。

对于媒体来说，在打破社会对性别的刻板印象的过程中，"去标签化"是具有重要意义的。信息传播过程中对于性别的"标签化"只会加深整个社会对于不同性别的固有印象，甚至是加深某一方面的偏见。因此媒介需要"去标签化"以避免对于不同性别的某一特性被过于放大导致社会的关注点被转移。而对于主流媒体来说，进行必要的舆论引导也是非常重要的，尤其是应该引导社会舆论强调和尊重女性的多元社会价值，为女性营造一个更具包容性的社会环境。

结　语

本章以圣贤文化中的女性理想人格作为研究对象，首先对"圣""贤"的概念进行了探讨，确定了本章对于"圣贤文化"的定义，即以儒家思想为核心的传统文化中对于理想人格的期待的文化现象。然后引发了对于"圣贤文化"中的性别观的探讨，该部分主要是通过对儒家经典的文本进行分析，认为"圣贤文化"中存在着模糊的"性别观"，这种性别观既可以将其理解为具有普世意义的即男性和女性都能够成为圣贤的性别观，也可以理解为"已经自然地、默认地将女性拒之门外"即女性无法成为圣贤的观点，但是无论哪一种观点，女性在"圣贤文化"中始终是处于一种缺位的状态。然后，本章结合《女诫》《内训》《女论语》和《女范捷录》即"女四书"的文本进行分析，进一步探讨圣贤文化中的女性理想人格的规训过程，并由此总结了圣贤文化中女性的两种理想人格，即"卑弱"与"曲从"。最后引发了本章对于现代意义层面的思考，即媒介建立女性身份认同的必要性以及树立尊重女性的先进性别文化观念。

最后本章在此需要做出两点解释：首先，本章的探讨仅限于文本以及其所传递的思想层面的意义的探讨，而没有将其放置在特定的历史文化时期的女性生存现状之中进行探讨，这也是本章的研究局限所在，因为目前已经有部分学者对于中国历史上女性的真实生存现状提出了质疑，即女性的生存状况是否像史书古籍上面所记载的那样残酷。另外，本章还需要解释的一个概念是研究中所使用的"理想人格"并非一个褒义词，因为本章始终认为圣贤文化中的女性"理想人格"并非女性自愿追求的"理想人格"，而是一种受制于社会、性别、家庭等层面的压力，而被迫做出的妥协，因此在没有找到一个合理的概念去描述传统社会对于女性的期待时，本章选择了"理想人格"这样一个具有美化意义的概念，但是本章实际上是通过这个概念表达一定的批判意识。

（彭垚宾　谢清果）

第五章 作为舆论导向的圣贤

舆论何以成？贤文化在华夏舆论传播中的运作机制初探

中国古代所产生的"舆论"和诞生于现代的"舆论"从本质上有着不同。中国古代的舆论能够形成，是因为中国古代所存在的"贤文化"。贤文化中的尚贤、选贤和贤者之间相互影响相互运作，让古代舆论有了诞生和发展的可能。作为贤文化的代表，晚明东林党在当时的社会环境中能够形成并且操纵舆论均得益于此。但同时，贤文化也成了古代舆论天生带有的"枷锁"。可以说，贤文化让古代的舆论得以形成，也让古代的舆论仅限于此。

第一节 诞生于古代社会的舆论与贤文化

一、"舆论"及其研究对象

"舆论"一词，在探讨的范围内常和国外"Public opinion"（公众意见）一词画上等号，目前学界对"舆论"一词有诸多定义。刘建明在《基础舆论学》中将舆论定义为"是显示社会整体知觉和集合意识、具有权威性的多数人的共同意见"[①]。喻国明在《中国民意研究》中提道："舆论是社会或社会群体中对近期发生的、为人们普遍关心的某一争议的社会问题的共同意见。"[②] 在廖永亮的《舆论调控学》中，舆论则被定义为"是群众就他们共同关心或感兴趣的问题公开表达出来的意见综合"[③]。在大部分关于舆论的定义中，它是具有阶级性的，代表的是整个社会或者社会群体中的大多数；它是具有公共性的，是就共同关心或者感兴趣的特定问题形成的共同意见；它是具有公开性的，是意见的公开表达。具有这样特点的"舆论"被默认放置在了现代化的具有公众意识的市场经济社会背景下而进行讨论。而"舆论"早在中国古代的封建社会中就已存在，并且被各个朝代的君主

---

① 刘建明：《基础舆论学》，北京：中国人民大学出版社，1988年，第11页。
② 喻国明、刘夏阳：《中国民意研究》，北京：中国人民大学出版社，1993年。
③ 廖永亮：《舆论调控学》，北京：新华出版社，2003年，第29页。

所重视，与古代政治具有密切的关联。

"舆"一词在春秋战国时期就已经出现，在《左传·昭公七年》中，"舆人"是指管理、驾驶车辆的人。而"舆论"一词最早出现可追溯到三国时期，被放在政治斗争的语境中使用，被认为是帝王决策的重要依据。[①] 我国已有很多学者从不同方向对中国古代舆论进行了探讨。有的从宏观的新闻史角度，探讨了中国古代舆论和新闻传播事业的生成。如林语堂的《中国新闻舆论史》对中国古代的新闻事业及各个朝代的舆论形式进行了梳理和探讨。[②] 李彬也曾研究唐代新闻思想、传播网络和士人传播。[③] 尹韵公则通过对明代新闻事业的生成环境的考察，论述了明代的社会舆论和报业的发展，探讨了明代新闻事业的发展。[④] 有的从古代舆论活动和重大舆论事件进行切入，选取了如汉代"党锢"事件[⑤⑥]、汉代"月旦评"活动[⑦]、宋代太学生运动事件[⑧]、明代东林运动事件[⑨] 以及晚清的舆论活动作为研究对象[⑩]，从舆论主体、事件产生、社会环境等角度进行研究。还有的学者从古代舆论形成和思想的角度对古代舆论进行探析，如《先秦舆论思想探源》[⑪]《梁启超与中国社会舆论的近代转型》[⑫]《王韬与福泽谕吉舆论思想之比较》[⑬] 等等。而从关于中国古代舆论的探讨中可以发现，这里的"舆论"和从现代观出发探讨的"舆论"从形式上来说是相似的，但是由于时代背景的不同，其阶级性、公开性和公共性都具有一定的差异性。正如谢清果所认为的，现代观下西方所谓"舆论"是近代公共领域的观念集合，本质是为了"私域"不受侵犯，而中国古代舆论更强调"对一个社会系统的道德评价"[⑭]。而这样的道德评价，更多的是知识分子为了对自己身份的重

① 方汉奇：《中国新闻学之最》，北京：新华出版社，2003 年。
② 林语堂、王海、何洪亮：《中国新闻舆论史》，北京：中国人民大学出版社，2008 年。
③ 李彬：《唐代文明与新闻传播》，北京：中国人民大学出版社，2014 年。
④ 尹韵公：《中国明代新闻传播史》，重庆：重庆出版社，1990 年。
⑤ 吕红梅：《从焚书坑儒和党锢之祸看秦汉士人的言论犯罪》，《黑河学院学报》2011 年第 2 期。
⑥ 侯林莉：《党锢之祸与知识分子气节》，《历史教学》1999 年第 2 期。
⑦ 田素美、谢清果：《舆论学视角下的汉代"月旦评"探析》，《现代传播（中国传媒大学学报）》，2018 年第 40 期。
⑧ 赵云泽、董翊宸：《宋代士人阶层重组与言论清明格局的形成》，《新闻大学》、2019 年第 5 期。
⑨ 刘中兴：《晚明舆论传播与东林运动》，博士学位论文，华中师范大学，2013 年。
⑩ 张立新：《论晚清洋务运动中的几大思想》，《文化学刊》2018 年第 11 期。
⑪ 夏保国：《先秦舆论思想探源》，博士学位论文，吉林大学，2009 年。
⑫ 史媛媛：《梁启超与中国社会舆论的近代转型》，《郑州大学学报（哲学社会科学版）》2001 年第 1 期。
⑬ 李乐：《王韬与福泽谕吉舆论思想之比较》，《安阳师范学院学报》2005 年第 1 期。
⑭ 谢清果、王昀：《华夏舆论传播的概念、历史、形态及特征探析》，《现代传播（中国传媒大学学报）》2016 年第 38 期。

构和原则的维系而形成的。[1]

二、中国古代舆论与贤文化之联系

中国古代所产生的此"舆论"非彼"舆论",它在具有公共性、公开性的同时,却是来源于统治阶级的,由精英文化所主导。而在封建社会中,精英文化所主导的价值观念能成为"舆论",则可以归因于中国所特有的一种文化——贤文化。"贤本多财之称,引申之,凡多皆曰贤。人称贤能,因习其引申之义而废其本义矣。"[2]在历史中,"贤"多指有德行、有才能的人。作为社会的精英阶层,贤者之士掌握整个社会的精神文化资源,肩负文化传承之责任;作为社会的有识之士,他们的内心有着坚定的信念且身负强烈的道德责任感,并以此来衡量和批判社会中的不公正与不合理;心怀天下,以天下事为己任是他们的普遍特征。[3]中国从古至今就尊崇着"用贤""尚德"的用人思想,这样的思想已融入了整个社会的生活方式、思维方式以及价值观念之中。[4]甄选并提拔德才兼备的人才就成了好政治的目标,从而中国政治文化的特色之一——"尚贤政治"就成了中国传统政治伦理的基本特征。[5]同样地,社会中圣贤气象也被百姓所崇尚,人们相信尊重崇尚贤者对自己的自我发展具有的引领作用。[6]在此篇文章中将要探讨的贤文化,则是集合了中国传统文化中的贤者道德伦理观、选贤任人社会管理观和敬德尚贤社会文化观的一种文化表征形式。从贤文化出发,探讨其在中国古代舆论的形成机制,是从整个社会的角度出发来看中国古代舆论何以可成及何以可为。而以晚明东林作为具体切口,是因为与之相关的东林运动是古代舆论事件的典型,而东林人士则是上文提及的"贤文化"的代表。

关于东林党这一晚明时期以江南士大夫为主的政治集团,目前学界的研究颇为丰富,而其中有一部分就是从其当时所形成的舆论出发进行探讨。如李敬一就将"东林运动"看作一个传播活动,将其置于传播的语境下进行分析,认为它具有一定的舆论传播形态,而其中所呈现的传播技巧、传播内容是值得进行关注和研究的。[7]刘中兴认为东林党的形成及其相关活动的发展都多少与舆论有关,且结

---

① Miller H ., "Opposition to the Donglin Faction in the Late Ming Dynasty: The Case of Tang Binyin". *Late Imperial China*, vol.27, no. 2(1993), pp. 38-66.

② 段玉裁注:《说文解字注》,郑州:中州古籍出版社,2006 年。

③ 余英时:《士与中国文化》,上海:上海人民出版社,2013 年。

④ 刘万民:《当代中国以德为先用人思想研究》,博士学位论文,东北师范大学,2014 年。

⑤ 吴玉敏:《中国传统尚贤政治与现代中国政治伦理建构》,《攀登》,2020 年第 39 期。

⑥ 朱汉民、龚抗云:《论"名士风度"与"圣贤气象"的思想脉络》,《湖南大学学报(社会科学版)》,2008 年第 1 期。

⑦ 李敬一:《中国传播史论》,武汉:武汉大学出版社,2003 年。

合当时晚明的社会宏观和微观的背景对东林运动进行了舆论传播的分析。[①] 而将东林党相关人士视为"贤者"的研究，更是颇多。嵇文甫就从学术史的角度对东林学派所主张的思想进行了考察，认为其对王阳明的心学进行了发展和修正。[②] 容肇祖则是将整个东林党相关人士的学术思想放在整个学术史中进行探讨，并着重探讨了其代表顾宪成和高攀龙的思想。[③] 而东林党人的学术主张[④]、政治思想[⑤]和其在举才、惠商、经略辽东等方面的作用[⑥]也受到了很多学者的肯定。本章将从以东林党为代表的贤者出发，探讨晚明时期贤文化在舆论传播中的运作机制，深入其内部文化肌理，理清舆论形成和发展的脉络，并探讨贤文化的"贤者之困"的局限性。

第二节　古代舆论产生的可能：尚贤文化与舆论环境

舆论的产生首先需要社会的环境，而社会对贤者的崇尚以及贤文化自身本就是一种舆论环境的营造。

一、尚贤之本：东林学派与人文主义的产生

晚明时期，社会动荡。一方面官场混乱不堪，另一方面思想界也进入了一种困境。王阳明所提倡的"心学"在晚明时期逐渐变异，进入一种"虚静无欲，枯槁祭天"的状态。[⑦]在这一状态下，原来尚贤且具有抱负的士子开始变得迷茫且不知所措，因为他们面对的是一味地空谈和自悟。在这样的风气之下，士子中一些不甘于现状，开始审视王学实际存在的问题，认为其提倡的"不学不虑，不思不勉"而成良知的说法不适合当下社会的现状。他们批判此时的王学让人们逃避现实，而将国危民难视而不见，并推崇"生于忧患，死于安乐"的儒家思想。而这一群人，就形成了当时的东林学派。东林学派传承了儒家经世致用的思想，主张改革实干，他们的出现给尚贤提供了新的途径。在张居正去世之后，东林学派复兴书院，开设讲堂，吸引了大批之前空有抱负却限于士风无欲无求之人。同时，东林学派虽推崇儒家和朱子的思想，但对于阳明心学等其他学派也能做到理性批

---

① 刘中兴：《论晚明东林党的舆论活动及其影响》，《安徽史学》2016 年第 6 期。
② 嵇文甫：《晚明思想史论：思想史类丛》，北京：东方出版社，1996 年。
③ 容肇祖：《明代思想史》，上海：开明书局，1941 年。
④ 步近智、张安奇：《顾宪成高攀龙评传》，南京：南京大学出版社，1998 年。
⑤ 王天有：《晚明东林党议》，上海：上海古籍出版社，1991 年。
⑥ 刘军：《顾宪成与晚明东林运动——传统士大夫政治研究》，博士学位论文，南开大学，2010 年。
⑦ 安媛：《东林议政的儒家文化背景》，《北京社会科学》1994 年第 1 期。

判、客观公允，没有学术上的门第之见①，创造了一种相对开放的学术和尚贤文化环境。

除了在思想上提倡儒家思想吸引了大批士子的东林学派的出现，东林人士能营造舆论的环境还得益于晚明时期人文主义的发生。在晚明政局动荡的同时，商业经济却发展迅猛，资本主义生产关系开始萌芽；民间的艺术文学欣欣向荣，人文主义也开始有了孕育的土壤。大批的优秀的文学和艺术作品诞生于晚明时代，报刊书籍开始广为流传，甚至出现了盗版行业，可见民众精神文化活动之丰富。晚明时期的文化开始向商业化、模式化、娱乐化方向逐步发展，而这样发展的结果则是出现了类"大众文化"的文化特征。虽然在现代化的语境下，法兰克福学派的精英主义视角下将大众文化批判为文化工业的产品，是机械化的复制②，但是不可否认的是，大众文化带来了文化的普及，推动了社会的发展，民智开始发展。晚明时期的商品经济发展迅速，从历史唯物主义观来看，经济基础决定上层建筑，于是阶层之间开始产生了僭越，专制政治出现了动摇。一方面是文化的普及，另一方面是政治的动摇，最后造成的产物则是人文主义的发生。人文主义的产生让整个社会开始有了"以人为本"的思想，而其具体的表现就是对君主政治的批评和个性的追求，原来仅存在精英阶层的思想开始转变为大众行为。③人文主义的发生让舆论有了产生的可能性，且有了如同类似西方的"私域"产生。

二、尚贤之途：东林书院兴起和地方建设活动

东林学派和人文主义的产生造就了社会大环境中尚贤意识的转变，意识的转变如何转化成具体的行动，尚贤的途径就显得尤为重要。

明代的王学认为致良知是心学的核心，作为良知之物应该不分高低贵贱，书院的诞生和兴起就是为了普及致良知的学问。到明中期，大量的书院作为讲学的场所，聚集了大批拥有求道热情之人，有的时候还有庶民聚集于此。他们在这里进行自由活跃的讨论，并创造新的人际关系。张居正借由考成法的推出不断打压学生的言论，且在万历七年一月，命令书院闭锁。张居正死后，书院逐步复兴，而东林书院也在宋代杨时进行讲学的书院之所得以设立。而东林书院从设置之初，就明确了其"私"的性质，且因为"私"获得了在野的自由批判时政视角。④同时，

---

① 步近智：《东林学派的历史贡献》，《江南论坛》1994年第6期。
② 陈玉霞：《"机械复制艺术"与"文化工业"——本雅明与法兰克福学派大众文化之比较研究》，《理论探讨》，2010年第3期。
③ 商传：《晚明社会转型的历史思考》，《华夏文化论坛》2015年第1期。
④ 小野和子、李庆、张荣湄：《明季党社考》，上海：上海古籍出版社，2006年。

书院学习了白鹿洞书院的会约,其中包括"四要""二惑""九益""九损"。而东林会约的其中几点,则给尚贤文化提供了具体的途径。第一是讲学的内容是要具有开放性的,其中要包括有庶民性的内容;第二是要广交朋友,极为重视朋友关系;第三是学问必须通过实践进行检验,要和实践相结合。①讲学内容的开放性是认为学问是建立在民众基础上的。重视朋友关系并非简单地将朋友定义成一个维度上的关系,而是认为通过讲习建立的朋友关系可以是一切关系的延伸,是关系中唯一的横向和平等的关系。而学问必须和实践相结合则强调了要把学到的学问用在国家、地方、社会上,并以此实现自己的使命,而这正是处于迷茫中的士子们所追求的。从东林会约就能看出,来东林书院学习的不仅有缙绅之士,也有庶民白丁,各种崇尚贤者、想要学习的人群得以在书院集结,而这又反过来作用于民众对贤者的评价,促进尚贤之风。

除了东林书院成了人们尚贤的途径,可以在这里和贤者进行学习交流之外,东林人士践行东林会约中的知识与实践相结合,积极投身到地方的建设之中,以身体力行来传授"贤"之内容。这让地方民众在接收到更加具象的贤文化之后,也形成了尚贤之风。东林人士的代表高攀龙认为为善是人的本分事②,并因此积极推行慈善事业,在无锡创办了同善会,救助老弱病残穷苦孤独之人,并以此形成一种风气来劝人为善。而除了分发募捐的物资进行救助之外,同善会还会向听众进行道德说教。③通过此种方式,东林人士逐渐引导地方形成了行善的风气,而被救济的人之后又加入行善的队伍,东林所代表的贤文化带动了地方道德秩序的恢复,而民众也对其思想抱有崇敬之心。

三、尚贤之果:党争结社与舆论环境形成

东林学派和人文主义的产生造就了晚明社会独有的尚贤环境,而东林书院和东林人士的地方活动则提供了和贤者进行交流学习的尚贤途径,他们之间相互作用,最后培育了让晚明的东林人士舆论得以生根的土壤。

东林人士在后张居正时期就主张"开言路",通过从言官开始放开言论,让"天下之公""天下之理"反映到中央政治上面去。且东林所说的"言路"不仅仅是原本的通过言官,而是要拓宽言路,让不仅是朝廷的官员能够发表言论,甚至是庶民和白丁都能有批判政治的自由。但是在当时晚明的体制之下,想要实现后

---

① 东林书院志整理委员会:《东林书院志》,北京:中华书局,2004 年。
② 高攀龙:《高子遗书卷五》,陈龙正编:《四库明人文集丛刊》,上海:上海古籍出版社,1993年。
③ 高攀龙:《高子遗书卷十二》,陈龙正编:《四库明人文集丛刊》,上海古籍出版社,1993 年。

者可以说是非常困难的，且东林派主张开言路的人基本都被贬谪、下野。在这样的情况下，东林人士想用要改变言论，就必须借助朋党的力量。东林书院的兴起让东林党结成朋党变得更加容易和可行，他们是因为崇尚东林所推崇的贤文化而聚集起来的一群人，都是以实现"天下之公""天下之理"为目标而形成的君子群体，而这样的群体发出的声音势必会引起更多人的关注。同时，结成朋党让思想和政治主张能够更好地被传播和推行，结果则是让这群士人与平民社会的进一步接近，民众了解他们的主张之后更加支持他们。①

一方面，在野的东林人士已营造出了东林独特的贤文化，并在社会中形成了崇尚其文化的氛围。另一方面，在朝的东林人士因为代表一般舆论而不断受到晚明政府的打压，这样的打压反而让人民多同情于他们，所以他们的清望越来越高。②可以说在晚明时期，东林人士利用尚贤文化集合了各方人士，对其有利的舆论环境已经出现。

第三节　古代舆论的基石与出口：选贤任人与舆论运作

尚贤文化给晚明时期的东林提供了舆论形成的环境，那选贤任人的制度则是给舆论提供了基石和出口。

一、任人：逐步完善的言官制度

言官制度在明代之前就已经出现，明代的言官是指给事中及御史。在明代之前的唐宋制度中，给事中属于门下省，主要负责对君主的政治意见进行申述并且监督政府，御史则专门担任纠察之责。明太祖开山立国之后，在前朝的基础上完善了给事中制度。明朝时期，门下省被废除，六科独立存在，给事中权限变得非常大，对皇帝批准的奏疏具有据否权，但其品级却相对卑下，这是为了避免给事中为了珍惜个人官阶而回避政治批判，从而能够自由发言。而御史监察的范围则包括了行政和司法，具有监察权和弹劾权。给事中和御史并称台谏，因他们的职责有重叠的部分，所以被统称为言官。③

明代皇帝从太祖时期起就对言官十分重视，在选拔言官上，要求"身、言、书、判皆善，始授台谏，次者授以部属、府佐"④，选拔出的都是贤者中的佼佼者。

---

① 商传：《晚明文化商品化与社会纵欲思潮》，《明史研究》1994 年第 1 期。
② 谢国桢：《明清之际党社运动考》，北京：中华书局，1982 年。
③ 蔡明伦，《明代言官群体研究》，北京：中国社会科学出版社，2007 年。
④ 张瀚：《卷八铨部纪》，《松窗梦语》，上海：上海古籍出版社，1986 年。

而言官在考核上也具有比一般官僚更加严格的考核制度和完备的考察内容。与之相对的，言官的升迁途径也更为迅速，仕途更加广阔。因为这样的言官制度，言官一直受到士子的仰望和追逐。而因为皇帝的重视和有志之士的追逐，言官的组织规模也非常壮大，在明代担任过言官的人数至少在 600 以上，而其比例占了在朝官员人数的百分之二三十。言官制度的完善是明朝监察体制的一大特点，它给了言官直言忠谏的勇气，且促进其在其位上尽忠职守。

在张居正时期，在考成法大棒的打压下言路几乎形同虚设。张居正死后，因神宗怠于政事，言官树党相攻。东林人士在晚明时期一直号召"开言路"，认为正是因为张居正、申时行等人一味压抑言论，国家才开始动乱。虽然晚明时期的言官制度已不像明初到明中时期成效卓越，言路也没有当时般风气淳厚，但不可否认的是，言官制度给了舆论在统治阶级的出口，也给予了东林人士对言官在其位不谋其政的批判及主张将言路开及天下的理由。

二、选贤：日渐繁荣的书院教育

如果说言官制度是舆论在统治阶级的出口，那在晚明时期选贤制度影响下日渐繁荣的书院教育则成了舆论在民间的基石。

历朝历代的选贤都离不开科举制度。到了明朝，科举取士一直是令人钦羡的求取仕途之道。明朝的科举体系经历了一个由官学到私学的过程，体制相对开放，这造就了明代基层社会教育事业的空前繁荣，受教育人数增长迅速。[①] 而在所有的社会教育事业中，书院教育得到了极大的发展。明朝开国之初，为了稳固国本确立朝廷思想的主导权，统治者将人才培养的教育事业也纳入了科举取士的体系之中，以确保选出真才实学之人为朝廷服务，所以"科举必由学校"[②] 的选拔政策随之形成。学子进入官学是参加科举考试的前提，这让书院这一场所受到冷落。而随着明中后期政治斗争加剧，科举舞弊与权力勾结的情况日益加重，科举的公平性减弱，官学已没有了之前的学风，而官方对书院的态度也发生了转变，书院又成了士人们求学的主要场所。明朝中后期，各个地方官吏为了扶植学子，开始帮助书院的修复。且有不少地方在书院修复之后，将书院作为与官学同等地位来对待。[③] 显然，在此时，书院已经成了科举取士的人才来源之地，大批有着入仕抱负的学子必然聚集于此。

---

① 刘晓东：《"道体下移"与晚明基层社会的教育困境——兼及晚明塾师职业生存伦理的异变》，《东北师大学报（哲学社会科学版）》2009 年第 2 期。

② 张廷玉：《卷 69 选举志一》，《明史》，北京：中华书局，1974 年，第 1675 页。

③ 李兵：《书院与科举关系研究》，博士毕业论文，厦门大学，2004 年。

东林书院在这样的背景之下诞生。当时的顾宪成被革职为民，回到家乡无锡进行休养，同时开始了他在民间的讲学工作。万历三十二年，在地方官员的支持下，顾宪成、高攀龙在宋代杨时所讲学的地方重建东林书院。不同于当时很多书院在筹建的款项来源于官员，东林书院重建的资金一部分来源于当地政府，一部分来源于当地的士绅。来自政府的用来修复祭祀先贤的建筑，而书院的修复款项则来自士绅的捐款，这让东林书院从开始就区别于官学和相当于官学的书院，拥有了更多的独立性和自主性。东林书院的建成，除了在上一部分所说给予了人们尚贤的途径外，同时也成了东林人士和民间联系的场所。东林会约让庶民在这里和贤者沟通甚至发表自己的观点成为可能，而这样的关系就足以成为后来东林人士能掀起波澜的舆论基石。

明朝的言官制度让舆论在统治阶级有了出口，而书院教育复兴逐步取代官学地位让舆论在民间也有了基石，可以说在晚明时期的选贤任人制度让舆论运作的环境能够实现朝野结合。在这样的情况下，东林人士舆论产生的可能性变成了现实存在。

第四节 古代舆论运作的主体：心身并行的贤者

当尚贤文化给了舆论产生的环境，选贤任人模式给了舆论以基石与出口，那只需一个火花，舆论就能被点燃。而给予这个火花的人，便是舆论运作的主体，是德才兼备身心并行的贤者。作为贤者的东林人士以拯救天下为己任，认为社会需要铁肩担道义之人，于是无数的星星之火联结起来，成了燎原之势。

一、贤者之心：天下为己任的理想信念

东林人士被称为贤者，是因为他们是一群愿意为了"天下之公""天下之理"而抛头颅洒热血之人。他们信奉儒学，"儒者在本朝则美政，在下位则美俗"[1]，东林人士无论在朝在野，都抱着天下为己任的理想信念。

在朝堂中，作为东林领袖的顾宪成在入仕之初就抱有将自己所学投身到现实社会之中的理想，对政治具有极大的热情，想要构建一个清澈澄明的政治局面。[2]在后来的"反夺情""立国本"等事件上，也不断上奏，力图能够让朝廷局面回到正轨。顾宪成的弟弟顾允成、钱一本等一干东林党人也都是抱有同样的政治抱负。同时，顾宪成也凭借他的人格魅力和政治主张在朝中收获了具有同样政治理想和

---

① 王先谦：《荀子集解卷四·儒效篇》，《诸子集成影印本》，上海：上海书店，1986年，第91页。
② 樊树志：《"忠国家而于身无所利"的顾宪成》《书城》2019年第3期。

信念的同僚，这些人在后来与内阁专权以及宦官干政的斗争中都起到了重要作用。他们认为"天下为公"才是政治之本，国事需要依靠"众论"来建立，要"开言路"才能正视听。①可以说，在朝的东林人士延续了儒学传统，重申儒家议政之重要性，想要凭借自己的力量影响朝政，从而建设一个良好的政治局面与社会环境。

而因在朝推行自己的主张而被贬的东林人士，他们依旧在野推行着自己的学术理念和政治构想，发挥着自己作为贤者的领袖作用，想从民间开始开展一场救世运动。万历二十二年，顾宪林在被贬回乡之后，决定开展讲学活动，推行自己的思想和理念，吸引了当时一派读书人前来求学。而后，因求学人数太多，最初讲学之地无法容纳求学之人，在好友高攀龙的建议下，决定另寻一个更为广阔的地方。顾宪成被贬十年后，东林书院建成。书院建成之后，东林人士有了固定的聚集场所，在这里论学问谈天下。一方面他们通过讲学，批判当下王学"无善无恶"之学说造成的士风散漫，重振儒家"天下为己任"之思想。同时，他们认为学问需要和现实结合，于是以其身为榜样，开始以各种形式参与地方社会各种公共活动，并在民间获得了广泛影响。另一方面，儒家"内圣外王"的思想深深影响着东林人士"处江湖之远则忧其君"。借由东林书院的平台，他们不断推行着自己的政治构想，在讲习之余，往往讽议朝政，裁量人物②，不断影响更多的士人的政治理念。而这样的讲学加推广政治理念的活动，最终使得"庙堂之上，行一正事，法一正论，俱目之为东林党人"③，足以看出东林影响之大。

二、贤者之身：联络朝野的才干能力

具有了"铁肩担道义"的贤者之心，要想将学术及政治理念推广出去，甚至形成推动社会改革的舆论，还必须有与之相匹配的行动能力。

在东林书院的建成上，就能看出顾宪成、高攀龙等人的能力。从书院建立之前的讲学，到书院选址，再到召集士绅募捐款项复兴书院旧址，这都需要极强的人脉才能保证顺利进行。到了书院建成之时所形成东林会约中，广交朋友的重要性被不断提及。东林书院后续的发展不仅仅限于自身规模的扩大，学者们还通过不断地进行讲会讲学来广交朋友，从而形成了一个庞大的书院网络。如史孟麟、耿橘等其他书院再建的核心人物，都和顾宪成、赵南星等东林人士相互往来。最终，在江南地区形成了一个以无锡为中心，志距堂（金坛）、明道书院（宜兴）、

---

① 刘宝村：《为学，议政与救世——晚明东林党人的议政之风及其治学精神》，《江淮论坛》2004年第203期。

② 张廷玉：《卷231 顾宪成传》，《明史》，北京：中华书局，1974年。

③ 缪天绶：《东林学案一》，《明儒学案》卷58，上海：商务印书馆，1931年。

虞山书院（常熟）、崇实会馆（桐城）和东林书院相互联结交流的院网络。而远地的江右书院、徽州书院、关中书院等几大书院也与东林书院有着相互的交流。[34]这些书院作为中介，集结了大批求学的士人。士人以求能成为贤者，而学道成贤之后又不断吸引新的士人，于是以书院为中心集结的有志之士越来越多，东林人士的队伍也越来越庞大。

除了在民间搭建了庞大的书院网络，东林人士在朝堂之中也有和其相互呼应的同伴。在顾宪成入仕之时，先后任职户部和吏部，他因政见和抱负相近而和共事的赵南星等人关系良好，这为东林一派在后来在朝的人脉网络打下了基础。在"立国本""三王并封"等事件上顾宪成与王锡爵形成了正面冲突，最终被贬，但在朝中仍然有很多与其持论相同之人并身在要职。顾宪成的弟弟顾允成曾任国子监博士、礼部主事等职，好友高攀龙曾任刑部右侍郎、都察院左都御史等职。而身为东林人士的左副都御史杨涟在神宗去世之后，在"红丸案""移宫案"中都扮演了重要的角色。而到了万历后期，虽然内阁大臣叶向高也为东林人士，但只有其一人做事难以维持事务的正常运转，在野和在朝的东林人士合力推举李三才进入内阁。虽然这件事让东林人士最终被打上了"东林党"的标签，但也足以看出，东林一派人等和朝廷的牵连之深，能力之广。

晚明东林的舆论领袖就是这样一群贤德之人，以"贤"为核心，聚集了一群"以天下为己任"之人。同时，他们也有能力在朝中扶植其支持者，将朝野结合形成共同的舆论场，从而发动舆论战力求能从下至上地改变整个朝局的风气。

第五节　贤者为贤之局限

晚明东林人士将"尚贤""选贤""贤者"三者相结合，用道义来发动民众，共构了一个舆论场域，但最终却还是失败了，而这却正是因为他们身为贤者，被贤之局限所困。

一、朋党之争的贤者困局

关于东林党"是党非党"一直是一个具有争议的话题。明末的东林人沿袭欧阳修"大凡君子与君子以同道为朋，小人与小人以同利为朋，此自然之理也"[①]的朋党观点，认为想要对抗小人，君子也要结成朋党才能不惧流言，但这样的"党"是构建在"道"之上，而不是"利"之上。[②]在东林党日益壮大的同时，"东林名

① 欧阳修：《卷十七朋党论》，《欧阳文忠公集》，北京：商务印书馆。
② 明月熙：《东林、复社"朋党"观念论说》，《北方论丛》2013 年第 1 期。

大著，而忌者亦多"。在京察之后，东林成了众矢之的，反东林人士也形成了联盟。万历四十二年，顾宪成已逝，叶向高罢职辞官，李三才也被削籍，东林在朝在野大将接连受损，话语权逐步丧失。到了天启初年，东林人士因为皇帝的支持而重新入仕，又想打开朝野的新局面。然而客氏和魏忠贤勾结，发展"阉党"一派，开始篡权夺政。东林一派在之前力争国本一事，包括后来进行挽局的"梃击案""红丸案""移宫案"三案，在天启初年不仅成了党争的最大课题，也成了魏忠贤一派的"阉党"弹压东林党的口实。"阉党"一派以结党谋私之名，开始构陷东林人士。后来，阉党再借用汪文言与"封疆案"，给东林党安上了结党受贿之罪名。两年多里，东林诸君子惨死狱中，下狱者百人以上，而被革职罢黜的人有上千人之多。而后，舆论的打压开始漫及学术之地，以东林书院为首的各个书院，无论讲学内容均被"阉党"以"聚众讲学，结党营私"的罪名摧毁之。

东林一派本是以"道"结"党"，通过个人政见的发表和广泛讲学将具有同样抱负之人结合起来，从而能更有力量地推行自己的治世理念。然而最终，"朋党"之名被对手用作攻击的靶心，并将其困于其中，给东林一派带来了毁灭性的打击。

二、儒家治世的贤者镣铐

东林之人想以"贤"为武器发动舆论，但他们所崇尚的"贤"本身却成了自己的镣铐。儒家传统的知识分子一方面有着强烈的入世情怀，另一方面内心则有着坚定的王道信仰。[①] 在以顾宪成为首的东林党人中，尊君是一种普遍的观念，他们坚定地维护着君权和君主政治，一以贯之地重复着传统政治信条。[②] 所以他们在神宗时期，不断上奏对其进行苦谏。而"立国本""三案"则是他们在寄予光宗和熹宗的厚望下，想要为其开拓道路之举。他们期待君主能够在不断的修炼中实现道德的完备，从而推行仁政，最终形成一个王道社会。因此，他们的改革，是想通过赢得最高统治者的支持，给予自己施展拳脚的空间，由此对晚明的政局进行挽救。这样的儒家思想成了他们"贤"的核心，但是也决定了他们的改革不可能是革命式的，不可能是彻底的。

同时，东林人士的所做所谓与其所尊崇的儒家"内圣外王"思想是十分矛盾的。他们推崇"开言路"想让天下之人都能有评论国家政事的权利，认为是非标准应该由天下公论来决定；他们在矿监税吏陷民众于水火之中时，轰轰烈烈地开展了反矿税斗争；在地方之人穷困潦倒之时，成立慈善组织投身社会公益事业。作为封建统治阶级的成员，这样为民请愿、济时救世的思想是超越了他们自己的

① 严正:《论中国传统儒者的生存特征》,《北方论丛》2007 年第 1 期。
② 刘泽华:《中国政治思想史 (隋唐宋元明清卷)》, 杭州 : 浙江人民出版社, 1996 年。

社会属性，甚至对其所在的社会阶层产生了威胁。[①]他们无法走出对君主的期待所带来的对自身的限制，没有办法进行革命性的改革去建立一个新的社会秩序。同时，为民救世让他们也无法对社会现状置之不理，从而放弃对统治者和当下秩序的批判呐喊。忠君代表的是最高的统治者，救世代表的是最底层的民众，在封建社会这两者之间存在的矛盾在东林人士这里交汇。而这样的矛盾，便注定了东林人士失败的结局。

结语

东林党一直是晚明研究绕不开的话题，但却很少有人将东林党推崇和代表的贤文化和他们所掀起的舆论结合在一起讨论。其实从晚明东林党看来，贤文化正是他们能够在古代封建社会中掀起舆论的重要原因，也是中国古代舆论能够得以成形的基础。

在华夏舆论传播的过程中，贤者围绕"贤"开展了一系列的活动，让舆论得以形成。社会因形成尚贤文化，从而追随贤者受到其感召，形成了舆论发生的土壤；上层制定的选贤机制让天下贤德之才能够参与社会治理，并给了朝野中舆论以出口和基石，埋下了舆论发生的种子；而贤者自身富有的使命感，让他们通过自身的感召和实践的能力动员朝野上下，让舆论的种子能够生根发芽。如果说西方为什么存在舆论是因为公共意识和社会意识，那么古代的中国存在舆论，则是因为有了贤文化为核心构成的社会意识。

但以贤文化为核心也注定了古代中国的舆论所带来的改革是有局限的。古代为贤的内核是维护既有的统治阶级利益，贤者本身的忠君的思想决定了他们只能戴着镣铐跳舞，营造的舆论也是想按照现有的社会游戏规则来进行而不会进行规则的打破。只能说，贤文化让古代的舆论得以形成，也让古代的舆论仅限于此。

（熊沁 谢清果）

---

① 邓泽森：《试论东林党人在晚明政治生活中的作用》，《江汉大学学报：社会科学版》1994 年第 1 期。

第六章　作为家训榜样的圣贤

训以成贤：中国传统家训中的贤文化传播
——以《颜氏家训》为例

家训是极具中国特色的家庭传播形式，贤文化则是其重要传播内容。作为"古今家训之祖"的《颜氏家训》，是研究贤文化传播的重要样本。贤文化得以成为中国家庭共同接受的传播价值取向，离不开特定的统治阶级政治传播活动、文化传播实践等特定传播情景，并在家训中呈现出普遍主义与分殊主义高度统一的传播表征。同时贤文化在家庭传播中形成了递顺关系范畴下的稳定传播秩序和家国同构的传播外延。正是由于贤文化的表征、秩序和外延上的延续性和稳定性，《颜氏家训》才能经由潜移默化的方式，将其中的思想深深地植入以家庭为本位的社会传播活动之中，对中国社会产生重大影响。

第一节　家训：中国特色的家庭传播

一、作为家庭传播媒介的家训

家是社会的细胞，是家庭成员间的交流互动的场域。作为个体社会化的基础，价值观的起点，也构筑了个体最初的对世界的认知。但这种影响并不局限于物质性的家——房屋之内，它会贯穿至个体后续的生命历程。家庭内部的交流互动也并不是暂态性端居于时代的一隅，而是与整个社会文化的脉络和流向持续性地交融并汇。华夏文明传播研究学者谢清果曾论述过家庭交流互动对于个体塑造和社会治理的双重意义。他提到家可以被看作一个媒介域，意义尤为重要，它不仅是中国传统社会治理的基础和文化传承的基本单位，更是人们修身养德、内圣外王的重要保证[①]。

每个家庭都有一个相对稳固的、蕴含家庭价值理念的传播机制，这套机制在塑造个体特质的同时也区分了各个家庭。家庭传播可以理解为以家庭为核心的各

---

① 谢清果：《华夏传播研究：媒介学的视角》，北京：社会科学文献出版社，2019年，第5页。

种传播活动是人们构建家庭关系的方式，也是家庭成员之间沟通和交流的手段和过程。作为传播学新兴的分支学科，家庭传播关注着传播在家庭中的角色和功能，研究范围包括了父母与子女、夫妻以及兄弟等家庭分支。但相比在美国家庭传播研究的日臻成熟，建构与中国时代发展相匹配的中国特色、中国气派、中国风格的家庭传播体系则任重而道远。在中西不同社会环境下，中西家庭伦理基础的不同、家庭传播角色的认知和定位的区别、家庭与个体和社会联结强度的差异等都对中西家庭传播活动的边界、媒介、情景、内容、形式、效果产生了不同程度的影响。现代随着经济发展、媒介技术勃兴和全球化文化思潮的出现，家庭传播是我们理解家庭和透视中国社会变迁的重要变量。

中国传统社会中家庭知识的流动和文化的传承拥有一种特殊而稳定的家庭传播形式——家训。家训承载了家庭传播的媒介功能，它建立在人伦关系之上，传统观念认为家训是父祖用文字或口语告诫、训示子孙和家人的家庭道德教育[1]，强调自上而下的家庭传播等级和以德为本的传播内容。

伴随家训研究的不断深入，家训作为家庭传播重要形式的传播主体、传播内容、传播表征也得以也不断扩展。除了父与子、祖与孙，中国历代家训中还出现了夫妻、兄弟以及宗族亲友等家庭成员。家训的内容逐渐跳脱道德、伦理认识的局限框架，映射了社会文化、经济、政治、生态等时代特质，延展出跨越时空的深厚历史意义。

其在历史的演变中拥有丰富的内涵和表现形式：墓碑、家祠、牌匾可以书写家训，婚丧祭祀和节日活动可以承载家训，家书和家塾可以传授家训。《论语》载有孔子通过言语教育儿子孔鲤"学礼""知礼"，然后"立于礼"。东方朔则专门撰写《诫子诗》提出："明者处世，莫尚于中。优哉游哉，于道相从。"清代学者许汝霖针对当时家庭宴席的奢侈陋习撰书《德星堂家订》，要求子孙在婚丧嫁娶活动中既合礼节又要节俭。这些家训看似散落在各种家庭仪式活动、家庭建筑和家庭言语交流中，传播零散，实际上在中国家庭传播活动中形成了统一的精神内核，且在纸质文本之中得以存续，为后世留下了宝贵的精神财富。

家训的研究是对中国社会千千万万家庭的传播活动和传播模式的深入审视，是对传播之于家庭关系与结构塑造的再次思考，也为中国社会的稳定和联结提供了新的学科视角。目前学界关于家训的研究成果丰富。学者徐梓的《家范志》就以专著的形式对家训内涵、家训发展历程进行了总结和呈现[2]。除了整体上厘清家

---

① 温克勤：《谈古代的家庭道德教育——家训》，《南开学报（哲学社会科学版）》，1982 年第 6 期。

② 徐梓：《中国文化通志·家范志》，上海：上海人民出版社，2010 年。

训历史的发展脉络，学者张静、邓英英、李光杰等也分别对先秦两汉①、魏晋南北朝②和唐朝③等历史时期进行了断代家训研究，梳理了不同历史时期家训的具体样态。回归家训文本本身，学者陈延斌纵观历史全面涵盖，将古代家训内容进行总结提炼为孝敬亲长、睦亲齐家、治家谨严、勤劳节俭等十六个方面④。此外还有众多学者对家训呈现的核心思想主题如仁爱⑤、诚信⑥等进行专门分析探讨。伴随信息统计和数据处理技术的发展，学者郑秀花通过数字化采集对二十三本中国传统经典家训进行词频统计和分析，发现其词频主要分布在教化对象、教化内容和治家思想三个部分⑦。新时代学界对家训的现代意蕴和现实指导的研究也逐渐增多，学者王维明探讨了家训对于推动社会主义核心价值观培育、改善现代家庭教育理念和方法的重要意义⑧。

但目前对于家训的传播思想主题只有综合性的提炼和单一主题的研究，其背后究竟承载了怎样的道德伦理根源和社会文化特质，如何发挥媒介功能，对家庭传播产生了怎样的影响仍然是需要深入和系统研究的领域。

二、作为家庭传播教科书的《颜氏家训》

北齐颜之推的《颜氏家训》被学界界定为我国封建时代第一部完整的家庭教科书，是中国家训文化史上第一部系统的、体系化的家训。颜之推在书中对治家修身、求学处世、友邻相处等问题进行了系统的论述，它指明了传统家训的研究对象、界域及宗旨，确立传统家庭教育的基本框架和由此框架所设定的基本内容，在"散文体"的诫子书之外，开创了传统家训"纲目体"著述的新范式。共包含《序致》《教子》《兄弟》《后娶》《治家》《风操》《慕贤》《勉学》《文章》《名实》《涉务》《省事》《止足》《诫兵》《养心》《归心》《书证》《音辞》《杂艺》《终制》二十个篇目。《颜氏家训》中，许多治家原则、行为规范已转化为传统社会治家的普遍原则和基本方法。宋人陈振孙《直斋书录题解》说："古今家训，以此为祖。"

中国古代的家庭教育是家庭成员间沟通与交流的重要内容，父权制话语下父对子嗣的教导、夫对妻的规劝，以及平辈间的勉励都是通过家庭教育得以实现的。

---

① 张静：《先秦两汉家训研究》，郑州大学学位论文，2013年。
② 邓英英：《魏晋南北朝家训研究》，延安大学学位论文，2012年。
③ 李光杰：《唐代家训文献研究》，吉林大学学位论文，2009年。
④ 陈延斌：《中国古代家训论要》，《徐州师范学院学报（哲学社会科学版）》1995年第3期。
⑤ 陈延斌：《中国传统家训的"仁爱"教化与21世纪的道德文明》，《道德与文明》，1998年第2期。
⑥ 宣璐、余玉花：《传统家训文化中的诚信教育及当代启示》，《中州学刊》2015年第6期。
⑦ 郑秀花：《中国传统家训家规词频统计分析》，黑龙江大学学位论文，2015年。
⑧ 王维明：《新时期家训家风建设作用及路径》，《中学教学参考》2020年第33期。

这种家庭教育可以以家谱、族谱、祠规等物态媒介散落在各个家庭，可以以内训、家语等口语化形式流传在庶民家庭，也可以以遗物、牌匾、牌坊、墓碑、画像为训教育子嗣。单一散文体的文本和媒介并不能完整承载家庭教育的全部核心内容，直到出现《颜氏家训》这样的规范著作，存续于各个角落零散的价值取向和社会文化意识才得以融为一体，重获生机。

此外，之所以将《颜氏家训》推为第一家训，在于其明确了家庭教育的研究对象、适应范围、宗旨与目标，让中国传统家训跳脱出诫子书的思维桎梏，走向体系化和系统化，而成为真正意义上以家为核心，阐释治家、兴家、传家的正统家训①。其在开篇序言中提道："夫圣贤之书，教人诚孝，慎言检迹，立身扬名，亦已备矣。魏晋已来，所著诸子，理重事复，递相模效，犹屋下架屋、床上施床耳。吾今所以复为此者，非敢轨物范世也，业以整齐门内，提撕子孙。"颜氏以圣贤之书作比，既反映了其蕴含的文化价值在社会传播中的广泛性和普适性，又强调了其面向整个家庭传播的私密性。

学界已有诸多对于《颜氏家训》的研究，最早由章太炎和周作人师徒做现代理论探讨。后续多以文献学、教育学、文学为研究视角，提炼总结《颜氏家训》中的教育观点、文学特征和文献理论②。虽然在教育学科发展过程中，对《颜氏家训》的研究有涉及家庭教育思想的挖掘和呈现，但更多侧重对教育必要性、教育目的和教育原则方法的探讨，而缺少从家庭传播视角切入的分析。

第二节 以"贤"入训：家庭传播的落足之处

家训的内容的确是随着社会政治、经济、文化的发展而充实和完善的，由最初祭祀器具上的讼、诰和个别、分散的诫言向广泛的社会规范与系统的传播理论教导全面深入。以家训为媒介，家庭成员之间和代际，甚至家庭与国家之间形成了稳固的传播机制。家训可以被上至君臣下至庶民的全社会认可，在于找到了可被不同阶级和家—国—天下连续体共同接收的平衡点——贤文化。

《颜氏家训》二十篇中，"贤"字出现22次，其余"知""孝""礼""义""德""性"皆为高频词汇，这种对于治学求知的强调、孝义礼节的重视和品性道德的训诫，无疑是与贤文化的思想内核相契合的。我们需要梳理的是贤文化是在何种传播情景中融入家训，或者说是怎样与家训相辅相成存续至今，成为家庭传播的落足之

---

① 颜炳罡：《范式突破与方式创新——〈颜氏家训〉在中国家训文化史上的地位》，《孔子研究》2020年第5期。

② 王文娟：《二十世纪以来〈颜氏家训〉研究综述》，东北师范大学硕士学位论文，2014年。

处的。

首先需要对"贤"的内涵进行界定。"贤"字原指财富。《说文·贝部》："贤，多才也。从贝，臤声。"《论语·阳货》中"饱食终日，无所用心，难矣哉！不有博弈者乎？为之，犹贤乎已"即是财富的延伸意义"超过""多于"。《论语·学而》中的"贤贤易色"则以贤表达尊重，我们也常常在经典著作中看到"贤父""贤臣""贤兄"这样的敬称。

将视野转至西方，可以发现中西文化传播中对于"贤"的理解是截然不同的。西方的"贤"常与"哲"字相连，但中国的"贤哲"并不在知识体量上超出常人，而主要是在伦理（政治和道德）上作为模范①。"贤德""贤惠""贤良""贤明""贤能"，这些由"贤"延伸出来的语词在一定程度上反映了中国传统社会对于个体道德才能的重视。这种重视在政治场域中也都得以体现，《旧唐书·食货志上》专门提及"设官分职，选贤任能，得其人则有益于国家，非其才则遗患于黎庶。此以不可不知也"。尚贤的社会风气一直延续至今，尽管考试分数、绩效指标是作为选拔公务人员的主要标准，但对"贤"的认同和追求仍然是社会交往过程中的隐形规则，当个体走向"贤"的背面时，他最终会受到孤立、排斥、辱骂等终止社会关系方式的对待，意味着个体社会性的死亡。"贤"早已在潜移默化中成为中华民族的价值取向、深层意识和文化基因，并在此基础上形成了贯穿中国历史的"贤文化"。

历史学家顾颉刚将"贤文化"归纳为圣道、王功、经典，从文化传承、朝代更替和经典文集的角度解释贤文化的含义。学者成讯则将"贤文化"的内涵阐释为儒、释、道三家互补而成的中国特色文化。总结而言，贤文化包含尚贤敬贤的社会风气、学贤成贤的理想人格、选贤举贤的政治追求等一系列以"贤"为尊的思维方式、价值理念、法律制度、伦理道德、生活方式等。

家训内容的产生离不开对家庭诞生源头的追问。我国历史上最早具有独立和完整意义的家训可以溯源至黄帝时期。《商君书·画策》中记载："故黄帝作君臣上下之义，父子兄弟之礼，夫妇妃匹之合。"黄帝教导君臣之义、兄父之礼、夫妃之合和尧舜禹禅让前的锻炼选育，表面上看在当时是为了实现部落氏族的生存和延续挑选德才兼具的氏族领袖。实际上当时的氏族选举更像是家族内部的人事安排，领袖需要通过明确遴选继任者的标准约束子嗣后代如何成人成王乃至成圣贤，这种利用通过家训对后代进行教育规训的家庭传播观念已经初现端倪。这一时期的

---

① 黄卫星、张玉能：《"贤"字的文化阐释（上）》，汕头大学学报（人文社会科学版）2018 年第 8 期。

家训实际上是将家庭传播与氏族生存绑定在一起，其对于人伦关系的构想和约束已经有了贤文化的影子。

随后，贤文化的传播内容在诸子百家思想的碰撞中得到融合提炼，形成中国古代的核心家庭价值观。再经由"过庭之训""孟母三迁"等实践对理论进行阐发，让神坛之上的"圣贤"走入民间。儒家推崇的仁义礼智信也不再囿于知识分子和统治阶级的对话中，而成为人人可践行的知识观念和礼仪规范，为家庭传播统一标准的生发提供了思想基础和实践规范。

贤文化得以成为全社会范围的传播价值取向，同样离不开其内里的政治基因。有学者指出，中国古代的核心价值观是通过教化这种特殊的政治传播活动完成的，即统治者通过学校、乡约、宗族和家庭四种途径将儒家政治伦理文化的传播至社会的各个角落，并渗透进日常生活之中，让全体社会成员自觉认可并遵守与统治者利益相契合的意识形态。在这样的传播结构中，上至君王、臣子，下至宗族家长、士绅都是贤文化的传播者。具体而言，统治阶级制定了传播内容和标准，地方士族家长则是传播任务的执行者和实施者。

《颜氏家训》成书于南北朝时期，因此从政治传播视角看，察举制和九品中正制为代表的选官任职制度的出现同样催生了以贤育人的家训文化。汉代延续的郡国并存制度促进了家族的繁荣，经历了长期的战乱与纷争，手握封地和劳动力的士族成为社会的中坚力量。家族的壮大为贤文化的落地生根提供了丰饶的传播土壤。加之南北朝时期，官学百废待兴，区域性基层社会教化组织尚未形成规模，因此宗族和家庭担负起了启蒙儿童和培育核心价值的传播使命。在这一传播场域内，以血缘为纽带的门阀士族既要维系家庭内部的伦理道德关系，强化家族内部的凝聚性，也要兼顾家族的名声和发展，不断训诫子嗣以期在更长时间范围内存续，持守祖业。个体零碎的言语训诫、散文篇章已经无法满足于日益繁荣的士族内部教化需求和外部地位构建，于是士族家庭自觉性地撰写或请人著书，以规范化的文本将贤文化凝练入训聚气为脉，衷诚后代。

尽管贤文化在家训发展过程中发挥了举足轻重的作用，但需要避免的是一种功能本位的观念，理解家训并非只是为统治阶级意识形态的控制或家族存亡考量。家训本质仍然是家庭成员间的传播活动，这种基于血缘关系的亲情对话和精神交流，仍然蕴藏着人类本能的爱与人文关怀。

第三节　成训传家：贤文化的家庭传播表征

一、求同存异：和而不同的传播适用范围

贤文化融入家庭传播实践中后，形成了自身在家庭传播域内特有的传播样态，无孔不入地渗透进家庭和家族各类日常活动和仪式活动中，并在特定文本中得以提炼增华。儒家的全部学说都扎根在家里[①]，家庭教育的目的、宗旨、内容实质上也都指向了儒家学说为代表的贤文化的传播问题。如何延续家族的生命周期使其不坠于世，如何教育家族成员使其立足社会都需要有以社会共同认可的贤文化为参考标准。其传播表征首先体现在普遍主义与分殊主义的高度统一的传播原则。

《颜氏家训》的中的贤文化是经过历史演变过程中社会各阶层碰撞洗练而成的，它的普世致用恰好满足统治阶级维系天下的现实需求，也能设立精准的门槛让社会一般成员自觉性参与传播。贤文化倡导的礼虽然成了中国人日常沟通主导的文化表意系统、沟通模式和行为规范[②]，并且落足在各朝各代的家训文化中，但家训天然具有私密性质仍然为其提供了弹性极高的包容度。

对于贤文化的阐释并不是不容修改的动作程序，要保证其最大适用性、合理性和合法性，需要提供一个相对意义上高度开放的媒介空间。《颜氏家训·风操》提到了《礼经》中圣人教导的周详礼仪："箕帚匕箸，咳唾唯诺，执烛沃盥，皆有节文，亦为至矣。"但其言词并非教导家庭成员一成不变地效仿与遵守，而是强调家庭间的异质性和世事风貌的流动性，"其有所不载，及世事变改者，学达君子，自为节度，相承行之，故世号士大夫风操。而家门颇有不同，所见互称长短"，劝诫家庭成员自行斟酌，权衡度量。儒家在阐释贤文化的过程中实际上也确实更强调其构成规则，只是规定一个大致的行动范围，而不排除其他可能的合礼行为。

有学者统计，"知""心""亲""义""礼"为中国传统家训中出现频次最多的五个字。无论是"当以仁义为节文尔"的人生态度，还是"与善人居，如入芝兰之室，久而自芳也；与恶人居，如入鲍鱼之肆，久而自臭也。墨子悲于染丝，是之谓矣"的交友标准，都是经世致用的真知灼见。《颜氏家训》从个体修身成贤到社会交往涵盖全面，这是其迈出封闭家门传播向中国传统社会千家万户的原因。有趣的是，《颜氏家训》中出现的频次最高的"知"和"爱"，前者颜之推有提及颜氏"世以儒雅为业"文化背景，儒家学者世代皆深知读书求知的重要性，"伐之

---

①　张祥龙：《家与孝：从中西间视野看》，北京：生活·读书·新知三联书店，2017年，第18页。

②　陈国明编：《中华文化传播理论与原则》，台北：五南图书出版股份有限公司，2004年，第382—383页。

易习而可贵者，无过读书也"。有学者提道："普遍之理固然高明，但面对每一个鲜活的个体生命时，由于缺少与具体生命的内在呼应与感情的交流而缺乏亲近感。"①《颜氏家训》中特地指出学习的目的在于"开心明目，利于行耳"，这种少了功利意味回归求知和学习本位的家庭交流互动则充满了亲切感。

私密性、异质性是家庭传播的独特机制所在，家庭或许因为阶级、地域、文化、经济存在不同程度的差异，教子成贤或睦邻友好、以农为本或重商重工都是不同家庭的教育重点，影响着家庭成员对家庭传播的活动开展和内容选择。

而普遍性、开放性是贤文化的社会适用特征，家庭的存续与发展无法遗世独立于国家权力结构和社会秩序准则，家庭传播内容和形式的维系是家庭成员和社会文化共同选择的结构，是联结个体、家庭与国家的桥梁，为中国历史帝国稳定建构输送了一代又一代"贤者"。家训作为贤文化与家庭传播的承载媒介，呈现出了普遍主义和分殊主义的高度统一。

二、逆顺之间：尊卑分明的家庭传播秩序

家庭传播秩序意味着贤文化对空间内家庭关系的排列与稳固，也意味着在时间维度中的超越与延续。《颜氏家训》以"整齐门内，提撕子孙"为宗旨，这与历来帝王或学者训诫子孙、追求稳定秩序的目的是重合的。任何秩序的存在，都表示着某一事物在时间或空间上的排列规则，因而秩序总是存在着一定的方向性②。

《颜氏家训》中"子""父""弟""兄""妇"为出现频次最多的家庭成员，也是家训主要面向的教化对象。教者与受者之间有明显的人伦关系特征和家庭等级排列。中国传统社会自古十分重视家庭的秩序，要求家庭成员的言行活动符合其家庭等级地位。孟子的"五常"中提出家庭内部"父子有亲""夫妇有别"和"长幼有序"；《尚书·舜典》中舜让契作司徒"敬敷五教"，"五教"即"父义""母慈""兄友""弟恭""子孝"，同样是对家庭秩序的维系。这与贤文化中对于家庭人伦关系的重视是相契合的，都期许在家庭这一媒介域建立和谐稳定的家庭关系，以传"家世之业"。

"逆"与"顺"是中国传统经典家训家规特别强调的一对范畴。实际上，逆顺这对关系范畴是贤文化所强调的传播秩序在家训文本意义上的具体呈现。《颜氏家训》对这种传播秩序有准确的描述："夫有人民而后有夫妇，有夫妇而后有父子，有父子而后有兄弟，一家之亲，此三而已矣。自兹以往，至于九族，皆本于三亲

---

① 颜炳罡：《范式突破与方式创新——〈颜氏家训〉在中国家训文化史上的地位》，《孔子研究》2020 年第 5 期。

② 勾承益：《先秦礼学》，成都：巴蜀书社，2002 年，第 161 页。

焉，故于人伦为重者也，不可不笃。"贤文化的传播首先是在夫妇、子兄的核心家庭关系中构建一家之亲，随后才由外拓展至宗族、相邻。《颜氏家训》中的"颜氏"，不仅囊括父母和子女构成的现代意义上的核心家庭，而同时指向了地域内以颜为姓的大家族，《颜氏家训·诫兵》有清楚阐述颜氏家族的历史与构成："颜氏之先，本乎邹、鲁，或分入齐"，"世以儒雅为业，遍在书记，仲尼门徒，升堂者七十有二，颜氏居八人焉"。但这种家庭传播仍然是强调尊卑等级秩序的，父兄可对子嗣谆谆教诲，子嗣只能顺从而不能逆反，而平级之间则只能用互相勉励来表达。同时后世要"顺先祖之道"维持和发展家庭关系，传递家庭文化和知识。

儒家对"贤文化"背后的伦理道德准则政治化的处理，使"克己复礼""尊卑分明"成为每个个体不可推卸的阶级责任，"成贤作圣"成为社会向往的最高地位和标准。尽管后世竭力强调"人非圣贤"，但君要成贤君，臣需为贤臣，每个人都要找到自己的家庭角色和社会定位，即使是普通百姓也要用贤妻良母、孝子贤孙规训自我、勉励亲人向圣贤靠近，以此建立圣贤描绘的大同社会。

如今数字化媒介的发展，使家庭权力结构和家庭传播活动都产生了翻天覆地的变换，长辈无法在以手机、电脑为核心的社交媒介中维系尊卑分明的家庭关系，面对面的家庭仪式活动名存实亡，口耳相授的知识与道理被互联网与屏幕键盘取代。家庭成员不再需要从上一代的谆谆教诲中获取人生经验，原本家庭成员之间的逆与顺变成了个体与互联网、与社交媒体之间的叛逆与顺从。

传统的家训提供的这种稳定的家庭传播秩序，强化了不同家庭角色的等级属性，也减少了家庭空间土崩瓦解的可能性，使得整个家族在代际的传播中得以维持人伦关系。如何摒弃糟粕挖掘其正向价值，对现代家庭传播秩序的建构具有重要意义。

三、天下一家：家国同构的家庭传播外延

哈贝马斯将社会分为市场和权力为轴心的国家，和非功利的人与人情感自由交流的家，但在中国传统社会中家国二字的不可分割性早已成为历史事实和社会共识。传统社会的自我都镶嵌在从家国到天下的有机关系中，从自我出发逐一向外扩展，在自我、家族、国家和天下的连续体中获得同一性①。《礼记·大学》中强调"家齐而后国治"，《孟子·离娄上》也指出只有人人亲近亲人、尊敬长辈，天下才能太平。家庭秩序也成为社会秩序、国家秩序乃至天下秩序这一连续体上最基础的一环。

这种有机关系实际上也得益于中国传统家训走出私密空间，超越当世，成为

---

① 许纪霖：《家国天下：现代中国的个人、国家与世界认同》，上海：上海人民出版社，2016年，第2页。

中国社会的家庭传播规范。关于家训的著述"泛滥书林，充斥人寰"，实际上《颜氏家训》所传播的贤文化也并没有局限于家庭内部的治家原则和个体特质的塑造，家训中的贤文化呈现出了以文化覆盖政治的传播外延性。"君""世""王""名"词汇大量的出现已经打破了家庭内部伦理秩序的边界，将教化内容指向了家庭以外更广阔的社会和国家。

一方面《颜氏家训》直接进行忠孝教育，颜之推曾直接表达颜氏重文轻武，自己不能保家卫国的遗憾："吾见今世士大夫，才有气干，便倚赖之，不能被甲执兵，以卫社稷。"他也强调子嗣要追寻"丧身以全家，泯躯而济国"的贤者之风，牺牲自己的躯体以保全家，这里的家是作为社会细胞的若干家庭，牺牲个体的价值基础上"国"与"家"是对等的，国同样是每一个向往成贤之人需要以生命维护的共同体。

滕尼斯认为，共同体的类型主要是在建立在自然的基础之上的群体如家庭、宗族里实现的，此外，它也可能在小的、历史形成的联合体村庄、城市以及在思想的联合体里实现。[①] 这种思想的联合体也可以立足于贤文化传播中的家国关系、朝代更替变迁，但效忠君主和国家的共同体思想却是不变的。

另一方面贤文化中家国同构的传播观念同样已经内嵌于治学、修身、交友等塑造个体的教化内容中，对家庭内部传播活动进行权力上隐形控制。颜之推提到先祖靖侯诫子曰："汝家书生门户，世无富贵；自今仕宦不可过二千石，婚姻勿贪势家。"表面上是训诫子嗣书生门户为官做人要以清廉自居，实际上这种品性的引导是在潜移默化中为国家政治秩序服务。在符合阶级利益的贤文化伦理的宣扬和浸润下，统治阶级的政治权力和意识形态极大地减少了传播控制成本，并在家训中为世人提供一套具有普遍意义的行为方法与处世原则。总而言之，贤文化中蕴藏的家国观念、政治伦理以家训为媒，将阶级间的对立属性在家庭成员间的传播活动中柔化处理，强化了家国间不可分割的传播属性。

家训可以内化为成贤作圣的道德伦理，外化为社会规范，对社会治理而言，其所具有的潜移默化的力量是法律和规章制度不能取代的，影响着个体从家庭角色转化为社会角色时，对公序良俗和法律法规的恪守程度。家庭传播也与国运相连，以家训为媒介形成家风，家风相连成民风，民风相融汇国风，始终维系着华夏民族的生存兴旺，如丝缠绵，韧而不断，形成中国特色的家国气质。

（胡双悦　谢清果）

---

① ［德］斐迪南·滕尼斯：《共同体与社会：纯粹社会学的基本概念》，林荣远译，北京：北京大学出版社，2010年，第8页，序言。

第七章　作为地域文化标识的圣贤

贤文化视角下地域文化传播的实现逻辑

一方水土养一方人，贤文化与地域文化关系密不可分。它不仅是地域文化的重要组成部分，也是影响地域文化传播的重要因素。贤文化为地域文化传播提供三大可能性：在信息向度上，"贤产"丰富，造就地域文化内容供给源；在媒介向度上，贤人即媒介，成为地域文化的窗口与桥梁；在意义向度上，"贤值"引领，促进地域文化传播的良好闭环。在新时代下，贤文化以何可为？在时间向度上，气贯"三贤"，实现"双创"传播；在空间向度上，手拉"三贤"，构建泛在传播；在身体向度上，立地成"贤"，增强体验传播。

中华民族自古以来尚贤尊贤，形成了丰富多彩的贤文化。可谓哪里有人，哪里就有贤人，哪里就有贤文化。贤文化总是在一定地域内产生与传播，与地域文化传播有着千丝万缕的联系。尤其是在华夏的语境下，贤人众多，文化丰富，历史悠久，理清两者概念对探讨两者关系甚有必要。

第一节　地域文化传播需要引入贤文化视角

贤文化是中国文化传统的核心组成部分。上至治国安邦，下至修身齐家都需要贤人。贤文化已然成为贯通中国社会官方与民间的共同话语系统。因此，从贤文化视角关照地域文化传播，使地域文化传播有了上升的空间，也使贤文化有在地化或接地气之感。大凡贤才都离不开的一定地域，贤才在中国社会中是沟通大传统与小传统的媒介，或者说沟通中央与地方的重要媒介，应当引起学者研究的关注。

一、贤文化与地域文化传播概念释义

那何为贤文化？目前学术界对此概念界定不多，尚无定论。简而言之，贤文化即"贤"+"文化"，从主谓结构而言，"贤"是指"贤人"，创造了相应文化。

因为人是社会生产生活的主体。贤人是"有才德的人"①，从地域分布来讲分为两种，即"乡间有'乡贤'，城市里有'贤达'"②。从偏正结构而言，其中，"贤"是指关于贤人的或贤人的，对"文化"一词进行修饰，对应的文化是文化集合里的一个子集。文化在学术界定义纷繁众多，在这取其广义，指"人类在社会历史发展过程中所创造的物质财富和精神财富的总和"③。因此，对"贤文化"可以理解为由有才德的人创造和关于他们的物质财富和精神财富的总和。

何为地域文化传播？关于这一概念，学术界也是众说纷纭，难有通行定论。笔者认为，地域文化传播是"地域文化"+"传播"，属于文化传播的子集。首先，关于地域文化的定义，学术界争论不一。"考古学观"认为，地域文化是指中华大地特定区域的人民在特定历史阶段创造的具有鲜明特征的考古学文化；"文化分支观"认为，地域文化是当地人民通过开展实践活动而创造出来的一切物质和精神财富的总和；"传承观"认为，地域文化是指中华大地特定区域源远流长、独具特色，传承至今仍发挥作用的文化传统，是特定区域的生态、民俗、传统、习惯等文明表现。笔者综合各家的观点，认为地域文化是某一区域主要由当地人民创造的物质文化和精神文化的总和，具有特色性、传承性和价值性。其次，关于传播的定义，学术界也是多种多样，未定于一尊。因涉及文化，笔者倾向美国传播学者詹姆斯·凯瑞（James Carey）曾对"传播"的总结，他认为提出传播不仅是信息传递，还是信仰共享。④因此，它可以理解为指关于地域文化的一切传播现象和活动，既有文化信息的传递，又有文化关系的建立，还有文化意义的分享。

二、学术史回顾：在贤文化与传播中思考地域文化

追踪学术动态，往往从论著出发。首先，在图书方面，当下学术界对地域文化传播的研究往往集中在地域文化的"传播论"（李新贤等2020⑤，姜鹏2016⑥，何华湘2015⑦），少有从整体看待把其与贤文化关联起来加以单独探讨；对贤文化重

---

① 中国社会科学院语言研究所词典编辑室编：《现代汉语词典（第7版）》，北京：商务印书馆，2016年，第1420页。
② 楼宇烈：《"乡贤文化"漫谈》，《中国文化研究》2017年第2期。
③ 中国社会科学院语言研究所词典编辑室编：《现代汉语词典（第7版）》，北京：商务印书馆，2016年，第1371—1372页。
④ 参见詹姆斯·W. 凯瑞：《作为文化的传播》，丁未译，北京：华夏出版社，2005年。
⑤ 李新贤、金甦编：《闽文化的多元传播》，北京：社会科学文献出版社，2020年。
⑥ 姜鹏：《西部现代化进程中的乡土文化传播研究——以通渭小曲为例》，北京：中国社会科学出版社，2016年。
⑦ 何华湘：《非物质文化遗产的传播研究：以女书为例》，北京：中国书籍出版社，2015年。

在"本体论"研究（张仲礼 2019①，邓辉等 2016②）或"名人论"（袁灿兴 2015③），少见与地域文化传播关系探讨的成果。其次，在论文方面，通过检索中国知网发现，对地域文化传播的研究，主要体现在"内容分析、媒介研究和效果研究三大方面"④和"话语"（陈白颖 2020⑤，吴挐云 2020⑥，原艺 2018⑦，方忠平 2015⑧，金萍 2014⑨，李娟 2012⑩）；对贤文化的研究，主要落脚点在社会学、政治学，如"乡村治理说"（唐萍 2020⑪，张馨文 2020⑫，陶丽萍等 2020⑬）或"乡村振兴说"（王亚民 2020⑭、2019⑮，刘传俊等 2019⑯，吴晓燕等 2019⑰）等。

虽然学术界对贤文化或地域文化传播的研究成果甚多，但把两者结合起来的研究，从数量上而言成果不多，从质量上而言总体处在个案型的浅描阶段。在国内，欧阳薇荪（2004⑱）提出在杭州建立先贤祠来提升城市文化品位的想法，康玉庆（2006⑲）主要缅怀杨二酉的生平事迹来弘扬晋阳文化，陈雅男（2007⑳）提出通

① 张仲礼：《中国绅士研究》，上海：上海人民出版社，2019 年。
② 邓辉、陈伟：《乡贤文化的前世今生》，湘潭：湘潭大学出版社，2016 年。
③ 袁灿兴、陈明点评：《中国乡贤》，北京：新星出版社，2015 年。
④ 李海文：《2019 年华夏地域文化传播研究》，《福建工程学院学报》2020 年第 2 期。
⑤ 陈白颖：《城市地域文化对外传播的话语策略研究——以杭州为例》，《城市发展研究》2020 年第 5 期。
⑥ 吴挐云：《媒介视野下地域文化传播与话语建构》，《中国报业》2020 年第 10 期。
⑦ 原艺：《地域文化影像话语建构与传播》，硕士学位论文，成都理工大学，2018 年。
⑧ 方忠平：《论电视媒体价值取向与常州文化传播话语体系的建构》，《常州工学院学报（社科版）》2015 年第 1 期。
⑨ 金萍：《全球化语境下地方性知识的跨文化传播——以甘肃地域文化术语翻译为例》，《社科纵横》2014 年第 7 期。
⑩ 李娟：《当代媒介文化视野下的地域文化传播与话语建构》，《广西社会科学》2012 年第 1 期。
⑪ 唐萍：《乡村社会治理中乡贤文化的价值证成与实现机制》，《广西社会科学》2020 年第 2 期。
⑫ 张馨文：《为乡村治理现代化注入乡贤文化价值》，《人民论坛》2020 年第 15 期。
⑬ 陶丽萍、李技文、刘科军：《乡贤参与乡村社会治理应处理好的五大关系》，《领导科学》2020 年第 4 期。
⑭ 王亚民：《现代乡贤与乡村振兴——基于乡贤回乡的"上虞现象"的研究》，《晋阳学刊》2020 年第 5 期。
⑮ 王亚民：《现代乡贤文化的认同、培育与乡村振兴》，《晋阳学刊》2019 年第 6 期。
⑯ 刘传俊、姚科艳：《乡村振兴背景下乡贤文化的时代价值与建设路径》，《华中农业大学学报（社会科学版）》2019 年第 6 期。
⑰ 吴晓燕、赵普兵：《回归与重塑：乡村振兴中的乡贤参与》，《理论探讨》2019 年第 4 期。
⑱ 欧阳薇荪：《发掘历史文化内涵，提升城市文化品位——关于建立杭州"先贤祠"的想法》，《杭州科技》2004 年第 5 期。
⑲ 康玉庆：《缅怀历史先贤，弘扬晋阳文化——纪念杨二酉诞辰 300 周年》，《太原大学学报》2006 年第 3 期。
⑳ 陈雅男：《缅怀先贤业绩，弘扬开漳精神——记首届中国云霄国际开漳圣王文化节》，《闽台文化交流》2007 年第 2 期。

过开漳圣王文化节缅怀先贤业绩可以弘扬漳州文化，袁可琴（2009[①]）只是从姚剧历史剧《王阳明》本身附带谈及地域文化传播目的等；在国外，海地的罗伯特·帕雷（2010[②]）着重讲述先贤祠博物馆的建筑与藏品，从而展示其传播文化的作用等。这些成果中所涉及的观点相对零碎闲散，从贤文化的角度探讨地域文化的"传播论"还缺乏深度和系统性。因此，笔者试图进一步以贤文化为切入点，整体考察它与地域文化传播的关系，形成地域文化传播的新路径。

第二节　贤文化：地域文化传播之灵魂

贤文化与地域文化关系密切，"你中有我，我中有你"[③]，两者可谓相辅相成，缺一不可。贤文化是地域文化的先进代表，不仅造就传播的内容源，提供贤人之良媒，而且在价值上引领和推动文化传播。文化的核心是价值，造就贤才是中华文化的核心价值追求，也是地域文化共同的灵魂所在。一个缺乏贤才的地域文化很难称得上是优秀的，或者说大体上优秀的地域文化不独在山清水秀，更在于人贤。

一、信息向度："贤产"丰富，造就地域文化传播的重要内容源

在地域文化传播中，地域文化是内容，是传播的信息所在。自先秦以来，中国一直具有尚贤之传统，"内圣外王"乃民心所向。哪里有人往往哪里就有贤人，哪里就有贤文化遗产（以下简称"贤产"）。丰富的"贤产"成为地域文化传播的重要内容源。

（一）人中有贤：贤人泛在提供了"贤产"的创作主导力

中国地广人多，尚贤重能，三百六十行，行行出状元。从原始社会的部落首领、长老等到封建社会的贤臣、能士、绅商、族长等再到当下社会的各行各界精英，都属于贤人的范畴。人们普遍推崇教化，培育后代成才之风，从中原地区扩散至全国各地，文有"文儒之乡""海滨邹鲁"层出不穷，书香浓厚之地甚至"一巷九举人""一门四进士""隔河两状元"；武有"武举之乡"，鼎盛之地则是"百步一总兵，九里三提督"。在上下五千年的历史中，贤人一代接一代在当地有所作

---

①　袁可琴：《树先贤形象，扬地方文化——谈姚剧历史剧〈王阳明〉》，《中国戏剧》2009年第4期。

②　[海地] 罗伯特·帕雷、陈文静：《海地国立先贤祠博物馆和历史文化价值的提升》，《国际博物馆（中文版）》2010年第4期。

③　王泉根：《中国乡贤文化研究的当代形态与上虞经验》，《中国文化研究》2011年第4期。

为，往往"遗爱在民"，造福一方百姓，或多或少留下了遗产，成为地域文化重要组成部分。近代以来，中华民族为了民族独立、人民解放和国家富强、人民富裕的两大历史任务，前赴后继，奋发有为，贤人不断涌现。尤其是革命英雄、劳动模范等，几乎遍布各个区域、各个行业，带领、影响众人见贤思齐，创造了丰富的"贤产"。

以福建省为例，其地处东南，陆地面积 12.4 万平方千米，常住人口 3973 万人，在全国层面上而言并非是人口、文化资源大省，但仍有丰富的"贤产"，就比较知名的贤人总数有 6421 人，平均贤人密度每平方千米有 0.05 人，如表 7—1。换言之，方圆不到 5 公里平均就有 1 个贤人。人是贤文化中最重要的因素，一切贤文化因人而生，事由人为，无疑是地域文化传播的信息富矿。

表 7–1　福建省九地市的贤人分布[①]

地级市	福州	厦门	泉州	漳州	莆田	龙岩	三明	南平	宁德	总计
人数（个）	1404	290	970	711	301	980	487	705	514	6421
陆地面积（km²）	11968	1700	11015	12600	4200	19027	22965	26300	13452	124000
贤人密度（个/km²）	0.18	0.17	0.09	0.06	0.07	0.05	0.02	0.03	0.04	0.05

（二）名中见贤：众多地名和物名反映了丰富的"贤产"

任何社会传播离不开名字，名字在社会交往中举足轻重。在全国各省市几乎都有"贤人"命名的实物，以及贤人所创造或改善的作品、发明、技艺等，如鲁班尺、《甘石星经》、杜诗水排、蔡侯纸、谢公屐、秦君亭、包公井、苏堤、文保路、尚均钮[②]、宫保鸡丁、萨公长寿亭、改云桥、三贤文化公园等。中国自然环境相对优越，社会长期较为稳定，许多地方"钟灵毓秀""地灵人杰"，贤人如繁星密布在中华大地上，促成"十步之内，必有先贤遗迹"。从地名来看，以贤人之名命名的地名，从古至今，从北到南，较为常见，尤其是县级及其以下单位。全国至少有 14 座城市设有"群贤路（街）"，如海口、广州、中山、佛山、成都、西安、咸阳、厦门、上海、杭州、常州、绍兴、烟台、旅顺等，这些即为佐证。除了街道以贤命名外，还有更大的地理实体，如三贤村（全国 4 个）、七贤村（全国 9 个）、八贤村（全国 2 个）、兴贤村（全国 5 个）、贤王庄村（北京平谷）、贤洲社

---

① 数据源自博雅人物网 http://ren.bytravel.cn/，引用日期 2020.10.28。
② 周彬，字尚均，清康熙时福建漳州人，擅长印钮雕刻，华茂兼具，其钮作品极有"夸张"的风格，被称为"尚均钮"，名重一时，作品多为宫廷收藏。

区（广东新会）、固贤乡（全国 2 个）、贤官镇（江苏沭阳）、礼贤镇（北京大兴）、江西进贤县、黑龙江集贤县、上海奉贤区等。这些带"贤"的地方明显拥有先贤资源，无疑也是地域文化传播的信息富矿。

（三）物里有贤：贤人遗产和传承的遗产是地域文化的常项

任何贤人通常会在两大方面产生遗物，一是所住，二是所为。在所住方面，他们的故居、旧居、工作场所乃至墓地对应着当地的建筑园林文化。住所里的生活用品、文房用品等，往往成为珍贵文物，构成器物文化。在所为方面，他们的发愤图强、积德行善，往往至少对应着当地的文教文化。所遗留的家训、诗书画、手稿、藏书等成为精神文化。如果贤人频出，产生集聚现象，如乡贤宗祠、集贤院、群贤楼等，无疑也是地域文化重要组成部分，成为传播的内容源。据不完全统计，当下全国各地现存以三贤祠（堂）、四贤祠（堂）与五贤祠（堂）命名的乡贤祠至少分别有 11 座、8 座与 8 座[①]。

物里有贤中的"物"，在这里是指广义之物，除了实物，还包括事物。非物质文化遗产是一地一方的宝贵财富，来源或发展于先贤，传承于今贤。它们的各种实践、表演、表现形式、知识体系和技能及其有关的工具、实物、工艺品和文化场所，不仅是贤文化的内容，也是属于地域文化的范畴。概而言之，贤人的遗产和贤人传承的遗产是地域文化的常项。

二、媒介向度：贤人即媒介，成为地域文化传播的窗口与桥梁

贤文化最关键的因素是贤人，地域文化传播的最关键的因素是传播者，而贤人往往是优秀传播者，可谓贤人即媒介。贤人不仅创造了贤文化，成为地域文化的重要组成部分，同时本身也是社会关系的"桥梁"，成为展示和传播地域文化的媒介。

（一）先贤成为符号，成为地域文化传播的名片

何为媒介？当下学术界，众口不一，尚无定论。在法国媒介学者德布雷（Régis Debray）看来，媒介是"在特定技术和社会条件下，象征传递和流通的手段的集合"[②]。人是传播的出发点和落脚点，本身也是一种媒介。在华夏传播语境里，媒

---

① 三贤祠分布于武夷山、广汉、长乐、青州、澧县、平凉、灵州、禹王台、阜宁、兰溪、浦城等县区；四贤祠分布于高邮、泉山、兴安、三元、嘉善、瑞安、广水、南安等县区；五贤祠分布于兰山、晋安、资阳、汤阴、泰山、桓台、姑苏、醴陵等县区。

② ［法］雷吉斯·德布雷：《普通媒介学教程》，陈卫星、王杨译，北京：清华大学出版社，2014年，第 4 页。

介最早是指人，例如"观古今用人，必因媒介"（《旧唐书·张行成传》）；"匪我愆期，子无良媒"（《诗经·卫风·氓》）等。贤人总是在一定地域空间中生活，与地域文化有着千丝万缕的联系。"人是符号的动物"①，人们把先贤作为地域文化的符号，统领或代表地域文化，进而传播地域文化。例如，福建福州的"三坊七巷"涌现了一大批贤人，如林则徐、沈葆桢、严复、林觉民、林徽因等，人称"一片福州三坊七巷，半部中国近代史"。②"三坊七巷"因这些贤人闻名，成为福州地域文化传播的最亮丽的名片。湖南娄底在辛亥革命中涌现了陈天华、谭人凤、李燮和、禹之谟等著名的辛亥群英，成为娄底地域文化传播的一张亮丽名片。以地域色彩并称的贤人还有很多，如"频阳四先生"（张紞、李宗枢、杨爵与孙丕扬），"中州三杰"（雷渊、高庭玉与李纯父），"山东二李"（李慎修、李元直），"济南二安"（李清照、辛弃疾），"桐城三祖"（方苞、刘大櫆和姚鼐），"绍兴三杰"（周恩来、鲁迅和秋瑾），"鉴湖三杰"（秋瑾、徐锡麟和陶成章），"江左三大家"（钱谦益、吴伟业和龚鼎孳），"江右两名士"（蒋士铨和彭元瑞），"浙中三贤太宰"（陈有年、孙鑨和陆光祖），"福安三贤"（薛令之、谢翱和郑虎臣），"浏阳二生"（谭嗣同、唐才常），"汉阳双鹤"（段嘉梅、吴邦治），"上饶二泉"（赵蕃、韩淲），"岭南三大家"（屈大均、陈恭尹和梁佩兰），"清代梅州客家四才子"（温训、黄遵宪、宋湘与丘逢甲），"黔中三奇男"（李世杰、刘清与杨芳）等，不一而足。仍以福建省为例，各地市先贤并称如下表7-2。尤其是在新民主主义革命时代，参加革命者众，出贤者多，"将军之乡"散见各地，如湖北省麻城市乘马岗镇、安徽省六安市独山镇、海南省文昌市、湖北省红安县、湖南省平江县长寿镇、广西壮族自治区东兰县、福建省上杭县和山西省原平市、广东省梅州市、山东省荣成市等。

表7-2　福建省各地市先贤并称

福州	厦门	泉州	漳州	莆田	龙岩	三明	南平	宁德
闽中十才子、闽中二徐/晋安二徐、闽中三绝、海滨四先生/闽中四先生	海都四才子	南安四贤	龙溪七才子、漳浦三勇士	仙游五状元、仙游画坛三杰	闽西三杰、闽西红军三杰	闽学四贤、闽西北历史三杰	南剑三先生、崇安二蓝、延平四贤	福安三贤

---

① [德]恩斯特·卡西尔：《人论》，甘阳译，上海：上海译文出版社，2013年，第45页。
② 李海文：《"一片福州三坊七巷，半部中国近代史"集体认知的建构》，《福建工程学院学报》2019年第5期。

（二）今贤多为关键舆论领袖，成为地域文化传播的中转站

对当下贤人而言，他们跟先贤一样，依旧有德有才，拥有较多的社会资源，往往成为关键舆论领袖（Key Opinion Leader），更可以传播地域文化。"媒介是连接人与世界的桥梁，它的核心要义是关系。"[1] 像其中的非物质文化遗产传承人，社会关系相对丰富，本身就在身体力行地编码、承载和展演地域文化。目前国家公布了五批国家级非物质文化遗产代表性项目代表性传承人共计 3068 人[2]，覆盖传统戏剧、传统技艺、传统音乐和传统美术等十大领域，如表 7–3。尽管有些传承人已去世，但还有数以万计的省市县级传承人，共同传承和发展当地的非物资文化遗产，成为地域文化传播的重要力量。国家也在提供培训进修提升非遗传承人的媒介素养，创造展示机会，他们日益成为地域文化传播的中转站。

表 7–3 国家级非物质文化遗产代表性项目代表性传承人分类统计

民间文学	传统音乐	传统舞蹈	传统戏剧	曲艺	传统体育、游艺与杂技	传统美术	传统技艺	传统医药	民俗
123 人	380 人	298 人	784 人	207 人	88 人	378 人	518 人	132 人	160 人

（三）贤人常类聚，贤会具有潜在的组织传播作用

如果说散兵游勇的个体贤人，他们的传播作用有限的话，那么由贤人组建而成的贤会组织，传播作用是较为显著的。贤人往往见多识广，喜爱社会交往，成群结队，组建组织（如老乡会、同乡会、商会等）。在当下，乡贤会（理事会）组织在全国各地兴起，并与基层党支部会、民政部门联合起来共同治理乡村，发挥着治理中的桥梁作用、在乡村发展中的智库作用、在乡风文明中的榜样作用。这些作用都隐含着传播的深层逻辑。

对于地域文化传播而言，贤会组织或许尚未自觉，但在实践中或多或少发挥了组织传播的功能。首先，"离场"贤人（指在外地工作生活的本地籍贯贤人）无论是开辟会馆还是集体活动，势必在外地的基础上开展，言行举止定然传递了地域文化的信息。其次，"在场"贤人（在当地工作生活的贤人，包括"本土"贤人和"外来"贤人）组建的"贤文化研究会""名人研究会"等组织，无疑发挥着地域文化传播的作用。虽然有些贤人可能没有加入专门的贤会组织，但必定在社会网络之中，通过既有组织间接地起作用。

---

① 孙玮：《交流者的身体：传播与在场——意识主体、身体—主体、智能主体的演变》，《国际新闻界》2018 年第 12 期。

② 郑海鸥：《非遗传承，迎来新规》，《人民日报》2020 年 3 月 9 日，第 12 版。

三、意义向度:"贤值"引领,促进地域文化传播的良好闭环

地域文化是某一区域主要由当地人民创造的物质文化和精神文化总和,既有腐朽落后的文化,也有神奇先进的文化。而贤文化主要由德才兼备的贤人创造与发展,属于先进文化的类型,它不仅成为地域文化的优秀代表,而且可以示范、引领与推动地域文化传播。贤文化精神价值(以下简称"贤值")是贤文化的核心部分,即尊贤尚贤,促进社会进步。

(一)文化即传播,"贤值"助力培育地域文化传播的良好环境

文化要实现有效传播,不仅依靠媒介,还离不开良好的传播环境。"乡贤文化是一条联结故土、维系乡情的精神纽带。它对于培育文明乡风、良好家风、淳朴民风发挥着不可替代的作用。"[①]贤文化的精神内核在于尊贤尚贤,引领众人成贤。贤文化往往与传播环境具有正相关性,哪里的贤文化越浓,哪里的传播环境越好。例如,四川省眉山被誉为"八百进士乡",安徽省黄山市休宁县被誉为"中国第一状元县",江西省吉安市吉水县盘谷镇古村被誉为"中国进士之乡",浙江省丽水市庆元县松源镇大济村被誉为"历史上的进士村"等。一个地方出一个贤人可以说是偶然,但贤人辈出必定是文化使然。文化即传播,传播即文化。贤人越多,说明越重视贤文化价值,越有推动地域文化传播的氛围。

另外,成贤并不像成圣那样遥不可及,一个普通人加以努力奋斗就有望成贤。与其相关的贤文化具有了"三贴近"(贴近实际、贴近生活、贴近群众)的天然特征,在现实生活中具有较强的号召力和驱动力,无疑可以反哺地域文化,促进地域文化传播的良好环境的培育。

(二)异曲而同工,"贤值"促进地域文化传播的目的实现

任何传播均有目的指向。地域文化传播并不仅仅单纯传达地域文化信息,往往还要建立关系,共享信仰,承担和发挥传承地域文化、塑造地域形象、促进地域经济社会发展的功能。"贤值"提倡社会和谐,鼓励个人有为并造福一方,所含的促进社会进步的价值取向与地域文化传播的目的可谓异曲而同工。当个人"贤值"越高,所作所为面向的越是全省、全国乃至全世界的大局。当地域文化传播越发达,彼此之间更是取长补短,多元和谐发展。

地域文化传播的出发点是该地域,落脚点也是该地域,实现传播的良性闭环

---

① 萧镇平等:《新乡贤文化,激起乡村振兴"一池活水"》,《福建日报》2019年6月3日,第16版。

的前提和基础必须是该地域社会福利通过传播得到了增长。弘扬"贤值",以文化人,有利推动社会发展,不仅能够促进传播环境的改善,而且本身内嵌其中,价值取向一致,能够促进地域文化传播的目的实现。

第三节　贤文化:地域文化传播之抓手

从上述可知,从贤文化出发传播地域文化存在信息、媒介和价值上的三大可能。这些只是充分条件,并不自动导致贤文化对地域文化传播的大有可为。因此,我们必须进一步思考,它在实践中又以何可为?可以从哪些方面切入?

一、时间向度:气贯"三贤",实现"双创"传播

俗话说,巧妇难为无米之炊。内容是传播的根本,要想传播地域文化,必先守正创新,气贯"三贤"(先贤、今贤和后贤),传承、弘扬和培育贤文化,并对其创造性传承和创新性发展。

(一)上接"先贤",开发、传承历史资源

中华大地自古地广人多,历史上下五千年,任何一个自然村至少有数百年的历史,"先贤"可谓无处不在。但先贤历史资源并不等于贤文化内容,需要加以开发才能利用。不妨,成立贤文化研究组织(如研究会、协会、小组),挖掘、整理、研究和扬弃先贤文化,扎稳传播的起点。重点开发乡贤文化,毕竟在新中国成立以前,中国绝大部分地区都为乡村。同时,中国城市的发展似乎有"千城一面"之感,到处是钢筋水泥、高楼大厦,而丰富多彩的地域文化特色往往在乡村。因此,"礼失求诸野",开发乡贤文化具有更大的可能性和可为性。文章合为时而著,歌诗合为事而作。对先贤历史资源进行转换时,要与时俱进地调整或重新编码,以便鞭策和启迪今贤与后贤。

(二)主攻"今贤",树立、宣传当代榜样

榜样的力量是无穷的,尤其是同一时代、同一地域的榜样。天边不如身边,道理不如故事,身边的贤人更为直观可感,更具可比性和影响力。主攻当今贤人,评选身边的道德模范、爱乡楷模、平民英雄、当地好人、乡贤家庭等,挖掘他们的点滴故事,发展好"今贤"文化,并开展有力宣传。在评选过程中,在标准上围绕"三高",即德高、才高和功高来制定具体标准,可按区域层级分类,如村级、乡级、县级等;在结构上,注意贤人群体平衡,不能限于"官商"领域,还要包

括"文德"领域，毕竟文教的社会影响更容易感染人，对地域文化的传播作用更为持久深远。弘扬好"今贤"文化，目的在于形成尊贤尚贤气氛，良性循环地以文育人、以文化人。

与先贤不同的是，今贤还处在动态发展过程之中，因此在挖掘"今贤"文化的同时，还应注意利用地域文化反哺今贤。例如，县级融媒体中心、新时代文明实践中心等组织，以地域文化为主要内容，通过培训课程、讲座、研学等传播方式提升今贤的文化素质和实践意识，使之更为贤能。

（三）下启"后贤"，扩展、深化立德树人

青少年是民族的希望，祖国的未来，必须重视"后贤"的培育。历史上许多先贤就在青少年时代种下了成贤的精神种子，不断努力最终成贤。例如，南宋政治家、文学家文天祥"自为童子时，见学宫所祠乡先生欧阳修、杨邦乂、胡铨像，皆谥'忠'，即欣然慕之，曰：'没不俎豆其间，非夫也'"①。"人皆可为尧舜"，实施"后贤"培育工程，积极引领和鼓励青少年儿童求圣成贤。一是抓好学校教育，把当地贤人故事编入乡土教材，开展游学活动。尤其是对优秀校友进行宣传，通过奖学金命名、校友讲座等方式加以嵌入教育。二是抓好结对子培育工程，让社会"今贤"携手校园"后贤"，以身示范，行不言之教。作为社会与学生的桥梁的学校，着力开展组织建设与传播，打造贤师，毕竟天边不如身边，"环境正是由人来改变的，而教育者本人一定是受教育的"②。

二、空间向度：手拉"三贤"，构建泛在传播

当确定了传什么，接下去便是怎么传？靠谁传？贤文化生于贤人，亦有待传于贤人。统筹三种贤人资源，手拉"三贤"，即既重视"本土"贤人，又注意"外来"贤人，还不忽视"离土"贤人。

（一）手拉"三贤"，统筹好三种贤人资源

一方水土养一方人。几乎每个中国人都有爱国爱乡的桑梓情怀，尤其是贤人。"本土"贤人在当地朝夕工作生活，熟知地域文化，他们是传播地域文化的主体力量。人口迁徙已日益普遍，且不说大中城市，小城市、乡村的"外来"贤人也越来越多。"外来"贤人与当地人联姻或长期就业于此，日渐成为半个"本土"贤

---

① （元）脱脱等：《宋史·文天祥传》，北京：中华书局，1977年，第12533页。
② 中共中央马克思恩格斯列宁斯大林著作编译局：《马克思恩格斯选集（第一卷）》，北京：人民出版社，2012年，第134页。

人，他们是传播地域文化的重要力量。"离土"贤人生于斯却工作生活在外，他们则是关键力量。建立、维护好与"离土"贤人的关系，尤其是在北上广深一线城市或者海外工作生活的政商学医界的精英。这些"离土"贤人不仅是地域文化的形象代表，也是传播地域文化的重要节点。中国是侨务资源大国，海外华人华侨已有 6000 多万，遍布世界 198 个国家和地区[①]。像侨乡福建、广东等省拥有更多的海外贤人，成为地域文化海外传播的重要媒介，可以而且应该打好"台"球，用好"侨"牌。

（二）以贤人为着力点，构建泛在传播

之所以要统筹两种贤人资源，也是因为"全员媒体"发展的内在要求。在注意力日渐稀缺的时代，开展全媒体传播，提高达到率是必然趋势。打造全程媒体、全息媒体、全员媒体、全效媒体，最关键的莫过于人，而人往往以贤人为先。一般而言，贤人善于接受新生事物，媒介素养也相对较高，不是创新者便是早期跟进者。群雁高飞头雁领，船载万斤靠舵人。要以贤人为着力点，传播地域文化，实现信息无处不在、无所不及、无人不用的泛在传播。

实际上，泛在传播在现实中几乎难以实现，毋宁说是一种传播局面取向。"有了分母才有分子"，到达率是分母，有效率是分子。传播地域文化不仅要提高到达率，更重要的是提高有效率。作为一种"多媒体"传播方式，以贤人为媒介推广地域文化的人际传播，不失为提高效率的一大重要手段。

三、身体向度：立地成"贤"，增强体验传播

在技术赋能的今天，人人都有麦克风，受传者与传播者之间不再是泾渭分明，两者可以相互转化。不管是传播者还是受传者，都应该加强自我传播，重视身体的体验，成为贤者，从而促进地域文化的传播。

（一）增强自我传播，立地成"贤"

思想是行动的先导，自觉是进步的动力，传播地域文化要有传播自觉。传播自觉意识的形成离不开内外修炼，但外在强加不如内心自添。中国传统文化向来讲究自我修养，追求内圣外王，如儒家的"吾日三省吾身"（《论语·学而》）、"内省不疚，夫何忧何惧"（《论语·颜渊》）等。内省是人对自己的一种反思活动，也是一种重要的自我传播形式。禅宗认为人可以"立地成佛"，也就是人通过自我传

[①]　王尧：《做中外友好合作的"金丝带"》，《人民日报》2016 年 6 月 16 日，第 19 版。

播可以弃恶从善，马上成佛。同理，人通过自我传播不是也可以立地成"贤"吗？自我传播说到底，是个人与社会互动的内在化。当一个人有了成"贤"之心，开始成为一方之贤时，他就为传播地域文化打下了良好基础。

自我传播是一切传播活动的基础。地域文化的任何类型的传播，最终都要落实到自我传播层面。把彼岸落脚点的"自我"与此岸出发点的"自我"融合一起，形成良性闭环，是地域文化传播的新起点。

（二）创新传播空间，增强体验传播

俗话说，百闻不如一见。何为体验传播？即打造公共活动场域，让人亲身体验贤文化。翻修先贤宅地（如旧居、故居、旧址、遗址、墓地等）及其学习、工作场所（如书院、会馆等），建立和完善贤文化展览馆、贤人画墙、雕塑、乡贤公园等公共场所。同时利用5G、大数据、云计算、物联网、区块链、人工智能等先进技术，促进线上线下互动，创新传播空间。通过新兴媒体的赋能，受众不一定要亲临现场，远程在场也能接触远方的地域文化。打造公共活动场域，资金无疑是重中之重。不妨统筹资源，建立或冠以乡贤命名的公共机构，如图书馆、福利院、文化站等，建立乡贤大厅、乡贤走廊、乡贤亭、乡贤榜、乡贤主题道路等。公共活动场域是一种媒介域，通过物体配置进行编码，从而传递信息，共享信仰，分享意义。在贤文化气氛浓厚的场域，所见即所得，直观性和感染性强，受众往往容易见贤思齐，产生立地成"贤"的感悟。

以山东省邹城市唐村镇为例，它打造了贤文化公共活动场域，成绩显著。"唐村镇先后打造了潘榛图书馆、乡贤文化展览馆、乡贤公园、潘氏家祠等场所集中展示乡贤文化，举办了中国新乡贤唐村论坛、乡贤新春茶话会、新乡贤评选等活动，成立孟子研究院家长教育学校唐村分校。"① 不管是当地人还是外来人，往往能感受其中贤文化的浓厚气氛，催人奋进。当地域文化从外界进入受众体内传播，传播效果不可谓不显著。

结　语

以贤文化为切入点传播地域文化不仅大有可能，而且可以有所作为，其实现逻辑如图 7-1。如果说"圣人是传播之王"② 的话，那么跟圣人具有接近性的贤人，便是传播之高手。地域文化传播必须围绕人来展开，人既是传播者又是受传者。

---

① 刘成友：《唐村镇有个新乡贤社区》，《人民日报》2018年2月6日，第12版。

② 潘祥辉：《传播之王：中国圣人的一项传播考古学研究》，《国际新闻界》2016年第9期。

此人是集体之人，不仅是指少数的贤人，还包括广大的凡夫。凡夫出贤人，贤人领凡夫，你我在一定条件下可以相辅相成、相互转化。本章所形成地域文化传播的"贤文化"说只是抛砖引玉，对两者的关系还只是略陈管见，希望学界继续探讨，从而进一步丰富地域文化传播理论和资政社会治理。

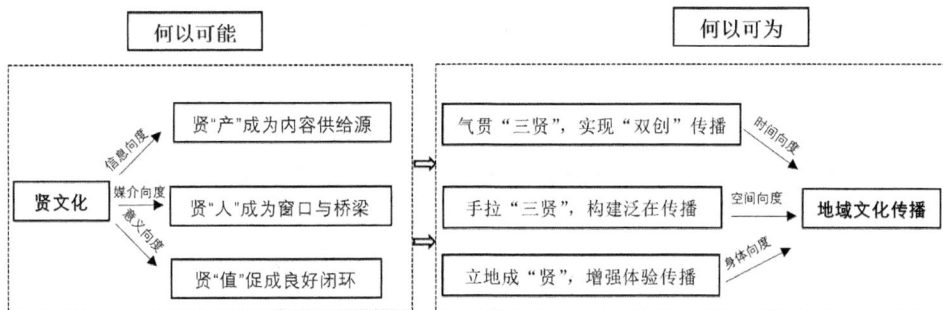

图 7-1 贤文化视角下地域文化传播与的实现逻辑

（李海文 谢清果）

第八章　作为艺术传播内容的圣贤

解析与重塑：集体记忆视角下闽南梨园戏的贤能印象建构

　　本章通过对梨园戏这一集体记忆载体中贤能形象的呈现机制进行了分析，并在把握规律的基础上提出新时代语境下贤能塑造的"再创新"之策。从受众集体记忆的形成逻辑来看，传统的梨园流派在贤能主题表达上拥有各自的文本特性，而在舞台演绎与社会环境的综合作用下，贤能形象得以产生。在其现代创新的语境下，可以围绕叙事、表演以及价值呈现三条路径对梨园戏中的贤能形象进行重塑，以帮促受众形成新的时代认知，从而在弘扬优秀贤文化的同时，使梨园戏曲的传承行稳致远。

第一节　集体记忆中的"贤能"：一种贤文化的分析视角

　　"崇贤"始终是中国古代文化中的重要主题，也是我国仁学思想的内在要求[①]。贤能指的是兼具才华与品德的人，而在儒家语境中，尤为强调德才的统一。[②]回溯历史，从先秦时期开始，贤能政治正是儒家所推崇的政治理念，孔子将社会治理的愿景描绘为"大道之行也，天下为公，选贤与能"[③]。而后，孟子与荀子又沿袭孔子的思想，分别提出"惟仁者宜在高位""人君者，隆礼尊贤而王"[④]等举贤与敬贤的价值原则。我国对贤能的推崇，伴随着儒家思想的根深蒂固而嵌入传统文明之中，形成独具特色的中华贤文化。然而，当前学界关于贤文化的研究通常聚焦于对经典著作的本体论考察，鲜有从群体文化认同的视角出发来探讨贤文化的表现形式。

　　"集体记忆"能够为贤文化研究提供新的切入点，该概念由法国社会学家哈布瓦赫（Maurice Halbwachs）提出。核心概念是指某一群体或现代社会中人们通过

　　① 顾惊雷：《传统贤能思想的当代价值》，《人民论坛》2017 年第 8 期。
　　② 魏福明：《儒家的贤能政治及其现代困境》，《学海》2019 年第 1 期。
　　③ 刘良海：《论先秦儒家的尊贤思想》，《东岳论丛》2019 年第 2 期。
　　④ 彭新武：《贤人之治：价值与流弊》，《山西大学学报（哲学社会科学版）》2016 年第 2 期。

记忆建构的事或物，并相互共享，不断传承。[①] 而后，康纳顿（Paul Connerton）将集体记忆的分析群体扩大至宏观的"社会"范围中。[②] 总体来看，学界围绕集体记忆，探讨了记忆的分类、保存以及网络载体的影响等议题。[③] 从功能与作用来看，集体记忆对群体、社会而言，具有凝聚、认同功能。[④] 费孝通在《乡土中国》中指出："文化是依赖象征体系和个人的记忆而维护着的社会共同经验。"从这一逻辑出发，集体记忆作为一种群体共享的社会认同，其所促成的群体成员之间的相互认同，本质上是文化认同。[⑤] 因此，集体记忆的存在，既能够为我们理解贤文化提供工具与抓手，同时，我们也可以通过阐释二者的互动关系，为弘扬优秀贤文化提供理论依据。

寻找具有代表性的集体记忆载体，是分析和考察贤文化与集体记忆互动关系的关键路径。从我国传统文化的变迁进程来看，神话传说、祠堂庙会、民间风俗以及传统艺术等均是历史记忆的重要载体。[⑥] 地方小剧种作为我国重要的非物质文化遗产，文化在其戏曲传播过程充当核心要素，通过对地方文化特色的集中映射，展现鲜明的地域色彩与内部传承的特性。[⑦] 因此，通过探讨在地方小剧种对贤能的表现形式与传播逻辑，能够具体入微，并最终以小见大，进而掌握贤文化在集体记忆中的生成机制。本章将聚焦于闽南地域中的梨园戏，其被誉为宋元南戏的活化石，学界已有丰富的研究成果，涵盖了科范体系[⑧]、剧种个性[⑨]、传承保护[⑩] 以及地域互动[⑪] 等议题，能够为本章提供丰富的理论基础。

综上，本章将采用文本分析、深度访谈等方式，分析梨园戏中贤能形象的建构倾向与表演形式上的传播逻辑，并剖析其与古代闽南地域的政治、经济、文化发展之间的内在关联，以形成系统的梨园戏贤能形象图景。并以此逻辑为依据，探讨新时代语境下梨园戏剧更切合时代需求的贤文化建构路径。

---

① 莫里斯·哈布瓦赫著，毕然等译：《论集体记忆》，上海：上海人民出版社，2000 年。

② 保罗·康纳顿著，纳日碧力戈译：《社会如何记忆》，上海：上海人民出版社，2000 年。

③ 洪杰文、杨金、汤恋：《创伤记忆的现实回访与自我书写——在线社区中集体记忆个案研究》，《新闻与传播评论》2020 年第 6 期。

④ 王明珂：《华夏边缘：历史记忆与族群认同》，北京：社会科学文献出版社，2006 年。

⑤ DAVIS,F.*Yearning for yesterday: A sociology of nostalgia*.New York: The Free Press,1979

⑥ 郭辉：《中国历史记忆研究的回顾与思考》，《兰州学刊》2017 年第 1 期。

⑦ 黎青、宋旭：《非遗地方小剧种的活态传承研究——以青岛地方戏"柳腔"为例》，《湘潭大学学报 (哲学社会科学版)》2019 年第 6 期。

⑧ 田湉：《梨园舞蹈丑科范研究》，《北京舞蹈学院学报》2019 年第 5 期。

⑨ 汪照安：《梨园戏音乐概述》，《音乐艺术》2000 年第 3 期。

⑩ 闫铮：《稀有剧种的合理化创新保护 以梨园戏实践为例》，《中国戏剧》2020 年第 3 期。

⑪ 彭尊善、张丽军：《泉州梨园戏服饰文化的地域性特征》，《福建论坛（人文社会科学版）》2020 年第 7 期。

第二节 文本、演绎与环境：闽南梨园戏中贤能印象建构的机制解析

受众共同记忆中的闽南梨园戏曲贤能形象，是在文本内容、舞台演绎与外部环境综合作用下演化而成的。具体而言，尽管受到传统男性叙事的话语霸权影响，梨园戏仍然在男性角色主导的戏剧主线中，兼顾了对女性"贤淑""智慧"等形象的呈现；同时，梨园戏独特的表演形式，也助力于其营造和渲染"圣贤气象"；最后，在外部政治、经济与文化发展的影响下，梨园各流派相互竞合，最终三派并举，构成了闽南梨园独有的贤能形象表达，成为闽南戏曲受众重要的集体记忆。

一、戏文本体的情节勾画：从经典剧目入手

韦尔奇（James Wertsch）曾将集体记忆划分为同质型、互补型与冲突型三种类型。在千年的沿袭与传承中，梨园戏形成了"上路""下南""小梨园"三种表演流派[①]，在三种流派的贤能形象表达中，我们也能看到韦尔奇指出的类型组织关系。一方面，相同流派剧目中的贤能形象表达上，具有相似性与趋同性，往往聚焦于某些固定主题的表达；另一方面，三种流派的剧目特色上各有千秋，既相互竞逐又相互补充，有效满足了戏迷群体的不同偏好，在贤能表达上形成了各自的文本特色。因此，下文中笔者选取各个流派的经典剧目进行分析，以图厘清不同流派在贤能叙事上的文本特征。

在上路戏流派中，贤能形象往往体现为对国履忠、为家尽孝的家国情怀集中映射，并"以贤衬题"，最终形成"家国同构"的叙事表达，形成了历代梨园观众的集体记忆。以剧目《刘文龙》的剧情呈现最为典型，全剧分 6 出，故事简洁利落，通过情节转呈将忠君报国、百善孝先的核心价值穿插其中，塑造了刘文龙为国家大义敢于隐忍、享受富贵却未忘家妻的贤能形象的同时，也将妻子萧氏、匈奴公主等女性形象的忠贞不渝、深明大义刻画得入木三分。细节尤能体现，如为刻画刘文龙的报国情怀，高中状元后，因拒绝丞相的招婿被派遣出使西域，尽管角色表现出内心苦郁，仍舍小家而报大国服从了朝廷安排；在"放马走"这一出的"公主放归"一幕中，匈奴明辉公主深明大义，私放千里马助刘文龙归国时，刘文龙亦对公主的大义感激不已。在口述版本中，刘文龙更是表明希望向汉王奏请，申明公主的节义与名声，细致展现了刘文龙的知恩图报。而与宋元南戏版本中夫妻最后阴阳两隔的结局不同，在 1954 年的梨园戏口述本中，刘文龙与妻子萧

---

① 叶晓梅：《梨园戏史话》，北京：社会科学文献出版社，2015 年。

氏最终在洗马河重逢，并以金钗半支、弓鞋一只、菱花镜半面为信物相认，以二人"破镜重圆"的故事阐释了"家国同构"的价值取向。情节的直接塑造与价值诉求的内隐折射，受众最终形成了《刘文龙》剧目中贤能形象的记忆建构。

下南戏流派则是以闽南乡土作为土壤内生的本土流派，其往往以市井鲜活故事为底色，以善恶、忠奸等鲜明的二元对立为主题，融入地方礼乐风俗，使贤能形象的展现更贴合闽南受众的接受习惯，由此形成梨园戏受众集体记忆中贤文化的重要面向。以《李亚仙》这一经典下南戏为例，全剧共十出，故事以应试举子郑元和与长安歌姬李亚仙的爱情故事为主线，讲述郑元和赴京赶考，因留恋青楼，最终盘缠耗尽而沦落卖唱。歌姬李亚仙赎身后精心照顾元和，然郑元和康复后却无志进取，李亚仙不惜以毁容劝其发奋，最终元和醒悟后高中状元，二人得以"生死相依"、结为眷属。在梨园戏版本中，郑元和角色秉性的转化更为清晰，而李亚仙的专情、隐忍与贤淑也更为鲜明。从具体细节看，"剪花容"这一幕不仅将全剧气氛引入高潮，亦将李亚仙苦口婆心的贤内助形象淋漓展现，器乐的烘托与演员的演绎使情节矛盾冲突更为强烈，李亚仙突然的情绪变化、毁容的举动令郑元和从"风流生活"中幡然醒悟，由此完成了由"恶"到"善"的形象反转，二元对立表达下也使李亚仙作为"贤妇"的形象更为清晰；最后一出"拒门"，在郑元和金榜题名后，李亚仙受困于封建礼教"门当户对"思想，以拒门明志的方式试探郑元和，郑生以一番动情告白，终令李亚仙放下芥蒂，郑元和从一而终、德才两全的形象终得以圆满。

而渊源于唐代"七子班"的小梨园流派则显得特殊，受精英源流影响，小梨园流派的贤能形象更多地以典雅优美的曲辞来建构缠绵悱恻的爱情故事，着重表现男女主人公为了追求爱情敢于同礼教抗争的正面形象；另一方面，在民间语境的影响下，该流派又特别善于运用一些幽默荒诞的叙事手法。总体而言，精英与民间的双重语境在博弈中最终达成了融合。《陈三五娘》作为小梨园流派中戏迷最深刻的集体记忆，能够较好地折射出该流派对贤能形象的文本建构取向。《陈三五娘》的情节发展中，男女主角均敢于为爱情做出牺牲，如陈三为了向五娘表明心迹，无畏放下书生"身段"，乔装为磨镜匠人混入黄府为奴；黄五娘叛逆、不受拘束的性格随着剧情发展不断深化，当得知被迫要嫁给林大时，五娘不仅厉声呵斥媒婆，更以"投井自尽"的方式与父母包办、媒妁之言的传统婚嫁礼俗进行抗争①。另一方面，在各版本角色形象塑造的流变中，能够看到官方与民间双重语境

---

① 注：此"投井自尽"的剧情见于明代嘉靖本、清代顺治本、光绪本，在蔡尤本口述本、华东会演本中则被删去。

间的博弈，如经典的元宵赏灯桥段中，在明嘉靖版本中处理得较为谨慎，在谈到"出门"时，以"妇人夜行以烛，无烛则止"做出约束，而到了口述本与华东会演本中，五娘的张扬、情窦初开的"民间性"得到充分展现，为其后来对封建礼教的反叛埋下伏笔；再如，区别于前几版所表现的陈三由于官家子弟身份所携带的纨绔气质，在华东会演本中，陈三所伪装的"下人身份"直至离开黄府时都仍未被戳穿，陈三的忍辱负重的高尚品格愈加鲜明，也直接反映出五娘完全忠于爱情、无谓陈三出身的婚恋观。总而言之，在官方语境与民间语境日渐融合之下，小梨园流派缠绵悱恻的爱情故事中的贤能形象塑造愈加地深入人心。

二、表演手段的传播逻辑：以访谈为依据

集体记忆理论认为，身体对仪式性动作的操演，能够使人们与先人"感同身受"，并使记忆传承[1]。梨园戏在发展中形成了独具特色的表演程式，通过一代代师徒间的面传身授，得到传承，特别是自成体系的"十八步科母"，区别于其他剧种的表演形式，在中国戏曲舞台上显得别具一格。梨园戏的"科范"以化繁入简、情境相合的肢体表现方式，形成了独特的艺术渲染力，也使梨园中的贤能形象的演绎方式更好地代代相承。为准确捕捉梨园戏在贤能形象表演上的传播逻辑，笔者开展了对梨园戏表演艺术家与从业者的深度访谈。

在梨园戏表演体系发展过程中，表演者们逐步形成了一些惯常的表演技艺，以隐喻情节和角色的发展。有从业者在访谈中谈及："梨园戏在人物塑造的表演中，采用了大量表意性的动作，既交代了故事情节，也推动了剧情的发展。特别是在贤能形象的角色发展中，通过表意性动作的呈现，能够在表演过程中隐喻角色的心理活动，使叙事与抒情融为一体、相辅相成。"例如演员时常通过细节、动作的反复呈现，来暗示贤能角色的性格特征，有访谈对象以《郑元和》为例："郑元和在进京赶考，安排马匹时，其反复看了三次枰的动作，凸显了郑元和赶考急切的心情，也间接反映他追求功名的远大抱负。"还有的访谈对象以《陈三五娘》中五娘的行为为例："五娘在对待感情上，是非常直爽、勇敢的女性角色，但在陈三的身世上，她却反复询问了多次，这更加表现了她敢于冲破世俗、追求爱情、无畏陈三'下人'身份的勇气。"

由于角色服装没有冗长的水袖，因此梨园戏的表演非常注重手势的表达，仅生、旦、净表演范式中的手姿就有四十种，丰富多变的手姿成为梨园艺术家表达角色情绪的利器。如在《陈三五娘》中，五娘在登高赏景的时候，恰遇陈三路过，

---

① 朱兴涛、张传运：《集体记忆的建构动力及其传承——以土家摆手舞为例》，《湖北民族学院学报（哲学社会科学版）》2017年第2期。

五娘信手摘下荔枝连同随身携带的手帕一并抛给了陈三，这"信手一抛"将五娘对待爱情的洒脱、奔放展现无余，也为后续五娘为爱勇敢反叛礼教埋下剧情伏笔；再如《刘文龙》"相认"这一出中，为了核实归汉的刘文龙的真实身份，先是刘父母先认，后是其妻萧氏再认，问答时翁姑与萧氏一唱一和，并以丰富的表情、神态以及各种奇妙手姿做深入互动，从而显现翁姑与儿媳之间的深厚感情，也侧面拔高了萧氏勤俭操持、坚韧隐忍的贤妇形象。

值得一提的是，梨园戏中的器乐也能够配合演员的科范表演，对戏剧气氛加以渲染，达到烘托人物形象的目的，使剧情发展愈加紧扣人心。其中，有访谈对象特别强调了南鼓的作用："梨园戏的南鼓又称'压脚鼓'，通过压脚的位置变化，能够带来不同的音色与鼓调，司鼓者通过变换鼓的音色，来指挥器乐团队的强弱与快慢，通过音律变化来表现贤能形象的心理特征，特别在展现一些矛盾、紧张的情绪氛围时，作用尤为显著。"

三、外部环境的交互影响：多层次的考察

学者彭尼贝克（James Pennebaker）认为，集体记忆的创造与维护，是在特定的社会土壤中，多重因素与社会心理相互作用的动态性过程。[①] 梨园戏作为闽南地区集体记忆中的重要组成，对它进行拆解分析时，必然能够看到其与地理政治、经济、文化等因素互动的印记。正如作家刘湘如所说："在全国现存的三百多个戏曲剧种中，还没有发现哪一个剧种能像泉州梨园戏那样，存在着复杂的'历史成分'与奇特的'肌体结构'现象。"[②] 这样的优势，使得我们能够更清晰地勾勒梨园戏曲"贤能形象"形成与外部环境的互动关系。笔者在对梨园戏曲编剧、从事戏曲传承的地方非遗保护工作者等群体的深度访谈的基础上展开分析，从访谈情况来看，闽南地区的政治、经济与文化环境均对梨园戏"贤能形象"的发展产生了重要影响。

从政治因素上来看，南宋时皇族宗室的管理机构之一南外宗正司迁至州泉，使得梨园戏中"贤能形象"的形成获得条件与氛围。一方面，南外宗正司的迁泉，使贵族家院中养乐的"七子班"随之入流泉州，"七子班"所偏爱的才子佳人的故事中，孕育了不少贤能形象，如忠君报国的朱弁、不忘糟糠的高文举、宽厚正直的吕蒙正等；另一方面，有访谈对象提到，"南宋所兴盛的'敬贤举贤'的政治氛围也随着南外宗正司的迁入而在闽南地区愈加浓郁，从南外知宗的任命上就能够

---

① PENEBAKER,J W., BANASIK, B L . *On the creation and maintenance of collective memories: History as social psychology*. Lawrence Erlbaum Associates, Inc, 1997.

② 刘湘如：《梨园戏三探》，《泉州地方戏曲》1987 年第 2 期。

感受其氛围：南外知宗以'择宗室中团练以上，有德望者为之'为标准，并且文化水平要求极高，在任者往往都有著作在世"。这种社会氛围也对宋元南戏分支之一的梨园戏曲形成了显著外部影响，在剧目中贤能形象的创作、演绎往往以现实中的贤才标准作为角色塑造的参考，通过《苏秦》《刘文龙》《朱寿昌》等剧目，我们都能够嗅察这种"忠孝两全、才能兼备"的政治人才的选拔风向。

经济层面上，宋朝的泉州开始成为全国最重要的贸易港口，而后历朝历代频繁的商贸活动催生了多元文化在闽南地区的交融。有访谈对象直言："梨园戏等闽南戏曲在历史上曾有过的辉煌，本质上都应归功于彼时闽南地区经济的繁荣。"首先是内部文化交流得以不断加深，上路戏流派正是温州戏班跟随商贸船只来泉后，融入泉州地方所形成的流派，许多宋元古南戏因而传入闽南，并在地方文化影响下形成新的贤能表达。如访谈对象说："在泉迁南戏朱寿昌'弃官寻母'的故事中，梨园戏加入朱寿昌在避雨庙中得到福建地方神妈祖娘娘的点化的桥段，使朱寿昌的形象表达更具几分传奇色彩，而'妈祖'正是闽南渔民、商船海运寻求庇佑的重要精神信仰。"而后，与海外的商贸活动，也使得梨园戏曲融入更多异域元素如梨园戏曲中的配乐乐器琵琶、小唢呐均是由海外传入的，器乐的丰富为贤能角色更加丰满的舞台呈现奠定基础。

而闽南本土文化因素，也是梨园戏曲贤能形象建构的重要影响要素。刘念兹的《南戏新证》提出了南戏起源"多点说"的提法，认为梨园戏的形成是在闽南地方文化的熏陶下，与"温州杂居"同步形成的戏剧。因此，作为孕育梨园戏的地域土壤，闽南地区本身的文化属性亦不可忽略。泉州成为重要港口城市后，社会经济的发展使得地方的戏曲勾栏演出逐步壮大，受众的精神层次也随之提高，热闹、武打的戏剧取向逐步向歌颂情爱、弘扬道德的"尚文轻武"风格转换，使得贤能形象获得更大的塑造空间。同时，"海商文化"的影响也使得故土情结、家孝思想等闽南根深蒂固的文化特性在梨园戏贤能故事的嬗变中逐步加深，如下南流派中多见的惩恶扬善、举家团圆的完美式结局便是典型例证。

第三节　从集体记忆到时代认知：当代语境中梨园戏贤能的表达重塑

在研究中有访谈者认为："当下是梨园戏曲发展最糟糕的年代，因为传统戏曲正在衰弱，却也是最好的年代，因为从未有过一个年代像今天这样重视传统戏曲的保护。"因此正如中国戏曲现代戏研究会会长季国平所说："广大剧作家和剧团应当珍惜当下的好时机，遵循以人民为中心的创作思想，深入生活，在发展中创新，在创新中发展。"[①] 本章从集体记忆的视角出发,帮助我们更好地把握了传统梨园戏贤能形象的呈现机理,也有助于我们探讨如何在新时代语境中塑造更符合受众需求、社会发展的贤能形象,以更好地弘扬华夏贤文化。笔者认为,应当围绕叙事主题、表演形式以及价值表达三条路径来重塑梨园戏中贤能的表达,从而形成属于当下的、崭新的时代认知,图 8-1 为重塑路径的示意图。

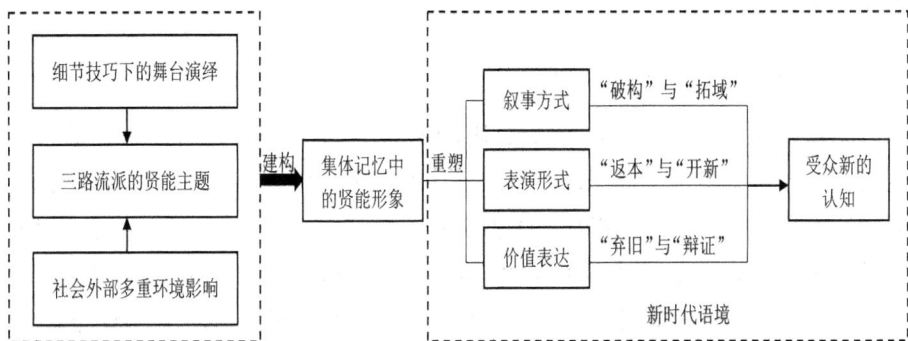

图 8-1　新时代语境下梨园戏贤能形象表达的重塑路径

一、叙事主题上的"破构"与"拓域"

前文分析可见,梨园戏的三种流派在集体记忆中的贤能印象建构已形成较为固定的主题模式,特别是通过对戏文的文本分析后可以发现,尽管主体与具体情节上存在一定变动,但总体叙事脉络仍遵循相似的框架。导演郭小男曾直言我国戏曲在主题上的缺陷:"戏曲要往前走,就应该跳出原有的封建母题,吸收更多的现代元素。"[②] 戈夫曼认为,框架是语言背后所蕴含的秩序与规则,是人们认识客观世界的认知体系,因此过去三种流派贤文化叙事主题的形成与时代背景下群体整体的认知定势关联密切。

因此,在当前背景下,应当根据现代受众的认知习惯做出创新,一方面可以打破原有的贤能叙事结构,融入更多符合当下语境的表达,如在梨园戏新编剧《陈仲子》中,讲述了陈仲子六个内在关联却又彼此独立的故事,从而颠覆了过去剧目中一人一事的叙事惯例,以多立面方式塑造了陈仲子其人不拘一格、置名利于身外的"完美人格",同时以现代编剧技巧将此剧历史感包裹于现代性之中,为更多新编剧的叙事构造提供借鉴。另一方面,融入更多元的贤能形象的内容创作是

①　中国新闻网:《戏曲现代戏专家学者盐城论道剧目创作与基层院团建设》,http://www.js.chinanews.com/news/2018/0623/180595.html,2018-06-23。

②　中国经济网:《导演郭小男:戏曲应吸收更多现代元素》,http://www.ce.cn/culture/gd/201407/02/t20140702_3081433.shtml,2014-07-02。

梨园戏紧贴时代发展的重要路径，当前即使是新编剧目，所塑造贤能形象也往往局限于追求忠孝节义、婚恋自由的角色形象，随着现代贤能所指意涵的日益宽泛，为新编梨园戏的贤能形象建构提供了土壤与素材。以其他剧种的实践为例，如2020年初，为了反映抗击疫情的决心，浙江桐庐县文联就创造性地编排了新编越剧《齐心协力抗疫情》，表现全国上下一心抗疫的团结景象①。通过对叙事结构、主题类型的创新扩容，更加丰富多彩的贤能形象表达能够形成。

二、表演形式上的"返本"与"开新"

中国戏曲现代戏研究会秘书长汪刚曾说过，戏曲应当在坚守本体的基础上守正创新。一方水土养育一个剧种，脱离了这方水土恐怕这个剧种也就不存在了。②著名梨园戏剧作家王仁杰也提出了类似观点，即"返本开新"，指应当保留梨园戏剧种的表演个性，在尊重戏曲本体的基础上，建构虚拟程式化的戏曲美学，这是对八九十年代梨园戏种盲目进行西方戏剧化改造后的深刻反思。③梨园戏曲的"十八步科母"、泉腔唱法、手势技法等表演程式无疑是戏曲本体的骨骼与灵魂，也是梨园戏迷集体记忆中不容涂改的底色，只有保留与继承这些科范才能保证梨园戏的本真不受篡改。

然而维护戏曲本真并不意味着抱残守缺，而是在了解、掌握传统的基础上，再以传统程式来表达符合现代受众审美需求的内容。有"昆曲义工"之称的白先勇先生所主持创作改编的青春版昆曲《牡丹亭》可以说是践行"返本开新"的典范，其严格遵守昆曲程式的规约与法则，通过现代的舞美、灯光、声乐等构成了富有现代感的新"昆曲美学"，使杜丽娘和柳梦梅的爱情故事更加立体、感染人心，俘获了一票年轻人的欢心。如此成功的案例能够为梨园戏的"返本开新"提供范本，在梨园戏的贤能表达中，无疑也可以在保留传承传统的梨园科程范式、"不伤筋骨"的前提下，通过舞美、道具、音乐、服装等表现形式的创新来形成新的贤能气象。

三、价值表达上的"弃旧"与"辩证"

罗兰·巴特对索绪尔的符号学进行延展，认为所指与能指的关系包含两个层

---

① 《疫情防控 文联在行动·越剧新编——〈齐心协力抗疫情〉》，浙江在线 http://cs.zjol.com.cn/202001/t20200130_11618955.shtml，2020-01-30。

② 《移步不换形——戏曲突破必须建立在规律之上》，《广州日报》，https://baijiahao.baidu.com/s?id=1683986528723150660&wfr=spider&for=pc，2020-11-21。

③ 20世纪八九十年代梨园戏曾进行过一次西方戏剧化，追求大主题、大歌队、大舞队的表演方式，但最终不仅没有使梨园戏重焕生机，反而使戏剧本体性受到损害，受到外界质疑

次，强调了作为第二个层次的意指的重要性。梨园戏通过视觉符号与听觉符号直观阐明贤能主题的时候，背后的价值意涵易受忽视。在梨园戏贤能叙事主题与表演形式创新的同时，其反映的价值内涵也应与时代共进，才能实现"表里如一"。

梨园戏作关于贤能内在价值的表达创新可以从两个层面展开，一方面应当去除陈旧封建、不合时宜的腐朽观念，如传统儒学观念中对女性独立人格的约束，新编剧《董生与李氏》的改编堪称妙笔，其以小说《乌鸦》的故事为蓝本，讲述了本应是礼教守卫者的塾师董生却爱上了寡妇李氏，二人最终看似矛盾的结合实际上是对"存天理、灭人欲"陈旧教规的反对，融入了现代文学创作的批判精神。另一方面，理应跳脱过去简单固化的二元对立价值取向，以更立体、辩证的视角来阐释贤能的内在价值，留给受众更充裕的思考空间。如新编剧《皂隶与女贼》中，未将"吏"与"贼"二者角色关系固化，而是跳脱善恶的单一界定，在"吏"与"贼"的角色关系上加入男女的情愫，最终在"押解—释放—投案"的剧情变化中，二人的关系数次翻转，在多维的角色关系中体现了二人的真挚感情；而《陈仲子》中，剧作者王仁杰并不拘泥于将陈仲子作为讽刺陈旧迂腐的对象，也不盲目将其置于过去封建语境中的道德高地，而是退到中间状态中，以开放式的表现手法模糊了陈仲子的意识形态，把评价的权力留给受众。

结语

本章通过对梨园戏这一集体记忆载体中贤能形象的建构机制进行了分析，并在把握规律的基础上提出新时代语境下贤能塑造的"再创新"之策。从受众集体记忆的形成逻辑来看，传统的梨园戏剧目三种流派形成了各自的贤能形象表达的文本特性，而在舞台演绎与社会环境的综合作用下，贤能形象得以产生。而当下可以围绕叙事、表演以及价值呈现三条路径对贤能形象进行二次建构，创造现代受众新的时代认知，从而在弘扬优秀贤文化的同时，也使梨园戏曲的传承行稳致远。但当前研究尚处于理论的探索阶段，要将理论付诸实践，仍有待笔者进一步挖掘论证，从而形成具体的实施举措。

（王牧耕　谢清果）

下篇　华夏圣贤传播的文化呈现与艺术表征

第九章　与时偕行：华夏的时间传播论

《周易》被儒家誉为群经之首，被道家视为"三玄"之一，在中国文化的发展中占有举足轻重的地位。《周易》之"时"内含时空统一体的意蕴，并注重人在"时"中的主体性，其旨在追求天地人和的"与时偕行"的自然时间观念分别被儒家和道家所继承，道家将视线放在生命的自足之上，走向对养"生"的追求，推崇"淡如水"的人际交往；儒家则将自然时间引入社会时间，考察社会的兴衰荣辱，借助礼乐传播的形式谋求社会关系的和谐；佛教强调时间的轮回流变无常，在传入中国后主动嫁接本土文化传统，发展出"顿悟""明心见性"等禅修方式，强调心念的修养。简单而言，儒家偏重社会时间，道家偏重生命时间，佛家偏重境界时间，儒释道共同构筑了华夏的时间系统，影响了中国文明的传播和发展。但儒释道三家又是互通的，道家的"坐忘"，儒家的"诚意""正心"与佛家的"无念"在价值取向上相趋近，在追求和实现人生价值的路径上有暗合之处，呈现出儒释道交融互补的状态，体现了中华文化"各美其美，美人之美，美美与共，天下大同"的包容性。

时间问题是哲学的基本问题，是物理学的重要议题，也是历史研究的前提之一。从古希腊时期的柏拉图、亚里士多德，到奥古斯丁、康德、海德格尔，再到马克思、恩格斯、霍金，人类对时间的追问和深思从未停止。时间是文明传播的一个重要维度，也是考量信息传播的尺度之一。米尔斯在其《社会学的想象力》一书中强调，任何重大的问题都必须放在时间视野中考察。社会科学及传播研究必须捕捉时间因素对事物发展变化的影响，才能揭开人与社会的多元性、复杂性和矛盾性。[1]

---

① 李金铨：《传播研究的时空脉络》，《开放时代》2017年第3期。

第一节　作为影响传播要素的时间

传播研究领域对时间的关注源起于对传播技术哲学的探讨。刘易斯·芒福德在其著作《技术与文明》一书中，探讨了钟表时间给工业文明带来的影响。钟表机械带来了时间的统一，使长远的行为预期成为可能，进而塑造了现代世界的时间。[①]芒福德对传播技术可能给文明带来失衡的忧虑为媒介环境学派传播技术思潮的兴起提供了养料。[②]英尼斯沿用了芒福德的时空环境概念，进一步提出媒介的传播偏向问题，认为轻巧而便于运输的媒介"适合知识在时间上的纵向传播"[③]，并旁征博引地援引埃及和古巴比伦等大量史料，论述文明传播中的"时间的诉求"[④]。麦克卢汉看到了电子媒介技术对时空差异的消弭，将世界连接为地球村。[⑤]人类传播史也是不断摆脱时空限制的历史，马克思、恩格斯甚至提出"用时间消灭空间"[⑥]的技术构想。在媒介技术日新月异的飞速发展下，这一构想为陈力丹[⑦⑧]、梅琼林[⑨]、蔡凯如[⑩]、王晶[⑪]、刘洁[⑫]、陈长松[⑬]等传播学者广为探究。

"随着人类社会从自然时间到钟表时间，再到媒介时间概念的提出，媒介时间的研究逐渐展开，它包括了电子媒介经营管理的时间研究和媒介时间之于社会影响研究两个主要方面。"[⑭]浙江大学邵培仁教授从时间的角度指出从农业时代（自然时间）到工业时代（钟表时间），再到信息时代（媒介时间），人类对时间的认识已经历经了三次变革。一场基于智能时代的、以时间突破空间的智能时间革命即

---

① ［美］刘易斯·芒福德：《技术与文明》，北京：中国建筑工业出版社，2009 年，第 13—18 页。

② 王华：《技术、传播与现代文明：刘易斯·芒福德的媒介分析范式》，《中国社会科学报》，2013 年 4 月 3 日 A08 版，第 2 页。

③ 英尼斯：《传播的偏向》，北京：中国人民大学出版社，2003 年，第 27 页。

④ 英尼斯：《传播的偏向》，北京：中国人民大学出版社，2003 年，第 51—76 页。

⑤ ［加］麦克卢汉：《理解媒介——论人的延伸》，何道宽译，北京：商务印书馆，2000 年，第 130—131 页。

⑥ 卡尔。马克思：《马克思恩格斯全集》，中央编译局译，北京：人民出版社，1980 年，第 33 页。

⑦ 陈力丹、王晶：《马克思"用时间消灭空间"的思想》，《新闻前哨》2011 年第 5 期。

⑧ 陈力丹："用时间消灭空间"——马克思恩格斯传播技术思想研究》，《山西大学学报（哲学社会科学版）》2012 年第 3 期。

⑨ 梅琼林、袁光锋："用时间消灭空间"：电子媒介时代的速度文化》，《现代传播（中国传媒大学学报》2007 年第 3 期。

⑩ 蔡凯如：《现代传播：用时间消灭空间》，《现代传播》2000 年第 6 期。

⑪ 王晶："用时间消灭空间"：马恩论 19 世纪的电报传递》，《新闻与传播研究》2013 年第 1 期。

⑫ 刘洁、马克思："用时间去消灭空间"：溯源及新闻传播学扩散》，《国际新闻界》2010 年第 9 期。

⑬ 陈长松：《时间消灭空间？——论传播技术演化的空间维度》，《新闻界》2016 年第 12 期。

⑭ 邵培仁、黄庆：《媒介时间论——针对媒介时间观念的研究》，《当代传播》2009 年第 3 期。

将到来，媒介时间也将迎来一个重要的拐点。[1] 邵培仁教授分别指导黄庆、张梦晗等博士生围绕媒介时间的线索，探究媒介存在与时间的关系[2]、电子媒介技术发展与时间观念转变间的关系等问题。[3] 此间，卞冬磊[4]、翟志远[5]、张稀颖[6] 等学者也都表现了对时间与媒介关系的关注。近年来，时间观念变迁对新传播形态的影响[7]、媒介时间的特征研究[8] 等也受到传播学者的关注。

　　时间作为一种交往媒介，与社会文化共同建构了生活空间的意义。《尚书·尧典》曰："乃命羲和，钦若昊天，历象日月星辰，敬授民时。"在古代中国，上古时期的先民根据对日月星辰天体运行的"观象"以"授时"，并确定了天干地支及二十四节气。《周易》也言："观乎天文，以察时变。"（《易经·贲卦》）《乾》卦文言云："见龙在田，天下文明。"[9] 古代先民根据星象来推行农事，"见龙在田"就是指黄昏日落后苍龙的角宿初现于东方时的星象。[10] 自从《易传》伊始，中国先民对"时"的理解就超出了表面的"农时""天时"的含义，而将人类的命运同"时"的变化联系起来，赋予了"时"以时机、时用、时行等多重内涵。不仅强调"大明始终，六位时成，时乘六龙以御天"[11]（《乾》卦象言）的自然时间，更追求对生命时间的关照，将个体生命落实于宇宙的大"时"之中。[12]

　　自然的时间意识深刻影响了人们的传播行为，而华夏先民对时间内涵的独到见解和诠释又影响了华夏文明的传播实践，形成了华夏独特的"天人合一"的时间传播观。提升个人修养的内向传播活动成为中国传统文明的主流，"通过内心修

　　① 邵培仁：《媒介时间的拐点：迎接时间突破空间的革命》，2020 年 4 月 9 日，http://blog.sina.cn/dpool/blog/s/blog_593d5d690102yy8i.html?ref=weibocard&from=groupmessage&wm=9006_2001&weiboauthoruid=1497193833，2020 年 6 月 25 日。

　　② 张梦晗：《媒介时间论：信息社会经验下的媒介存在与多重时间》，浙江大学博士论文，2015年。

　　③ 黄庆：《理解"媒介时间"——"媒介时间观"的形成和社会影响研究》，浙江大学博士论文，2010 年。

　　④ 卞冬磊：《再论媒介时间：电子媒介时间观之存在、影响与反思》，《新闻与传播研究》2010年第 1 期。

　　⑤ 翟志远：《媒介时间的文化偏向与社会反思》，《浙江传媒学院学报》2014 年第 1 期。

　　⑥ 卞冬磊、张稀颖：《媒介时间的来临——对传播媒介塑造的时间观念之起源、形成与特征的研究》，《新闻与传播研究》2006 年第 1 期。

　　⑦ 张华、韩亮：《社群化传播：基于新媒介时间的新传播形态》，《现代传播（中国传媒大学学报）》2020 年第 2 期。

　　⑧ 李红艳、牛畅：《仪式、压缩、断裂与永恒：农民工的媒介时间特征研究》，《现代传播（中国传媒大学学报）》2019 年第 2 期。

　　⑨ 黄寿祺、张善文：《周易译注》，北京：中华书局，2016 年，第 19 页。

　　⑩ 冯时：《中国天文考古学》，北京：社会科学文献出版社，2001 年，第 278—300 页。

　　⑪ 黄寿祺、张善文：《周易译注》，北京：中华书局，2016 年，第 6 页。

　　⑫ 张耀天、沈伟鹏：《周易历史哲学视域下的时空观探析》，《理论界》2010 年第 9 期。

养所获得的文饰……这种修养的文雅由内而外，以德容的形式彰显出来，这便是古人所称的'文明'的本义"①。而后以儒道为代表的文化教派分别继承和创新了《周易》对"时"的解读，道家追求健康长寿，关注生命时间；儒家追求功名不朽，将时间引入政治场景，关注社会时间；而佛家进入中国后，主张性起源空，生命流转，刹那即永恒，关注境界时间。儒释道的时间观念作为一种意义网络的建构，对社会发展中的关系建构、权力分配和信息传递的取向产生了深远的影响。

第二节　君子之交淡如水：道家对生命时间的追求

时间观念的诞生与传播对上古时期的人类社会生活产生了重要的影响，影响了中国传统社会的政治、农业等文明的形成和发展。而"民时"的诞生与上古时期的天文学息息相关，天文学也因此被视为中国文化之源。② 上古时期，人们通过对岁星（木星）的天体运行的规律，制定了太岁纪年法，而后又创造出天干地支，作为纪年符号。道家作为中国的本土宗教，袭承了中国古代朴素的唯物时空观。《周易》和《老子》《庄子》被并列称为道家"三玄"。

《说文解字》曰："日月为易，象阴阳也。""易"字由"日""月"构成，即为天文。八卦卦象与天文时序密不可分。而卦字本身，就是对日影的测量的象形表述；《太平御览》卷七八言："（伏羲）分阴阳之数，推列三光，建分八节，以爻应气，凡二十四，消息祸福，以至吉凶。"古人通过对天地节气变化的效法，来制定礼法典章。英尼斯在论述埃及帝国的发展时，也指出了这一点："历法成为王家权威的源泉"③，在恒星年给权威带来挑战，莎草纸取代了石头成为主流传播媒介后，"政治制度和宗教制度随之发生变化"④。六十四卦即为六十四"时"，象征六十四种不同的时空处境。《周易》之"时"贯穿着对人类命运的关照，不仅包括时间，还包括空间，作为时空统一体而存在，并强调"人"的主体性，追求"循时而动"以达到天地人和的传播效果，这也是华夏时间哲学中最独特的地方。

道家延续了《周易》的时间观对人的主体性的关照，其生命时间哲学深刻地

---

① 冯时：《文明以止：上古的天文、思想与制度》，北京：中国社会科学出版社，2018 年，第 3 页。

② 冯时：《文明以止：上古的天文、思想与制度》，北京：中国社会科学出版社，2018 年，"自序"，第 2 页。

③ ［加］哈罗德·英尼斯：《帝国与传播》，何道宽译，北京：中国传媒大学出版社，2013 年，第 45 页。

④ ［加］哈罗德·英尼斯：《帝国与传播》，何道宽译，北京：中国传媒大学出版社，2013 年，第 49 页。

影响了中国人的人生观、世界观和宇宙观，奠定了华夏文明追求内向传播的民族文化模式。尤其是在个体修养和人与自然的关系上，道家生命时间的价值取向产生了一套自成体系的内向传播实践。老子提出"道法自然"的命题，转向对养生的追求。养生之"生"，一方面指养"寿"——即生命时间长度的追求；另一方面指养生生不息之"气"——即对生命时间的健康质量追求。《道德经》第三十三章言："不失其所者久。死而不亡者寿。"《说文解字》曰："寿，久也。从老省。"①《黄帝内经·上古天真论》记载：寿有上、中、下三重标准。上寿120岁才是人类生命的自然常态，但在现实生活中人类却因精气的耗损而很难尽其天年。正如庄子所言，人生天地间，如"白驹过隙，忽然而已"。故而在后世的发展中，道家探究如何吸精补气以延绵寿命、保持健康，如通过辟谷、龟息吐纳等方式保持生命的健康，甚至一度落入对长生不老、生命永存、修道成仙的宗教情怀。这些本质上都表达了中国人对生命存在的感知，以及对永续发展和可持续发展的时间偏向的追求。

交往借助符号来实现意义的表达，而道家显然看到了人际交往间的种种误解和沟壑。如"夏虫不可以语于冰者"（《庄子·秋水》）的时间限制和"曲士不可以语于道"（《庄子·秋水》）的交流障碍等。"得之于手而应于心，口不能言，有数存焉于其间。臣不能以喻臣之子，臣之子亦不能受之于臣，是以行年七十而老斫轮。"（《庄子·天道》）轮扁做车轮的门道虽高，却无法用言语表达。"古之人与其不可传也死矣，然则君之所读者，古人之糟粕已夫。"（《庄子·天道》）能工巧匠尚不能用言语传承其技能，随着时间的流逝，古人所要表达的思想也无法用言语和书籍实现彻底的表达，故而尽信书不如无书。《庄子》言："夫道，有情有信，无为无形；可传而不可受，可得而不可见；自本自根，未有天地，自古以固存；神鬼神帝，生天生地。"于道而言，万物齐一。而道可传不可受，悟道的关键就在于个人，而不在于书籍等媒介手段，进而延展出符号与意义传达"无言""忘言""不言"的三重境界。

道家生命时间的观念深刻影响了中国人的人际交往实践。面对人际交流中的误解和沟壑，《庄子》反求诸己，追求在自我和谐的基础上，"独与天地精神往来，而不敖倪于万物，不谴是非，以与世俗处"（《庄子·天下》）。这也是道家生命时间哲学的体现。在人与社会的关系中，道家主张将视线放在自身生命的自足之上，内向审视自我与他人、社会与和自然的关系，谋求人与自然社会和谐的共鸣。故而"要求人们返始复初，以虚静之心体，守自然之常道；其相对时间观要求人们

---

① （东汉）许慎：《说文解字今释》，长沙：岳麓书社，1997年，第1152页。

挫锐解纷，以柔弱之心志，应古今之时变"①。不因世俗而劳累身心，不为名利枷锁自由，不被世俗好坏是非判断蒙蔽双眼，转而追求逍遥自在，追求大智若愚的质朴，追求长生久视之道。

故而在人与人的交往之中，道家追求"君子之交淡如水"的社会关系建构。《庄子·山木》言："君子之交淡如水，小人之交甘若醴。"出于对生命本真的追求，理想的君子交往是无所牵挂的，既不苛求，也不黏人，不会嫉妒，不会攀比，就像温水一样淡然自然。而世俗的交往要么出于种种利益牵扯和算计的驱使，因利相亲，却也因利反目疏离；要么充满偏见，总是想主观地改变他者进而产生种种矛盾。故而道家反对人际关系的利益掺杂，不以世俗的美丑好坏为判断的依据，始终强调消除人类的差别心，消除偏见，追求自然舒适的交往状态。

第三节　礼乐传播：儒家对社会时间的刻画

儒家的时间观念与周公一脉相承，西周时期，周文王姬昌"拘而演《周易》"②，"易"即变通，而"变通者，趣时也"③。六十四变即六十四时——六十四种不同的时空情境，以此象征事物在特定背景中的变化规律。周文王四子周公（姬旦）继承了周公的思想，尽心辅佐武王、成王，"一年救乱，二年克殷，三年践奄，四年建侯卫，五年营成周，六年制礼乐，七年致政成王"④。其最主要的功绩就在于引德入礼，以解释殷亡、周兴等重大历史问题，促进了礼乐制度的成熟。东周时礼崩乐坏，倚强凌弱、机谋狡诈的丛林法则成为春秋战国时期的主流。在"礼崩乐坏"的时代，孔子十分推崇周文王，并继承其思想。《周易》一书的形成"人更三圣，世历三古"⑤，其中伏羲氏、周文王和孔子被并称为易学史上的"三圣"。《史记·孔子世家》记载孔子"读易，韦编三绝"。虽然学界对《周易》的真实作者尚存争论，但《周易》无疑与周文王以及以孔子为代表的儒家有着密切的联系。孔子采编《仪礼》，推崇中庸仁义，主张礼乐教化，追求人与天地之间的"时中"，继承并发展了"天人合一"的时间观念。

《易经》被奉为儒家六经之一，其时空观念和宇宙观同样深刻影响了儒家的时间观念和社会交往实践。不同于道家对个体生命时间的追求，儒家以"易之时"为根基，"通过依物观时的表述方式，以易喻时的时间观念和生命意识，以及敬畏

①　周可真：《论老子的时间哲学》，《江苏社会科学》2019 年第 5 期。
②　余秋雨：《古典今释》，北京：作家出版社，2019 年，第 38 页。
③　黄寿祺、张善文：《周易译注》，北京：中华书局，2016 年，第 650 页。
④　（清）皮锡瑞：《尚书大传疏证》，长沙：岳麓书社，2012 年，第 993 页。
⑤　（汉）班固：《汉书 100 卷》，清乾隆武英殿刻本，卷三十。

天命、追求时运的天人思想，将人与自然的相互关系作为时间展开的根基，将自然时间与人文时间相统一，强调了人与自然的和谐共生"①。并在此基础上，从历史的宏观范畴考察社会的兴衰荣辱与朝代更替，进而发展出一套社会时间观念，并设计了一系列的社会关系制度，进而决定了华夏文明的民族文化模式。

吴予敏将民族生命状态、社会组织状态、历史发展状态归结为民族文化模式的三个决定要素，而"同心圆型的'生命（生活）—传播结构'、枝杆型的'社会—传播结构'、偏心圆形的'历史—传播结构'"②就是反映中国传统文化模式特征的三种传播结构。儒家"正心、诚意、修身、齐家、治国、平天下"的人生价值范式就是这种传播结构的典型体现。

"身"是个体，即通过内向传播审视自我。孔子对时间的感知敏锐而形象："逝者如斯夫，不舍昼夜。"面对不断流逝的时间，儒家在个体价值上转向对死而不朽的价值追求。《左传·襄公二十四年》："太上有立德，其次有立功，其次有立言，虽久不废，此之谓不朽。"在个体层面，儒家对社会时间的刻画表现为对"立功立言立德"三不朽的社会价值追求。而这种价值的实现，依靠个体修身的内向传播而实现。

然而，儒家的时间观又是豁达变通的，《孟子·尽心章句上》言："穷则独善其身，达则兼善天下"，体现了对"时"的把控。这种对时机、境遇的把控源自《周易》，而"知天命"就是圣人君子把控"时"的最高境界。《中庸》言："天命之谓性，率性之谓道，修道之谓教"，将人性与天命相统一，在知天命的基础上随着时运的变化而变通，做到"时中"，也就做到了中庸。由此，衍生出"格物""致知""诚意""正心""修身""齐家""治国""平天下"的一系列以内向修身为基础的实现路径。

"家"是个体诞生、成长和最终的归宿，也是最基本的社会关系实体。如社会群体生活中的成人礼，儒家强调"仁"，"成人"即为"成仁"，人要成人，首当修"仁"心。早在西周时期，就有了冠礼（男子）和笄礼（女子）。根据身份的不同，天子、诸侯、大夫的冠礼时间各不相同，以示区分。一般而言，男子八岁入学，学习礼、乐、射、御、书、数等基本知识。在早期儒家看来，仅仅掌握知识，是不足以成人的。成人需要德行的修养，还需要接受仁义礼乐教化，尤其是接受礼的约束和乐的熏陶。士人二十岁行"冠礼"，标志着迈入"成年人"行列，并开始承担婚姻、家庭和社会的义务和责任。

　① 吴承笃：《儒家思想中的时间观念与生态意识》，《云南社会科学》2014年第2期。
　② 吴予敏：《无形的网络：从传播学的角度看中国的传统文化》，北京：国际文化出版公司，1988年，第209—210页。

"国"是个体担当社会责任的场所，也是社会关系的设计。在"治国"的社会治理层面，儒家重视农业生产，尤其重视农时。如"敬事而信，节用而爱人，使民以时"（《论语·学而》）、"不违农时，谷不可胜食也；数罟不入池，鱼不可胜食也；斧斤以时入山林，材木不可胜用也；谷与鱼不可胜食，材木不可胜用，是使民养生丧死无憾也；养生丧死无憾，王道之始也"（《孟子·梁惠王上》），主张遵循自然规律，按照农时耕作，使人的行为与自然环境的变化相匹配，是实现王道的前提和基础。

"天下"是生命永恒意义的寄托所在，也是对历史和未来发展关系的最高层次。儒家通过礼乐的形式，将时间具象化地融入政治场景，以达到教化天下的目的。例如封禅典礼，《史记·封禅书》记载，只有在太平盛世或天降祥瑞之时，帝王才有封禅的资格。而这背后体现的就是一种"天人相应"的思想：帝王贤明与民生安康、天下太平、天降祥瑞之间存在着密切的关系。封禅典礼的时间安排有着严格的安排和限制，以显示接受天命而治理人世的神圣性。

由此可见，儒家对社会时间的刻画有多重体现：在人际交往上，形成仁、义、礼、智、信、恕、忠、孝、悌等人际交往标准；在人生追求上，推崇学而优则入仕做官；在社会关系的建构中，宣扬克己复礼，通过礼乐传播的方式整顿社会关系。从修身，到齐家，到治国，再到平天下，体现了"个体内向传播、推及家族内部传播，再推及社会职责范围的传播，最后推及与天下人的沟通这样层层递进扩延的结构。这个结构，反映了生命生活圈与传播活动的同一性，反映了中国传统文化对于个体生存与社会群体生存矛盾关系的渗透性的解决"[①]。

第四节　刹那成永恒：佛家对境界时间的修养

宗教组织是典型的传播组织，他不以生产物质产品、销售商品为存活的根本，而是以传播教义为其根本目的，其最重要的工作就是内容生产和传教，传教之"传"即为传播信仰。宗教与传播密切相关，宗教本身也是传播学绕不开的考察对象，宗教观念缘何能在时间上延绵不息地传播呢？印度佛教从产生到衰亡也不过一千七百年，而佛教在中国传播了两千多年仍具有勃勃生机，这与佛教观念在传播过程中深度融入了中国人的生活密切相关。

"刹那成永恒"被视为佛家时间观的典型代表。"一沙一世界，一花一天堂。

① 吴予敏：《无形的网络：从传播学的角度看中国的传统文化》，北京：国际文化出版公司，1988年，第210—211页。

无限掌中置，刹那成永恒。"①徐志摩的翻译颇有佛学偈语的意味。"刹那"本是佛家用语，出自《仁王经》："一弹指六十刹那，一刹那九百生灭。"刹那和永恒原本是时间的两组极端的对比，但在佛家看来，时间并无长短之分。《华严经》言："一花一世界，一叶一如来"，从一朵花就能了悟世界的奥秘所在，从一滴水中就能看到大千世界，这也就是"华严经"所讲的"一真法界"：人人皆佛，处处成佛，万法自如，时时成道。释迦牟尼"三身"中"法身"即象征着佛法无时无处不在，以佛法成身；而"报身"即在法身的基础上，艰苦修行直至功德圆满而幻化出的佛身；"应身"能够随应三界六道的时空变幻，普度世间众生。从时间角度而言，"三世"包括过去世、现在世和未来世，分别对应燃灯佛、释迦牟尼佛和弥勒佛。"三世"是佛教对无边无际、无始无终的时空宇宙的高度概括。②

两汉之际，借由大量佛教典籍在中原的传播，佛教在冲突中实现了与中华文化的融合，进而建构起古代社会的交往关系模式。从龙树开始，经由僧肇、玄奘、法藏，下至道元，佛教徒独辟蹊径地从心性的角度考察时间，"最终将时间展示为一个由未来、当下和过去组成的错综复杂的结构，把时间的来源归于'心念'"③。佛教以缘起性空作为理论基础，认为一切"缘起心念"，而时间本是虚无的存在，并无实体，将人际关系看作因缘在时间中流转所产生的幻象。

借助洞窟石刻、泥像雕塑、石碑经刻、绘画唐卡、音乐舞蹈戏剧等多种媒介，佛教在中国生根发芽，其"三世（过去、现在和未来）""缘起性空"的生命时间观念与中国传统的民俗、文化艺术共生交融，渗透到中国社会的各个角落，深刻影响了中国政治、经济、思想、文化的发展，影响了中国人认知世界的方式和人生价值的追求，影响了中国人日常生活中的传播实践。尤其是佛典中所描绘的地狱世界和大千世界的宇宙结构，成为文学小说的经典场景，死而复生的阴间故事屡见不鲜。这种时间观借由文学的故事传播，基于因果轮回等观念之上的循环时间观念在民众中得到了广泛的传播，给中国人的时空观和生死观以巨大的思想冲击，深刻影响了社会关系的建构和人生意义的追求，形成了一种境界时空观。

这种境界时间观超越了对时间本身的探求，导向对"明解脱涅槃"修养解脱

---

① 此为徐志摩的翻译版本，原诗出自英国浪漫主义诗人威廉·布莱克（William Blake）的长诗《天真的语言》（*Auguries of Innocence*）："To see a world in a grain of sand; And a heaven in a wild flower; Hold infinity in the palm of your hand; And eternity in an hour."威廉·布莱克并不是佛教徒，而徐志摩的主观翻译颇有佛学偈语的意味。虽然文化背景不同，但其思想却有相似性，这也是佛理共通的体现。

② 佟洵：《文化：佛教小百科》，上海：上海科学普及出版社，2011年，第9页。

③ 肖德生：《佛教时间观嬗变的现象学式发微——基于龙树、僧肇和法藏》，《中山大学学报（社会科学版）》2016年第3期。

之道的追求。尤其是因果轮回、来生往世时间观的传播对中国古代百姓逆来顺受的群体性格的形成和社会秩序的稳定产生了不可磨灭的影响。再加之，"以禅宗而论，不立文字、摈弃烦琐教义及规仪而行其教，因之易于在大众中流行，为我国历史上最盛之一佛教宗派"①。

佛教性起缘空、物不迁论等思想，将对佛性的追求导向了个体的内在修养。尤其是禅宗，将佛性归结为自性、本心。"我心自有佛，自佛是真佛，自若无佛心，何处求真佛？"（敦煌本《坛经》）时间是心灵执着于外物而幻化出来的一种假象，破除执着，心静"无念"方能消除外在时间所带来的迷误。

正如《金刚经》言："须菩提。过去心不可得。现在心不可得。未来心不可得"，万事万物变幻无常无形，时间轮回流传，性起缘空，一切大小、长短、好坏的区别都是心的分别。故而，破除区别之心，是内向修养的关键。"何名无念，若见一切法心不染着，是为无念。"（宗宝本《坛经·般若品》）"无念"即虚空，破除内心的一切执着，"在无念的状态中，心灵复归清净，并勘破时间的假象，从而达到时间的觉悟"②。佛教的时间观念最终导向对"空"的境界追求，体现为一种境界时间的修养。姚锦云通过对慧能禅宗的修持方法的考察，发现"直指人心，见性成佛""教外别传，不立文字""心不住法，道即通流"是"悟"的三重境界，而慧能禅宗明心见性的禅修方法与儒家反求诸己的道德修养方法、道家自然无为的思想相接近，推动了佛教进一步融入中国文化之中，也促使佛教进一步成为中华传统文化的一个重要的组成部分。③

（王婕 谢清果）

---

① 汤用彤：《隋唐佛教史稿》，北京：北京大学出版社，2010年，第174页。

② 刘广锋：《作为心灵显现的时间——禅宗时间观初探》，《武汉大学学报（人文科学版）》2010年第4期。

③ 姚锦云、邵培仁：《华夏传播理论建构试探：从"传播的传递观"到"传播的接受观"》，《浙江社会科学》2018年第8期。

第十章　谦谦之道：华夏"谦"的传播意蕴探析

"谦"自古便被称为德之柄，是善之最极，它是根植于中国人内心深处的文化基因，诞生肇始便是存在于言语情境中的传播学命题，在建构并维系个体与自我、他人、社会之间的和谐关系上发挥着重要作用。"谦"是中国人在传统社会中的处世特质，从内向传播中"谦谦君子"的修身观，到人际传播里"卑己尊人"的交往观，再至政治传播上"以谦得众"的舆论观等都与传播实践紧密联动，指导着人们不断完善自我，巩固人伦秩序，实现政治劝服与国家治理等。时至今日，"谦"的传播观念仍在完善自我、人际和谐以及社会治理等方面发挥着重要作用。总之，要读懂中国，就必须读懂华夏之"谦"，要理解华夏传播，就必须从传播意蕴的理论视角探究何为"谦谦之道"。

从文明发展的宏观视角来看，在巫觋文化和祭祀文化盛行的原始宗教时期，早期人类敬畏着天地神灵的力量，进而萌生了谦敬心理；在历经夏、商、周的历史更替之后，理性思维取代了神性思维，古代中国进入了礼仪文化时期，至《周易》时提出了"谦"卦，辅以《易传》的阐扬，第一次系统地阐述了"谦"的观念，是为"谦德"之滥觞。

谦让是消弭纷争的智慧，积极进取不必事事争功，以退为进亦不失为一种取胜之道。于自身来说，"谦"要求人们卑以自牧，成为谦谦君子，能够委以重任，"用涉大川"；于处世来说，"谦"是卑己尊人，允恭克让，这样就能君子有终，光被四表，为世人所认可；于治国来说，"谦"要求礼让为国，让国君的谦德远闻，以谦得众，和则"诸侯相接以敬让，不相侵陵"（《礼记·聘义》），战则"利用行师，征邑国"（《周易·谦卦》），无往不利。

可见"谦"的观念自古便深深内化于中国人的为人处世和社会治理之中，上至君臣贵族，下至黎民百姓，"谦"对于调节人际关系、维持国家和社会稳定发展的功用无可或缺，已成为各阶级主体普遍适用的交往准则。

第一节　嵌入中华文化中的"谦"观念

就目前有关华夏"谦"的研究成果来看，许多学者将"谦"视为伦理范畴中的德性加以考察，他们多来自哲学类专业的学科背景，对"谦"的研究主要集中在对先秦典籍中谦德的思想意涵及其当代价值及应用的研究上，尤以对《周易》中"谦"卦的解读最为突出。

20 世纪 90 年代对于谦德的研究就是从《周易》的"谦"卦开始的，如，朱森溥先生就"谦"卦中的卦、爻、彖、象辞做了详尽的解读，认为"谦"卦是借卦爻之形象及其内蕴论述了处理人际关系的原则与人的行为规范，"谦"的真谛是为了搞好人际关系。[①] 虞友谦先生在解读"谦"卦的基础上，更加深入地探讨了谦德在我国古代思想、政治、文化领域的影响，而谦德的泛化也在深层次上参与了我国民族性格的合成。[②]

进入 21 世纪，学界对于"谦"的探讨更加深入，主要表现在对"谦"的内涵理解更系统化，研究的文献来源拓展至《论语》《道德经》甚至西方的《圣经》，对于"谦"的应用也从人文研究拓展至企业管理、青少年道德教育等领域。从"谦"的内涵来看，学者们大都结合谦卑、谦退、谦让、谦虚、谦和等角度，将谦德阐释为卑己、敬人、平等、虚怀若谷、有功不争、外柔内刚等内容。如，李杰女士整合了"谦"的意涵，将谦德的发展归纳为谦敬之心、谦卑之序、谦让之礼、谦和之境四阶段，进而提出，谦德在现代社会市场经济条件下需要进行现代转型，赋予其尊人尊己、谦让互利、谦和共生的新内涵[③]。韩慧英女士在考证了古今数个版本《周易》中的"谦"卦后认为，古时"谦"已然引申为一种与礼制相关的品德，其含义则是在于有为和鼓励人们有所作为，并论述了"人我相同"和"权责对应"两种"平等"的模式与"谦"卦的内在相关性[④]。曹峰先生和柳悦女士则深耕道家典籍，认为道家对于"谦"的认识是基于整体性、平等性、关联性的视野展开的，是"舍己以物为法"，通过主体对于谦逊之道的积极运用，从而使自己永远处于最佳的状态，保持最强的创造性和生命力。[⑤] 朱展炎先生和曾勇先生更是中西结合，对比分析了《周易》的"谦"卦与《圣经》的谦德观，阐释了二者在行

① 朱森溥：《试析〈易经〉谦卦的理论》，《四川大学学报》(哲学社会科学版)1992 年第 1 期。
② 虞友谦：《〈周易·谦卦〉与泛谦德传统》，《学术月刊》1993 年第 12 期。
③ 李杰：《传统谦德及其现代转型》，《云南民族大学学报》(哲学社会科学版) 2011 年第 3 期。
④ 韩慧英：《〈周易〉"谦"卦再解读及其启示》，《中国哲学》2014 年第 10 期。
⑤ 曹峰、柳悦：《道家与谦逊》，《河南社会科学》2017 年第 12 期。

谦之因、行谦之体、行谦之用上或同或异的伦理、哲学和神学意蕴。[①] 对于谦德的跨领域应用，张云河先生将其运用到管理领域中，认为谦德的价值在于敬畏规律和理性、相处贵和与戒满、追求公平且进取等，对摆脱当代人际交往困惑，重铸清新守正的内心世界有着重大的现实意义[②]。就专门论述"谦"的著作来看，赵东玉先生和李健胜先生撰写了《中华伦理范畴——谦》一书，创新性地论证了原始时期谦让心理的起源，随后分析了具有代表性的古、近代学者著作中的谦让思想和谦让故事，最后从社会学和伦理学等学科视角审视谦让的功能及其现代意义。[③]

综合来看，探究"谦"的意蕴及当代应用乃是主流，但"谦"本身不应只是作为一种静态的概念或观念存在于古今历史中，它更应是一种展示主体动态言行的观念逻辑，进而体现在人与自身或他者建立关系、发展关系的过程中。从这层意义上看，主体行谦，是否能被视为一种传播过程？主体与受者在"谦"观念的指导下进行互动，是否在彼此间完成了某种意义的共享？在此过程中又建立了何种关系？再深一步讲，"谦"能否作为一种传播观念，成为中国古代政治和社会治理的内在逻辑？最终又达成何种传播效果？欲回答这些问题，本文将从传播学的视角切入，探究华夏"谦"的传播意蕴。

第二节　"谦"之字源：言语情境中的传播学命题

传播观念是影响着特定时空下的人类个体、组织、族群彼此间交往方式的深层想法与观点[④]。"谦"的诞生也有其特定的时空属性。从谦字本身探究"谦"的概念起源，可以看出"谦"是诞生于口语传播情境与农业生产实践中的启示。在言语传播的范畴下，"谦"的应用还体现在敬谦辞符号系统的广泛应用上，它不仅能缓和等级严明的尊卑差别，在维系传统社会的人伦秩序、构建和谐的意义共同体、促进社会整合等方面也起着重要作用。

一、"言""兼"为"谦"："谦"诞生于口语传播与生产实践

谦字是由"言"与"兼"构成的会意字，始见于篆文，字形为 𧭭 。"言"字

---

① 朱展炎、曾勇：《〈周易〉谦卦与〈圣经〉的谦德观》，《湖北大学学报》（哲学社会科学版）2015 年第 4 期。

② 张云河：《〈周易〉谦德文化的理论意蕴及其当代管理价值研究》，《领导科学》2016 年第 35 期。

③ 赵东玉、李健胜：《中华伦理范畴——谦》，北京：中国社会科学出版社，2012 年。

④ 谢清果：《共生交往观的阐扬——作为传播观念的"中国"》，《西北师大学报》（社会科学版）2019 年第 2 期。

由"辛"和"口"构成，甲骨文字形为 𠮛 ，一说"辛"是木枷的象形，引申表示戴木枷的罪犯，意为君王口中的话决定怎样处理罪犯，由此产生命令、说话的含义，引申表示语言、汉字①；一说其甲骨文从口，上像箫管乐器形，会口吹乐器之意，本意为吹奏乐器。②综合来看，"言"可理解为从口中产生出来许多东西，也就意味着一种口语传播的情境。"兼"字始见于春秋金文，字形为𥡴，本义为同时持有两棵庄稼，引申泛指同时涉及、处理或具有两件或两件以上的行为或事物的情况③。结合"言"部可知，"谦"本义应适用在会话情境，即说话时要兼顾他者，说话恭谨，不自满。因此，"谦"最初多发生在口语情境中，通过语言媒介的形式在自我和他者间建立起一种有利于双方的关系，从这层意义上看，"谦"的诞生本身就是一个传播学命题。

韩慧英女士考证了上海战国楚竹书《周易》中的"谦"卦字形，其中"谦"作"𡎚"字，"兼"下为"土"，由此认为"谦"卦最早为"兼"之义，亦有种植庄稼、劳动生产的含义，而"谦"的卦辞中也有所谓"劳谦"，亦与此意相合。④是以，本文认为，"谦"的传播观念可看作诞生于先人的口语传播与农业生产实践的情境中。例如，《周颂·噫嘻》中有："噫嘻成王，既昭假尔。率时农夫，播厥百谷。"这是周天子在春耕前祭祀上帝祈求丰收的乐歌，意味着周王行亲耕之礼时，向上天先公先王招请祈告，得到他们的准许后，率领农夫播种。针对不同的对象，周王在言语中的态度和内容是有差异的：上敬天神祖先，下训田官万民，但同时又象征性地与民同耕，这就在口语情境中建构了周王相对于上天和臣民之间的权力关系。

类似上述在口语传播中建构的"谦"之关系，亦能通过一套加工变成文字中的"词"，共同作用于更大范围的言语传播。口语和文字虽然是两套不同的符号系统，但口语决定了文字的出现，文字存在的理由也在于表现口语，两者关系之密切，不可割裂开来研究，将二者放在"谦"的传播观念中来看，即可置于"敬谦辞"的符号系统下理解。

二、以言谦下：敬谦辞符号系统建构意义共同体

从"元素"的观点出发来看待人类符号世界，可以将"言语传播"定义为：以"词"为元素组成的语言符号体系为中介的传播形式，其中包括了口语传播和

---

① 窦文宇、窦勇：《汉字字源》，长春：吉林文史出版社，2005年，第71页。
② 谷衍奎：《汉字源流字典》，北京：语文出版社，2008年，第478—479页。
③ 谷衍奎：《汉字源流字典》，第1124页。
④ 韩慧英：《〈周易〉"谦"卦的再解读及其启示》，《哲学研究》2014年第10期。

文字传播①。在"谦"的传播观念影响下，中国传统社会在口语和文字符号系统中也出现了许多关于"谦"的表达，不仅有像"谦光""谦冲""谦克""谦挹""谦虚"等合成词，更有在各种情境中应用广泛的"敬辞"和"谦辞"，它们共同构成了一种展示"卑己尊人"态度的符号系统。

敬辞和谦辞是含恭敬或谦逊的言辞。《说文解字》曰："谦，敬也。"在己谦卑与对人恭敬在某种程度上也具有一致性，所以敬辞和谦辞经常放在一起合称为"敬谦辞"，它们构成的符号系统是维持传统社会等级秩序和人伦秩序的重要环节。

相较于现代符号学创始人索绪尔将符号的构成区分为"所指"和"能指"两种，皮尔斯则以三分构造的思路将符号分为符号／再现体、对象、解释项三类。皮尔斯认为："符号可以是任何一种事物，它一方面由一个对象所决定，另一方面又在人们的心灵中决定一个观念，而对象又间接地决定着后者那种决定方式，这种决定方式就是解释项，由此，符号与其对象、解释项之间存在着一种三元关系。"②在这一视角下，"敬谦辞"可视为传者对受者传达的一种符号，而该符号的对象就是作为传播观念的"谦"，受者对"敬谦辞"符号的理解就是解释项，按照皮尔斯的说法，这种解释项可以是一种有关符号自身的正确理解或称"符号的意义"，也可以是作为符号而真正造成的实际效力，还可以是一种将符号自身再现来与对象有关的方式。③那么，"敬谦辞"符号系统可以看作"谦"观念的一种表现形式，在传、受双方的心灵间传递着"谦"的意义，符号作用于受者的心灵，在理想的情况下就能对此产生共鸣，有助于双方和谐关系的建立。

"敬谦辞"符号系统的运用成为传、受双方心灵的规约，不仅能够促进交流、分享意义，更重要的是建立了一种意义共同体，即共同的意义认同、共同的追求，以及人作为整体和个人的身份④。一些敬辞就用来表示等级身份，像"陛下""太后""大人""老爷"等，以此作为人贵我贱的区分，而谦辞的存在则示以怀柔，一方面可调节严明的等级区别所带来的紧张关系，如国君自称"孤""寡""不榖"，年长者自称"老朽""老鄙""老骨头"等；另一方面也建构并强化了内外有别、尊卑有序的人伦格局，如谦称自己妻儿的"拙荆""贱内""犬子""小儿"等。除了强调身份差异外，日常生活中也有大量的敬谦辞运用，以追求人际关系的和谐，如，表达见解时谦称自己见识有限的"鄙见""管见""末见"；请人吃饭时称"粗

---

① 张立春：《"言语传播"与"非言语传播"的符号学辨析》，《当代传播》2012 年第 4 期。

② 查尔斯·桑德斯·皮尔斯：《皮尔斯：论符号 李斯卡：皮尔斯符号学导论》，赵星植译，成都：四川大学出版社，2014 年，第 31 页。

③ 查尔斯·桑德斯·皮尔斯：《皮尔斯：论符号 李斯卡：皮尔斯符号学导论》，第 40 页。

④ 李思屈、刘研：《论传播符号学的学理逻辑与精神逻辑》，《新闻与传播研究》2013 年第 8 期。

茶淡饭"或"便饭";在有学问的长者面前称自己为"后学"或"晚学"等。

在言语中于他人尊敬,于己谦卑,就能减少话语的攻击性,给对方带来安全感,同时也能求得自身保全,维持既有秩序,达到各方和睦共处的目的。由此看来,人们在"敬谦辞"符号系统的规约下,致力于消解冲突,完成了彼此间身份地位的确认,既让个体整合于有尊卑之别的等级社会之中,又让个体尊严和价值在与他者的交往之时得到认可。总体看来,"敬谦辞"符号系统实际上是在传统社会中构建了一个关系和谐的意义共同体。

"谦"除了表现为一种外化的言语传播,究其根本,是作用于传、受双方心灵的传播观念,若再追根溯源,它萌芽之初便是一种具有内向性的传播过程,是早期人类在蒙昧时期的一种朴素的心理活动。随着历史发展,这种心理活动也逐渐演变为人们与内在自我的对话过程,并演化出了在个人修养、品德完善等方面的实现路径。

第三节 谦谦君子:内向传播视角下"谦"的修身观

内向传播指个人接受外部信息并在人体内部进行信息处理的活动。[1] 从内向传播的视角看,相较于前述在言语情境中已成为社会共识的"谦",早期人类在自然崇拜等原始宗教信仰中生发出来的谦敬心理则具有内向性特征,是蕴藏在人们心灵中的文化现象。随着时代的发展,这种基于内向传播机制产生的谦敬心理也发展出更复杂的自我对话内涵,即到西周以后尤其是春秋战国时期,"谦"作为一种修身观有了更系统的内向传播路径,可以从"主我"与"客我"相互作用的二元结构及"物质自我""社会自我"和"精神自我"三个视角加以考察,旨趣横生。

一、崇拜与禁忌:原始谦敬心理的内向传播机制

何星亮先生在《中国自然神与自然崇拜》一书中指出,新石器时代,农业、畜牧业等生产性经济开始形成,自然现象和自然力对生产活动的影响十分重大,但人们的生产力水平依然低下,在自然力面前常感到束手无策。在这种情况下,萌芽于旧石器时期的万物有灵观念得到迅速发展,自然神成为人们祈求、祭祀的对象,与之有关的祭祀形式也开始形成,于是便产生了自然崇拜[2]。

人们通过五官切身感受并认知变化无常的自然现象,将接收到的信息进行记忆处理并发挥联想,认为自然现象是自然神灵在施威,如山神、火神以及与农业

---

① 郭庆光:《传播学教程》,北京:中国人民大学出版社,1999年,第73页。
② 何星亮:《中国自然神与自然崇拜》,上海:上海三联书店,1992年,第27页。

生产密切相关的雷电、雨水、日、月、土地等都受到神力的操控，人们试图在内心构建自我与自然神灵的关系。随此伴生的是一种世界分层的观念，人们将神灵人格化，认为这些神灵居住在比人类更高的层次上，人们想要通过讨好这种高高在上的神力来获得庇佑，由此而产生了一种敬畏感，在这个过程中就有自然神力处高位而人处卑下的分别，暗含着人们在面对自然时内心中生发的一种质朴的谦敬心理。

人们想向自然神施以敬意，在外表现出来就有跪拜、祭祀等仪式，但如果自然仍是不遂人意，人们陷入自然带来困境或灾难之中，就将其视为神灵的惩罚，是人做了神不喜欢的事，违反了禁忌。如，传说月亮上有白兔，专门为月神制作长生不老药，如果用手指月亮就会得罪月神，她会在黑夜里出现在那人的家里，用刀子将其耳朵割破。[①] 此类禁忌的出现丰富了自然崇拜的内涵，它们也是一种人们内心对自我的规约。

由此可见，原始谦敬心理的萌芽来源于人们观测自然现象得出的自然崇拜臆想，对"要去做什么"和"不去做什么"有指导性意义，因此，这一过程也体现为原始谦敬心理的一种内向传播机制。

二、卑以自牧："谦"作为君子修身观的内向传播路径

谢清果先生将"修身"划归为一种内向传播观念，如在《儒家"修身为本"的内向传播意蕴考析》一文中，他强调内向传播是主体将自我分别为主体与客体，自身能自由自然地开展心灵的自我对话，进而论证儒家的"修身"观念如何在基本模式、核心、判断标准、主要内容、思想追求等方面构成了一个完善的内向传播系统。[②]

有鉴于此，本文认为可以将"谦"视为一种修身观，一种品德修养。今本《易传》将"谦"视为一种品德，有"谦，德之柄也"的说法。因此，很多学者认为，《易传》使"谦"向德性转化，完成了《周易》谦德思想的阐发。刘向在《说苑·敬慎》中提出了"谦逊六德"，明确指向个体自身的内向性：谦德强调一个"守"字，这意味着能否行谦，主要动力在于个体自身，有于内，才能够产生守的愿望和欲求，内中已经具备，才需要敬诚把持和谨慎护卫。[③] 从这个层面上看，"谦"的修

---

① 赵东玉、李健胜：《中华伦理范畴——谦》，第 58 页。

② 谢清果：《儒家"修身为本"的内向传播意蕴考析》，《吉林师范大学学报》（人文社会科学版）2018 年第 3 期。

③ 余治平：《谦谦君子，卑以自牧：由〈周易〉谦卦而引申出的一种儒家修身工夫》，《哲学分析》2013 年第 5 期。

身观是一种内向传播范畴。《周易》"谦"卦的卦辞说："谦：亨，君子有终。"这说明"谦"的对象是"君子"，行谦是为了成为君子。因此本文认为，以"谦"修身的内向传播，就是在内心进行的以"谦"的符号为媒介，实现自身向君子境界升华为目标的信息互动过程。

詹姆斯在心理学领域提出了"主我"与"客我"的二元分别，米德将此概念发展到了内向传播的研究取向，他认为自我可以区分为主体的"主我"与作为他人的社会评价和社会期待的"客我"，人的自我是在"主我"和"客我"的互动中形成的。[①]《易传·象·谦》曰："谦谦君子，谓卑以自牧也。"这里的"君"原意指"国君"，《周易》中的"君子"即指统治者或掌握一定社会管理权的人，直到孔子之后，"君子"的应用范围才扩大到百姓日用，指有学问有修养的人。"君子"即"客我"，是受社会认可和推崇的对象，是"客我"对"主我"的社会期待；"主我"要达成"客我"，就必须谦卑自守，谦之又谦。如此说来，"谦"就成了"主我"与"客我"之间"有意义的象征符"，"主我"通过以"谦"修身，更新"主我"，最终达到"主我"与"客我"的辩证统一。

"主我"之所以会主动向"客我"靠拢，来源于传统思想对"道"的遵从，基于此，人们内心深处有了一种趋利避害的忧患意识，对行谦的结果进行预判。如《周易·谦·象》中说："天道亏盈而益谦，地道变盈而流谦，鬼神害盈而福谦，人道恶盈而好谦。"世间万物都必须遵循"谦"道，其结果就是"满招损，谦受益"。（《尚书·大禹谟》）总的来说，不管"主我"是出于利还是义，抑或非利非义的考量，"盈""满""傲"等"谦"的对立面，又常与"让""恭""虚"等词组成辩证概念，一同参与内向传播的心灵对话，展示"谦"在多种社会情境应用中的多维内涵，形成了多样的"客我"转变路径。下面本文将从詹姆斯对"客我"所区分的三个维度——物质自我、社会自我和精神自我，一窥"谦"由"主我"通向"客我"的修身路径。

首先，从物质自我来看，君子的谦让之德要落实到日常生活中，是待人接物的准则。物质自我的范畴包括自身肉体及延展相关的物质存在，人们对这些物质实体投射情感，因而这些物质实在也体现着个体的自我，反过来也对自我提出要求。"融四岁，能让梨。"东汉末年孔融让梨的故事早已写进《三字经》，《墨子·修身》中也说："动于身者，无以竭恭；出于口者，无以竭驯。"传统社会既强调人们在物质享受上礼让他人，也作为一种精神力量强调在心理和行为上不骄不躁，小心谨慎，如《周易·谦卦》中有"谦谦君子，用涉大川"，即使面对汹涌的河流也

---

① 郭庆光：《传播学教程》，北京：中国人民大学出版社，1999年，第78—79页。

能顺利渡过，王弼就此注曰："物无害也。"

第二，从社会自我来看，君子不论何时都要注意培养谦让美德，才能得到社会认可，谦德也是从政者的必备素养。社会自我是个体对他人评价的认识，这些评价又反作用于自我，起到内省的作用，进而促进内心的自我调适和约束。"夫唯不争，故天下莫能与之争。"（《道德经·二十二章》）君子为国，孔子认为要"泰而不骄"，而且"不在其位，不谋其政"；谦下之举，能够"尊而光"，为个体赢得名望；面对名望，要做到"主尊贵之，则恭敬而傅；主信爱之，则谨慎而嗛"（《荀子·仲尼》）。如此就能摆脱利欲诱惑，成为君子。如《周易·谦卦·象传》曰："鸣谦贞吉，中心得也。"获得了一定的名望，仍能保持谦逊，人就能获得中正之道。

第三，从精神自我来看，谦虚是君子的一种本性，也是精神安宁之道。精神自我直指内心深处，是对自己的认识和评价，是"主我"能成为君子的关键，从这一点出发，"谦"之于"客我"的确立起着根本性的作用。先秦诸子或多或少地将"谦"与人性本质联系起来。孟子说："行有不慊于心，则馁矣。"（《孟子·公孙丑上》）把谦让之德当成人心本质的体现。道家则强调一个"虚"字，《庄子·天下》中说："以濡弱谦下为表，以空虚不毁万物为实。"通过"无己""无功"和"无名"去追求"无待"这种精神自由的境界。

"谦"修身观的内向传播过程远比上述三种路径更为复杂，此处归纳仅试图从履践"君子"的终极目标上提出本文的一孔之见。"物质自我"对应到现实生活中的表层，指导言行举止上践行谦让；"社会自我"高于"物质自我"，是君子行谦得到了他人的肯定；"精神自我"则在最高层，是一种明心见性，将"谦"的精神融入了本心之中。总体来说，内向传播作为指导人们行为的思想基础，作用于人们的社会过程，而人际交往又是应用最广泛的场景，因此，在人际传播视角下探究"谦"的交往观具有相当重要的意义。

第四节 卑己尊人：人际传播视角下"谦"的交往观

华夏"谦"的观念之所以能够诞生并发展，与人为主体的交往关系的确立和维系息息相关，这与人际传播领域的研究旨趣不谋而合：人际传播旨在系统地探讨人们如何通过交往建立和维护一定的人际关系，并着重研究人类社会交往在人际关系中的作用。[①] 追根溯源至新石器时期，在人类早期的宗教信仰中，就有对祖先灵魂的崇敬心理，祖先崇拜下"卑己尊神"的思想也转化成了人际传播中"卑

---

① 薛可、余明阳主编：《人际传播学》，上海：上海人民出版社，2012年，第41页。

己尊人"的交往观。"谦"在人际交往中实现了尊卑位分的转化,形成"谦以制礼"的局面,而且人们行谦的交往过程也是一个社会交换的过程,总的来说,"谦"的交往观发挥着调节人际矛盾、促进社会整合的作用。

一、尊祖敬长:"谦"交往观的起源是人际传播范畴

与前述自然崇拜类似,人类面对祖先灵魂的神力和功绩产生了一种谦敬心理,渴望得到祖先的荫护。此类谦敬心理的最终目的,是想让那些因为崇拜而历史化、经验化的心理因素与行为因素确实化,最终成为调节人与人之间关系的行为依据。崇拜祖先主要有两种:广义上指对神话中氏族始祖的崇拜,狭义上是对氏族中的老人或确切的生父生母的崇敬。[①]

赵东玉、李健胜两位先生将祖先崇拜与谦虚态度联系起来:后辈享受祖先的庇佑,应当谦虚地承认自己的能耐和功德无法与祖宗相比;对祖辈和父辈的尊敬是对祖先现世崇拜的体现,他们不仅给家族带来荣耀的历史,而且祖先本身的生活经历也给人们带来了丰富的人生经验,后辈受益匪浅,由此就会谦虚接受。[②]沿此思路,"谦"的交往观要求自身在处理与长辈之间的关系时要保持谦虚敬慎,聆听长辈教诲,形成"长辈为尊,在己为卑"的人际关系。

从尊祖敬长这层意义上来说,早期的"谦"有"孝"的含义。如后世所云:"外则教之以尊其君长,内则教之以孝于其亲。"(《礼记·祭统》)在血缘关系浓厚的氏族社会时期,等级差异不明显,人际交往的准则以谦敬长辈为主,因此可将祖先崇拜中诞生的"谦"的交往观视为一种人际传播范畴。

随着传统社会朝着理性化的方向发展,祖宗祭祀及相关礼仪不断深化,人际交往也由血缘关系拓展为更复杂的社会交往,人际关系体现为等级分明的阶级关系,中国社会进入了礼制社会,而"谦"对促进人际传播和谐起到了关键作用。

二、谦以制礼:"谦"的交往观作用于尊卑关系的转换

古代中国从原始社会进入农业社会,"谦"的观念也带上了"定分"的基因,有了礼制内涵。虞友谦先生指出,谦德是中国传统农业社会的产物,自由人均有自己一块可供耕作的土地,既是安身立命之所,也是自己"定分"所在,既无失去的危险,也不能无限制扩大,对于任何分外事物,不能有奢望。在这种社会生产模式中,人际的交往以肯定他人的分内利益与存在为前提,对自己的欲望则必

---

① 赵东玉、李健胜:《中华伦理范畴——谦》,55—57 页。
② 赵东玉、李健胜:《中华伦理范畴——谦》,61—69 页。

须安分克制，要乐安天命，概括言之就是谦德①。

传统社会以"礼"正"名分"，明确君臣、父子、夫妇、兄弟、朋友这物种基本的人际关系并规定个人身处每种关系中的位序，明确了人际传播中主体身份地位的尊卑之别。《礼记·乐记》中说："所以官序贵贱各得其宜也，所以示后世有尊卑长幼之序也。"但严格的尊卑分别也会导致社会矛盾，带来人际冲突，而"谦"的交往观则成为调适人际传播中矛盾和冲突的存在，正如《孟子·公孙丑上》所言："辞让之心，礼之端也。"

用"谦"的方法中和严礼，正是"谦以制礼"。从原理上来说，即用"谦"来实现尊卑关系的转换。《礼记》就专门规范了人际交往时的称谓，总原则是自称要谦，称人以尊，如前文已述有关敬谦辞的运用。"夫礼者，自卑而尊人，虽负贩者必有尊也，而况富贵乎？"（《礼记·曲礼》）又如，《道德经·三十九章》说："故贵以贱为本，高以下为基。是以侯王自谓孤、寡、不穀。"身居高位之人以贱为本，行谦无分社会等级高低，由此可见，"谦"的交往观已然成了一种人际交往规范。

值得注意的是，这种尊卑关系的转换只是传播活动中的表象，并不会改变社会阶级高下划分的实质。从《周易》中"谦"的卦象来看，其上卦三阴为坤、为地，下卦一阳二阴为艮、为山，山体的高大却屈居于地下，南宋理学家朱熹就此解释说："谦者，有而不居之义。"虽然表面上"不居"，但仍不能改变其"有"的本质，因此"谦"的交往观实质在于内高外卑，是内具实力而对外谦逊。

"卑己尊人"的交往方式在传统社会备受推崇，虽然儒道两家都反对将"谦"仅当作一种获得利益的工具，但"谦受益"的思想在中国古代的人际交往中为社会各阶层人士所认同，"谦"在人际传播中展现的人际互利的社会效益是维系传统社会和谐运行的内在逻辑。

三、谦受益：以社会交换理论透视"谦"的交往观

《周易》似乎并不讳言"谦"的功利性。《周易》六十四卦，吉中有凶，凶中有吉，多是吉凶互见，唯独"谦"卦无论卦辞、爻辞抑或象辞均得吉利之兆，可见《周易》对"谦"的推崇。前文已述，"谦"与先人的农业生产实践有关，谦德在于有为，《周易·谦卦·象传》曰："君子以裒多益寡，称物平施。"物之先多者裒益其多，物之先寡者得谦进益，不论地位高下，生活贫富，行谦都能得益。那么，"谦受益"的观念是如何塑造传统社会中的人际交往的？又是如何维持人际秩序的和谐运转呢？

---

① 虞友谦：《〈周易·谦卦〉与泛谦德传统》，《学术月刊》1993 年第 12 期。

本文认为，应将人际交往中的行谦视为一种社会交换过程，通过交换，人们或赢得对方认可，有了"面子"，或求仁得仁，实现自身进步等等。双方皆有所得，各自欢喜，彼此间的关系自然会更加稳固。

首先，在与人交往中行谦，实际上是一种给别人面子的行为，维护了个体在社会圈内公认的良好形象。美国社会学家霍曼斯将人际交往视为一种商品交换，包括物质上的商品和非物质的感情、赞许和声望等。他将行为主义心理学实验的结论引入对人际交往的分析中："在人际交往中，人们的行为在一定程度上都会被对方的行为强化，以此建构稳定的社会关系。"① 我们可以将人们行谦的动机放在这个框架下思考，正所谓"三人行，必有我师焉"（《论语·述而》），在与人交往的过程中虚心向对方学习，以人为师，可以得到自身进益，而对方也因受到尊重，得到了"面子"。翟学伟先生就此指出，给别人面子就是对他人重要性的承认，是以他人的正面评价作为回报的，是对他人成功、德性或善举的肯定、羡慕、欣赏、尊重、敬佩等。② 《周易·谦卦·象传》曰："谦尊而光，卑而不可逾。"行谦能使尊贵者更有光彩，让卑下者赢得尊重，能让处在不同社会角色的个体都获得价值感。

其次，"谦"已内化为一项人际传播准则，"卑己尊人"的交往方式也有利于化解矛盾，促进人际关系和谐，达到一种社会整合的结果。霍曼斯发展出六种交换论命题，其中主要的思想是：人的行动遵循报酬原则，如果个体的某个行动越是经常受到报酬和奖励，那么他就越有可能有经常类似的行动；反之，如果某种行动产生的结果使得此人受到惩罚，那么他就有可能采取措施避免类似行动的发生。③ "谦"的反义词是"傲"。孔子说："君子泰而不骄，小人骄而不泰。"长此以往，行谦得益，骄傲受损，为了趋利避害，"谦"便逐渐铭刻为一项中国人内化于心的交往准则。《礼记·祭义》说："致让，以去争也。"以谦待人，能够用在统治者之间，如"故诸侯相接以敬让，则不相侵陵"（《礼记·聘义》）；用在君臣之间，如周公的"一沐三握发，一饭三吐哺"；用在父母子女间是"孝以事亲，顺以听命"；用在兄弟间是"兄爱而友，弟敬而顺"；用在朋友间是"推其长者，违其短者"等。由此可见，"谦"能够调和君臣、父子、夫妇、兄弟、朋友之间人际关系，成为一种人际传播的人伦规范，消弭矛盾，有助于社会和谐有序地运行。

总体看来，"谦"作为一种人际传播的交往观在缓和社会尊卑等级、化解矛盾、

---

① George C. Homans, "Social Behavior as Exchange," *American Journal of Sociology*, vol. 63, no. 6 (May, 1958), pp. 597-606.

② 翟学伟：《人情、面子与权力的再生产——情理社会中的社会交换方式》，《社会学研究》2004年第5期。

③ 刘永根：《社会交换论》，上海：上海人民出版社，2015年，第37页。

维持社会秩序稳定等方面发挥着重要作用，"谦"虽然具有平等的精神，但在中国传统社会的历史语境下，仍起着维护等级秩序、协调国家政治活动正常运转的功能，因此，从政治传播视角考察"谦"的传播意蕴也显得非常必要。

第五节　以谦得众：政治传播视角下"谦"的舆论观

"谦"的心理观念在原始时期的自然崇拜和祖先崇拜中起源，人们祭祀的对象是象征自然统治的神灵和象征社会统治的先祖，相应的祭祀仪式发展至西周已经相当完备，成为政治活动的主要内容，人们在仪式中建构了彼此的关系，明确了等级尊卑，"谦"也深化成为一种政治传播范畴。早期人类用祭祀等政治仪式作为媒介，向天地人神传递某种感谢、功德或祈求庇佑的政治信息，统治者则以祭祀权力的收归与明晰建构了各主体之间的权力关系。此外，本文还对君主与臣下、君主与人民这两组人伦关系为例展开论述：君臣之间的谦道，有着讽谏与纳谏的舆论形态，君民之间的互信，也必须考虑"谦"的舆论建构策略。

一、祭仪与等级："谦"对权力关系的建构

从自然崇拜来看，人们通过祭祀仪式用礼物向神灵祈祷或致敬，以达到与上天沟通的目的，祭祀中出现的呈送祭品、宏大的祭祀规模等都反映了古人的谦敬心理。在氏族社会解体，家庭体制确立之后，祖先崇拜则具体表现在：国家有宗庙，民间有祖先堂，子孙为了和祖先沟通，需要向祖先提供献祭品，举行相应仪式并诵唱祷词。[①] 祭祀的过程本身就是一个政治传播过程，如，对祭祀行为的规制就是一种对权力关系的确认，人们通过祭祀中的一些象征行为来传达一种"卑己尊神"的态度，也就是一种"谦"的意义。

以祭仪中向祭祀对象下跪的"规训"为例，面对神灵力量而生的自感卑下的心理依赖逐渐强化成一种习惯和规制，跪拜礼也就成为一种以身体实践为目标的权力机制，成为一种象征行为以传递权力信息。王海洲先生在《政治仪式：权力生产和再生产的政治文化分析》一书中恰切地指出："政治仪式依靠一套规范系统对承载权力信息的身体作出严格安排，主要有两种具体策略：一是限定身体在政治仪式中所处的位置……二是确定身体在仪式操演中的行动次序，保证权力信息的流通和交换不受阻滞，这正是权力生产的动态过程。对身体位置及其行动次序的控制维持着政治仪式的连续性，在周而复始的操演行为中，仪式中的权力获得

---

① 色音：《祖先崇拜的宗教人类学探析》，《内蒙古师范大学学报》（哲学社会科学版）2012年第3期。

了累进性的合法性资源。"①祭祀仪式对地位尊卑的划分得到了仪式参与者的承认，这种履践着"谦"观念的政治仪式便成了处理政治生活中的权力关系为主要职责的象征系统，对社会中权力关系的建构起着至关重要的作用。

　　在绝地天通的传说中，中国上古时期曾有人神相通，人人皆可祭祀的时代，直到颛顼命令"重"和"黎"分别掌管天上众神事务及地上神和人的事务，至此天地相分，人神不扰。从这个意义上看，统治者对祭祀权力的垄断符合布赖恩·麦克奈尔在《政治传播导论》中划定三种政治传播对象的其中之一："所有由政治家和其他政治活动者出于特定目的而进行的传播活动。"②绝地天通实际上就是把祭祀神灵的权力集中到统治者手中，实现祭权与政权的高度统一。可见对于政治仪式而言，"一方面，权力所指称的差异秩序或明或暗地弥漫其中，另一方面，政治仪式对差异秩序的构建、维系和强化与权力的生成过程并驾齐驱"③。

　　在对神灵和先祖的祭祀中建构的权力关系，同样作用于古代社会身份的区分上。自夏朝以来，祖先崇拜的祭祀仪式就体现出了高度的等级化特征，人的社会等级有了尊卑高下之分。据甲骨卜辞记载，商王是当时最大的巫，具有与最高的与天神沟通的权力到了周朝，天地祖先祭祀渐趋定型，祭祀权力和方式按阶层的不同各有定制。如《国语·观射父论祀牲》中说："天子遍祀群神品物，诸侯祀天地、三辰及知其土之山川，卿、大夫祀其礼，士、庶人不过其祖。"祭祀对象因社会身份不同而有所差异，所以"上下有序，则民不慢"，进而建构了一种"尊尊亲亲"的权力关系。靳极苍先生著《周易卦辞详解》中述及，在《周易》中"谦"卦所指"君子有终"是单对君子说的，"君子"是"亨"所指的范围，不是"君子"就不"亨"了。④"谦"的所指对象"君子"就是处在高社会等级的统治者，本身就带有权力关系的分别。

　　至春秋战国时期，"学术下移"极大促进了整个社会文化的发展。孔子之后，"君子"的范围扩大到百姓日用，"谦"也逐渐应用于社会各个阶层，演变成一种德性，但"谦"在传统的政治生态中仍有广泛而灵活的应用，具体可见于微妙的君臣关系中。

　　① 王海洲：《政治仪式：权力生产和再生产的政治文化分析》，南京：江苏人民出版社，2016年，第182页。

　　② Brian McNair, *An Introduction to Political Communication Fifth Edition*, London: Routledge, 2011, pp. 4.

　　③ 王海洲：《政治仪式：权力生产和再生产的政治文化分析》，第21页。

　　④ 靳极苍：《周易卦辞详解》，太原：山西古籍出版社，1992年，第37页。

二、讽谏与纳谏：君臣之间的舆论形态

君臣之间的"谦"，自古就是中国政治活动中颇受推崇的传播技巧。毛峰先生指出，中国社会或中华文明，恒以"谦让合作"为协调运转之基础，如舜受禅即天子位后建制："询于四岳，辟四门，明四目，达四聪。"[①] 又如，唐太宗贞观元年诏令："自是宰相入内平章国计，必使谏官随入，预闻政事。有所开说，必虚己纳之。"国君广开言路，听臣下谏言，或许忠言逆耳，但如果国君虚心纳谏，也不失为一种"谦"道。

君居尊位，臣居卑位，身份上的尊卑之别本身就对臣下提出了"谦"的要求，甚至于汉代奏章中就出现了"诚惶诚恐"的自谦套语。早前《周易》"谦"卦有言："无不利，㧑谦。"㧑，有辅佐、配合的意思，㧑谦就是臣道之谦。唐代白居易《叙德书情四十韵，上宣歙翟中丞》中有"㧑谦惊主宠，阴德畏人知"。可见臣下受到君主的宠信受之若惊，为怕与主争功，身怀厚德也不敢宣扬。

臣道之谦集中体现在对君主的谏言上，并常见"伏惟""臣愚以为""愧惧交深"等谦辞的运用。在谢清果先生和王昀先生为《华夏文明与舆论学中国化研究》一书所写的代序中，华夏舆论传播被分为三种主要的舆论形态，其中，为首的就是言谏制度，"谏"就有指正过失之意，尤以君主尊长为对象，用以"匡正君主，谏诤得失"[②]。黄鸣奋先生在《说服君主：中国古代的讽谏传播》一书中，将讽谏看作一种卑为尊言、直理曲说、节情适变的传播技巧，即运用暗示性的语言，设身处地考虑对方需要，间接地批评或发表意见。[③] 如《战国策·邹忌讽齐王纳谏》中邹忌不以己为美，借自己的故事巧设辞令，用比喻的手法达到了规劝齐威王纳谏的目的。因此，讽谏其实是一种臣下对君王的谦道，其成效可见一斑。

此外，"谦"还作为国君训诫后继者的一种治国之道。史载周公训诫儿子伯禽："吾闻德行宽裕守之以恭者，荣；土地广大守之以俭者，安；禄位尊盛守之以卑者，贵；人众兵强守之以畏者，胜；聪明睿智守之以愚者，哲；博闻强记守之以浅者，智。夫此六者，皆谦德也。夫贵为天子，富有四海，由此德也。"可见当时对谦德推崇尤甚，而且统治者践行谦德，能在口耳相传的传统社会中，创造一种积极的舆论氛围，使统治者收获民心。

---

① 毛峰：《文明传播的秩序：中国人的智慧》，北京：中国传媒大学出版社，2005 年，第 100—101 页。

② 谢清果、王昀：《华夏文明与舆论学中国化研究（代序）》，谢清果编：《华夏文明与舆论学中国化研究》，北京：九州出版社，2018 年，第 11—12 页。

③ 黄鸣奋：《说服君主——中国古代的讽谏传播》，北京：文化艺术出版社，第 6—10 页。

三、守国以谦：赢得民心的舆论策略

"民惟邦本，本固邦宁。"（《尚书·五子之歌》）古代中国的民本思想是国家治理的核心要义，民的"集体行动和自发运动"所导致的社会后果，使得统治者不得不重视民意，因为民心向背与君主执政得失有密切关联，民心所向也是国家政权稳固的基础。《周易》对"谦"推崇尤甚，亦与周王韬光养晦，施惠积德，最后"以谦得众"，率领诸多盟友征服殷商夺取政权的历史有关。周朝的统治者将"谦"看作取得天下的关键所在，不谦就会如桀纣般"先天下亡其身"。从这个意义上来说，"谦"的内涵与国家治理结合，不仅反映了对国君怀有谦让品德的要求，也是一种赢得舆论民心的权谋策略。

中国古代对"舆论"的定义与近现代西方所说的"公共舆论"虽然有所不同，但它们都认为"舆论"最终会致力于达成某种政治目标，是一种自下而上的政治传播。"舆"原意指"车厢"，而"舆人"则是赶车、造车之人，身份低微，后至春秋时才泛指一般百姓，而舆论就是众人之论。舆论是"社会公众对特定事态的公开评价及其一致性意见"[①]，具有一定的社会影响力，以至于统治者不敢忽视，所以怀持谦德的统治者就会建立各种渠道听取民意。如，《吕氏春秋·自知》记载："尧有欲谏之鼓，舜有诽谤之木。"又如，周代的采风制度就设置专门机构对反映平民舆论的诗歌、谣谚进行采集、整理、呈现，目的是为了"补察其政"[②]。

就履践"谦"的舆论观的成效来看，有"劳谦虚己，则附之者众；骄慢倨傲，则去之者多"（《抱朴子外篇·刺骄》）。国君或勤于政事为民忧虑，或行走于乡间地头教民耕种，他表现出来的谦德，是赢得民心的关键。明君治世，就有"劳谦君子，万民服也"的舆论建构。谦德的舆论传播主体是国君，其方式是实践性的，表率性的，君主的"允恭克让"，最终能够达到"光被四表"的舆论效果。《周易》将这种舆论效果称为"鸣谦"。"谦"卦最后一爻说道："鸣谦，利用行师，征邑国。"君主的谦德美名远播，就可以出兵征讨叛乱的小国。在出兵平叛前就做好国内的舆论攻势，出师有名，能够无往不利。

在政治权谋中，"谦"并不是消极的退让，而是一种积极的舆论准备，让民心归附，进而实现君主的政治抱负。正如《说苑·敬慎》中说："《易》有道，大足以守天下，中足以守国家，近足以守其身，谦之谓也。"肩负起守护人民幸福生活的责任，是统治者谦让之德的体现，民众之舆论能通过适当媒介上达天听，统治者亦能做到谦听民意，施行仁政。如此看来，"谦"的舆论观将"民为国本"和"君

---

① 秦志希、饶德江：《舆论学教程》，武汉：武汉大学出版社，1994年，第28页。
② 夏保国：《周代采风制度与"诗谏"》，《沈阳师范大学学报》（社会科学版）2011年第4期。

为民主"有机地统一起来，既维护了君主专制中的等级关系，也以此来调和统治阶级与被统治阶级之间的紧张关系。正如刘泽华先生在《王权思想论》一书中所说："君与民并不是对立的两极，而是调和成一种统一体。这种统一体的理论逻辑就是，为民而归之于君，为君又须重民。"①可见，古代中国政治传播中"谦"的舆论观，在实现君主圣治、国泰民安的政治理想上起到了积极作用。

第六节 新媒体语境下"谦"的当代应用

历史交叠，时过境迁，"谦"作为内化在中国人心灵深处的传播观念，至今日仍贯穿于中国人民生活、人际交往和社会治理的方方面面。随着新媒体技术的崛起，"谦"也在新的传播语境下展现出了新的意蕴。如，在内向传播上由传统的"君子"修身路径向谦敬"先进典型"转变；在人际传播上由"卑己尊人"向"谦和互利"的平等交往形态转变；在政治传播上由"以谦得众"的权谋舆论观向"谦听民意"及建设服务型政府的治理观念转变等。"谦谦之道"的传播意蕴愈发具有一种时代感召力，欣欣向荣。

一、谦敬典型：培养高尚社会共识的修身路径

"谦"是传统社会中"主我"达成"君子"之"客我"目标的修身路径，现如今，"君子"的说法已然少见，而得到社会普遍认同的"客我"可视作由主流媒体所塑造的"典型"或"模范"在人们心中的反映。典型人物多由典型报道形塑，它为社会提供了来自人民群众中各行各业的精神榜样，使人们受到感召进而向"典型"看齐，这便是作为人民的"主我"向作为先进典型的"客我"靠近的过程，而在此过程中，"谦"仍是一种行之有效的修身路径。

近代有鲁迅《自嘲》诗云："俯首甘为孺子牛。"由此一窥，近现代"谦下"的表达对象已成了更广泛意义上的人民大众，"谦"具有了一种更具象化的服务观念。从中国典型报道的发展历程来看，20世纪60年代初期，我国的典型报道逐渐成熟，出现了"毛主席的好战士——雷锋"和"县委书记的好榜样——焦裕禄"这类典型人物报道；进入新媒体时代，典型报道也随着数字技术的发展衍生出了多种传播形态，对典型人物的叙述也更突出了普通人的喜乐悲伤，让"客我"的形象更富有人情味，如2020年抗击新冠肺炎疫情涌现出来的"抗疫英雄"、疫情的"吹哨人"李文亮医生、"逆行者"钟南山院士等。新时期的英雄叙事给人们带来

---

① 刘泽华：《王权思想论》，天津：天津人民出版社，2006年，第111页。

了崭新的"客我"形象，人们内心油然而生一种感佩之情，这亦是一种谦敬情怀，即虚心向典型学习，谦和而有为，履践典型人物的服务精神。由此可见，传统观念中以"谦"修身的范围已从单纯的个人品德修养，扩展到了现代社会"为人民服务"和"无私奉献"等高尚社会共识的培养上。

二、谦和互利：维系社群平等交往的内在逻辑

传统社会中的"谦"起到了调节和维系尊卑等级关系的重要作用，而现代社会已然没有了身份地位的高下之别，"谦"在人际交往中的应用也更体现出平等互利的特征，尤其是处于社会主义市场经济体制以及当今的新媒体语境中，谦让合作更有可能实现共赢，维持良好的线上公共讨论秩序。

市场竞争离不开合作，卓有成效的合作也离不开"谦"的交往逻辑。团队合作体现着"谦"的社会交换，如谦虚听取他人意见，能得到自身进益的思考，也能让对方感受到尊重，有助于打造和谐的团队氛围；团队领导不能刚愎自用，而是充分尊重成员们的意志，让他们各展所长，相互协调，达到最优的合作效果。

在一些网络空间的公共讨论中，人们可以用虚拟的身份匿名参与，这种方式抹去了现实生活中本身带有的话语权力差别，让人们都能平等地发表意见。但自由开放的讨论氛围也让网络暴力、网络水军、人肉搜索等现象滋生，不仅侵犯了当事人的合法权益，还扰乱了网络讨论秩序。从管理者的视角看，要整顿网络秩序，重视谦让观念的弘扬也许是一种可行之道，完善网络文明的相关规约，甄别谣言，营造良好的讨论环境；从网络讨论的参与者来看，网民需要增强自身媒介素养，不能只顾发泄情绪，逞一时口舌之快，忽略他人的权益，而是要做到谦逊发言，相互礼让，让网络讨论成为现实生活中人们意见表达的补充，构建一个温馨和谐、温暖互助的网络社群。

三、谦听民意：建设服务型政府的必然要求

传统社会中"谦"的政治传播逻辑是围绕建立和巩固君主至高无上的权力架构而展开的，"谦"似乎是为了达到某种政治目的而采取的权谋技巧，才披上了一层民意的外衣。而在如今人民当家做主的中国，政府性质和治理观念较之古代已发生了根本性的变革，社情民意备受瞩目，"谦"的观念也在新媒体时代网络政民互动的政治传播中有了更加深刻的应用。

自 1999 年政府上网工程后，越来越多的民众开始使用互联网获取政府信息，提出诉求，监督政府。如今已经有包括政府网站、微博、微信公众号等多元化的网络问政平台，促进政府信息公开化，保障人民的知情权、参与权、表达权和监

督权等。政府谦虚听取人民群众的意见，也是落实"从群众中来，到群众中去"工作方法的表现。网络问政已成为一种现代政府的新型治理方式，网络舆情也是社会治理的风向标，这种谦听民意的工作方法不仅能够调动民众的政治参与热情，也为政府提高自身服务能力，改进服务质量，促进社会发展起到了重要作用。

2019年10月，党的十九届四中全会提出："必须坚持一切行政机关为人民服务、对人民负责、受人民监督，创新行政方式，提高行政效能，建设人民满意的服务型政府。"民众可以通过多种网络平台向党和政府表达意见，尤其是在突发性事件中，社交媒体的即时性和互动性给官僚体制带来了压力，倒逼政府结构扁平化改革，以避免层级过多导致信息传播的缓慢和失真，而网络舆情中反映的问题，也往往要求政府在相对较短的时间内给出回应并有所作为，这无不是对政府的执政能力提出了更高要求。[①] 不是倨傲怠慢，而是谦虚有为，"谦"的传播观念也已内化在今日中国建设服务型政府的制度规范和治理观念之中。

综上所述，"谦"的概念萌芽于早期人类在自然崇拜和祖先崇拜中的谦敬心理，而后发展至"谦"的观念诞生之时，便是一种以言语为主要表现形式的传播学命题。要理解何为华夏之中国，何为华夏文明传播之特质，"谦谦之道"可成为一个独特的视角：从内向传播来看，它是以"谦谦君子"为目标实现内心安宁的修身观；从人际传播来看，它是以"卑己尊人"为准则实现社会有序整合的交往观；从政治传播看，它还是一种"以谦得众"实现国家圣治的舆论观。"谦"的传播观念已成为根植于中国人内心深处的文化基因，在如今的新媒体时代，它是一种向"典型"看齐的修身路径，是一种平等互利的交往准则，更是一种谦听民意、建设服务型政府的必然要求。纵观古今，华夏"谦"的传播意蕴在不同的时空之下，都展现着它的独特魅力与时代价值。

（唐心阁　谢清果）

---

① 沈国麟、李良荣：《网络理政：中国的挑战、目标和理念》，《新闻大学》2018年第3期。

第十一章 以仁为本："仁"的传播伦理思想与现代价值

　　"仁"是孔子倡导的核心观念，在华夏伦理道德体系中居于首位，经过历史千年的荡涤对当代生活依旧具有指导和研究意义。本文从"仁"的文字学考察出发，阐述"仁"的道德内涵发展，并对"仁"与其他道德德目的关系进行说明。接着试图以华夏"仁"的伦理传播思想视角构建"仁"的传播体系，包括传播路径论、传播责任论、传播控制论、传播符号论、传播受众论五个部分。最后，结合当代社会现状浅议"仁"思想的当代价值。

　　传播活动作为一种社会过程，不能须臾逃离文化的势力范围。忽视文化传统、民族心理、人文思想等在传播活动中所起作用，最终会导致传播学研究在解释传播现实时的乏力与不确切。西方的传播学学者也有相关研究成果问世，但总体来说，西方传播学的研究重点还不在这些方面。中国是一个拥有几千年历史的文明古国，在传播思想方面拥有丰富的历史资源。其中，"仁"作为核心价值观，传播思想具有重要学术研究价值与现实指导意义。

　　关于"仁"的研究较多集中在"仁"的思想演变、文学内涵、伦理道德意蕴和哲学含义上。李建勇从"仁"的基础、本质、表现、实践四个方面来分析仁的具体内涵；白西乔则从政治作用、修养的主体、宗法血缘关系、人我关系来分析；杨孝青则提出了先秦儒家的仁孝思想、宋明理学家的仁生思想、现代新儒家的仁创思想。陈来在《仁学本体论》中继承和展开了古典儒学的仁论、道体论等，批判地吸收了近代以来的中国哲学本体论，在综合的基础上加以发展，从而将儒学的仁论推演为一仁学的本体论。其哲学建构既是对儒家古典仁学的传承，也是对近代以来中国哲学本体论的接续与回应，是当代儒家哲学的综合创新之作。从明体、原仁、仁体、道体、天心、万物一体、生物之心、生气流行、心本实体、情感本体、仁统四德等十一个方面对仁学本体进行了阐述与构建。此外，滕新才、曾超、曾毅在《中华伦理范畴》系列之《仁》一书中详述了先秦儒家的仁学建构、先秦非儒家的仁学观、两汉仁学的新动向、魏晋六朝的玄化仁学、唐宋仁学的理学化等内容。

关于传播思想方面的研究，不同学者从不同的角度切入。比如，谢清果在《先秦儒家"仁"观念的内向传播功能阐释》中从"仁"的内向传播这一细小角度切入，进行传播功能分析。毕雪梅专门选择了孟子的传播思想与传播技巧进行研究。郑博斐选择研究孔子的传播思想及其当代价值。全冠军在《先秦诸子传播思想研究》一书中收录了先秦传播思想的相关研究内容。该书认为华夏传统文化中的传播思想有益于传播学研究的本土化、先秦传播思想的研究有助于重新认识中国文化、先秦传播思想对当下中国传播实践能有启发。全冠军对先秦时期传播思想的价值、先秦诸子传播思想产生的背景、具体传播思想等进行了阐述。其中，传播思想具体体现在对语言传播功能的认识、慎言与"三不朽"的传播观念、诚信与客观的传播论、舆论意识、历史传播观念、非语言传播思想、对受众层次的划分等七个方面，并分别对孔子、孟子、老子的传播活动与传播思想进行了收集、整理。

关于"仁"的研究总是离不开反求诸己的华夏传播研究的范式、中国传统社会结构与中华优秀传统文化、仁义礼智信等具体道德德目、人际传播视角等。专门分析"仁"思想的伦理传播思想的研究还有很大深化空间。

第一节 "仁"的传播伦理意蕴

"仁"在词源上就具有传播学意义，指两个人的相亲相爱之情，体现在人与人之间的交往，即人际交往关系。仁与义礼智信、孝悌、忠恕、慎言、敏行、诚等相关概念交织互联。其传播伦理意蕴十分丰富。

一、"仁"的文字学考察

罗振玉《殷墟书契前编》记载一块卜辞上有个"仁"字，但有研究古学字的学者认为是把两个字误认为是一个字，因此关于"仁"的甲骨文是存疑的。1974年至1978年间河北省平山县战国时期中山国墓葬群出土的中山王鼎上，发现"仁"字的金文。"仁"="人"+"二"。"二"有人解释为"两个及两个以上的"，有人解释为重文符号。但关键在于"人"，没"人""二"也无从说起，是皮之不存毛将焉附的关系。无论如何，"仁"在词源上就具有传播学意义，从文字学考察的角度来看，指两个人的相亲相爱之情，体现在人与人之间的交往，即人际交往关系。

"仁"字出现比较晚，但有关"仁"的观念早已出现。仁的观念产生源于"相人偶"的礼仪，来自东夷部落。《说文》云："夷俗仁。"东夷人的礼俗。华夏文明之邦的仁的观念晚于东夷，西周初年周公的"敬德保民"思想被看作仁的观念的萌芽。许慎《说文解字》认为："仁，亲也，从人从二。"[①]"仁"字在《尚书》出现了1处，《诗经》2处，《国语》24处，《左传》33处，《论语》109处。本义是对人亲善，后发展为含义广泛的道德范畴。

二、"仁"的道德内涵发展

先秦孔子论仁，提出基本思想"仁者爱人"，讲述仁与孝悌、忠恕、礼的关系。孟子论仁则发展为不忍人之心，为治国应循先王之道施仁政。荀子论仁注重君子的修身养性。西汉武帝时的董仲舒提倡以孔学治国，以"仁、义、礼、智、信"五常之道对民广施教化，以求国治民安。宋代名儒程颖、程颐两兄弟在《二程集·经说》中摘录《礼记·大学》中的话说："所谓治国必先齐其家者；其家不可教，而能教人者无之，故君子不出家而成教于国。"明代人章演在其《正家论》中说："君子笃其恩于家也，匪以其近私之也。笃其恩于家，所以普其仁于天下者固是矣。其以爱亲敬长教其子弟与族人也，匪以其为吾子弟为吾族人故私之也，仁人一体为公。"

"仁"思想在发展过程中衍生出了极其丰富的道德内涵，具体内涵的整理分类仁者见仁智者见智。李建勇认为："仁"的基础——"亲亲"，"仁"的本质——"爱人"，"仁"的表现——"礼"和"忠恕之道"，"仁"的实践——"理性"原则。白西乔从以下几个角度分析仁德内涵：从政治作用来看，仁是礼的精神支柱、仁礼一体；从修养的主体上看，实现仁的具体要求是恭、宽、信、敏、惠五种品德；从宗法血缘关系上看为仁之本是孝悌；从人我关系上看，为仁之道为忠恕。而杨孝青按照朝代提出了三种仁的思想：先秦儒家的仁孝思想、宋明理学家的仁生思想、现代新儒家的仁创思想。

三、"仁"与其他道德德目

陈来在《仁学本体论》中提出"仁包四德"，这句话来描述"仁"与其他道德德目的关系再适合不过。《朱子语类》有言："仁是天地之生气，义礼智又于其中分别。"朱子认为仁义礼智信是一个生意，整体上是生意之流行。生气流行观念是指天地之间只是一气流行，这个一气流行又称一元之气。一元之气一年

---

① 许慎撰，段玉裁注：《说文解字注》，上海：上海古籍出版社，1981年，第657页。

四季不断流行反复，四季分开来看每个不同，连接起来看，则是一元之气流行的不同阶段。朱子认为仁义礼智信的关系也是这样，分别来看各是一个道德概念，连接来看，仁义礼智信都是仁，是作为生生之意的仁在不同阶段的表现。二程在伊川《程氏易传》也说："四德之元，犹五常之仁，偏言则一事，专言则包四者。"

义在春秋时已经受到重视，但地位不突出，墨子突出义，孟子将仁义并列。汉代仁义礼智增加信德目，使仁义礼智信与"五行"相对应，形成五常。除了四德五常，在儒家推崇的四书五经还有其他道德德目，与四德五常一起构成儒家完整的道德德目体系，比如孝悌、中枢、中和、诚敬。[①]共同支配中国人的道德生活。

第二节 "仁"的传播伦理思想的具体内容

"仁"的伦理传播体系可以分为五个部分：传播路径论、传播责任论、传播符号论、传播控制论和传播受众论。路径论分为内仁外礼的结构与由内而外的方向，整个仁的传播过程都将遵循这一路径。传播责任强调传播主体的内在使命感。传播释放的符号包括语言与非语言符号。当传播主体以内在责任和外部规范驱使自己做出内容控制、符号选择的传播行为时控制论在发生作用。最后，与传播主体"己"相对的传播受众"人"会受风草论和层次论两个方面影响。

一、传播路径论

（一）结构——内仁外礼

从"仁义""仁心""仁慈"等"仁"的常见词组来看，仁常与人的内心，人内心衍生发展的道德等内在化、不具备形态的虚无精神联系在一起；而"礼法""礼乐""礼节"等常见"礼"的词组则是独立于人内心世界的、外显的文字、口训、规章等具备具体形态的物质相结合而成的词。仁、礼的属性本就是两套不同的产生机制。仁为先发阀门，有了仁的触发机制，礼才会由拥有仁心之人自发地表现出来。礼本就是需要仁的内里做支撑的。孔子云："人而不仁，如礼何？人而不仁，如乐何？"（《论语·八佾》）一个人如果没有仁爱之心，遵守礼仪又能怎样？懂得礼乐又能如何？孔子明确表示了仁义是礼乐的内容。礼乐的真正意义就是正人心，塑造完美的人性心理。表面礼法皆懂、礼数到位的人，倘若内心并不

---

① 陈来：《仁学本体论》，北京：生活·读书·新知三联书店，2014年，第421页。

存仁，多半是"道貌岸然"的"衣冠禽兽"。"衣冠禽兽"一词十分有趣，"衣冠"为人肉眼可辨别的外在表现，对应"外礼"；"禽兽"为深入交往后感知的内在价值倾向，对应"内不仁"。没有内心仁德真情实感支撑表现的仁，无非是流于形式、徒具空文的"假仁""伪仁""虚仁"。

每一个传播个体心目中的仁不尽相同，品格塑造与道德追求无法保持复刻般的完全一致，但是以仁为追求终极目标的朝向可以趋于一致。这种朝向趋势以"礼"这种社会外在共同要求规范为驱动装置，即礼由内而外地通过多种规范、要求来规范人的行为，以倒逼人靠近仁的至高道德修养。钱穆言："礼乐依凭器与动作故表现在外。""无礼乐之表达，无仁之落实畅遂之所。"

当传播主体产生传播行为时，于主体之内的仁，脱离主体释放传播能量时就外显为礼了。真正的礼抵达受传主体时，化为仁的力量进入内里，加固仁德精神状态，这种内仁外礼的传播结构并不是内外割裂、南辕北辙的，两者是殊途同归的，共同指向一个和谐的有序社会。

（二）方向——由内而外

由己及人是由内而外最为常见的仁传播。孟子认为仁的本性是人与生俱来的。"人之所不学而能者，其良能也。所不虑而知者，其良知也。孩提之童，无不知爱其亲者；及其长也，无不知敬其兄也。亲亲，仁也。敬长，义也。无他，达之天下也。"（《孟子·尽心上》）人不用学习就能的，是良能；不需要思考就知道的，是良知。孩提时候就知道关爱父母，长大后也知道尊敬兄长。关爱父母为仁，尊敬兄长为义。并没有其他原因，这两种品德是通行天下的。"恻隐之心，人皆有之；羞恶之心，人皆有之；恭敬之心，人皆有之；是非之心，人皆有之。恻隐之心，仁也；羞恶之心，义也；恭敬之心，礼也；是非之心，智也。仁义礼智，非由外铄我也，我固有之也，弗思而已。"（《孟子·告子上》）同情别人的心、知道羞耻的心、恭敬他人的心、明辨是非的心，每个人都有。同情心属于仁，羞恶心属于义，恭敬心属于礼，是非心属于智。仁义礼智并不是外人强加给我们的，每人生来具有这些品质，不过是没去思考它们罢了。孟子看来每个人心中都有这些善端，我们应当着力培养、扩充它们，并由己及人，打造和谐社会。

孟子还说："有人于此，其待我以横逆，则君子必自反也：我必不仁也，必无礼也，此物奚宜至哉？其自反而仁矣，自反而有礼矣，其横逆由是也，君子必自反也：我必不忠。"（《孟子·离娄》）倘若有人对我蛮横无理，君子必反躬自问，是我不仁吧？是我无礼吗？这是一种反求诸己、自我反省式的内向传播。《离娄上》中，孟子言："爱人不亲反其仁，治人不治反其智，礼人不答反其敬。行有不得者，皆反求诸己，其身正而天下归之。"(《孟子·离娄上》)爱人却得不到亲近，要反思自己的仁爱程度；治理百姓却无法治理好，要回头看看自己的智慧；待人以礼却得不到相应的礼数回应，要反观自己对礼仪是否恭敬。但凡行有不得的人，都应当求之于己，反求诸己才能是天下归心。仁要求人反求诸己，从心内反思，再向身外寻求回应，是由内而外、由己及人的传播方向。

然而这种反求诸己的内向自省只局限在内向传播和人际传播。实际上，仁由内而外的传播还能扩充到更广的范围。孟子的仁政思想便是从不忍人之心外推而来的，由内而外的传播还指由家至国以至天下，在更广阔的范围内起到建设和谐理想社会的作用。孟子云："人有恒言，皆曰'天下国家'。天下之本在国，国之本在家，家之本在身。"(《孟子·离娄上》)家庭的根本在于自身，国家的根本在于家庭，天下的根本在于国家，可见由己及人的仁传播是由家至天下的传播的基础。

费孝通认为："我们的社会结构本身和西洋的格局是不相同的，我们的格局不是一捆一捆扎清楚的柴，而是好像把一块石头丢在水面上所发生的一圈圈推出去的波纹。每个人都是他社会影响所推出去的圈子的中心……(这种关系)像水波纹一样，一圈圈推出去，愈推愈远，也愈推愈薄。"①越多人作为仁的中心点向外推出仁的涟漪，涟漪消失得越慢，社会的道德湖面响应愈烈，愈发走向仁引导的和谐社会。这种由内而外不仅指传播者，从受众角度来看也需要由内而外。《孟子·尽心上》中有言："仁言，不如仁声之入人深也。善政，不如善教之得民也。"(《孟子·尽心上》)好听的话不如仁德的声望那样深入人心，好的政令不如好的教育深入民心。想要达到好的传播效果不能倚靠单纯的外在压迫与强制，应当从受众内心出发，让其从内心自发接受。

二、传播责任论

由于地缘关系、政治体制等诸多原因，西方和东方在言论责任上有不同的见解，形成了不同的传播思想。西方更加重视个体发展的自由主义传播思想，与之相反，东方更加重视群体和谐的集体主义传播思想，其中，慎言是时常提及的经典表现之一。出言不逊、出言不当、口出狂言等不当的言论行为很可能会招致严重的后果，造成不可逆的损失。言而无信、出尔反尔等背弃言论承诺的行为不仅仅带来无法兑现的尴尬，更容易在人格品质上打下污点烙印。何为仁的传播责任？要做到善言、慎言。善言是指言论符合道德标准，在私人交往中不用言语中伤他人，不用言语惹火烧身，还能以金玉良言给人以慰藉、以启发；在组织传播中甚

① 费孝通：《乡土中国生育制度》，北京：北京大学出版社，1998年，第15页。

至以语言四两拨千斤，化腐朽为神奇，为团体和国家谋利益。

仁天生带有一种克制自我、引导向善、不祸他人的使命感与责任感。司马牛问仁。子曰："仁者，其言也讱。"曰："其言也讱，斯谓之仁已乎？"子曰："为之难，言之得无讱乎？"（《论语·颜渊》）关于"讱"的含义，有不同的说法与解释，有人认为"讱"是指平和，有人认为取谨慎意。笔者倾向于"'讱'，'顿'叠韵。顿之言钝也"①，取"缓慢谨慎"之意。出言不锋芒毕露，有如钝器稍掩锋芒；出言并非利刃出鞘式，而是三思而后行式。这并不是被动的、逃避式的传播方式，相反这正是传播主体的积极的言论责任。

为了对自己的言论责任负责，孔子建议弟子们先"行"后"言"。面对子贡"什么是君子"的疑惑，孔子给出的答案是"先行其言而后从之"（《论语·为政》）。轻易的发言很可能会给自己造成麻烦甚至为家庭、国家带来祸患，应当以谨言的言论责任指导言论，使之合乎礼，归于仁。

三、传播控制论

（一）外部规范

在传播活动中，人们首先面对的是伦理规范，其次才是传播的内容和信息。整个人际传播过程都被固定程序支配，被伦理道德这张"无形的网络"所笼罩，将人际交往封闭在伦理道德的范围中。孔子在传播活动中把非礼的内容排除在外，除了礼，还有义、利的取舍。孟子说的"惟义所在"（《孟子·离娄下》）便是将人际交往活动中的物质功利的追求置于"义"的后面。②孔孟所主张的道德规范将人际传播纳入整个社会的道德体系中，同时又以仁与礼与义与利来加固与规范整个道德体系。由此可见人的言论行为所受的外部束缚与约束。不仅如此，传播主体在传播活动中受到整个传播环境的控制和影响：有来自共同的社会规范——礼的控制，有来自共同的社会约束——法的控制，还受到身边的师友等其他传播主体的影响。

（二）内容控制

李红提出"反求诸己范式"——基于中国文化以"自我"为对象的修身传统，展现出一种朝向内在"主体性克减"的逻辑。中国文化在将"自我"自然地推演

---

① 许慎撰，段玉裁注：《说文解字注》，上海：上海古籍出版社，1981年，第191页。
② 毕雪梅：《孟子的传播思想与传播技巧研究》，硕士学位论文，河北大学新闻学系，2016年，第19页。

社会时并没有把着眼点放在社会，而是转了一个方向，把着眼点朝向内在"自我"。指向世界的认知在这里转了一个方向而朝向自己，"慎独""内向传播""心传天下""接受主体性"等朝向自我的传播模式被华夏传播研究同仁纷纷提出进行探讨，正体现了一种清晰的"反求诸己范式"取向。这种主体性克减的特征在"仁"的传播活动中体现在自我的内容有意控制。荀子言："君子必辩。凡人莫不好言其所善，而君子为甚焉。是以小人辩，言险；而君子辩，言仁也。言而非仁之中也，则其言不若其默也，其辩不若其呐也；言而仁之中也，则好言者上矣，不好言者下也。"（《荀子·非相》）说起话来如果不符合仁爱之道，那么他开口说话还不如他沉默不语，他能说会道还不如他笨嘴拙舌。未经过"仁义之说"的标准的审核和过滤的言论是不被允许传播出去的，而符合道德的内容应当大力传扬。这一步，实现了"仁"的内在责任感到外在言论行为合礼的关键跨越。

四、传播符号论

（一）符号划分

任何事物只要能独立存在并与另一事物有联系，而且可以被解释，那么它的功能就是符号。传播者将自己要传递的信息或者意义转化为语言、音声、文字或其他符号的活动被转化为符号。传播对象对接收到的符号加以阐释和理解，读取其意义的活动就是符号解读。日常生活中人们的交往互动就是符号化与符号解读的你来我往。最常见的符号就是语言符号，人们打招呼、询问回答、讲解传授多依赖语言符号，但实际上伴随语言符号的同时还有很多非语言符号。孔子云："巧言令色，鲜矣仁。"（《论语·学而》）花言巧语，装出和颜悦色的样子，此人仁心不足。"是闻也，非达也。夫达也者，质直而好义，察言而观色，虑以下人。在邦必达，在家必达。夫闻也者，色取仁而行违，居之不疑。在邦必闻，在家必闻。"（《论语·颜渊》）"达"指品质正直且遇事讲理，懂得揣摩对方的话语，观察对方的脸色，谦恭对待他人。孔子提到的"言"与"色"将符号划分为了语言符号和非语言符号。"言""色"并举，说明两者重要性相当，综合传播语言和表情等语言非语言符号更有利于意义传播，综合分析、解读语言非语言符号更能得到接近传播主体的真实想法。"闻"与"达"相对，"闻"者"色取仁而行违"，表面上主张仁德，当行为上却与仁德背道而驰。可见符号与仁心可以两者一致，内外统一，却也可以是分离的。

（二）语言遮蔽

符号与仁心可以分离，在语言符号上表现为语言的遮蔽性，即语言有时候并不能表达一个人的真实想法。这种遮蔽性不仅仅是传播主体言语使用不当导致遮蔽，更值得注意的一点是传播主体的道德品质出现问题。现实生活中被言语欺骗，被言语辜负的人并不少见；言语上的巨人、行动上的矮子也并不少见；语言上打着高尚旗帜，行为上做着最低劣的事，这种人也不少见。

《公冶长》云："子曰：巧言、令色、足恭，左丘明耻之，丘亦耻之。匿怨而友其人，左丘明耻之，丘亦耻之。"（《论语·公冶长》）嘴里说着表面好听实际虚伪的甜言蜜语，脸上露出伪善、谄媚的笑容，取媚于人点头哈腰，左丘明认为可耻，我亦感到可耻。明明心怀怨恨，却在言语和表情上做出亲昵的样子，亦感到可耻。仁德传播理念教导人们要言行一致，言色一致，同时也警醒众人警惕言语遮蔽。

子曰："论笃是与，君子者乎？色庄者乎？"（《论语·先进》）总是赞许言论笃实的人，他是君子吗？还是装着神色庄重的伪君子呢？"世上有说话诚实与不诚实的人，赞许说话诚实的人，他也可能是阳奉阴违的小人，赞许说话不诚实的人自然也不是君子。听话，必须加以甄别，仅从言论无法判断内在，言论尚可伪装，神色举止亦可伪装。

《里仁》曰："子曰：唯仁者能好人，能恶人。"（《论语·里仁》）只有讲仁爱的人，才能够正确地喜爱某人、厌恶某人。因为仁者不会被私欲干扰，不会思虑过多，不会伪饰自己的言语、神情。常人常在私欲下导致言行与内心不一致。

五、传播受众论

（一）风草论

季康子问政于孔子曰："如杀无道，以就有道，何如？"孔子对曰："子为政，焉用杀？子欲善而民善矣。君子之德风，小人之德草，草上之风，必偃。"（《论语·颜渊》）风吹拂草时，草会随风伏倒，风吹过后，草又会恢复原状。风草论在《易经·观卦》中已出现萌芽。以风喻信息传播，以草喻受众，用风行草偃强调传播效果，比起西方现代传播效果理论"子弹论"，"风草说"更为灵活准确，接近大众传播效果的实际情况。[①]传播需要耐心，非一朝一夕之事，仁传播的传播效果是渐变式的。草上之风的比喻很生动地描述了孔子对受众传播效果地理解。

孔子认识到读民众的教化也不可操之过急，应当循序渐进，慢慢教化。民众

---

① 黄星民：《礼乐传播初探》，《新闻与传播研究》2000 年第 1 期。

不是靶子，他们对传播内容并不是完全接受，没有丝毫抵抗力。《子路》："子曰：如有王者，必世而后仁。"（《论语·子路》）即使是有道的君主想要是民心所向，也需要经过 30 年（一世）的时间。子夏向孔子请教为政之道时，孔子又说："无欲速，无见小利。欲速则不达，见小利则大事不成。"在需要鼓动人民奔赴战场的非常时期，劝服民众也不是一朝一夕便可完成的简单的事情。"善人教民七年，亦可以即戎矣。"（《论语·子路》）传播不是急切之事。

（二）层次论

施拉姆将受众层次主要理解为"经验领域"的层次，他认为受众由于经验领域的差异会产生不同的层次，从而影响"编码"和"解码"的不一致。孔子在传播过程中也会注意到受众层次差异的问题，这是仁者的纤细关怀。孔子明白受众在知识水平和生活阅历诸多方面存在差异，针对不同的受众要采取不一样的传播方式，选择不一样的传播内容。孔子云："中人以上，可以语上也；中人以下，不可以语上也。"（《论语·雍也》）中等水平以上的人，可以告诉他高深学问；中等水平以下的人，不可以告诉他高深学问。

孔子在实践中也秉持着因人而语、循序渐进的传播方式。比如，面对弟子们相同的问题，"什么是仁？"孔子对司马牛说"仁者，其言也讱"；对颜渊说"克己复礼为仁"；对樊迟说"仁者爱人"。《论语·乡党》展现了孔子在因事因地因人制宜的交往活动：孔子在乡里和朝廷宗庙中，有不同的表现，遇到长老便恭敬而不善言谈，在朝中语言便谨慎而又明晓。与地位不同的人交谈又有不同，和下大夫说话侃侃而谈；对上大夫说话便正直恭敬；在国君与外宾面前就表现得庄重而谨小慎微。[①] 仁的传播思想十分强调传播主体的自我规训与反求诸己，但同时也并没有忽视传播对象的接受情境的差异。

第三节 "仁"的传播伦理思想的现代价值

"仁"的传播思想尽管具有时代局限性，但其精华部分始终可以在当代社会作为指路明灯。其现代价值在于，可以审视传者素养，构建和谐交往空间；注重受众本位，有效提高传播效果；结合现代社会，创新传统华夏思想；追求和而不同，应对国际传播挑战。仁对人内在、人与人、人与社会、国与国的交往关系都有着指导意义。

---

① 毕雪梅：《孟子的传播思想与传播技巧研究》，第 18 页。

一、审视传者素养，构建和谐交往空间

传播活动中，"仁"的要求是个体的、内在的、主观的，因此传播要求助于传播者的本心。传播者的素养对于传播对象、传播活动和传播空间都十分重要。饭圈文化中，许多粉丝借助网络空间匿名的优势，在网络空间"肆意炮轰""无端指责"，使得"饭圈"一度成为人们贬责的群体。可见，传播者要提高知识水平和提升精神境界，致力于修德，懂得"多闻阙疑""谨言慎行"，传播者的"质"达到尽善的，才能做到己正方能正人，实现预期的、正常的传播效果，构建一个和谐的交往空间。这种要求是不会随着社会情境的改变而发生大的变化的；"仁"是对传播的一种自在的要求，侧重传播主体个人的品德，这是达到最高传播境界的前提，因为唯有传播者的素质都达到一定层次，方能有理想的传播活动。西方的传播学者也发现，"信息来源的可信度在决定大众传播是否对公众意见产生影响中扮演着重要的作用"①。

二、注重受众本位，有效提高传播效果

虽然"仁"的主要要求是对传播者内在的约束与克制，但"仁"的传播思想也十分注重传播受众论。要塑造"受众本位"理念，首先就要把握受众心理需求。在传统社会古人尚且注意到受众不是完全被动不懂思考的，与过去相比，受众在众多媒体和信息面前拥有了更多的主动权和选择权，传播时更应当把握受众心理需求，提高传播效果。第二，"仁"不仅是个人自发向善，还求他人向善，求社会向善发展。在"仁"的思想下的言论自由要求赋予民众更多的话语权，完善舆论监督体制，共同促进社会进步。第三，要根据不同人群进行受众细分，这是孔子以实践向我们展示的交往智慧。

三、结合现代社会，创新传统华夏思想

"仁"的传播思想已跨越千年传承至今，在千年前的历史语境中固然有其局限性。最容易被人诟病的就是儒家"三纲"，"君为臣纲，父为子纲，夫为妻纲"，古代三纲的奉行是严格等级制度下的产物，在如今并不适用。比如"夫为妻纲"在当代女性主义崛起的社会中是行不通的。电视剧《娘道》宣扬了一种传统封建的"恪守妇道"的思想，引起了社会热议和年轻人的排斥。但"三纲"并非一无是处，"纲"的责任感可以保留至今引导人们正确处理当代社会的上下级、父子、夫妻的关系。"克己复礼为仁"同样体现了古代社会礼制与等级制度。这种等级在当今也

---

① Werner J.Severin & James W.Tankard, Jr.*Communication Theories : Origins, Methods, And Uses In The Muss Media.3rd ed.*White Plains, N.Y.: Longman, 1992, pp.156—157.

无法发挥作用，人人平等的社会中可将"礼"衍生为"秩序""礼貌"的规范，以平等的礼来约束人们的言行举止。

四、追求和而不同，应对国际传播挑战

孔子对仁的解释没有定论，但最为基础的解释就是"仁者爱人"，即强调人的主体地位，强调人与人之间平等的交往关系和平等的传播关系，强调传播的"主体间性"，避免湮没人的个性。人与人之间要遵从仁的平等关系，仁德传播思想同样要求国与国之间也做到和而不同，和谐往来。在人际交往中做到达仁依礼，达到"随心所欲不逾矩"的境界。处理国与国之间的关系时做到与邻为善、兼容并蓄。"和而不同"是"交而遂通"的前提，即只有率先承认多元与共存，才能进一步接纳与欣赏；而接纳与欣赏，又促进各自的多元与共存。① 仁的传播思想以"和"为核心，体现着治国理政、为人处世的价值观，彰显着不偏不倚又包容大度的处世智慧。面对当今世界的国际传播挑战，"仁"思想始终是不过时的。

（眭萍露 谢清果）

---

① 邵培仁、姚锦云：《和而不同 交而遂通：中华优秀传统文化的当代价值》，《新疆师范大学学报（哲学社会科学版）》2015 年第 6 期。

第十二章　心上有中："忠"的传播思想研究

《说文解字》有言："忠，敬也，从心，中声。"儒家把"忠"看作基础性的"德"。"忠"不仅有着深厚的历史意义，更体现着丰富的华夏传播意涵。本研究将从传播学出发，首先厘清"忠"思想的缘起与历时性变化，总结出其代表内涵；随后拟在内向传播、人际传播、政治传播、大众传播四方面探索"忠"作为传播观念的特征与意义，随后将以史观今，总结"忠"思想的历史作用和现代价值，并对现代社会如何理性地传播和践行"忠"的思想提出见解，赋予研究现实意义。

传统的中国政治文化派生出多元的伦理思想，其中，"忠"思想得到了中国社会的普遍认同和大力推崇，也成了君臣之间重要的政治准则。"忠"的观念最迟在春秋时期便已产生，在战国百家争鸣的时期得到丰富和发展，"忠君"思想伴随封建专制不断强化，成为历史上"忠"文化中最突出的部分之一。目前关于"忠"思想的研究主要集中在对传统忠德观的论述①、对包含"忠"在内的若干伦理范畴的研究②、专注于传统忠君思想的研究③，以及特定人物、特定古籍中忠德思想的分析④。由此可见，作为华夏文化伦理范畴的"忠"具有丰富的文化意蕴，在传统道德范畴体系中地位突出；近代伦理的重构也逐步实现着"忠"思想的近代转型，赋予了"忠"文化现代意义。

---

① 赵炎才：《中国传统忠德基本特征历史透视》，《山东大学学报》（哲学社会科学版）2013年第4期。

② 李佳哲：《董仲舒的忠孝理论与汉代忠孝伦理制度》，《衡水学院学报》2012年第6期。

③ 雷学华：《试论中国封建社会的忠君思想》，《华中师范大学学报》（哲学社会科学版）1997年第6期。

④ 王成、张旭东：《韩非"忠"思想研究》，《山东大学学报》（哲学社会科学版）2005年第4期。

第一节　"忠"的缘起与内涵

《说文解字》将"忠"解释为"敬也，从心，中声"①，字形结构上"中"与"心"上下排列，都在中央的位置，不偏不倚，既是发自内心的个人情感的外在表现形式，又可以是与他人建立互动关系的心理动态，可以说"忠"是尽心尽力，内外统一的道德条目与传播观念。

所谓"移孝为忠"，钱穆认为，"孝"起源于"血缘团体"，"忠"则从血缘团体中的道德观念演化而来，是"地域团体"中的重要概念。②战国时期，中山国的青铜器上刻有"竭志尽忠"四字，是目前资料记载的"忠"作为文字最早出现的地方。③而在传世的文献著作中，"忠"最早出现在《论语》之中。《论语·季氏》提到"言思忠"，意思是言语上要坦诚；《论语·学而》提到"为人谋而不忠乎"，意思是与人交往时要尽力守信；《论语·颜渊》提到"居之无倦，行之以忠"，意思是行政时要尽职尽责，不要有所欺瞒……可见，在儒家范畴中"忠"规范着人与人之间、社会不同等级之间、民众与国家民族之间的关系。文字"忠"的出现体现着文明的进步，也是道德观念与理性行为层面的"忠德"发展到一定阶段的产物，因此作为观念的"忠"应当出现在"忠"字之前。④目前学界普遍认为忠德观起源于尧舜禹时代。⑤《韩非子·五蠹》有言："上古竞于道德，中世逐于智谋，当今争于气力。"也就是说在尧舜禹时期有着"至德之世"的壮丽景象，可见三代时期道德昌明，仁、义、忠、信成为那一时期百姓的道德本能，成为后代忠德观念繁荣进步、多元发展的渊源与基础。

"忠"作为道德观念和行为规范，其内涵有广义与狭义之分。广义上的"忠"保有最初的意涵，指人们要"尽心尽己"；狭义上，作为中国传统封建社会最基本的文化内核与道德规范，"忠"是维持封建制度的精神支柱。⑥在大一统的政治要求下，"忠"的政治含义逐渐局限于"君臣"一伦，强调臣民如何对君主实现"忠"的行为。明清时期"愚忠"程度也发展到极致，这一时期，黄宗羲、顾炎武等思想家对"忠"的内涵进行改造，反对"忠"的单向性与极端化，"忠"的原始意义得到恢复与发展。随着封建等级制度被推翻，狭义的"忠"观念的对象——君权消失，现代社会强调忠于国家、忠于人民、忠于事业、忠于职守，彻底改变"忠"

---

①　许慎：《说文解字》卷十"心"部，北京：中华书局，1963年，第217页。

②　钱穆：《中国文化史导论》（修订本），北京：商务印书馆，1994年，第162页。

③　欧阳辉纯：《传统儒家忠德思想研究》，北京：人民出版社，2017年，第16页。

④　欧阳辉纯：《传统儒家忠德思想研究》，北京：人民出版社，2017年，第19页。

⑤　孟祥才、王瑞起：《"忠"的观念在我国的历史演变》，《历史教学》1984年第2期。

⑥　牛京辉：《"忠"的历史演变和基本内容》，《中国人民大学学报》1996年第2期。

的对象，广义上的"忠"作为普适的社会道德准则得到发展与弘扬，人们对"忠"的理解也愈加理性深入，并通过各类人际、职业和社会交往活动体现出来。

第二节　传播学视域下的"忠"

"忠"作为传播观念，古往今来在内向传播、人际传播、政治传播和大众传播中均有独特的传播学意涵。

一、尽己尽心："忠"的内向传播

内向传播，又称"自我传播"或者"人内传播"，指个体接收外部信息，随后在人体内进行信息处理的过程。[1] 人们需要通过内向传播形成对自我的认知和看法，赋予社会层面上感知和行为的连贯性。[2] 对于"忠"来说，不论是字形上看，还是它最原始的"尽己尽心"的含义，都诠释着个体内部信息流动的含义与特征，实现自我认知的和谐。

从字源上看，"忠"字"心"上有"中"，蕴含着自我约束和对忠正标准的坚守。段玉裁在《说文解字》的注解中写道："敬者，肃也。未有尽心而不敬者。……尽心曰忠。"用"敬"解释"忠"，强调行为笃敬的内涵。"忠"的内在便是要以内心无私为前提去专于其业，忠于职守，公而忘私，诚实守信，实现"尽心尽力"的内在要求。

自古以来我国重视人们身心内部的觉醒和思考过程，"忠"正是通过个体内进行信息传播，形成对自我的约束与反思。《忠经》中有言："忠者，中也，至公无私。……忠也者，一其心之谓也。"这也正是"忠"最原始的含义，要求我们不被外物所迷惑，始终保有一颗真诚的心。历史上诸多以下犯上的不忠行为都是由于人们的"私心"。《管子·明法解》中说"私意行则国乱"，二程也留下了"盖欲利于己，必损于人"的论断。只有先做到没有私心，才能自觉地将忠作为为人处世的基本规范，做到竭尽所能，毫无保留，通过内省式思考完善个人行为与道德，达到"尽心"之忠。

内向性是内向传播的主要特征[3]，但内向传播同样具有很强的心理特点和社会性，人们在与他人进行社会性联系的过程中认识自己，改变自己，发展自己，让

---

① 郭庆光：《传播学教程》，北京：中国人民大学出版社，2002年，第173页。
② 陈力丹：《自我传播与自我传播的前提》，《东南传播》2015年第8期。
③ 谢清果：《内向传播的视阈下老子的自我观探析》，《国际新闻界》2011年第6期。

自身能够处理好各类关系，适应社会的需要。①因此除了要通过内省做到无私，"忠"还要求人们在对待他人、处理事物时专一、尽力。董仲舒在《春秋繁露·天道无二》中有言："心止于一中者，谓之'忠'；持二中者，谓之'患'。"②意思是一个人如果有二心，不专一，不忠心，就可能成为祸患，难以在社会上立足。朱熹在《论语集注·学而》中提到"尽己之谓忠"③，就是让人竭尽自己的所能。专一和尽力有很多行为上的表现，例如对爱情的忠贞、对朋友的忠信，但前提都是个人摒弃了杂念，实现了自我的约束。

综上，"尽己尽心"的"忠"应当是社会上所有人都需要且有能力做到的。不论是古代的王公贵族、大臣庶民，还是现代的公职人员、平民百姓，都要重视尽心竭力的内在品德，将其作为个人待人接物、立身行事的基本修养，且不能局限于一朝一夕，应该不断进行内省，忠于内心，问心无愧。

二、与人为善："忠"的人际传播

人的社会关系一定程度上属于人际关系的一类。④从词源角度看，所有德目几乎都可以与"忠"关联组成复合词，例如忠恕、忠贞、忠信等词汇，侧面证实"忠"的基础性地位，也表明"忠"能通过与其他德目的配合建构各种各样的社会关系。忠德渗透在仁、义、礼、智、信等品德条目中，通过个体的伦理实践表现出来，同时，"忠"也可以与诸多德目关系的建构，融入人际传播的情境中。

王怡红从关系视角给出人际传播的定义："人际传播是在个体之间发生的，运用言语和非言语讯息，通过谈话与倾听进行意义交流和理解的互动、共通、互融的协商过程与合作关系，具有交往、沟通、对话的行为特征。"⑤结合"尽己尽心"这一最原始也是最重要的内涵，"忠信"成为人际传播中最重要的关系意象。"信"是五常之一，"忠"与"信"两个德目的结合体现着古今对人际传播的规约。内心为"忠"，外在表现的言行便是"信"。"忠"是指做事时全心投入，毫无保留，"信"在于实践，人际交往时，真诚待人是为人处世需要坚守的准则。庄子有言："近则必相靡以信，达则必忠之以言。"⑥习总书记曾在和平共处五项原则发表60周年纪念大会上引用了这句话，意思是在与人交往时，对于近身的友人，要彼此信

---

① 陈力丹、陈俊妮：《论人内传播》，《当代传播》2010年第1期。
② 董仲舒：《春秋繁露》，张祖伟点校，子海精华编，济南：山东人民出版社，2018年，第116页。
③ 江先忠：《论语集注读本》，福州：福建美术出版社，2012年，第8页。
④ 陈力丹：《试论人际关系与人际传播》，《国际新闻界》2005年第3期。.
⑤ 王怡红：《论"人际传播"的定名与定义问题》，《新闻与传播研究》2015年第7期。
⑥ 《庄子》，雷仲康译注，沈阳：辽宁民族出版社，1996年，第39页。

任，对于远方的朋友，要忠实于自己的承诺。在日常的人际交往活动中，只有践行忠信的理念，做到诚信不虚伪，才能让人际传播的交往合作过程更加顺畅，人与人之间的关系也会更加密切、持久。

"忠善""忠恕"和"忠告"等也能体现典型的人际传播特色，能够协调人与人之间的关系，也能体现对人们关系的一种约束。对于"忠善"，孟子曰："教人以善谓之忠。"① "忠"与"善"是统一体，"忠"思想会指引"善"的行为，首先"忠"于一种事物，才能善待他。这不仅是人与人之间言语传播的过程，更是以善养人、通过身教的方式感化他人的互融过程。"忠恕"是仁的实践方式，是与人为善的品德，善意对待他人，助人为乐。"忠恕"也有宽恕、宽容的含义，懂得释怀怨恨，《朱子语类》卷二十七提到"主于内为'忠'，见于外为'恕'"，忠与恕是根与叶的关系，其中忠又占主体地位。"忠恕"是将心比心的过程，能够推动信任关系的建立，也是与人相处的原则之一。"忠告"则常体现在长辈对晚辈的教诲或同辈之间的交心过程中。孔子曰："忠告而善道之。"② "忠告"是个体之间的言语信息传播，通过对话和聆听的方式完成互动，目的是推动他人进步，将"尽己尽心"施于他人。

每个人都是社会人，各自扮演着独特的社会角色，人际传播能够用直观、多元、常见的手段完成信息的分享，能够沟通人与人之间的感情。自古以来"忠"都是社会交往的重要原则，我们在继承古人赋予"忠"的道德意涵的同时，也要对忠信、忠恕、忠告等做出符合时代特色的解释，继承核心与精华内容，建构以"忠"为基础的道德传播观念，将"忠"真正合理融入日常人际传播中。

三、为政之忠："忠"的政治传播

由于具有独特的跨学科特质，传播学的研究范围可以扩散到政治活动领域。政治传播是指特定政治共同体中传播和接收政治信息的过程③，是政治体系中的活动④。从某种程度上看，政治本身具有传播意义，讲求对传播过程的控制和对传播技巧的追求⑤，不同的政治社会也会体现各有特色的传播方式和传播内容。在中国传统封建社会，"忠"是政治领域内重要的道德标准。不只是臣民需要对君主忠心不二，君王同样需要遵循政治道德，忠于国家社稷，实现国家的长治久安。对于

---

①《孟子》，王常则译注，太原：山西古籍出版社，2003年，第77页。

②《论语》，马银华译注，太原：山西古籍出版社，2003年，第95页。

③ 荆学民、施惠玲：《政治与传播的视界融合：政治传播研究五个基本理论问题辨析》，《现代传播（中国传媒大学学报）》2009年第4期。

④ 陈谦：《传播、政治传播与中国古代政治传播制度体系》，《广西社会科学》，2006年第1期。

⑤ 许静：《浅论政治传播中的符号化过程》，《国际政治研究》2004年第1期。

不同的主体和客体对象，"忠"有不同的政治传播意涵。

在自上而下的传播形态中，呈现君臣对人民的"忠"。在早期可能没有明确的
"忠"的概念表述，但已经出现了信息监控的观念，约束统治者的行为，成为政治
传播的重要思想。①《尚书·洪范》中提到"天子作民父母，以为天下王"②，阐明了
上级对下级的价值倾向，规范了君主对百姓的政治态度。周公提出"人无于水监，
当于民监"③，主张以民间的言论力量监督君王，以求统治者能够"忠"于百姓，重
视民情。《左传·桓公六年》中也有"所谓道，忠于民而信于神也。上思利民，忠
也"④的表述，表明"忠"不仅是对君王大臣的道德规范，同时也具有明确的客体
指向，即君忠于民、臣忠于民。

在自下而上的传播形态中，臣民对君主的忠心、忠诚等观念和行为成为政治
传播的主流内容。《六德》中说："忠者，臣德也。"《尚书·伊训》中有"居上克
明，为下克忠"的论述，都表明在低位的人需要尽力对深处上层的君主做到忠诚。
荀子将"忠"分为上、中、下三等："以德复君而化之，大忠也；以德调君而辅之，
次忠也；以是谏非而怒之，下忠也。"⑤韩非子提出"君臣之利异，故人臣莫忠，
故臣利立而主利灭"⑥的观点，对荀子的观念进行了补充与延伸，为封建集权制度
的确立制造和引导了舆论。在统治阶层，建立了信息收集与反馈措施保障臣民的
忠心。如官吏政绩考核述职制度依据臣子政绩进行奖惩；不同朝代设立御史台、
都察院等检查机构监督管理，整肃风纪，规约臣民的行为。⑦在古代社会，一个政
权阶级要维系自身的统治地位，必须树立至高无上的权威，在封建社会就表现为
象征天地自然、国家社稷的"君权"，是否忠君、忠诚成为封建社会评价臣民的重
要标准。

儒家倡导的最终的理想政治目标是实现国家安定，君主实行仁政，臣民忠于
道义。从这一层面上看，每个人都有"忠"的责任与义务，"忠"的对象可以是国
家、社稷，也可以是百姓、道义。在当代社会的表现便是强调每个人的社会责任，
维护正义，忠于道义，追求"修身、齐家、治国、平天下"，摒弃独忠于一人的
"私忠"思想，建立理想的"大同"社会。

---

① 陈谦：《中国古代政治传播思想及制度概说》，《广西社会科学》2013年第1期。
② 《尚书》，呼和浩特：远方出版社，1998年，第23页。
③ 蔡沈：《书经集传》，上海：上海古籍出版社，1987年第67页。
④ 王守谦、金秀珍、王凤春译注：《左传全译（上）》，贵阳：贵州人民出版社，1990年，第76
页。
⑤ 梁启雄：《荀子简释》，北京：中华书局，1983年版，第220、180页。
⑥ 付再学校注：《中华古典国文珍品·韩非子》，合肥：黄山书社，2002年，第80页。
⑦ 陈谦：《传播、政治传播与中国古代政治传播制度体系》，《广西社会科学》2006年第1期。

四、融于思想："忠"的大众传播

黄星民以是否在传播中使用机械媒介将"大众传播"分为广义与狭义两种概念。① 现代大众传播是建立在古代大众传播形式的基础上发展而来，尽管古代没有印刷机等机械媒介，特定的组织和机构仍然可以通过手抄报、礼乐和歌谣等媒介形式向分散的广大受众传播信息。"忠"观念的世俗化过程正是广义上大众传播形式的体现。

礼仪是口语传播时期的非语言大众传播形式，解决了大众传播的需求和传播媒介落后之间的矛盾。② 在大一统的政治要求下，除了文字著作中对"忠"的强调与传播外，日常行为礼仪规范也处处复制和传递着"忠"的信息。例如在礼节上要尊重、忠于君主，上朝时要"拱手加额，三呼万岁"③；臣民在背后不能妄言君主；王室设立"内饔"官职负责君王日常，做到"夙夜毕尽竭虑"。《礼记·曲礼》中也规范了接受君王命令后的礼节："凡为君使者，已受命，君言不宿于家。……使者反，则必下堂而受命。"尽管礼仪还不是成熟的大众传播形式，但却能作为初级的大众传播媒介起到复制和传播信息的作用，推动了忠德在臣民中的传播，维护了君权的统治。

宋明理学是推动"忠"文化向广大受众传播的关键，主要借助诗词与歌谣两种媒介推广到对民众的教育环节中。朱熹重视对百姓的教育，将"忠"思想看作个体的基本道德。他在《朱子语类·大学一·纲领》发表了"忠信孝悌之义，须于小学中出"的看法，认为从儿童时期就应该重视对道德品质的学习与教育。具体方式是将"忠"思想融于理学著作与诗歌中，通过通俗易懂的方式进行呈现和传播。例如朱熹的高徒陈淳通过家训、讲学、著作等传播途径将"忠"观念内化为人们心中的道德基础，维系社会的稳定。他在《闲居杂咏三十二首》中用朗朗上口的五言短句归纳了对"忠""信""君臣"的阐释："忠以尽诸己，其中不容伪。一毫苟自欺，在我先有愧。"他还用简短的文字，借助生活中常见的事情"明礼"，在《启蒙初训》中借助三言诗"言忠信，行笃敬，思无邪，居处恭，执事敬，与人忠"，以创新的传播方式对"忠"的思想向大众进行弘扬，通过以小见大、由浅入深的教育学习，令"忠"文化成为社会人伦日常的需要，也成为人们自觉遵守的道德品质，达到进行思想教育与世俗化传播的目的。

---

① 黄星民：《"大众传播"广狭义辨》，《新闻与传播研究》1999 年第 1 期。
② 黄星民：《从礼乐传播看非语言大众传播形式的演化》，《新闻与传播研究》2000 年第 3 期。
③ 朱诚如：《中国皇帝制度》，武汉：武汉出版社，1997 年版，第 183 页。

第三节　共生交往观视角下的"中"与"忠"

学者谢清果将"中国"看作一种具有中国特色的"共生交往观"，认为"中国"蕴含着沟通、合适、中和等观念，坚守"中道"传统，弘扬"共生精神"。[①]这与"忠"的一些文化内涵不谋而合。"忠"与"中"可以互训。[②]中国传统文化站在哲学的视域中研究"忠"文化，"忠"被看作一种伦理规范，有"中""实"等意味。"中"在"心"上构成了"忠"的意象。[③]《说文解字》对"中"也进行了解释："中，内也。从囗丨，上下通也。"[④]具有"沟通""别于偏""合宜"三种含义，正是"忠"的重要内涵[⑤]，也能体现"忠"对共生交往观的阐扬。

对于"中国"内含的"通"和"适"的观念来说，"通"有互动交往的含义，以"变化"为前提，追求文化间的共存；"适"则指在多元存在中找到合适的位置[⑥]，这些都是处理各种关系应当遵循的准则。"忠"可以规范各类交往关系，孔子将其列为教授弟子的"四教"中的一门，贯穿处己、待人、为政的过程之中，为人们处理化解交往之间的矛盾提供道德启发。理性的"忠"也不是绝对和无条件的，《论语·八佾》："君使臣以礼，臣事君以忠。"君王以礼用臣，才能获得臣民的忠心对待，"忠"体现着一个相互的过程，对现代交往的启示便是我们要遵循"和而不同"的交往之道，尊重文化与观念的多元性，理性欣赏不同的想法，才能令自身的文化得到接纳，实现文化间的多元共存。

除了"通"和"适"之外，"中国"还内含"和"的观念，保持不同事物的平稳和多样性的统一[⑦]，"忠"也同样强调和谐共通。谭嗣同在《仁学》中说："中心之谓忠也。抚我则后，虐我则摊，应物平施，心中无偏袒，可谓中矣，亦可谓忠矣。"[⑧]它将"中"的"正直""不偏不倚"等含义贯穿于"忠"字之中，强调人内心的和谐通畅，也强调人们在各类社会关系活动中应遵循的品德标准，对正气、合义的人与事尽心竭力，维系人与人之间、人与社会之间、人与自然之间的平稳

---

① 谢清果：《共生交往观的阐扬——作为传播观念的"中国"》，《西北师大学报》(社会科学版)2019年第2期。

② 欧阳辉纯：《传统儒家忠德思想研究》，北京：人民出版社，2017年版，第23页。

③ 萧兵：《中庸的文化省察——一个字的思想史》，武汉：湖北人民出版社，1997年版，第820页。

④ 许慎：《说文解字》(卷一)，北京：中华书局，1963年版，第14页

⑤ 欧阳辉纯：《传统儒家忠德思想研究》，北京：人民出版社，2017年版，第22页

⑥ 谢清果：《共生交往观的阐扬——作为传播观念的"中国"》，《西北师大学报》(社会科学版)2019年第2期。

⑦ 谢清果：《共生交往观的阐扬——作为传播观念的"中国"》，《西北师大学报》(社会科学版)2019年第2期。

⑧ 谭嗣同：《仁学》第三十二节，吴海兰评注，北京：华夏出版社，2002年，第106—107页。

和谐。

当下中国在世界上繁荣崛起，同时又保留着绵延五千年的古文明，继承着"中庸""中道"等优良传统，对世界文化予以开阔的胸襟，包容万千，又坚守原则。"忠"只是中国众多优秀文化观念中的一元，与其他中国传统道德文化一同展现中国智慧，并在世界交往中坚守与发扬"共生"的精神。

第四节 "忠"的历史作用与当代价值

希尔斯在《论传统》中提到传统是现存的过去，但是与新事物一样，也是现在社会的一部分。[1] 现代文明与社会秩序的建构离不开传统文明的积淀，"忠"作为文化道德观念在中国传统社会发挥了重要价值和作用，但同时也存在时代局限，需要我们结合现代社会的价值观对其价值与影响进行重新审视，在继承传统文明的基础上赋予其时代特色，以便更好地推动社会主义和谐社会的建设。

一、当代社会对"忠"思想的继承与批判

在探讨"忠"的历史作用时，我们往往会注重批判其消极的封建伦理内容。在政治层面，"忠"在我国古代封建帝制社会经历了长期的"愚忠""私忠"的时代，将"忠"政治化、等级化、专一化，把"忠君"看作"天道自然"，泯灭臣民的个性，无微不至地维护君权统治。这样极端片面化的"忠"显然是封建糟粕，在当今社会需要予以批判并抛弃。但"忠"作为社会伦理有着丰富深刻的内涵与价值，在当代社会是可以予以创新继承并发扬光大的。

首先，"公忠"观念在现代社会得以发展，体现着对某种道义与信念的维护。[2] 具体来说，就是要求共产主义信仰者与共产党员忠于共产主义事业。2015年习近平总书记在给国测一大队的老队员、老党员的回信中特别强调，忠于党、忠于人民、无私奉献，是共产党人的优秀品质，党的事业、人民的事业，是靠千千万万党员的忠诚奉献而不断铸就的。[3] 我们要坚持走社会主义道路，坚定共产主义信念，忠于祖国，忠于人民，忠于我国文明，维护国家统一，推动民族繁荣，促进文化昌盛。

其次，"忠"所体现的尽己尽心、抛弃私欲的精神值得弘扬，也能促进爱国主

---

① [美]爱德华·希尔斯著；傅铿、吕乐译：《论传统》，上海：上海人民出版社，2009年版，第13页。

② 肖群忠：《论"忠"及其现代意义》，《西北师大学报》(社会科学版)1990年第6期。

③ 新华网：《习近平：在党爱党 在党为党 忠诚一辈子 奉献一辈子》，2015年7月1日，http://www.xinhuanet.com/politics/2015-07/01/c_1115786921.htm

义和奉献精神的发扬。《左传·僖公九年》中有言："公家之利，知无不为，忠也。"它强调"天下为公"的责任与行为，任何人都应该忠于国家、忠于集体。党和国家倡导全心全意为人民服务的宗旨，当代也涌现出诸如雷锋、王进喜等忠诚战士，这种公而忘私、服务他人、尽己尽心、全力以赴的行为凝聚着中华民族的传统美德，也继承了"忠"的优秀社会伦理内核。

最后，忠德体现的敬业精神值得我们继承与发扬。《论语·子路》中有言："居处恭，执事敬，与人忠。"作为社会主义的劳动者，我们要将忠德融入日常工作生活中去，增强自身的职业责任意识，忠于职守，爱岗敬业，诚信待人，传承弘扬优秀忠德精神。

二、西方忠诚观的变迁与启示

随着全球化进程的深入，中国的文化氛围逐渐变为马克思主义、传统儒家文化与西方思潮的不断融合。可以说，除了中国传统的儒家忠诚观，当代的"忠"思想的文化内涵还是马克思主义关于忠诚的论述与西方忠诚思想一体的建构。[①]

马克思主义政治忠诚观是忠于无产阶级政党、忠于无产阶级专政的国家、忠于劳动人民的权益、忠于共产主义事业的高度统一，能够密切党群关系，具有先进性与阶级性统一、思想性与实践性统一、科学性与革命性统一的特点。[②] 在当下践行马克思主义政治忠诚观，有助于加强党内外政治忠诚教育和建设社会主义核心价值体系，推动广大党员群众忠实履行职责使命，推进中国改革开放与社会主义现代化建设。

西方忠诚观念从古希腊时期开始到近代资本主义时期经历了漫长的发展变化过程，主要约束着人与权力之间的关系。古希腊时期的忠诚是"城邦至上"，要求无条件忠于现行政体、忠于法律、忠于民主政治，维持国家秩序的和谐和城邦的安定。中世纪的西方则处于多股势力相互争夺权力中心的局面，人们"忠诚"的对象在上帝、教会与国家、公民之间摇摆不定，这一时期的忠诚观念并没有很好地处理人与国家、与政治、与社会之间的关系，各种现实社会的矛盾也逐渐激发人们对民主、对自由的向往。于是到了近代，在霍布斯、卢梭等政治家的思想指引下，政治忠诚观念强调对生命、自由、平等的尊重，奠定了西方政治忠诚关系的价值准则与行为框架，其中对现代民主政治，特别是对公平、民主、理性的"忠诚"可以作为中国借鉴吸收的文明成果，结合中国特色，内化为中国独特的政治

---

① 赵文铎、员智凯：《全球化背景下忠诚的当代意蕴》，《内蒙古大学学报》(哲学社会科学版)2013 年第 5 期。

② 徐霞：《论马克思主义政治忠诚观及其当代价值》，《学习与探索》，2013 年第 3 期。

伦理，忠于党，忠于国家，忠于人民，团结华夏民族，实现中华民族的伟大复兴。

中华文明绵延不绝，历久弥新。"忠"作为中华传统文化中最基本的道德品质和传播观念，蕴含的爱国敬业、诚实守信、公而忘私等精神成为凝聚中华民族的伟大力量，规范着中华儿女的基本道德，推动国家不断发展前行，也让中华优秀传统文化得以世代流传，生生不息。

（翟婷玉　谢清果）

第十三章　男女有别：中国古代的性别传播观念

　　"男女有别"作为一种具有中国特色的社会性别差异表达流传至今，古代社会，婴儿自出生起便不断接受性别教育，"男女有别"不仅存在于日常生活中的称谓、行为规范中，还衍生出"男主外，女主内"的社会分工和"男主女从"的关系模式。由此，为实现"修身齐家治国平天下"而构建的"男女有别"观念长久影响着人类文明。其固然形成了各安其位的稳定秩序，却也不可避免地走向男尊女卑的境地以及对性别角色的刻板塑造。在追求男女平等、女性主义盛行的当下，"男女有别"多遭受批判的声音，然而在两性婚姻、社会秩序方面，"男女有别"仍具有时代价值。

　　纵观古今中外，社会性别差异一直存在，中国关于社会性别差异有其独特的表达，即"男女有别"。《礼记·效特性》云："男女有别，然后父子亲；父子亲，然后义生；义生，然后礼作；礼作，然后万物安。"可见，古人非常重视"男女有别"，他们认为"男女有别"是一种礼制，是安定家国必须遵循的社会范式，其思想观念从古代社会一直延续至今，渗透进社会发展的方方面面。商《牧誓》中周武王曾言："牝鸡无晨。牝鸡之晨，惟家之索。"暗喻女性掌权，颠倒阴阳，会导致国破家亡，男女秩序成为周礼乐制度的重要着眼点。春秋战国时期虽然百家争鸣，儒家、法家、墨家等学派的论点中却蕴含着关于"男女之别，国之大节也"（庄公二十四年）的共同信条。孔子认为："彼妇之口，可以出走；彼妇之谒，可以死败。"（《史记·孔子世家》）韩非子说："臣事君、子事父、妻事夫，三者顺则天下治，三者逆则天下乱，此天下之常道也。"（《韩非子》）墨子认为古代圣王"发宪出令"，其内容之一为"男女有辨"。即至秦汉，男女有别观指导下的男女行事标准及道理阐释越来越细致精密。汉朝班昭著《女诫》，为女性教育提供理论基础。唐朝宋若莘撰《女论语》，促进女训思想的拓展和实用。宋朝理学家朱熹也曾在解说《易经》时说："一家之中，须是内外各正，方成家道。利女贞，非女自贞，是齐家之君子正之也。论正家之道，责任在男；论正家之化，必先观女。门内恩胜之地，倘妇顺不彰，就成为阳教之累，所以正家莫要于利女贞。"这阐明了女性贞洁的重要性。明朝《女儿经》中有"莫要轻薄闲嘲笑，莫要恼怒好相争。身歪脚斜伤体面，抛头露面坏声名"，强化女性自我约束意识。清朝《陈文恭公风俗条约》中有"妇女礼处深闺，坐则垂帘，出必拥面，所以别嫌疑、杜窥伺也"的规约，用法律控制女性的行为。

　　"男女有别"在封建社会自出现以来不断被保护、加强，日趋稳定，潜移默化地影响着男男女女们的日常生活、政治生活，逐渐偏向于对女性的规范和约束。进入近代，随着人们的思想解放，批驳"男女有别"的声音渐渐增多，当今社会男女平等成为基本国策。本文对古代"男女有别"观念的建构进行深入分析并探究其形成原因，进而探讨"男女有别"观念的传播影响和对当代社会的价值。

第一节　"男女有别"观念的建构

　　"男女"一词专指人类的两种性别，是对由男性和女性组成的人类的统称，天然具有生物学意义上的差异。伴随女性主义运动的发展和深入，追求男女平等、性别平等已成为一种颇具学术影响力的国际思潮，关于"性别传播"的研究也随之兴起。[①]"性别传播"的研究最早出现在20世纪70年代的西方，主要关心女性，因为在传播现实中，受到不公正待遇的是女性而非男性。[②]在中国知网以"性别传播"为关键词搜索发现，中国的"性别传播"研究主要关注传播媒介中的女性形象、刻板印象、性别差异、性别平等等议题。"性别传播"中的"性别"一词特指社会性别，而非生物性别。社会性别理论认为，两性除生物学意义外的差异均是在社会化过程中由政治经济文化等社会制度力量塑造而成的，即社会性别差异。[③]社会性别差异是分属男女两性的群体特征和行为。"男女有别"作为社会性别差异的中国化表达出现在对男尊女卑、男女平等、男女平权、"男女授受不亲"、夫妇有别、内外有别的讨论中。"男女有别作为一种文化现象"[④]衍生出对某本著作的女性观研究、对某个人物的女性观研究中。"男女有别"在对女子的道德教育上又成为家族规范中的男女有别。先秦时期"男女有别"成为保证村落秩序稳定的核

---

①　陈阳：《性别与传播》，《国际新闻界》2001年第1期。

②　张敬婕：《性别传播研究的本体之辨》，《妇女研究论丛》2015年第1期。

③　刘清泉：《社会性别差异与大众传媒刍论》，《西南师范大学学报（人文社会科学版）》2002年第6期。

④　肖发荣：《"男女有别"观念探源》，《西安石油大学学报（社会科学版）》2003年第4期。

心制度原则[1]，秦汉时期的"男女有别"被认为是"大一统"社会秩序的需要，重建家庭伦理的时代诉求和阴阳学说的发展与传播。

一、称谓："君子"与"淑女"

称谓是对一个人的身份指称，是人际传播的起点。一方面，社会称谓系统存在于日常生活，应用于行为方式的采纳和相互适应之中；另一方面，社会称谓系统为人类的交际行为规范之总和，构成具有特定民族文化内涵的伦理准则。[2] 称谓有助于确认个体在人际交往中的身份，具有身份定位、关系确定、目的表达等功能，体现在男女之间同样如此。《诗·小雅·斯干》云："乃生男子，载寝之床。载衣之裳，载弄之璋。其泣喤喤，朱芾斯皇，室家君王。乃生女子，载寝之地。载衣之裼，载弄之瓦。无非无仪，唯酒食是议，无父母诒罹。"婴儿刚出生就以"寝床""寝地""弄璋""弄瓦"来凸显他们性别的不同，反映古人对男性和女性不同的期许。"璋"字从玉，是一种玉器，瓦则由泥土烧制而成，也可以看出男孩的地位高于女孩的地位。《诗经》中还通过不同的称谓表达了周人的性别审美倾向，例如多用"君子""良人""叔""武夫"等称谓描述男性，体现了周人重视男子"德""貌""才"之"温厚勇壮"；用"淑女""佼人""硕人""静女"等称谓描述女性体现了周人重视女子"德""貌"之"窈窕淑善"，从而促使男性和女性向当时社会主流审美倾向靠近。[3] 在两性婚姻关系中，妻子称自己的丈夫为"郎君""官人""相公""老爷"等等，而丈夫对别人则称自己的妻子为"贱内""内人""拙荆"等，"荆"字本是枝条，可用来编筐的一种灌木，十分平常，前面冠以"拙"字来称呼妻子，女性在夫妻双方中所处的地位可见一斑。

二、行为规范：男"唯"女"俞"

人际交往具有促进自我认识和自我认知的功能，是人发展的需要。遵守人际交往中的行为规范既是对他者的尊重也是对自身的保护，帮助自己顺应社会环境、融入社会环境，男女之间的人际交往尤是如此。古代关于男女交往中的行为规范十分详细，衣食住行皆有规定。《礼记·内则》云："子能食食，教以右手；能言，男'唯'女'俞'。男鞶革，女鞶丝。六年，教之数与方名。七年，男女不同席，不共食。"从会说话开始，男孩用"唯"来应答，女孩用"俞"来应答，身上带的

① 苏力：《齐家：男女有别》，《政法论坛》，2006 年第 4 期。
② 储冬爱、黄学敏：《人际传播中的称谓变化与意义》，《深圳大学学报（人文社会科学版）》2013 年第 6 期。
③ 刁生虎、罗文荟：《〈诗经〉性别称谓与周人的审美倾向》，《广州大学学报（社会科学版）》，2013 年第 10 期。

荷包，男孩的以皮革制成，表示长大将从事勇武之事；女孩的以丝帛制成，表示长大将从事女红之事。七岁作为"男女之大防"的年龄界限，所谓"男女授受不亲"，男女交往中应当做到"男不言内，女不言外。非祭非丧，不相授器。其相授，则女授以筐；其无筐，则皆坐奠之而后取之。外内不共井，不共湢浴，不通寝席，不通乞假，男女不通衣裳。内言不出，外言不入……女子出门，必拥蔽其面，夜行以烛，无烛则止。道路：男子由右，女子由左"（《礼记·内则》）。相对而言女性的行为规范更多，"妇人送迎不出门，见兄弟不逾阈"（僖公二十二年），妇女无论与宗族之内还是宗族之外的男子，都不能近距离交往。妇女与同宗族的男女亲属会见，有不逾闭之限。"不逾闭"的范围很广，不仅与兄弟，而且与不同辈分的人相见也如此。男女与他人见面时所用礼物同样需要讲究，"男赞，大者玉帛，小者禽鸟"，"女蛰，不过棒、栗、枣"，男子所用礼物贵重，女子所用礼物轻贱，男女礼物之所以不同，是因为男女贵贱不同，男子要用礼物"彰物"，女子只需要用礼物"告虔"（庄公二十四年）。也就是说，男子的礼物起着表明身份地位的作用，而女子的礼物仅表示对对方的诚敬而已。①

三、社会分工："男主外，女主内"

社会分工决定男女两性在社会中的经济地位，因而社会分工的不同是构建"男女有别"观念的基石。中国古代男女两性的社会分工可以概括为"男主外，女主内"，男性主要参与军事、政治、祭祀、外交等公事，而女子的活动范围则主要限于家闺之内，即"主中馈""生儿育女""相夫教子"等。② 按照《内则》的规定，男孩十岁就要离开家到外面拜师学习知识、技能和礼仪，而女孩十岁后就不再外出，在家由女师教导学习"四德"。关于成年男女步入社会领域后的夫妇角色分工，《国语·鲁语下》中记载了被孔子一再称许的公父文伯之母的一番话，详细而全面地介绍了自王及于庶人各级人士与其各自配偶间"男女效绩，愆则有辟"的"古之制"。③ 她说："是故天子大采朝日，与三公九卿，祖识地德，日中考政，与百官之政事。师尹惟旅牧相，宣序民事。少采夕月，与太史司载纠虔天刑。日入，监九御，使洁奉禘、郊之粢盛，而后即安。诸侯朝修天子之业命，昼考其国职，夕省其典刑，夜儆百工，使无慆淫，而后即安。卿大夫朝考其职，昼讲其庶政，夕序其业，夜庀其家事，而后即安。士朝受业，昼而讲贯，夕而习复，夜而计过，

---

① 陈筱芳：《春秋男尊女卑与女性的抗争》，《江淮论坛》1998年第3期。
② 曲宁宁：《从男女有别到男尊女卑：汉代妇女理论转向及其成因探析》，《思想战线》2016年第2期。
③ 赵东玉：《周代"男女有别"和"夫妇有别"的方方面面》，《孔子研究》2002年第2期。

无憾，而后即安。自庶人以下，明而动，晦而休，无日以怠。王后亲织玄紞，公侯之夫人，加之纮、綖。卿之内子为大带，命妇成祭服。列士之妻，加之以朝服。自庶士以下，皆衣其夫。"（《国语·鲁语下》）这段文字所述男女的社会分工，表明夫妇有着严格的家内家外劳动分工。公父文伯之母一再强调"寝门之内，妇人治其业焉"，而关乎于"民事""神事""官职"和"家事"的"外朝"与"内朝"之事则非女流之辈"所敢言也"，用《礼记·仲尼燕居》的话来说，即是"男女外内，莫敢相逾越"。

四、关系模式："男主女从"

在男女有别中，对妇女的总体要求是"顺从"，其基本关系模式为"男主女从"。《礼记·郊特牲》云："男帅女，女从男，夫妇之义由此始也。妇人，从人者也：幼从父兄，嫁从夫，夫死从子。"孟子也认为："以顺为正者，妾妇之道也。"（《孟子·滕文公下》）董仲舒以男女比附于阴阳，认为："阴阳亦可以谓男女，男女亦可以谓阴阳。"在其看来，"凡物必有合，合必有上，必有下"，而"君臣、父子、夫妇之意，皆与诸阴阳之道"，意即君、父、夫为上为阳，臣、子、妇为下为阴，阴、下受制于阳、上，妻子须"妻兼功于夫"。在夫妻关系中，夫主妇辅乃天道使然，"丈夫虽贱皆为阳，妇人虽贵皆为阴"，在任何情况下，妻子都应配合丈夫、遵从丈夫，因为"不奉顺于天者，其罪如此"。[1] 东汉班昭也积极参与了男女两性关系模式的建构，在其所著《女诫》敬顺篇中写道："阴阳殊性，男女异行。阳以刚为德，阴以柔为用；男以强为贵，女以弱为美。……然则修身莫若敬，避强莫若顺。故曰：敬顺之道，妇人之大礼也。"她对"三从"进行了详细的阐释，"三从"是指在家从父、出嫁从夫、夫死从子，"三从"把女子的一生固定在一个依从他人的整体框范之中，以达到班昭认可的"天下之理，夫者倡，妇者随"。在家庭关系中，妻子要始终秉持卑弱事人的态度，任劳任怨以求得意于丈夫并使舅姑爱己、叔妹誉己，从而受容于夫家，不致被弃而"取耻宗族"[2]。婚礼，是连接两个人、两个家族的特殊纽带，《礼记·昏义》云："父亲醮子而命之迎，男先于女也。子承命以迎，主人筵几于庙，而拜迎于门外。婿执雁入，揖让升堂，再拜奠雁，盖亲受之于父母也。降，出御妇车，而婿授绥，御轮三周。"父亲亲自为儿子酌酒而命他迎亲，是表示男子先迎娶而后女子相从而来。士婚礼中的纳采、问名、纳吉、纳征、请期五大礼节，都是由男方派人到女方家中进行的，从这些礼节可以看出，

---

① 苏舆：《春秋繁露·义证》，北京：中华书局，1992 年，第 446 页。
② 曲宁宁：《从男女有别到男尊女卑：汉代妇女理论转向及其成因探析》，《思想战线》2016 年第 2 期。

在亲迎前的五大礼节中，男方处于主导地位，而女方常常处于配合的地位。[①]

第二节 "男女有别"观念的成因分析

由"男女有别"观念衍生出的称谓、行为规范、社会分工、关系模式是男女两性正常社会生活的需要，起到了参照物的作用，俗话说"没有规矩，不成方圆"，参照物的缺失会使人们无所适从，乱了分寸，还会影响到社会发展和生存质量。

一、修身：内向传播的个人需求

有了参照物，人们才能内省，修身修德。"男女有别"是顺应内向传播需要而形成的观念。内向传播是"一个人接收外部信息并在人体内部进行信息处理的活动，即个体向自己发出信息，并由自己接收和处理信息的过程"。[②]社会对男女的性别角色已经形成一套评价标准，正如前文所说的"君子""淑女"等形象，这是"客我"。男性和女性从出生起就在接受关于"男女有别"的教育，也就是在将"客我"转化成"主我"，达到"主我"与"客我"的和谐统一。《列女传》中记叙了百余名妇女的故事，母仪传、贤明传、仁智传、贞顺传、节义传、辩通传塑造的是为世人所赞扬的女性形象，而孽嬖传选取的则是淫妒荧惑、背节弃义、指是为非、终致祸败的女性。《列女传》是一面镜子，女性以此为镜可以认识到自身的优点和缺点，进而改造自我，将"主我"提升到社会认可的水平，同时完成心理上认知和谐的过程，完成从"怎么做"到"本应该"的过程，通过"主我"对"客我"的不断内化最终外化为行动。

二、齐家：人际和睦的家庭需求

在古代性别观念中，"男女有别"乃人伦之始，男女无别则沦为禽兽。如《诗经》开篇就说："关关雎鸠，在河之洲。窈窕淑女，君子好逑。""淑女"与"君子"是一对迥然有别的男女，然而却又是"天作之合"的"好逑"。所以说，夫妇之间，没有"别"也就不存在"合"。[③]荀子说："夫妇之道，不可不正也，君臣父子之本也。"（《荀子·大略》）所以《礼记·昏义》中说："男女有别然后夫妇有义，夫妇有义然后父子有亲，父子有亲而后君臣正。"也就是说，在圆满实现了男女夫妇之间可以互补相合的"别"之后，就可以顺利地实现"父子亲，君臣严"，从而达到

---

① 张静：《〈仪礼·士昏礼〉中的婚礼及婚姻制度述论》，《兰台世界》2014 年第 3 期。

② 郭庆光：《传播学教程》，北京：中国人民大学出版社，2002 年，第 73 页。

③ 赵东玉：《周代"男女有别"和"夫妇有别"的方方面面》，《孔子研究》2002 年第 2 期。

"庶物从之矣"和"万物安"的终极目的。夫妻关系的"阴阳调和"依靠"男女有别"观念下礼法制度得以维系，但是夫妻关系过密会直接影响到丈夫与其父母的关系，孟子指出"人少，则慕父母；知好色，则慕少艾；有妻子，则慕妻子"（《孟子·万章上》），认为儿子婚后将对父母的关爱转向于妻子，此乃人之本性。荀子也借舜之口说："人情甚不美，又何问焉？妻子具而孝衰于亲。"（《荀子·性恶》）他认为儿子有妻子后，对父母的孝心就不如从前了。因此在孟子和荀子看来，夫妻之爱与父子之恩天然存在矛盾，夫妻过于亲密无疑会影响亲子关系，在从夫的同时妻子必须尽心侍奉公婆，顺从柔顺，晨昏定省，做到"夫妇有义"方可调节两者间的冲突。中国古代，家庭与宗族的关系密不可分，在大宗族中每个小家庭虽然仍维持单门独户的形态，但其居住地必然彼此毗邻。这种社会形态促使夫妻伦理产生相应的变化：夫妻不再是独立的二人结构，而是变成家族关系网络中的重要一环，夫妻关系要服从于家族利益，妻子要与公婆、小叔、小姑等众多家庭成员共处。[1] 如班昭在《女诫》序中所说，其著述的原因是"惧（女儿）失容它门，取耻宗族"，其中的"和叔妹"章，更是专门针对婆媳、叔嫂乃至姑嫂共处的大家族而论。"男女有别"除了指导女性婚后"从夫"、敬顺公婆、和睦叔妹，其"男女授受不亲"思想让男女发乎情止乎礼，促成稳固的家庭关系。

三、治国：巩固统治的政治需求

随着生产力的发展和私有制的产生，父权制代替了原始社会时期的母权制，父权制是指以男性掌握权力为基础的社会组织结构，是一个以权力、支配、等级和竞争为特征的体系，以男性权力为中心，限制女性平等获得政治、经济、文化等资源。由于男性掌权，父权制自确立后与君权制紧紧联系在一起，为迎合男性封建统治者的政治需求，统治阶级需要重新建构一套与之对应的社会理论。在这一体系中，君王的独尊地位不容动摇，其他社会关系则有序地等而下之。然而，在漫长的历史长河中，女性参与政治并不少见，尤其是后宫干政情况屡有发生。《谷梁传》中记载了许多因女性参与政治而给国家造成动乱的前车之鉴，如隐公元年《春秋》所记载的"郑伯克段于鄢"事件。郑庄公与其弟弟手足相残，就与其母亲姜氏偏爱共叔段而干预政治有关。母亲姜氏不喜欢庄公寤生，偏爱共叔段，想立共叔段为太子，但当时的国君武公不同意。在庄公继位为君后，共叔段在母亲姜氏的支持下发兵夺位，造成了一段时期的社会动荡。还有著名的"骊姬之乱"。晋献公的宠妾骊姬凭借晋献公对她的宠爱，想要给她的儿子奚齐谋得世子

---

[1]　曲宁宁：《从男女有别到男尊女卑：汉代妇女理论转向及其成因探析》，《思想战线》2016年第2期。

之位。为此，骊姬使用手段谋得了君位，也造成了世子申生之死，公子重耳、夷吾出奔的结果，更导致了晋国从献公到奚齐到惠公夷吾、怀公子圉，再到文公重耳数十年的动荡等等。① 至汉武帝时期，吕后、窦太后接连执权，使得乾纲动荡、伦常纷扰，以至于汉武帝为防故事重演，立子杀母。其后刘向以及众多与其时代相近的大臣，如王吉、杜钦、杜邺、谷永、刘辅、贡禹、匡衡、孔光等，围绕如何抑制后妃骄妒专宠、建立正常的后妃秩序展开讨论，主张皇帝择妃应崇德抑色。董仲舒以鲁庄公夫人荒淫之事为例，申言："妃匹贵妾，可不慎邪？"② 刘向亦"睹俗弥奢淫，而赵、卫之属起微贱，逾礼制"，故作《列女传》"以诫天子"。③ 这些前车之鉴，都给后人敲响了警钟，封建统治者采取各种措施限制女性的行为，以阻碍女性与政治发生关联，因而"男女有别"观念由此而生。

第三节 "男女有别"观念的传播影响

一、各安其位的社会秩序

"男女有别"在一定程度上既保障了男女双方组建家庭后的正常婚姻关系，也让社会中的每一个个体找到属于自己的定位，各安其位，共同协作，以维持社会的和谐运转。"男女大防""男女授受不亲"等关于男女交往行为的严格约束将婚姻关系之外的性行为定义为"淫""报""烝""奔"，极具贬义色彩，不被社会舆论所容。因而"父母之命，媒妁之言"是古代男女缔结两姓之好的重要准则，增强了婚姻的仪式感。"同姓不婚"建立在有利于保障生物学意义上正常生育与繁衍的基础上，一方面是人伦教化的要求，《白虎通·嫁娶》曰："人道所以有嫁娶何？以为情性之大，莫若男女，男女之交，人伦之始，莫若夫妇。"④ 另一方面与男女双方背后错综复杂的宗族关系利害相关。《国语·晋代四》中记载："异姓则异德，异德则异类，异类虽近，男女相及，以生民也；同姓则同德，同德则同心，同心则同志，同志虽远，男女不相及，畏黩敬也。黩则生怨，怨乱毓灾，灾毓灭姓。是故娶妻避其同姓，畏乱灾也。"可以看出宗族施加于男女婚姻选择上的影响十分深远，女性在两性婚姻承担着媒介的功能，通过缔结亲属关系使两个家族紧密联结起来。所谓"和实生物，同则不继"（《国语·郑语》），"和"可以是阴阳之"和"，

---

① 韩颖：《〈穀梁传〉的女性观研究》，武汉大学硕士学位论文，2019年，第24页。
② 苏舆：《春秋繁露·义证》，北京：中华书局，1992年，第128页。
③ 班固：《汉书》（第七册），北京：中华书局，1962年，第1955页。
④ 刘舫：《"男女有别"新议》，《经学文献研究集刊》2016年第2期。

也可以是天地之"和"，正因为男女之间存在差异，"别"与"和"才有其存在意义，进而达到由"别"到"和合"的统一。有差别的矛盾统一促进社会稳定，促进中华文化生生不息、持续发展。

二、男尊女卑的历史走向

"男女有别"在持续强化中必然走向了"男尊女卑"的境地，"男女有别"背后隐藏的是男性在社会生活中对女性的诸多限制。女性的活动范围被局限在家中、国中，这固然是对"男女有别"的社会分工，即男性与女性在社会中负责不同的家庭和社会事务，有利于角色互补，共同承担社会的责任，促进社会的稳定与发展，但实质上表现出的是女性受到男性的压制的"男尊女卑"真相。[①] 主宰社会统治的男性来规定和施行对女性的种种规范，他们会自觉或者不自觉地压制女性的社会地位，女性无疑会面临"学为卑下"的要求，只能按照"卑下、服从"这一准则行事，从"拙荆""贱内"的称谓中即可感受到女性地位的卑贱。在两性婚姻中，男性可以三妻四妾，女性却只能"从一而终"，南宋之后，理学的兴起，理学家对"存天理，灭人欲"的宣传和鼓吹，使男尊女卑观念进一步加深。宋代理学家们将男尊女卑视作不可违背的天理，进一步强化男尊女卑的绝对性和永恒性。推崇女子寡居守节，认为女子的"贞节"是齐家的关键。朱元璋甚至下过"民间寡妇，三十以前夫亡守制，五十以后不改节者，旌表门闾，除免本家差役"的诏令，通过表彰、奖励的形式鼓励女性守节。[②] 男尊女卑观念强化到极致就上升到了法律的高度，《宋朝事实类苑》卷二十二"断狱"中曾经记载一案例："荆州有盗杀一家。其夫妇即时死，惟一子明日乃死，其家财产户绝，法给出嫁亲女。刑曹驳曰：其家父母死时，其子尚生，财产乃子物，出嫁亲女乃出嫁姐妹，不合有分。"[③] 这是财产继承权方面的男尊女卑。在男女定罪量刑方面也存在性别不平等，唐至清律皆规定，夫过失杀妻者不予追究，而妻过失杀夫者却要减常人二等治罪。男尊女卑作为一种普遍的社会现象一直延续到当代社会，从女性主义的角度出发，男尊女卑是对女性个性和独立自主人格的抹杀，这也是"男女有别"观念的负面价值所在。

三、性别角色的刻板印象

"男女有别"通过引导、鼓励两性的差别，从而塑造出更具内涵的两性角色。

---

① 韩颖：《〈谷梁传〉的女性观研究》，武汉大学硕士学位论文，2019 年，第 27 页。
② 《大明会典》卷 79，台湾：新文丰出版公司，1976 年，第 1254 页。
③ 何俊萍：《中国封建伦理、法律对妇女的规范及作用探析》，《妇女研究论丛》2000 年第 5 期。

具体说来，中国古代的女性形象通常作为家庭中的妻子或者母亲的角色被塑造，而塑造男性形象时则着眼于他们的社会角色，例如士大夫、武将等，孟子本人更力主把"富贵不能淫，贫贱不能移，威武不能屈"视为大丈夫的时代标准，而把"以顺为正"看作理所当然的"妾妇之道"。进入现代，关于性别角色的刻板印象仍然存在，司机与"女司机"、护士与"男护士"这类表述之所以后者更能吸引眼球是因为大众默认司机是男性的职业，护士是女性的职业。性别刻板印象是关于男性和女性特征的观念，是对所属文化中男性或女性的刻板印象的概括。① 人从母胎中孕育到出生成长，直至结婚成人，始终要接受持续不断的性别角色训练和培养，以便男女皆可以"少而习焉，其心安焉，不见异物而迁焉"（《管子·小匡》），实现"男女有别"的最终目的——稳定秩序。据《礼记·内则》说："子生，男子设弧于门左，女子设帨于门右。三日始负子，男射女否。"为尚在蒙昧期的婴儿行"男女有别"的礼节，实际上是一种气氛的渲染，通过渲染气氛，一种共同的社会期盼和愿望在周围人群中形成，从而使新生儿自始即处于一种规定的性别角色场域中，并在今后的成长中持续不断地生活于符合自己性别的角色氛围之中。男女的性别角色初步养成后，便要对男女的日常行为加以严格的界限和规定，使其性别角色意识时时刻刻得到提醒和暗示。其中，以男女的内外之别最为明显和常见。内外之别，也就是利用宫室房屋的设计来划分出男女的日常活动区域，在男曰外，在女曰内，以自然界限来确保"男女有别"的角色意义。② 男女结为夫妇后，此前性别角色意识的培养开始发挥作用，孝敬公婆、顺从丈夫的妻子形象，守洁的烈女形象、主中馈的主妇形象被主流文化追捧。《诗经·卫风·氓》中那位遭遗弃的妇人曾悲愤地控诉："士之耽兮犹可说也，女之耽兮，无可说也。"有弃妇而无弃夫。男女的性别角色在人们认知层面形成刻板印象，非一朝一夕能彻底改变。

综上所述，在男女平等与女性主义风起云涌的新时代背景下，女性完全有能力突破束缚，重新分工，追求真正的男女平等。"男女有别"尽管在封建社会产生男尊女卑的结果，但这是人类谋求进步和文明过程中的必要代价，是历史进程中无可回避的现象，并不意味着它完全被摒弃，"男女有别"直到今天依然有存在的价值，与社会政治经济文化生活裹挟在一起。"男女有别"教导男性和女性在交往行为和交往过程中符合社会主流价值的规范，传递给两性关于自身的性别观念和主体意识，为夫妻之间的两性伦理、婚姻之礼筑起屏障，成为与婚姻制度相违背

---

① 吴素梅：《社会性别刻板印象的语言重塑——女性主义文体学视野下的〈伊芙琳〉》，《外国语文》2018 年第 4 期。赵东玉：《周代"男女有别"和"夫妇有别"的方方面面》，《孔子研究》2002 年第 2 期。

② 赵东玉：《周代"男女有别"和"夫妇有别"的方方面面》，《孔子研究》2002 年第 2 期。

的行为的规诫，"慈母""贤妻"的形象被塑造出来不仅是对女性形象的美好期盼也是对和谐家庭生活的美好愿望。婚姻和两性关系的进步是重新安排和布置新关系下的社会秩序的契机，有助于多样化、多元化呈现男女两性的社会角色和社会价值。"男女有别"作为社会性别差异的中国化表达已然根植于人们的价值观中，无论是男女自身"主我"与"客我"的内向传播问题，还是男性与女性交往的人际传播问题，都是中国性别传播研究中值得研究的题目。笔者认为"男女有别"确实存在压迫女性、产生性别刻板印象的消极影响，但这正需要通过积极主动地正视问题，正确分析传播环节去消解影响社会和谐的矛盾和问题，化解矛盾，从而实现它利于"万物安"的积极影响。

（李彤　谢清果）

第十四章　自然为媒：中国风水文化的传播学思考

风水传播以自然空间为媒介，向我们传达了诸多信息：不仅包括他们的择居审美，更在细小之处体现了他们朴素的自然观念，其中包括天人合一、阴阳五行、气等等。社会建筑格局中的风水也传递着儒家思想不断指导下的严格的等级秩序。在自然和社会这两大场所的交融和渗透中，身处其中的人进行着关系传播和和谐传播，他们从风水中寻求帮助，实现自己的精神慰藉。由于风水自身的传播局限和西方理性主义科学观念的对冲，风水长期以来被大众认为是"封建迷信"。这一现象需要我们进一步去探讨，本文希望努力发掘风水长久以来被忽视的丰富内涵，重新审视新时代下人与自然环境之间的关系。

风水，是集结着地方性经验知识的准科学。它是一种朴素的世界观，是中国人的环境美学，也是中国人的生命科学和生存哲学。风水本身就是一个传播活动，而对风水问题的讨论必然是涉及"人与人""人与自然""人与社会"的关系问题。当代，越来越多的学者试图撕去风水的"迷信"标签，在各自的学科建设中挖掘风水的科学内涵。本文也希望可以用传播学的相关理论去探寻风水活动存在的合理性，在新时代的今天重新认识风水的传播意义，促进我们对人与自然与社会和谐相处的进一步思考。

第一节　何为风水：内涵、发展与争论

首先在探讨风水的传播学意义前，我们需要对风水的内涵加以界定，理清风水的发展脉络，以及当下有关风水的一些学术争论。

一、风水的内涵

在历史上，风水又别称堪舆、卜宅、相宅、图宅、青乌、青囊、形法、地理、阴阳、山水之术等等。[①]"风水"一名始见于托名为晋郭璞的《葬书》："葬者，乘生气也。经曰：气乘风则散，界水则止。故人聚之使不散，行之使有止，古谓之风水。"风水活动的理论核心包括阴阳、五行生克、气论、八卦、"天人合一"等思想，产生于古代人对人居环境选择与营造的需要，指导人们如何确定阳宅和阴宅的位置、朝向、布局、营建。"宅者，人之本。人以宅为家，居若安，则家代昌吉。"（《黄帝宅经》）在风水观念下，人们普遍认为葬地中的吉气或者凶气由于某种气类感应给家人带来福佑或危害。简而言之，风水是"通过对最佳空间和时间的选择，使人与大地和谐相处，并可获得最大效益、取得安宁与繁荣的艺术。"[②]

二、风水的发展

风水的概念最早可以追溯到人类的狩猎文明时期，人们依靠对自然的观察以及对自然规律的总结择居而栖。先秦时期是风水术的孕育阶段。秦朝时期已经有了相对成熟的地脉观念。汉朝的风水理论逐步成型，内容包括阴阳、五行、八卦等，奠定了风水理论的基础。董仲舒的《春秋繁露》一书中所言"唯人独能偶天地"，已经涉及有关"天人合一""天人感应"的理论阐释。魏晋南北朝时期是风水术的重要传播时期，宗教意识进一步增强。管恪的《管氏地理指蒙》是风水学发展史上的一个重要里程碑。郭璞的《葬经》一书，被称为风水文化的鼻祖，"风水"一名也由此而来。

隋唐时期诞生了张悦、杨筠松等一批风水名师。风水在东南地区发展较快，福建派为代表的理气派大大丰富了风水学的理论体系。宋时风水术盛行，相地知识发达，代表作有沈括的地理著作《梦溪笔谈》，风水学在民间进一步扩展。明清时期风水更加完善成熟，发展达到顶点，其代表作有《阳宅指南》《水龙经》等，被官方收录在明《永乐大典》、清《四库全书》、《古今图书集成》等大型丛书当中。

五四以来，风水被列为封建迷信。很长一段时间，中国学者不屑不齿不敢进行风水研究，对其避而不谈。但近些年来，当科学发展遇到了瓶颈，国内外学者纷纷转向中国古老哲学的研究，对风水越发感兴趣。各学科纷纷抛开了既往成见，发掘风水神秘色彩下的原理和主张。

---

① 王其亨：《风水理论研究（第二版）》，天津：天津大学出版社，2005年，第5页。
② 俞孔坚：《景观：文化、生态与感知》，北京：科学出版社，1998年，第32—34页。

三、风水的争论

有关风水的争论集中在学院派和江湖派二者的正统地位中。[①]

在学院派内部，一部分学者认为风水中有关建筑的布局和城市营造对现代仍有启发意义，尤其在解决当下一些尖锐的社会问题上有着重要的启示作用。而另一部分学者反对这种说法，认为风水中的封建迷信大于合理内涵，坚持用科学的方法解释问题。在江湖派内部的争议则集中在对各自所属风水流派的有效性上，以及学理性派的风水师和祖传经验派风水师之间的实力较量。

学院派和江湖派之间也有着极大的争执。学院派认为江湖派的风水夹杂着个人的经验主义，与原始的风水理论相差甚远，同时也质疑江湖派中有大量浑水摸鱼的投机人士。而江湖派则反诘学院派光讲理论而不顾实践，只会纸上谈兵。

五四以来，受到科学和民主的思潮冲击，中国固有的风水和中医等一概被批为"迷信"。对于风水的争议集中在风水是否具有科学性上来。五四运动后梁启超发表《论中国学术思想变迁之大势》等著作，使质疑达到顶峰。

四、研究回顾

新中国成立后，由于风水被划为封建迷信，学界研究极少。改革开放后，随着思想解放的到来，一些学者敢为人先，开始集体性闯入风水研究禁区。[②]

随后，学界对风水的关注越来越多。部分学者从风水古籍的修订入手，重新整理风水的基本理论知识。如王振驹等人的《地理正宗》、王玉德等人的《古代风水注评》。另外，部分学者纷纷从各自的学科领域去挖掘风水的科学内涵，具体集中在建筑学、园林环境、城市营造、科学哲学、传播学几个学科领域。在建筑领域，比较有代表性的是天津大学王其亨教授主编的《风水理论研究》，他通过对风水渊源、流派、哲学、美学等的逐一分析，分析了风水在建筑选址和布局谋划中的具体应用。在环境领域，代表性的论文有西安美术学院的刘晨晨的《中国风水与环境艺术》，从艺术的角度研究风水，通过研究古代先人在择居中的艺术性价值，来确立现代环境艺术的发展定位，试图建立具有中国气质的环境艺术范式。在城市营建方面，重庆大学杨柳同学的《风水思想与古代山水城市营建研究》剖析了风水对历代山水城市营建的具体影响，并讨论现代生态伦理塑造、山水文化重振以及城市生态化等问题。在科学哲学领域，清华大学的李静静同学的《科学哲学视野中的风水研究》进一步探究了科学划界标准下风水的科学与非科学性问题，

---

① 李静静：《科学实践哲学视野中的风水研究》，清华大学硕士学位论文，2006年，第11页。

② 汪琴：基于风水格局理念的城市绿地系统格局探析，西南大学硕士学位论文，2009年，第2页。

研究整理出风水活动的时间规范和理论架构。

由于传播学还是一个比较新兴的学科领域，目前有关风水的研究较少。陈国明博士在其《跨文化交际学》中指出，空间的运用是中国风水学的精髓，而从传播学角度来看风水的内涵就是非语言沟通里的空间学这个领域研究的主要范畴。浙江大学的康京京同学延续了陈国明博士将风水与空间传播结合起来研究的议题，发表了《风水理念中的空间传播思想分析》一文，主要研究风水作为空间分布的艺术如何以空间传递含义。

本章将继续从传播学角度对风水进行研究，其理论方向包括且不局限于空间传播这一领域。本文从空间传播、关系传播、和谐传播三个角度出发，努力扩充风水的传播学内涵。

第二节　风水活动中的泛传播

风水本身就是一个传播活动，而对风水问题的讨论必然是涉及人与人、人与自然、人与社会的沟通问题。媒介环境学认为，"媒介即环境"，"环境即媒介"，媒介并非单单只能够是物体，风水活动作为非语言传播活动的一种，以"自然"为媒，同样向我们传达了诸多信息：不仅包括他们的择居审美，更在细小之处体现了他们朴素的自然观念，其中包括天人合一、阴阳五行、气论等等。

同样，除了"自然中的人"，风水活动的主体同样也是"社会中的人"，风水是社会构建的产物，同时也进行着对社会的再构建。社会建筑格局中的风水也传递着儒家思想不断指导下的严格的等级秩序。在自然和社会这两大场所的交融和渗透中，身处其中的"人"扮演着传播者和受众这一双重角色，具有一定的主体性，他们从风水中寻求帮助，并在其指导下趋利避害，实现自己的精神慰藉。

一、风水与气：自然为媒下的弥漫传播

（一）风水与气

气，是中国古代哲学中一个重要理论。气是"古人将自然界对人体及其生态环境有重要影响，通过人体感觉器官，又无法搞清楚的自然因素综合抽象体"[1]。"太虚不能无气，气不能不聚而为万物。"（《正蒙·太和》）"气之生人，犹水之为冰。水凝为冰，气凝为人。"（《论衡·论死篇》）古人认为，气是宇宙形成的最基

---

[1]　周霞、刘管平：《"天人合一"的理想与中国的古代建筑发展观》，《建筑学报》1999年第11期。

本要素，气聚则万物生，气散则万物死。[①]

气和风水中的"风"和"水"都有着密切的关系。首先，空间是形成风的变化及气流的改变的关键因素，决定了风的流向及强弱。风是气的一种传播形式。[②]同样，万物的生长离不开水，水是决定世间万物生死的关键要素。"气遇水则止"，气是水的一种特殊形态，并通过水联系世间万物。[③]风和水都体现了对世间万物的一种联结和共生。风水中借用气的概念作为自己的理论核心，讲究藏水以聚气，即把"气"留在居所内，从而让这种气对人产生有益的影响。

（二）弥漫传播

正如杜骏飞老师在弥漫的传播中所说的那样，我们正走向一个气态时代。"弥漫"在汉语中恰好是一个气态分布的概念——超越了"水银泻地度"，直至"御风而行"之境。[④]杜骏飞老师提出的这样一种泛传播充斥于所有人类行为领域，它主要表现在传播层级、传播介质及传播受众的"泛化"等三方面。尽管这是他基于网络时代大背景，尝试为网络传播时代设计一个基于传播趋向分析的理论模型。但我们发现，中国古代的风水传播活动中"气的概念"与互联网时代泛传播中提出的"气态"有着巧合性的相似之处。风水正是作为以自然中的万物为媒介的一种有着气态弥漫性的传播活动，渗透在中国人民日常的价值观念和生活实践当中。

二、风水传播中的自然、社会与人

风水是指"以阴阳为根本，以生气说为核心，以藏风得水为条件，来改造或寻求一个理想的居住环境"。风水活动不仅是在人与自然的协调和互动下对物质空间的建构，也是社会空间下人与人之间关系的展露和协调，两者的最高目的就是达到天人合一的理想境界。古人通过风水文化的内涵表达对天的敬畏，通过对生态环境的勘测实现与自然的和谐相处。[⑤]

（一）择居而栖：生存需求下的空间传播

风水的空间传播研究是指将风水视为媒介，以空间维度的视角来看待人类的传播及其影响。"宅，择也，择吉处而营之也。"（《释名》）获得最佳的居住场所是

---

① 周桂钿：《中国传统哲学》，北京：北京师范大学出版社，1990年，第28页。
② 刘晨晨：《中国风水与环境艺术》，西安美术学院博士学位论文，2010年，第25页。
③ 刘晨晨：《中国风水与环境艺术》，西安美术学院博士学位论文，2010年，第26页。
④ 杜骏飞：《弥漫的传播》前言，北京：中国社会科学出版社，2002年。
⑤ 马宁：《中国传统风水文化的伦理意韵及当代价值》，南京林业大学硕士学位论文，2012年，第22页。

一切风水活动的出发点。风水中选宅讲求依山傍水，坐北朝南。"山环水抱必有气，必有大发者。"原始时期先民在自然界中寻找食物，搭建庇所，免受寒冷北风的需要。阴宅的选择也同样重要，古人相信："祖父子孙同气，彼安则此安，彼危则此危。"（《地理人子须知》）如果为祖先寻得一个理想的安息之地，就能福佑子孙，保障自身的安全。

陈国明教授认为风水学的内涵就是以空间学为代表的非语言传播领域。[①] 风水中的信息甚至比当今的空间学研究更为丰富，空间和语言一样都是传达信息的载体。因此，风水中的空间传播体现了中国传统的价值观念和原始信仰。中国封闭的景观例如传统的四合院，一般坐北朝南，成南北长东西短的矩形院落。体现了中国保守内敛，与世无争的民族性格，在早先的大家族中，四合院也可以满足中国独特的四世同堂的居住需求。其一分为二、左右对称的中轴设计，体现了儒家"居中不偏""不正不威"的中庸哲学和礼教传统。

从固定空间的风水来看，四合院之所以要坐北朝南，是因为《周易·说卦》认为："圣人南面而听天下，向明而治。"而四合院之所以要四周建房围成封闭的方形，同样是受到《周易》中"天圆地方"观念的影响，四合院中大门开在东南角，厕所开在西南角也有其风水讲究。东南，即八卦中的巽位，为通风之处，它就像房屋的窗户，可以通天地之元气。而西南，为八卦中的煞位，需要用污秽的东西以恶制恶，以求平衡。同样，厨房为了要体现"向煞而生"，即"灶座宜坐煞方，火门宜向宅主本人命之生、天、延三吉方"（《阳宅撮要》卷一），常常被安排在屋子的东北角。从半固定空间的风水来看，四合院的内部构造讲究坐势、朝案、向道，以符合"气"的活动规律。以床为例，"凡安床当在生方，如巽门坎宅"（《阳宅撮要》），卧室要安排在能生气的地方，即东南方。

早期的风水活动所营造的空间，不是空洞冰冷的一种建筑式样，也不是某种无由来的刻板的陈列摆设，空间维度的传播具有仪式化属性，其功能是"在时间上对一个社会的维系，不是只分享信息的行为，而是共享信仰的表征"[②]。

（二）尊卑有别：礼教传统下的关系传播

宅为"阴阳之枢纽，人伦之轨模"（《宅经》），意为：风水是营阴阳之气交汇的场所，同时是人类社会的空间存在模式。也就是说，风水的营造不仅在于物理空间，同时也作用于社会生活。因此，脱离了人的社会存在而去讨论空间毫无意

---

① 陈国明：《跨文化交际学》，上海：华东师范大学出版社，2009年，第141页。
② 詹姆斯·W.凯瑞：《作为文化的传播》，丁未译，北京：华夏出版社，2005年，第7页。

义。帕罗阿尔托学派认为，传播分为内容和关系两个层面。风水活动在有关自然空间中住宅选址的内容陈述固然重要，但更为重要的是其社会空间中的关系传播。在风水中，无论是阴宅还是阳宅，房屋的选址、奠基、起屋、入住也透露着诸多社会文化信息，包括财力、社会地位、宗族结构、社会关系等等。

福柯等人认为："社会空间就其根本而言即人与人、人与事物（包括物质环境）之间的关系状态。"齐美儿认为："空间是一种空间环境：不仅是客观而虚无的地域环境，还是在心灵的作用下具有了社会性的空间环境。"① 关系传播是关于传播的传播。关系中伦理的信息主要指一些围绕人伦的差序格局，"天地尊卑，君臣定矣"（《礼记·乐记》）。以建筑选址为代表的风水活动中的关系传播正是体现了"围绕人伦的差序格局"，渗透出对权力的彰显、控制和平衡，这一点与中国的礼乐制度有着特殊的一致性。

"礼者，天地之序也。"（《礼记·乐记》）礼乐是一种用以协调天地的方式。而风水，旧称堪舆，"堪"意为"天"，"舆"意为"地"，风水之学和礼乐制度一样也正是关乎天地且用以协调天地的学问学说。

风水视宅居宫室为"礼之具也"，具体而微地将社会居住秩序的礼制伦常观念同建筑实践结合起来。② 其中的建筑布局既沿袭了这种与个人身份的尊卑相对应的"序"，又通过这种尊卑有别达到一种"和"的境界。那么显然经由风水活动所人为营造出来的建筑布局，除了建筑本身传达的内容信息之外，更多的是在传递着人与人、阶级与阶级之间的关系信息，表现为礼教传统下的尊卑有别。

风水下的建筑具有明显的等级性，其目的是为了实现"经国家，定社稷，序人民"。这种所谓的建筑等级制度，是历代统治者按照人们在政治、社会地位上的等级差别，制定出一套典章制度或礼制规矩，来确定适合于自己身份的建筑形式、建筑规模、建筑用材、色彩装饰等，从而维护不平等的社会秩序。③ 在古代，建筑基座高度有着严格的等级规定："天子之堂九尺，诸侯七尺，大夫五尺，士三尺。"（《礼记·王制》）同时对宫室的柱子颜色也有着等级规定，天子用朱色，诸侯用黑色，大夫用青色，士这一阶层只能用黄色。④ 风水活动作为一种传播方式，和礼乐制度一样发挥着重新整合社会伦理关系的功能。风水活动存在的整个人类社会，形成施拉姆所认为的"由传播维持的关系之网"。

① 齐美儿:《社会学——关于社会化形式的研究》，北京：华夏出版社，2002 年。
② 王其亨:《风水理论研究（第二版）》，天津：天津大学出版社，2005 年，第 12 页。
③ 秦红岭:《建筑的伦理意蕴》，北京：中国建筑工业出版社，2006 年，第 84 页。
④ 刘晨晨:《中国风水与环境艺术》，西安美术学院博士学位论文，2010 年，第 95 页。

（三）顺风得水：天人合一的和谐传播

正如国学大师季羡林先生曾说的："天人合一是东方思维模式最高最完整的体现，天人关系就是人类与大自然的关系。"[①] 在原始社会早期，人类往往无力对抗自然中的种种灾害，想要在条件恶劣的环境中求得生存，必须学会如何与自然和谐相处。传播学中的和谐传播讲求"大众传媒与之产生的各个社会子系统之间的关系处于一种良好的互动状态，即社会环境中媒介各个构成要素之间、媒介之间、媒介与外部环境之间互相良性制约而达到的一种相对平衡的结构"[②]。在风水活动中，这体现为作为媒介的自然与作为活动主体的人类之间的一种良性互动。

天人合一是一切风水活动的最高境界和终极和谐。中国风水建筑的择地、方位、布局与天、自然、命运的协调关系，体现了中国风水学的人与自然的融合。[③] 风水活动中的"天"泛指自然界的生命法则和伦理秩序。作为"万物之祖"的自然界"风行雨施，万物流行"（《乾·象传》），这是一切生命产生的必要条件，而"人"泛指人和人类社会。"作天地之主，为孕育之尊，顺之则亨，逆之则否。"（《皇帝宅经》）在风水中，天道和人事是相通的，当天道和人道发生冲突时，需舍人道尊天道，爱护和保护自然，才达到庄子理想中的"天地与我共生，万物与我为一"的和谐境界。

"人因宅而立，宅因人得存，人宅相扶，感通天地，故不可独信命也。"（《皇帝宅经》）人顺应自然不代表人在自然面前是呆滞的、木讷的，人作为自然界的一部分有着自己的主观能动性，讲求"夺神功改天命"。从字面来看，风水活动无论是"风"还是"水"，都是处于普遍运动之下的，无时无刻不在发生着变化。因此，风水也不是一个凝固不变的常量，会随着自然环境中各个要素的转变和时代的推移而发生变化。因此，不仅从理论上说没有绝对完美的风水，而且面对不好的风水，人们不是听天由命，而是可以将不吉之处通过人的主观能动性进行调整、改造和补培，通过调整自然来满足自身的主张。

第三节　从迷信到科学：现代风水的传播困境

风水，在大多数人的刻板印象中，几乎等同于"封建""迷信"。但值得注意的是，从风水现在被扣上的"封建""迷信"帽子往前追溯，它曾经作为中国古代

---

① 季羡林：《人文地理学和天人合一思想》，北京：科学出版社，1999年，第13页。

② 张建、李明：《从传媒娱乐化趋势看和谐传播》，《西南民族大学学报（人文社科版）》2009年第2期。

③ 丁文剑：《建筑环境设计与中国古代风水理论》，河海大学硕士学位论文，2003年，第11页。

特有的一种文化现象，是作为一种集结着地方性经验知识的准科学、作为一种世界观、作为一种环境美学，在千百年间被民众和官方所推崇信奉着的。"中国特有的自然观、文化因素和世俗因素是导致风水实践淡出和理论神秘化加强的重要原因。"①

一、内在传播局限

风水在中国古代社会也是作为江湖术数存在的，不处于合法性的正统地位。因此这样一种次生文化的传播环境极为有限。

从传播者来看，风水术的从业者为了维护自身和本门派的地位以及避免将来的发展受到其他门派的冲击，只能对外界采取"师师相传，格于天律，秘而不宣"的传播态度，自称天机不可泄露，故弄玄虚。从传播内容来看，其理论高度抽象化，重点分散，逻辑不明，也无法证伪。另外风水活动实践性较强，注重经验的积累，且受到具体地域环境的局限，因此难以举一反三，不利于系统地学习和快速掌握。从传播媒介来看，记载风水术的经文都是用高度非编码化的隐秘术语写成的，因此大多数有关风水的古籍如《易经》等十分艰涩难懂。从传播对象来看，风水作为先验的地方性的经验知识，各地的风水文化存在着一定程度的差异，内容之间彼此矛盾对立，因此很难被地域文化背景不同的人所接受。

另外，风水活动以在民间流行为盛，而古时民间百姓受教育机会有限，大多数人都处于文盲状态，认知能力和判断能力都较低。因此，在风水几千年的发展过程中，民间大量封建迷信的落后思想纷纷涌入，使得风水理论真正学理性的内容被稀释。同样，各朝各代也不乏一些江湖术士打着风水的旗号招摇撞骗，这加深了一些人对风水的质疑。以上原因都不利于风水的横向纵向传播。

二、理性主义科学观念的对冲

一直以来，伴随着风水的发展都有质疑的声音，很多人视之为惑世愚民的邪术，遭到很多文人志士的公开攻讦。尤其是五四以来风水和中医等一系列中国传统方术被列为封建迷信加以禁绝。不难发现，随着科学主义的发展，人们开始试图用现代科学来证明一切存在于世的所有事物，并给它们贴上所谓"科学""不科学"的标签。而科学是衡量一切的尺度吗？

谈养吾先生认为："科学必由假设与试验而发明，地学亦经千百年前贤之假设与试验而来，并非出于玄想神话与迷信，惟非历史之最久者，不足以假设试验而

---

① 李静静：《科学实践哲学视野中的风水研究》，清华大学硕士学位论文，2006年，第1页。

成立，亦非文化之最高者，不知有此假设与试验。"[1] 他认为风水完全是不输于科学的存在方式，甚至优于科学。伊特尔也曾在《风水：中国古代神圣的景观科学》中表示："在我看来，风水无论如何是自然科学的另一种名称。"

科学是近几百年才兴起的事，在科学没有诞生的古代社会，真正指引人们生活生产的正是以风水为代表的地方性经验知识。美国著名哲学家罗蒂（Richard Rorty）提出了科学划界的消解，他认为科学并不独享真理及其话语权力。风水是科学还是迷信其实也并不重要，至少"风水在很多方面都给中国人带来了好处，总的看来，我认为它体现了一种显著的审美成分，它说明了中国各地那么多的田园、住宅和村庄所在地何以优美无比"[2]。我们唯一要做的是正视它，客观地不夹杂偏见地去对研究风水本身所呈现出来的样貌、特征和内涵。

总之，早期的风水活动是先民在面对无尽宇宙和神秘自然所产生出朴素的困惑后，与自然相互认识、相互抵抗、相互斗争、相互适应的过程中，不断积累起来一系列丰富的选择住址的经验。这样的一种经验是先验的、模糊的、朴素的，受困于时代认知的局限，被先民笼统地冠之以"风水"之名。

直至今日，在科学主义大行其道的当下，"风水"中的一些讲究仍然具有极强的生命力，仍然融汇在我们日常生活的各种行为和仪式中。那么显然我们不能再简简单单地用一句封建迷信去草草评价这样一种强大的生命力的独特文化。凯文·林奇也表示："中国风水是一门专家们正在谋求发展的前途无量的学问。"[3] 在笃信风水的古代社会，我们看到了人与自然的相依同构。人们敬畏自然，同时也爱护自然。人认识到自己在自然面前的渺小，同时也努力通过风水活动来试图改善自己的生存环境和人生命运，谦逊且抗争。而现在，利益至上的时代，我们尽管拥有了所谓的科学，我们自以为高尚、理性，但同时我们失去了对自然的敬畏，而这是一切恶的开始。风水，是中国人的环境美学，也是中国人的生命科学和生存哲学，我们需要重新审视风水中的科学和哲学内涵，找到当下我们需要的人与自然环境和谐的相处模式。

（曹冉 谢清果）

---

[1] 谈养吾：《谈养吾全集》，台湾：育林出版社，2001年，第4页。
[2] 李约瑟：《中国科学技术史》（第二卷"科学思想史"），上海：上海古籍出版社，1990年，第361页。
[3] 凯文、林奇：《城市意向》，北京：华夏出版社，2001年，第106页。

第十五章 天叙有典：华夏五伦关系论

——基于礼乐传播视角的考察

五伦关系论是先秦思想文化宝库中的一颗璀璨明珠，其根植于当时社会的现实需要并为规范人际关系、建构和谐社会发挥了重要作用。本文以先前秦时期儒家孔子、孟子、荀子的五伦思想为研究对象，基于礼乐传播视角进行研究，提出了礼乐符号是五伦关系的外在表征、内向传播是五伦关系的实现基础、情感为媒是和谐社会实现的动力三个观点。

作为先秦思想文化宝库中的一颗璀璨明珠，传统五伦论是根植于当时社会的现实需要而建构起来并发挥社会作用的。五伦经历了由孔子理论开创、孟子理论定型、荀子理论完结等三个重要阶段。① 作为一种人伦思想，五伦通过礼乐符号的外在表征，在社会上进行广泛传播，为规范人际关系、建构和谐社会发挥了应有的作用。

第一节 五伦关系的提出与研究回顾

人类最基本的关系，就是人对人的关系，这种关系叫作人伦关系。而规范人伦关系的道理，就称之为"伦理"或"伦常"。所谓人伦，狭义地指五伦、五教。② 五伦是对社会中人与人之间关系的规定，是在社会的发展进程中自然形成的。本章以先秦时期儒家五伦为研究对象，其中，涉及了孔子、孟子、荀子的观点。

（一）五伦关系是社会关系之基

孔子首先对人伦做了全面、系统的总结，并赋予了其适应时代发展的新内容。《礼记·中庸》记载了孔子的观点："君臣也，父子也，夫妇也，昆弟也，朋友之交

---

① 龙静云、吴涛：《论旧五伦的解构与新五伦的建构》，《中州学刊》2018年第2期。
② 黄人杰：《中国传统人伦思想与五伦的道德观》，《河北学刊》2005年第2期。

也。天下之达道也。"①孔子以"仁"的思想作为指导，对君臣、父子、夫妇、昆弟、朋友等伦理关系提出不同的道德要求和规范即"五达道"。其中，夫妇关系为"五达道"之首。《礼记·中庸》有云："君子之道，造乎端夫妇。"②

孟子正式提出了"五伦"的观念。《孟子·滕文公上》曰："人之有道也；饱食、暖衣、逸居而无教，则近于禽兽。圣人有忧之，使契为司徒，教以人伦——父子有亲，君臣有义，夫妇有别，长幼有叙，朋友有信。"③其中涉及的父子、君臣、夫妇、长幼、朋友五种社会关系，被称为"五伦"，"亲、义、别、叙、信"就是处理这五种社会关系的准则。这五个概念是高度抽象化的概念，相互之间并非绝对的互斥。孟子的五伦观念对孔子所定的人伦顺序做了调整，将夫妇关系放于第三位而将父子关系置首。

荀子的五伦内容基本与孔孟一致，但他对五伦关系的顺序做出了自己的调整。《荀子·王制》云："君臣、父子、兄弟、夫妇，始则终，终则始，与天地同理，与万物同久，夫是之谓大本。"④"君臣关系"被置于五伦之首，他认为只要君臣关系的伦理规范得以实施，君子其位，施以礼义，其他的人伦关系就会自然而然地归之于顺。

纵观五伦观念的提出与发展，其在逐步完善的过程中有一个明显的变化，也就是五伦顺序的调整，从孔子的夫妇关系为首到孟子的父子关系为首，再到荀子所提出的君臣关系为首，这种变化与当时的社会背景息息相关。孔子时期的五伦观念的形成受到原始社会的思想影响。在从母系社会过渡到父权社会时，单纯的男女观念过渡到"夫妇"观念，是由自然人向社会人过渡的重要标志。这意味着夫妻关系的正式确立。《礼记·郊特牲》有记载："男女有别，然后父子亲；父子亲，然后义生；义生，然后礼作；礼作，然后万物安。"⑤即由夫妇关系，才衍生出父母、子女的关系，子女之间的关系。孟子强调"事亲，事之本，守身，守之本也"⑥，把"事亲"和"守身"看作处理一切人事关系的根本。⑦因此他把"父子关系"放于首位。他认为把父子、兄弟关系处理好了，其他人际关系和社会秩序就会归之于顺，即所谓"亲亲，仁也，敬长，义也，无他，达之天下也"⑧。荀子时期，通过五

① 杨天宇：《礼记译注·上》，上海：上海古籍出版社，2004年，第712页。
② 杨天宇：《礼记译注·上》，上海：上海古籍出版社，2004年，第694页。
③ 杨伯峻：《孟子译注》，北京：中华书局，1960年，第125页。
④ 高长山：《二十二子详注全译》，哈尔滨：黑龙江人民出版社，2004年，第152页。
⑤ 杨天宇：《礼记译注·上》，上海：上海古籍出版社，2004年，第322页。
⑥ 杨伯峻：《孟子译注》，北京：中华书局，1960年，第179页。
⑦ 石丽丽：《儒家"五伦"思想与中国伊斯兰"五典"思想的比较》，硕士论文，西北民族大学，2010年。
⑧ 杨伯峻：《孟子译注》，北京：中华书局，1960年，第307页。

伦对人进行规范，最终的目的是要加强中央集权统治，实现对人的控制。五伦向后世发展，其政治作用越来越凸显，五伦最终发展为严格区分等级关系、维护政治利益的工具。

从传播学的角度来看，五伦是人际层面交往的规范，父子、君臣、夫妇、长幼、朋友之间的交往是在一定的地位差异基础之上进行的，强调两方之间的"和"，以"亲、义、别、叙、信"为基本准则，是一种关系取向的人际传播思想。按照麦克罗斯基、里奇蒙和斯图尔特等人的理解，人际传播可以定义为"一个人运用语言或非语言讯息在另一个人心中引发意义的过程"[①]。它强调的是心灵与心灵的碰撞、沟通，是人与人之间的意义创造和意义关系的交流[②]，其前提首先是人与人的相遇和交往，它因人们的交往关系而存在并运用于交往关系之中。[③]五伦是指不同的人、在不同的境遇下面临不同关系时的一种人际传播的规范。

（二）研究回顾

纵观相关研究文献，大多数文章是从思想史、哲学史的角度进行研究。陈海红、李长泰梳理了五伦随着传统社会的发展而建构、展开的过程以及不同时期的变化，并提出了五伦的现实意义。[④]黄人杰梳理了传统社会的人伦思想，其表现为两个特质，其特质之一是"五伦"的亲疏远近与尊卑贵贱的行为规范，而是内圣外王的政治哲学思想。[⑤]张志景从人际关系出发，分析了儒家人际关系思想的理论要义"五常"，得出了理想人格是建立和谐人际关系的内在基础、"五常"思想是处理人际关系的基本准则、"和"是人际关系的理想状态等三个重要结论。

除此之外，吴根友、崔海亮在《"五伦"与"新五伦"之探索》，冯天瑜在《五伦说——建构和谐社会应当汲纳的历史资源》，龙静云在《论旧五伦的解构与新五伦的建构》等研究中考察了在传统五伦观念在现代社会中适用性降低的背景下，对新的人伦关系规范的探索。

从传播的角度对五伦研究的文献较少。胡河宁等对儒家思想中人际传播的假设进行了梳理，文章首先论述了人际传播与关系的联系，并提出："'仁'是人际传播的基本理念，'礼'是人际传播的基本规范，'忠恕'为人际传播的基本方法，

---

① 王怡红：《西方人际传播定义辨析》，《新闻与传播研究》1996 年第 4 期。
② 胡河宁、孟海华、饶睿：《中国古代人际传播思想中的关系假设》，《安徽史学》2006 年第 3 期。
③ 王怡红：《西方人际传播定义辨析》，《新闻与传播研究》1996 年第 4 期。
④ 陈海红、李长泰：《儒家人伦思想的建构与展开》，《人文杂志》2003 年第 3 期。
⑤ 黄人杰：《中国传统人伦思想与五伦的道德观》，《河北学刊》2005 年第 2 期。

'和为贵'为人际传播的基本态度。"[1]

基于对以往研究的总结，从传播学的角度对五伦关系思想研究仍有空白，本文尝试从礼乐传播的角度，对先秦时期孔子、孟子、荀子的五伦思想进行解读。

第二节　礼乐符号：五伦关系的外在表征

五伦作为思想层面的规范，需要通过特定的手段进行实践，而这种手段就是礼乐活动。礼乐活动通过特定的礼乐符号规定展开，是一套被建构出来的程式化、易于复制的系统化符号，易于在大范围内进行传播，从统治阶层延伸和深入到百姓生活中。通过外在的礼乐符号与其所表征的五伦的相互配合、协同，使人们将五伦的思想规范内化，进而达到其期望的社会作用。

（一）礼乐：五伦关系的外在符号

"仁"是中国古代人际传播关系假设中的首要内容[2]，礼乐是"仁"在特殊的社会条件下的外在表现。从孔子的"五达道"到孟子提出的"五伦"，针对不同的社会角色、阶层提出不同的人际交往中的规范要求，其根本目的都在规范社会关系，维护社会稳定，实现一种"和"的状态。"仁"作为一个形而上学的实体，是人际传播过程中传播主体道德自我修养的基础，强调人内在的道德修养，即"仁心"，但要落实到现实中，必然考虑其特殊的对象和环境，即必然关联着"礼"的考虑。

"礼"表征为礼乐符号，是古代社会中君王或君子传递教化思想或统治规训思想的一种重要的符号形式，它不仅存在于统治阶层，更延续和深入到百姓生活中。[3]礼乐包括礼和乐两部分。礼的要素包含有礼法、礼义、礼器、辞令、礼容、等差等几项。[4]"乐"不只是音乐，还包括诗歌、舞蹈等艺术形式。[5]其中，这些礼乐符号在很大程度上是为规范人与人之间的关系而出现的。五伦中的"父子""君臣""夫妇""长幼""朋友"都涉及双方，具有双向性的关系规范。

要实现"五伦关系"观念的大规模传播，需要相应的礼乐符号遵循程式化的

---

① 胡河宁、孟海华、饶睿：《中国古代人际传播思想中的关系假设》，《安徽史学》2006年第3期。

② 胡河宁、孟海华、饶睿：《中国古代人际传播思想中的关系假设》，《安徽史学》2006年第3期。

③ 谢清果、林凯：《礼乐协同：华夏文明传播的范式及其功能展演》，《新闻与传播评论》2018年第6期。

④ 彭林：《中国古代礼仪文明》，北京：中华书局，2004年，第34页。

⑤ 黄星民：《礼乐传播初探》，《新闻与传播研究》2000年第1期。

运作，易于模仿，便于复制，有利于在大范围内推广。在这个过程中，通过礼、乐符号的有序结合、相互配合，完整地实现信息传播。"礼"表征为礼乐符号，通过指明一个人在扮演某种社会角色时践行的礼乐活动，使人实现从"自然人"向"社会人"的过渡，实现人的社会化过程。而五伦也随着礼乐符号的推广成为社会法则，凝聚成为人际交往、人际传播的行为模式和内在要求。

（二）亲亲、尊尊：五伦关系的内在隐喻

五伦是礼乐符号的内在隐喻。礼乐对五伦中五个层面的关系都进行了规定。以五伦之首——父子关系为例，《礼记·曲礼》有云："为人子者，居不主奥，坐不中席，行不中道，立不中门。食飨不为概，祭祀不为尸。听于无声，视于无形。不登高，不临深。不苟訾，不苟笑。为人子者：父母存，冠衣不纯素。孤子当室，冠衣不纯采。"[①] 这里对儿子行走、站立的位置，衣帽装饰都做出了规定，是儿子孝敬父母的外在表现。但是在父子关系中，并不仅是儿子对父母的孝敬，父母也要扶持子女。两者之间的关系具有双向性，但以尊者为重。其他四类关系包括"君臣、夫妇、长幼、朋友"都强调的是双向的关系，尤其在君臣关系中，这种双向性尤为重要。

五伦相应的伦理要求"亲、义、别、叙、信"是高度抽象化的概念，相互之间并非绝对的互斥。究其本质，是对人际关系中亲亲、尊尊原则的延伸。在事实层面的"五伦"中被认为确然存在一个由己出发、由近及远而亲疏不同的关系网络。父子最亲近，朋友最疏远。[②] 例如，《白虎通》就说"父之仇不与共天下，兄弟之仇不与共国，朋友之仇不与同朝。"[③] 在区别父子、君臣、夫妇、长幼、朋友以及其他界限模糊的关系时，需要依据亲亲、尊尊的原则进行考察。以服丧服为例，父子、夫妇、兄弟为一体之亲，按照"至亲以期断"的亲亲原则，当制服一年，服齐衰之服。然而，子需要为父服三年斩衰。这是因为，父对子而言，除了"至亲"的含义之外，还另有一层"至尊"的含义，需要加一等——这是尊尊原则的体现。[④] 对于五伦中并未涉及的关系如师生也需要借鉴这两个原则加以延伸。

五伦的提出、推广目的都是为维护社会、政治稳定而服务的，通过礼乐符号的外在规定与表征，传递亲亲、尊尊的思想，进而对不同的社会角色限定行为规

---

① 杨天宇：《礼记译注.上》，上海：上海古籍出版社，2004年，第6页。
② 秦鹏飞：《儒家思想中的"关系"逻辑——"伦"字界说及其内在理路》，《社会学研究》2020年第1期。
③ 陈立：《白虎通疏证》，北京：中华书局，2014年，第132页。
④ 秦鹏飞：《儒家思想中的"关系"逻辑——"伦"字界说及其内在理路》，《社会学研究》2020年第1期。

范，对于当时的社会来说意义重大。

第三节　内向传播：五伦关系的实现基础

儒家文化是一种礼乐文化，礼乐文化的思想核心就是"和合""和为贵"，强调和谐人际关系的构建。因此，礼乐文化注重人际关系中的道德准则——"五伦"。尽管五伦关系是对人际关系的一种规定，但这种人伦规范是对每个个体的要求，奠定在个体的道德心理之上，这个过程需由内向传播实现。传播学上通常认为内向传播，也称人内传播、内在传播和自我传播，指的是一个人接受外部信息并在人体内部进行信息处理的活动。[①]谢清果对儒家修身的内向传播智慧做了如下表述：儒家士人在自我心灵世界中开展自我对话，即实然的我（主我）与应然的我（客我）在修身成圣的精神感召下，不断地反省，推动自我朝适应社会、完善自我的理想境界（即"内圣外王"）前进的一种思维升华过程与方法的统称。[②]这个过程是以个体的身体为媒介所进行的，通过外在的符号的规训，作为信息源，引起人内心的信息加工、处理，即"明德"，使人朝着五伦所期望的和谐人际关系的方向发展。

在个体成长过程中，个体首先要意识到自己在不同的年龄段社会角色的变化，这种意识的唤起需要靠外在的礼乐活动。通过秩序化的符号的加持，引起人身份地位或社会角色的变化，从而促使内在的道德情感的改变。以冠礼为例，《礼记·冠义》有云："凡人之所以为人者，礼义也。礼义之始，在于正容体，齐颜色，顺辞令。"[③]其中，冠礼作为"礼之始"，要求对即将成年之人实行"三加冠"，通过充满仪式感的情景，向成年男子传达不同的教化内容。三次加冠伴随着不同的祝词：

> 始加，祝曰："令月吉日，始加元服，弃尔幼志，顺尔成德。"再加曰："吉月令辰，乃申尔服，敬尔威仪，淑慎尔德。"三加曰："以岁之正，以月之令，咸加尔服，兄弟具在，以成厥德。"[④]

三种祝词既包含对男子的祝福，更重要的是对成年男子在德行方面的要求。通过仪式体验、冠礼教化，行礼之人摒弃童心，保持成人的威仪，以成人之德要

---

① 郭庆光：《传播学教程》，北京：中国人民大学出版社，2002年，第173页。
② 谢清果：《儒家"修身为本"的内向传播意蕴考析》，《吉林师范大学学报（人文社会科学版）》2018年第3期。
③ 杨天宇：《礼记译注·上》，上海：上海古籍出版社，2004年，第812页。
④ 李学勤：《十三经注疏·仪礼注疏上》，北京：北京大学出版社，1999年，第49、50页。

求自己，约束自己，即"弃尔幼志，顺耳成德"①，推进人的社会化过程。

在社会化的过程中，个体要对自己在不同的社会情境下承担的社会角色有清楚的认知，践行相应的角色规范，并将其内化为对自我的道德要求，即"明德"，形成一套可以指导社会行动的道德思想体系。五伦关系通过外在的礼乐符号，"致乐以治心"，"致礼以治躬"②，对个体的外在身体进行规训，对人的内心进行教化，实现身体的内外兼修。

从另一个层面来说，五伦关系中从家庭中的父子、夫妇、长幼关系扩展到社会中的朋友以及国家中的君臣关系，与儒家所倡导的"修身齐家治国平天下"不谋而合，是一个圈层式的向外扩展的过程，其中，内向传播是这个过程的起点。

第四节　情感为媒：和谐社会实现的动力

通过礼乐传播的角度来观照五伦关系，一方面礼乐符号能够直接作为人伦规范的外在表征，对现实人际交往时的行为进行规范，另一方面，礼乐实际上是通过情感来维系日常生活中各阶层、各伦理主体（君臣、父子等）的关系，保证道统观念和社会秩序得以维持，由此推动着华夏文明的情感传播实践。③通过诉诸人内心的道德情感，五伦观念内化为个人对自我的要求，通过个人的自律来实现五伦。

以礼乐符号为表征的五伦观念的传播是一种情感传播。情感传播是指传播活动主体思维采用情感逻辑的结构和指向方式，通过情感主体活动影响受众，以情感为基础和传播媒介力求达到传播活动的目的和需求。情感传播的一个重要的特点就是目的的价值性，注重价值的传播。④五伦中的价值就是"亲、义、别、序、信"，这是传统儒家思想中的"仁、义"在五伦关系中的具体表现。情感传播的理想诉求是要影响心灵，从而增强受众的可塑性，使个体接受此观念。

五伦中"亲、义、别、序、信"较抽象的人伦关系规范在实现过程中也要注意这种情感传播的双向性。儒家以中庸思想为指导，强调在中庸思想指导下，礼乐协同在情感表达方面追求的是中和的境界，也即对情感进行适中的规范。⑤具

---

① 李学勤：《十三经注疏·仪礼注疏上》，北京：北京大学出版社，1999 年，第 49 页。
② 杨天宇：《礼记译注．上》，上海：上海古籍出版社，2004 年，第 502 页。
③ 谢清果、林凯：《礼乐协同：华夏文明传播的范式及其功能展演》，《新闻与传播评论》2018 年第 6 期。
④ 李建军、刘会强、刘娟：《理性与情感传播：对外传播的新尺度》，《江西社会科学》2015 年第 5 期。
⑤ 谢清果，林凯：《礼乐协同：华夏文明传播的范式及其功能展演》，《新闻与传播评论》2018 年第 6 期。

体在五伦中，就是对人际关系中的双向性的强调。以具有代表性的君臣关系为例，区别于后期为了巩固中央集权而强调臣对君的绝对服从，五伦中对君臣关系做出了规定，即"君臣有义"。君臣有社会地位上的差别，臣敬君是应有之义。《孟子·离娄上》有云："责难于君谓之恭，陈善闭邪谓之敬，吾君不能谓之贼。"[①] 但这种"敬"是要对国君的错误进行批评，引导国君向善。同时，"君臣有义"还强调君敬臣："君之视臣如手足，则臣事君为腹心；君之视臣如犬马，则臣视君如国人；君之视臣如草芥，则臣视君如寇仇。"[②] 这种双向性的规范没有绝对的服从，是儒家中庸思想的具体体现。

礼乐源于人的情感，又是情感的一种载体。[③] 在五伦关系中，以礼为载体传递情感，实现人际关系的"和"。在父子关系中，父要慈，子要孝，父母有教育子女的责任。子女则应主动"服其劳"，父母的年纪要时时记住，要为父母的高寿而"喜"，亦要为父母的年迈而"惧"。[④] 为人兄者对弟应该"慈爱而见友"，即像对待朋友那样互相敬重；为人弟者对兄则应该"敬诎而不苟"[⑤]，即尊敬而不怠慢。君臣之间，为君者应该"忠于民"，"思利民"；同时，君应"使臣以礼"，应"以礼分施，均遍而不偏"[⑥]，不应厚此薄彼。为臣者，应"以勤待君，忠顺而不懈"[⑦]，勤奋努力地工作。为人夫者，"致攻而不流，致临而有辨"（《荀子·君道》）。应主家中和而不流俗，临事公正而明辨是非。为人妻者，"夫有礼则柔从听侍，夫无礼，则恐惧而自竦也"[⑧]。丈夫以礼相待时，要柔顺听从；若丈夫不以礼相待，要心怀恐惧而表示敬畏。通过双方之间的情感传递，实现人际关系的和谐圆满，进而实现社会秩序的稳定、国家的长治久安。

第五节 五伦关系的现实思考

相比传统社会，今天的社会发生了很多变化，但是基本的人伦关系还是存在的。以现代社会的眼光来审视五伦关系，其中一些思想已经不再适用。君臣关系已经失去了其存在的基础，转变成了政府与民众的关系（或称官民关系、干群关

---

① 杨伯峻：《孟子译注》，北京：中华书局，1960年，第163页。

② 杨伯峻：《孟子译注》，北京：中华书局，1960年，第186页。

③ 谢清果、林凯：《礼乐协同：华夏文明传播的范式及其功能展演》，《新闻与传播评论》2018年第6期。

④ 杨伯峻：《论语译注》，北京：中华书局，1980年，第15页。

⑤ 李梦生：《左传译注》，上海：上海古籍出版社，1998年，第448页。

⑥ 高长山：《二十二子详注全译》，哈尔滨：黑龙江人民出版社，2004年，第233页。

⑦ 高长山：《二十二子详注全译》，哈尔滨：黑龙江人民出版社，2004年，第233页。

⑧ 高长山：《二十二子详注全译》，哈尔滨：黑龙江人民出版社，2004年，第233页。

系）[①]；"男女有别"的思想尽管在五伦中具有一定的双向性，但其本质仍强调一定的等级差别，与我国男女平等的基本国策相悖，因此应该摒弃。"父子有亲、长幼有序、朋友有信"三类关系在现代社会中仍适用。

但反观现代社会，与五伦背道而驰的现象时有发生，从陕西榆林活埋老母事件中的儿子不孝，到当当网创始人夫妻反目、互斗，这些现象的出现，背后有复杂的社会原因，其中之一就是传统文化教育的缺失。如何去维护人际关系的和谐，进而构建和谐社会，传统人伦思想能够为其提供文化导向和思想依托。五伦通过诉诸人内心的道德情感，维系日常生活，以和谐关系为旨归，进而影响整个社会。孔子早就描述了大同社会建设的目标，《礼记·礼运》有云："大道之行也，天下为公。选贤与能，讲信修睦，故人不独亲其亲，不独子其子，使老有所终，壮有所用，少有所长，鳏寡孤独废疾者，皆有所养。……故外户而不闭，是谓大同。"[②] "大同社会"的建立目标与当前建立和谐社会的目标不谋而合。因此，加强传统人伦思想的教化是有效且必要的手段，并且势在必行。

（庄晓 谢清果）

---

① 龙静云、吴涛：《论旧五伦的解构与新五伦的建构》，《中州学刊》2018 年第 2 期。

② 杨天宇：《礼记译注·上》，上海：上海古籍出版社，2004 年，第 265 页。

第十六章　礼尚往来：华夏交换传播论

本章主要运用传播学中的人际传播理论视角对华夏的交换理论进行探讨，分析了华夏交换传播论中的模式、符号、动机等内容。在当今社会，对华夏交换传播的扬弃有助于国家和社会的治理，以及良好国际关系的建构。

交换行为是自原始社会起人类就存在的基本的交往活动，社会科学领域内有很多关于交换的理论。

第一节　中西交换理论回顾

一、西方的经典交换理论

（一）马林诺夫斯基的互惠原则

英国社会人类学家马林诺夫斯基 1922 年出版了《西太平洋的航海者》，这本记录新几内亚特洛布里恩德岛的民族志描述了当地一种名为"库拉"（kula）的交换制度，他认为交换活动的过程体现了一种互惠性质的关系，所有的权利和义务被组织进一个相当平衡的互惠服务链条当中。[1] 他认为互惠原则是当地社会稳固的根基，揭示了互惠原则之中包含的连续性。

（二）莫斯的礼物交换论

"法国年鉴学派"代表人物马塞尔·莫斯是第一位对礼物交换进行研究的人类

---

① 潘泽泉：《实践中流动的关系：一种分析视角——以〈礼物的流动：一个中国村庄中的互惠原则与社会网络〉为例》，《社会学研究》2005 年第 3 期。

学家，他 1925 年出版的《论馈赠》（又名《礼物——古式社会中交换的形式与理由》）一书是研究交换行为的重要著作。莫斯在书中表达了几个重要的观点：第一，礼物交换是一种集体行为，作为活动主体的"人"是一种集体概念上的人；第二，礼物交换的内容不仅限制于实体物质，也包括精神层面的交换，包括劳动、服务、社会地位、仪式、宗教祭祀、节日等都可以进行交换；第三，礼物交换实质上是非自愿、强制性的，给予、接受、回报这些交换行为都属于义务，礼物自身带有精神实质——即"礼物之灵"。

（三）社会交换理论

西方的社会交换理论产生于 20 世纪 50 年代，主要通过经济的视角研究社会关系当中的礼物与交换现象，它通过交换这一种最基本的人际互动形式探究社会结构形成的原因。社会交换理论认为人类的所有行为都带有趋利避害的基本目的，人类希望在互动活动过程之中能够减少代价、提高收益，并获得满足感和愉悦值；它主张人类减少冲突，实现合作共赢。[①]

库尔特·卢因认为"社会交换理论"存在着五种不同的主流观点：霍曼斯的操作心理学观点、布劳的经济学观点、蒂博特和凯利的相互依赖说、E. 福阿和 U. 福阿的资源说以及 E. 沃尔斯特等人的公平说。[②]

二、基于中国语境的交换理论

西方的人类学家、社会学家对"交换"的议题探讨了近百年，关于原始社会以及西方现代社会的研究日趋完善，却很少关注中国社会的交换体系。一些西方学者运用基于原始氏族社会或西方现代社会提出的交换理论来研究中国独特的交换活动显然是不合适的。[③] 还有一些西方学者谈到中国的礼物交换时，总是提及人际关系一词，他们认为中国社会之中拥有独特的人际关系，他们认为中国人借助送礼来建立人际关系网络，目的是获取本不属于自己的社会资源，带有贬义的意思。[④]

总的来说，关于中国社会交换活动的系统研究起步较晚，比较系统的著作是美国华人学者阎云翔的《礼物的流动》和英国华人常向群的《关系抑或礼尚往

---

① 杨乔松：《浅议心理学视角的社会交换论》，《赤子》（上中旬）2015 年第 12 期。

② 迈克尔·E. 罗洛夫：《人际传播社会交换论》，王龙江译，上海：上海人民出版社，1991 年，第 27 页。

③ 胡亮：《礼物交换研究概述》，《赤峰学院学报》（汉文哲学社会科学版）2016 年第 1 期。

④ 景辉：《论〈礼物的流动〉中"礼尚往来"的中华民族文化》，《名作欣赏》2018 年第 27 期。

来？》。学者胡亮认为，目前西方的礼物交换理论体系更注重经济角度的交换原则，而关于中国的交换研究更注重人际关系的探讨。

（一）阎云翔与《礼物的流动》

阎云翔于 2000 年出版的《礼物的流动》是一本描述中国北方下岬村的民族志，探讨了中国乡村的礼物交换活动包含的人际交往模式和文化准则。阎云翔将村里无限循环的 21 种礼物交换行为分类成表达性馈赠及工具性送礼两种类型，论述了典型性的中国式人际关系网络，而这些个人关系网络就组成了一个完整的乡村社会。他的礼物交换研究运用西方的互惠原则理论框架对中国社会的礼物交换活动进行分析，并结合中国独特的"面子""沾光"等概念，提出了具有中国特色的交换理论：互惠在不同的文化中有不同的表现，在中国就是人情伦理的模式。在中国乡村社会中，人情伦理是个人层次的互动交流的根本原则，也是村民行为的指导规范，礼物交换活动就是日常生活中人情观念的体现。礼物交换活动既是道德义务的体现，又能表达情感。[①]

（二）常向群与"礼尚往来"模型

英国华人学者常向群在 2009 年出版了《关系抑或礼尚往来？——江村互惠、社会支持网和社会创造的研究》这一著作。常向群提出了"礼尚往来"（lishang-wanglai）的理论模型，把由儒家礼乐文化中的"礼尚往来"思想形成的中国独特的交际习惯提炼成学术概念，用"馈赠性往来""表达性往来""工具性往来"以及"否定性往来"这四种类型概括了中国复杂繁多的互惠社会关系。[②]

三、研究现状

关于华夏的交换论，现有的研究主要是从社会学、人类学、历史学、心理学等学科视角对华夏"礼尚往来"的社会交换传统来进行探究：例如学者朱东丽、司汉武就从文化心理需求的角度来解读"礼尚往来"；学者任保印从伦理的视角来审视"礼尚往来"，学者黎虎从历史学科视角研究周朝的"礼尚往来"制度；还有不少中国学者从西方学者的社会交换论、礼物交换等理论入手来解读中国的礼尚往来文化传统。几乎没有从传播学视角进行研究的相关著作。值得注意的是，许

---

① 阎云翔：《礼物的流动》，李放春、刘瑜译，上海：上海人民出版社，2000 年，第 178—192 页。

② 孙晓婧：《解读中国关系文化和社会结构的一把密钥——评〈关系抑或礼尚往来？——江村互惠、社会支持网和社会创造的研究〉》，《社会学评论》2014 年第 3 期。

多学者在进行相关研究时，直接把中国的"礼"当成实体物品的"礼物"，然而事实上交换不是等同于实体物品的流动。

可以说，目前华夏的交换传播并没有形成研究范式，没有公认的理论，少量学者对中国人际传播的研究聚焦到了社会交换行为的这一内容，也只是运用西方的社会交换论等理论进行探究，没有探讨华夏交换传播论的特点。

第二节 礼尚往来：一种中国传统的人际交换论

华夏自古以来就有独特的交换理论，这与中国传统文化的重要组成部分——礼乐文化紧密相连。

产生于周代的礼乐文明之下的《诗经》，其中的《大雅·抑》一诗中有"投我以桃，报之以李"的句子，也就是"投桃报李"这一成语的出处；《卫风·木瓜》一篇中也有"投之以木瓜，报之以琼琚"的诗句，并引申出成语"投木报琼"。两首诗生动形象的比喻，体现了礼乐文化中相互赠答的人际交往思想。

而作为三礼之一，儒家礼乐文化的经典著作——《礼记》，其《曲礼上》一篇中则提出了"礼尚往来"的概念："太上贵德，其次务施报。礼尚往来，往而不来，非礼也；来而不往，亦非礼也。人有礼则安，无礼则危。故曰：'礼者，不可不学也。'"意思是说："上古时代以德为贵，后世讲究施惠和报答。礼提倡往来，我对他人施惠而受惠者不来报答，不符合礼；有人来施惠而我不进行报答，也不符合礼。人有礼，那么社会就会安定，如果人无礼，那么社会就会面临危乱。所以说，'礼，是不可不学的。'"①儒家认为，有来有往的人际交换活动是"礼"的重要内容，也是维护社会稳定的重要手段。

礼乐制度早已成为深深扎根在古代中国并被长期沿袭的制度，礼乐传播也是中国最重要的传播现象之一。②美国的文化人类学家鲁思·本尼迪克特认为"文化是通过某个民族的活动而表现出来的一种思维和行为模式，一种使该民族不同于其他民族的模式"③。儒家的礼乐作为中华文化传承中既特殊又普遍的载体形式，是中国古代的社会生活中极其重要的组成部分，更是已经内化成为中国现代社会生活的基本规范。④而作为礼乐文化中的重要内容，华夏"礼尚往来"的交换论也

---

① 杨天宇：《礼记译注》，上海：上海古籍出版社，2004年，第3页。

② 黄星民：《礼乐传播初探》，《新闻与传播研究》2000年第1期。

③ 鲁思·本尼迪克特：《文化模式》，张燕、傅铿译，杭州：浙江人民出版社，1988年，第45—46页。

④ 谢清果、林凯：《礼乐协同：华夏文明传播的范式及其功能展演》，《新闻与传播评论》2018年第6期。

自古延续至今，成为古今中国社会的人际交往活动的基本原则。

著名学者林语堂先生曾说："它们实在是统治中国的三女神，权势过于当时执政的军政要人以外。至于它们的名称便是叫做：面情、命运和恩典（也被译为面子、命运和人情）。此三姊妹永远统治着中国，至今犹然。"①关于中国的面子文化，他认为："这里吾们达到中国人社会心理最微妙奇异的一点，抽象而不可捉摸的，但却是最高等最精细的规范。中国人的社交往来，莫不依此为准则。"②"礼尚往来"的华夏交换论正是中国社会是注重面子的人情社会的表现，这一传统的文化模式已经渗入了中国的政治、经济、民俗等领域。

英国著名的历史学家阿诺德·约瑟夫·汤因比曾写道："怀特海说，'世上每一个因具有高级活动而闻名的时代，在其顶峰阶段，以及在造成这一顶峰阶段的代表人物中间，都能发现某种深刻、普遍的特征，它们被不声不响地接受，在人们日常发生的行为上打下自己的印记。'……它（文化）也许可以称之为创造一种社会状态的努力，在这个社会状态中，整个人类成为一个无所不包的大家庭的成员，将在一起和谐地生活。"③"礼之用，和为贵"，礼尚往来的华夏交换论作为礼乐文化的重要组成部分，通过调和不同身份、地位、等级间的人际关系以求达到和谐统一，是一种典型的人际传播模式，在社会发展中起到积极推动作用。

第三节 投桃报李：人际传播视域下的华夏交换传播论

本章将运用传播学的人际传播理论，探讨作为人际传播的华夏交换传播的模式、符号和动机。

一、交换传播的符号

信息传播离不开符号。④符号学的创始人索绪尔认为符号本身是一个带有意义的物体，它是能指与所指的结合。所谓"能指"就是我们能够感觉的符号的形象，而"所指"则是符号在我们头脑中的观念，即符号所指代的意义。⑤皮尔斯将符号分为三类：图像符号、标志符号、象征符号，我们在关注符号的文化层面时，更多的是把它们作为象征符号来使用。人类文化在某种程度上来说，就是符号的

---

① 林语堂：《吾国与吾民》，黄嘉德译，长沙：湖南文艺出版社，2016年，第283页。
② 林语堂：《吾国与吾民》，黄嘉德译，长沙：湖南文艺出版社，2016年，第289页。
③ 阿诺德·约瑟夫·汤因比：《历史研究》，刘北成等译，上海：上海人民出版社，2000页，第19页。
④ 郭光庆：《传播学教程》，北京，中国人民大学出版社，2011，第52页。
⑤ 费尔迪南·德·索绪尔：《普通语言学教程》，高名凯译，北京：商务印书馆,1980年。

创造和运用符号进行创造的过程，心理反应、社会身份、价值观念、宗教仪式等都成为构成现实表象的符号，符号的传播成为普遍的认同方式和文化，是一切社会力量，包括政治力量和经济力量，用以维持组织动员能力的象征资源。[①]

美国西北大学传播学教授迈克尔·E.罗洛夫在其所著的《人际传播：社会交换论》一书中提出人际传播可以作为一种社会交换现象重新加以认识。他认为人类进行社会交流的目的是为了从他人那里获得回报，以满足自我利益，这和《礼记·乐记》中的"礼也者，报也"的观点不谋而合。他给人际传播下了这样的定义："人际传播是关系双方的符号传递，是处于一个关系之中甲乙双方借以相互提供资源或协商交换资源的符号传递过程。"[②] 阎云翔在《礼物的流动》中总结了礼物同人情、关系之间的关系，提出了这样的观点："礼物可以被看作是一种符号，或者一种依靠关系这一社会基础传达人情的工具。"[③]

华夏交换传播活动中的最主要的符号类型是非语言符号，包括了物化、活动化、程式化、仪式化的符号。要理解这一点，首先要明确的是，华夏交换传播活动中交换的内容不仅仅是物质的礼物，可以用"资源"一词来概括。E.福阿和U.福阿提出的社会交换论的"资源说"就对资源做了极为详细的分类：爱（爱慕、温情、惬意的交流）、地位（尊重、敬仰、名望）、服务（涉及身体和财产有关的活动）、货物（有形的产品、物件、材料）、信息（劝告、意见、教导）、金钱（社会赋予标准价值单位的硬币、纸币、象征品）。[④] 这样的资源分类也可以运用在华夏的交换传播活动中，不同的情境中交换的资源类型各不相同。资源成了交换传播活动中的信息载体，起到了符号的作用。

同时，华夏交换传播活动中的资源作为符号，属于象征符：它属于人类社会创造的人工符号，可以进行自由创造，即资源与其指代的对象事物之间的关系具有随意性。例如红包，在节日、婚礼、宴会等情境下，构成的是祝福、吉利的意旨；在丧葬活动情境下，构成了对亲友的慰问和去晦气的概念意义；而到了异国的华人文化圈里，红包还作为仪式化的象征符，以此扩大社会交往，满足文化与种族认同的需求。[⑤]

---

① 向春香、陶红：《先蚕礼在中华农耕社会中的组织传播分析》，《蚕学通讯》，2011 年第 3 期。

② 迈克尔·E.罗洛夫：《人际传播社会交换论》，王龙江译，上海：上海人民出版社，1991 年，第 25—26 页。

③ 阎云翔：《礼物的流动》，李波春、刘瑜译，上海：上海人民出版社，2000 年，第 187—189 页。

④ 迈克尔·E.罗洛夫：《人际传播社会交换论》，王龙江译，上海：上海人民出版社，1991 年，第 15 页。

⑤ 何思毅：《微信红包在华人旅居者中的交往功能研究》，硕士学位论文，广东外语外贸大学，2019 年，第 47—48 页。

人类可以运用象征符来传达象征意义，因此，人类的信息传播活动也可以看作为象征性社会传播活动。华夏的交换传播活动就是一种典型的象征性社会互动，人与人之间通过传递象征符（资源）和意义进而相互作用和相互影响，既作为社会关系形成的纽带，又明确地体现了社会关系。[①]

二、交换传播的模式

1954 年，施拉姆在奥斯古德的理论的基础上提出了传播的"循环模式"（如图16-1 所示）。这种模式之中，双方没有被明确地分为传播者和受传者，把传播过程中的双方都看作了传播行为的主体，两方通过信息的传递和接收处在你来我往的相互作用之中，双方在传播过程的不同阶段一次扮演了编码者、释码者和译码者的角色。总的来说，循环模式强调了传播的互动性，体现了人际传播的特点。[②]

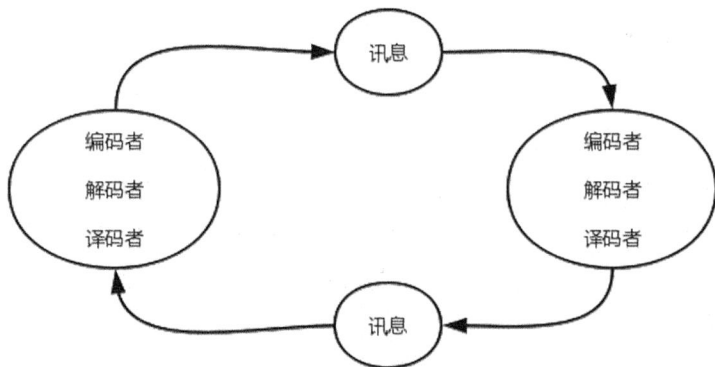

图 16-1　奥斯古德和施拉姆的循环模式

从人际交换的视角来看，交换传播的模式与奥斯古德、施拉姆提出的交换传播模式有相似之处。基于此，本文提出了华夏交换传播模式（如图15-2 所示）。华夏的交换传播活动中，双方既是传播者又是受传者，依次扮演这两种角色，通过传递"资源"这一符号，表达意义，获取回报。当然，这个过程不仅仅是互动，它的动机是多样的，主要包括获取资源、建立关系、满足需求这三大需求。

---

① 郭光庆：《传播学教程》，北京，中国人民大学出版社，2011，第 42 页。
② 郭光庆：《传播学教程》，北京，中国人民大学出版社，2011，第 52 页。

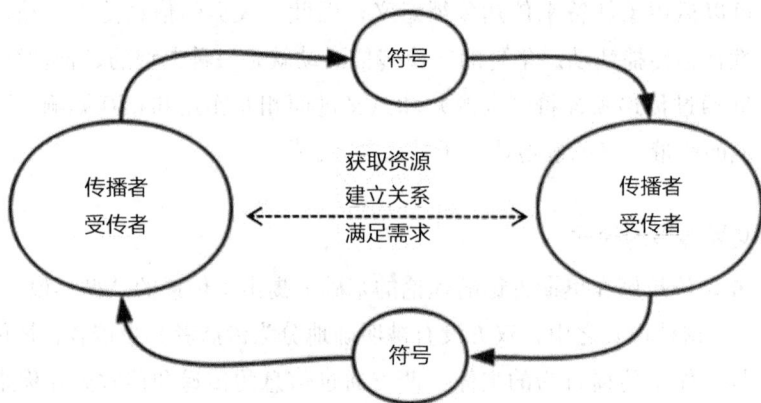

图 16–2　华夏交换传播模式

三、交换传播的动机

（一）获取资源

郭光庆认为，人际传播的首要目的就是获取信息[1]；迈克尔·E.罗洛夫认为，人际传播中"传播本质上是一种回报，或者可以认为是一种取得回报的手段"。[2] 作为一种人际传播活动，获取信息必然是其目的之一，但显然信息并不足以概括全部，使用获取资源这一说法显然更加合适，涵盖了爱、地位、服务、货物、信息、金钱这六大类内容。在华夏交换传播的互动活动中，人们的"给"是因为期待从被给予方中获取回报，资源既是传递的符号，又是活动的主要动机。

（二）建立关系

与他人建立起有效的社会协作关系也是华夏交换传播活动的基本目的。人是社会的动物，离不开与他人的社会协作。作为中国的传统行为活动，交换传播活动是一种分享管理、危机管理的方式，给予他人的资源和帮助是一种储蓄，这有助于对抗危机下个人的渺小性和无助感，是一种守望相助的观念，包含了"理性的计算"。这可以用常向群的"表达性往来"这一交换活动的分类来解释：这是"维系以个人和家庭为基础的、经过代际相传的'礼尚往来'关系网而进行的互

---

① 郭光庆：《传播学教程》，北京，中国人民大学出版社，2011，第 72 页。

② 迈克尔·E.罗洛夫：《人际传播社会交换论》，王龙江译，上海：上海人民出版社，1991 年，第 142 页。

动"，在年度周期和紧急事件中发挥作用，表现形式多为生活中的互帮互助。[①] 阎云翔也认为交换活动具有"社会保障功能"，在 20 世纪 60 年代的饥荒中，下岬村最早断粮，一些村民因为拥有和其他村的亲朋好友的良好关系而从中获得了救命的粮食，而缺乏人情资源的村民则被迫挨饿甚至被冻死。[②]

同时，交换传播活动也是一种建立社交关系的有效方法。例如阎云翔的《礼物的流动》中提到由于地方禁忌，下岬村的生育庆典的礼物馈赠一般由妇女进行负责，因此这一情境下的交换活动形成了女性的亚文化领域，村里的妇女通过生育庆典有了独自建立社会关系网的机会，一些妇女的丈夫并不了解她们的"下奶"礼账。[③]

（三）满足需求

满足社会性的精神和心理需求也是交换传播活动的基本动机之一。在华人社会，面子代表了一整套的行为互动法则和社会控制机制，贯穿了个体社会化的全过程，[④] 是中国关系的重要因素。交换活动构成了社会支持系统的领域之一，一个人的社会地位与位置，生动地显示在婚丧等生命周期仪式中，客人出席数量以及仪式期间客人展示出来的精神支持都是度量标准。例如按照下岬村的当地习俗，来参加仪式的宾客越多，待的时间越长，主人显示出的"面子"和社会声望就会越大。[⑤]

第四节　礼通天下：华夏交换传播论的现实思考

一、存在于现代社会的负面影响

（一）影响社会公平，滋生违法犯罪

中国传统的交换观念影响着当今的人际交往观，交换在某种程度上已经成为一种谋求政治和经济利益的方式，个人关系变得越来越工具性和功利化。[⑥] 人们在进行某些社会活动时，首先想到的是借由馈赠礼品的方式来换取对方的社会资源与获取利益。赠予方付出的是金钱与商品，收获的是对方的社会资源与权力利益。

---

① ［英］常向群著：《关系抑或礼尚往来？——江村互惠、社会支持网和社会创造的研究》，毛明华译，沈阳：辽宁人民出版社，2009:180.

② 阎云翔：《礼物的流动》，李放春、刘瑜译，上海：上海人民出版社，2000 年，第 80—82 页。

③ 阎云翔：《礼物的流动》，李放春、刘瑜译，上海：上海人民出版社，2000 年，第 49—50 页。

④ 赵卓嘉：《面子理论研究述评》，《重庆大学学报》（社会科学版）2012 年第 5 期。

⑤ 阎云翔：《礼物的流动》，李放春、刘瑜译，上海：上海人民出版社，2000 年，第 82 页。

⑥ 阎云翔：《礼物的流动》，李放春、刘瑜译，上海：上海人民出版社，2000 年，第 18 页。

在这种"交换"活动下，被掩盖的却是进行利益交换与输送的实质。传统的交换观念滋生着人情与金钱、权力的勾结，从而诞生了灰色地带。在灰色地带中，"办事要送礼"是潜规则，"拿钱办事"是常理，人情腐败是常态。

"来而不往，非礼也"，利益交换与输送往往被披上"礼"的面纱，以人际交往为借口，以日常生活的互相馈赠为幌子，实际却是为了谋取利益而进行行贿、受贿。官员以自身权力大肆敛财，其中不乏以人情交往为借口者。在各种行贿、受贿案件中，源头都是最初的人情往来、私交馈赠。行不正之事，破坏的不仅是社会风气，也是社会公正公平。行贿者靠着赠送礼品获得了本不应由自己取得的利益，而受贿者利用公权也取得了本不属于自己的财物。在这样的交换观念下，公权力与私权利的边界被模糊，公权力本应是维护和增进公益而设之权力，却变为个人敛财之私权力。如今，公权变成私人敛财的工具造成社会分配的不公，贿赂案件的不断发生，在这种风气之下，"礼尚往来"演变为"礼上往来"，传统美德也正变为利益输送的借口。

习近平总书记曾说："人情之中有原则，交往当中有政治。"华夏传统的交换观念虽渗入每个中国人心中，但人情交往应当以不违法犯罪、不损害公共利益为前提。在进行人情交往的同时，应秉持崇德尚礼的本质，取精华、去糟粕，恪守为人之道。对传统交换观念扬弃，有助于构建当代正确的交换观念，使不公的利益输送与交换失去其赖以生存的"温床"。

（二）物化亲友关系

礼尚往来的观念根植于每个中国人心中，在亲友关系中更是如此。"送红包"是亲友之间进行社会交往的重要途径之一。通过你来我往地互相馈赠红包进行社会交换，亲友之间传递祝福，沟通感情，交换着彼此对美好生活的祝愿与期盼。而如今，"送红包"传递祝福的内在含义被渐渐弱化，沟通感情的作用也被人们所忽视。亲友之间互赠红包在当下更多的是被赋予了经济交换的色彩，逐渐转变为一种义务与负担。受制于亲友关系的影响，人们不得不在各种喜事中赠送红包。当喜事来临，有时人们不得不在财务状况不佳时也赠送红包，以换得对方的尊重，这时祝福便变成了负担，变成了压在当代人身上的一座大山。有时，人们一个月会碰到很多场红白喜事，送出去的礼金往往也难以承担，令人苦不堪言。从另外一个角度来看，虽说红包不在金额大小，只是为了表达心意，但如今却变成了一种攀比。亲友之间因红包大小而攀比，变成了单纯追逐脸面的一场表演，失去了"送红包"原本的美好意义。传统的交换观念物化了亲友关系，使物质交换取代了应有的真挚与纯粹。

二、对于现代社会的现实意义

（一）有利于国家、社会治理

传统的交换理念所树立起的"礼尚往来"构建了整个中国社会人际往来的基本模式。"投桃报李""投木报琼"所确立的华夏交换论根植于每个人心中。这样优秀的传统思想对国家治理、社会治理具有深远意义。通过礼尚往来的交往模式，人们互相感恩彼此，注重礼节，崇德尚礼，便营造出了一个更加和谐的社会环境。如此的社会环境不同于只注重于经济实质的社会，良性的社会应当更注重人与人交换沟通与情感，而不是关注于经济价值与既得利益。《礼记》云："人有礼则安，无礼则危。"儒家认为"礼"是维护社会稳定的重要手段，传统的交换观强调人与人之间的和谐关系，这种和谐对于社会和谐、国家稳定的积极作用不言而喻。礼尚往来的交换观念有着重道义轻功利伦理情趣的特征，这样的特质强调人与人之间重情感、轻物质，使人际交往达到一种和谐的状态。人与人之间和谐共处，社会矛盾减少，便凸显了其对于国家、社会治理层面的积极意义。

（二）有利于良性国际关系的构建

"'交聘'是中国古代国家、民族或政治实体之间和平交往的主要方式和手段。'报礼'是指交聘过程中礼仪、仪节的相互回报。这种相互回报贯穿于交聘关系中的各个方面和环节。"[1] 根据《礼记》的记载，中国古代便存在着国家之间相互交往，互赠礼品、互换文书、互相遣使的活动。"礼尚往来"的华夏交换观也影响至今，对中国在当代构建良性的国际关系也产生深远影响。在当代，中国仍然秉持着这样的交换观念。如在对非洲国家进行援建时，中国以"互利互惠"为原则进行利益交换，使双方利益最大化，这既不是对受援国家进行政治体制改造，也不是以垄断受援国经济为目的。中国通过对受援国进行援建，双方进行利益的相互交换，以此达到双赢。这样的"礼尚往来"使中国提升了国际地位与国家形象，有助于构建良性的国际关系。

（李若兰　谢清果）

---

① 黎虎：《周代交聘中的"礼尚往来"原则》，《文史哲》2009 年第 3 期。

第十七章 "以貌取人"：华夏形象传播的独特现象

"以貌取人"是孔子在评判其弟子时出现谬误后的深刻反思。本文在梳理"以貌取人"的词源意蕴及其历史流变的同时，引入爱德华·桑戴克的晕轮效应理论和非语言符号传播理论来加以阐释，同时结合中医学中"藏象"学说和望诊以及东方相术的相关理论，从华夏文化中寻找"以貌取人"在形象传播视角中的深刻内涵，剖析其产生的华夏文化背景和传播结构，并阐发出其背后蕴含着的华夏形象传播的艺术伦理。

都说现在的社会是"看脸"的社会，"颜值"似乎已经成了评判人的一把重要标尺，在就业当中，有的 HR 竟直接通过"颜值"评判一个人的能力。为什么"脸"的状态会让人勾连起其内在的状态呢？华夏文化中医学中的藏象学说给出了合理的解释，并对"象（外在现象）"与"藏（内在诸器官）"之间的互相作用的关系讲述得十分详细，中医实践中的"望诊"就是通过观察外表初步判断内在病灶，而应用"藏象"最广泛的是东方相学，至今依旧广为流传。而"脸面"作为人对外展示的门面，也越来越得到大众的关注，致力于提升颜值的保健品、护肤品、生活用品层出不穷。"脸面"不仅是一个人的样子，亦是形象传播的名片，而对"颜"和"脸面"的深入探讨就显得格外重要。如何解释这种"以貌取人"的文化内涵，如何洞悉"以貌取人"的华夏传播的底层逻辑，如何利用这种文化逻辑进行更好的形象传播，将是本章探讨的重点。

第一节 "以貌取人"问题的提出

华夏文化中关于"貌"的论述不胜枚举，据笔者发现，华夏文化典籍中涉及人物传记的部分都对人物"外貌"有非常详细的描写。《三国演义》中有非常多的人物肖像描写，其中比较耳熟能详的有对诸葛亮的肖像描写：玄德见孔明身长八尺，面如冠玉，头戴纶巾，身披鹤氅，飘飘然有神仙之概。《红楼梦》中对王熙凤的描述亦是栩栩如生：头戴着金丝八宝攒珠髻，绾着朝阳五凤挂珠钗；项上戴着赤金盘螭璎珞圈；裙边系着豆绿宫绦，双衡比目玫瑰佩；身上穿着缕金百蝶穿花大红洋缎窄裉袄，外罩五彩刻丝石青银鼠褂；下着翡翠撒花洋绉裙。一双丹凤三角眼，两弯柳叶吊梢眉，身量苗条，体格风骚，粉面含春威不露，丹唇未启笑先闻。

而关于探讨"以貌取人"思想的学术论文不多，全网搜索后发现有 80 余篇，其中对"以貌取人"思想的褒贬不一，有学者认为"以貌取人"是有一定心理学依据的，并着重给出了心理学方向"基于面孔的特质推理及准确性"的相关实验结论[1]；还有学者是从"人脸识别"方向给出"以貌取人"在现代科学尤其是 AI 识别方向的合理性[2]，其中通过"人脸识别"判断人是否具有潜在犯罪动机的相关论述就带有浓厚的狭义"以貌取人"的意味；其次，还有学者是站在人力资源领域分析职场上的"以貌取人"，认为员工应该注重自己的仪容仪表，更好地做到形象传播[3]，同时也提到了企业形象甚至是国家形象传播，这也是对传播领域有一定借鉴意义的研究方向。还有一部分学者是客观分析中国社会"以貌取人"的历史渊源，华夏文化论坛中刊登的《〈史记〉中的"以貌取人"》一文中，着重分析了《史记》中对于人物面容、身材的相关描述，从而得出不论是以容貌判断品性，还是看相定吉凶，这种现代市井思想在古人身上，在古书中，都能找到原型。[4] 这种世俗思想上的寻根，对理解和复兴中国文化是有积极意义的；学者张东哲发表的《汉晋"以貌取人"与〈世说新语〉人物描写》一文中充分论述了汉代"以貌取人"的选官制度，魏晋时期以品评风气广泛盛行的历史现实，并着重分析导致这一现象的历史原因。[5] 还有学者用幽默的语气对古代科举制度中的"以貌取人"做了生动描述，而作为古代学术传播的重要途径，科举的影响力不容小觑，笔者也会在后文中重点分析。同时，更多的论文是在批判"以貌取人"这一有失偏颇的思想，认为这种思想在人际传播过程中会形成壁垒，影响我们对他人的全面考察，同时

---

① 刘晨、温芳芳、佐斌：《以貌取人可行吗？——基于面孔的特质推理及准确性》，《心理科学》2019 年第 42 期。

② 夏文燕：《"以貌取人"智能识别时代来临？》，《江苏科技报》，2012 年 5 月 7 日，第 A05 版。

③ 张葵：《从"以貌取人"谈现代人力资源管理中的"晕轮效应"》，《泸州职业技术学院学报》2014 年第 4 期。

④ 吴昱昊：《〈史记〉中的"以貌取人"》，《华夏文化论坛》2013 年第 2 期。

⑤ 张东哲：《汉晋"以貌取人"与〈世说新语〉人物描写》，《黔南民族师范学院学报》2016 年第 36 期。

会让整个社会风气变得污浊，不利于人与人的友善交往，更不利于社会的发展。笔者认为持批判态度的观点强调的是人际交往过程中，我们不应该持刻板印象去评判他人，而要全面地认识事物，认识他人，才能更好地挖掘每个人的优秀以及闪光点。但是不能否认的是，外在的状态是的确可以反映内在，同时内在的品质也可以直接改变外在的状态。深刻洞悉人性的美国著名文学批判家保罗·福赛尔曾表述过社会等级与生活品位关系，并收录在其著作《格调》中。他认为"以貌取人"是有一定社会依据的，并且敏锐的人能在一瞥之间通过一系列的外在特征判断一个人的地位高低，他的依据是"仅仅有钱并不能提高一个人的社会地位，还必须提高文化品位和生活格调"①，所以通过一个人的文化品位，包括谈吐、举止，以及生活格调，包括衣着、整洁度等等就可以大致判断这个人的社会地位和阶级。

　　以上，笔者认为，所有关于"以貌取人"的分析都具备合理性，在不同的条件、不同的假设前提下，"以貌取人"确实有不同的意义，或正面或负面。但不可否认的是，"以貌取人"确实是影响人际传播比较重要的因素之一，同时也是现代人极其注重的一点。但是前人的分析虽说涉及面很广泛，也有探讨"以貌取人"的社会渊源，但作为华夏词语，"以貌取人"绝对还有我们没有挖掘到的文化根基，到底是什么样的文化特质，造就了"以貌取人"的心理，使得中国人对形象格外关注。本章就要从华夏文化的根基出发，跨领域寻找能够为这种思想辅证的华夏理论依据。

第二节　"以貌取人"本质上是一种传播现象

一、"以貌取人"的含义

笔者认为"以貌取人"应该从两方面来解析其含义。

一方面，广义的以貌取人，即单从字面释义、通过样貌了解他人。这种解释不突出褒贬，不含有感情色彩，只是单纯抛出一种识人的方式。例如 AI 人脸识别就是一种以貌取人的方式。

　　另一方面，狭义的以貌取人。就是我们所说的将"外表"作为"第一印象"去直接评判一个人的内在本质和才能，如果看对方的外表俊俏干净就觉得他内心阳光积极能成大事，如果看对方丑陋邋遢就觉得他内心阴暗龌龊注定不会成功。同时这种"以貌取人"的人不愿意去全方位了解他人，而仅止步于外表，拒绝对他

---

① 保罗·福塞尔：《社会等级与生活品位以貌取人》，《全国新书目》1999 年第 5 期。

人进行深入了解。这种解释突出感情色彩，并且偏贬义，但却有很多人前仆后继地在"以貌取人"的路上渐行渐远。

狭义的"以貌取人"出自《史记》，原文是："吾以言取人，失之宰予，以貌取人，失之子羽。"（《史记·仲尼弟子列传》）这段话，字里行间都透露着感慨和懊悔。

所以很多情况下，狭义的以貌取人都会造成对人评判的失误，而同样的词语"字如其人"也会造成对他人的刻板印象。

二、"以貌取人"的社会心理学分析——晕轮效应

这种"以点带面"的词语之所以存在，是因为我们在人际交流的时候无法在短时间窥探他人的全貌，尤其是初次见面的陌生人，所以就会把重点放到最直观的地方，那就是外表。但很多人明知道外表其实不能代表全部，那为什么还会出现"以貌取人"的现象呢？

美国著名心理学家桑戴克给出了他的解释。他于 20 世纪 20 年代提出晕轮效应（The Halo Effects）理论，是指人们对事物的认知和判断往往只从局部出发，像日晕一样，由一个中心点逐步向外扩散成越来越大的圆圈，并由此得出整体印象。[①]

在社会心理学范畴内，该效应具体体现在人们对他人的认知和判断首先根据个人的喜好出发，然后再从这个判断推论出认知对象的其他品质。而人们对人的认知和判断往往由于时间短暂，所以只能从局部出发，进而扩散得出整体的印象，所以常常以偏概全。在这种理论下，如果认知对象被标明是"好"的，他就会被"好"的光圈笼罩着，并被赋予一切好的品质；如果认知对象被标明是"坏"的，他就会被"坏"的光圈笼罩着，他所有的品质都会被认为是坏的。而对于局部的关注，"样貌"首当其冲，因为人们第一眼看到的就是另一个人的外貌，所以才有"以貌取人"的现象。

晕轮效应也常表现为根据外貌、衣品、言行谈吐、举止取人。在对不太熟悉的人进行评价时，这种效应体现得尤其明显。因为人类都有向往美好的本性，所以连圣人孔子都难免犯下"以貌取人"和"以言取人"的评判谬误。

尽管在晕轮效应上，人类持续不断地犯错误，但却也在义无反顾地前仆后继，甚至是你在觉察到自己已经陷入晕轮应中，也不想自拔，更不用提那些从来没意识到的人。很多人觉得外在的东西做得到位，其品质和才能也可以侧面展现，并

---

① 《名词解释：晕轮效应》，《管理观察》2014 年第 15 期。

认为这是对自己外形的管理，所以现在很多的健身房、美容院都推出了类似"仪态管理""表情管理"相关的课程。

三、"以貌取人"传播学分析——非语言符号传播

符号学之父皮尔士指出，符号由代表事物的符号、被符号所指涉的对象以及符号所解释的意义构成。[①] 我们可以这样理解，只要任何事物独立存在，和另一种事物有联系并且可以被解释，那么其功能就是符号。德国哲学家卡希尔认为，文化是一整套符号，人是创造符号的动物，并且通过符号来认识世界。[②] 因此，我们生活的世界是一个充满符号的世界，人创造了符号并赋予每一个符号其独特的含义。所以，符号是连接主客体、人和世界的中介。人通过符号认识世界，人也是符号世界中凸显的重要符号。所以对人的研究，首先即是对符号的研究。通过对符号的认识，人才能完整地认识自己和认识世界。

在传播学中，我们将符号分为语言符号与非语言符号，美国学者萨姆瓦将通过视觉、听觉等符号为信息载体的符号系统定义为非语言符号。梅瑞宾则认为，在信息传递的全部效果中，只有38%是声音传达出来的，而语言只占7%，其他55%的信息是靠无声的手段传达的。博德惠斯特尔认为，即使在人民面对面交流时，有声信号也低于35%，而65%的交际信号是无声的[③]。20世纪50年代，以爱德华·霍尔《无声的语言》为代表的众多著作，成功地把非语言符号的研究向前推进了一大步。

本章所讨论的"貌"，就是作为一种非语言符号，人们对自身形象的塑造，包括外在的相貌、体态、表情、服饰、色彩、眼神、动作等直观可感受的和由外在形象映射出的内在价值观、文化趣味、自身涵养等，同样是重要的信息符号。这都是"貌"所包含的，同时也是被赋予了意义的非语言符号。在人际传播过程中，人们把"貌"赋予了与之相对应的不同含义，外在的状态与内在本质进行意义交互，于是"以貌取人"就形成了。那么为什么非语言符号可以被赋予意义呢，霍尔认为文化是"人们的生活方式，以及他们所习得的行为模式、态度和物质的总和"[④]，并认为它从深层持续稳定地控制着人们的行为方式，也把人们行为方式的很多层面的符号隐藏了。换言之，霍尔认为非语言符号是一种文化特质，深根于人们的生活之中，所以如果要研究非语言符号传播，那就必须从文化入手，去探索

---

① 完权：《从皮尔斯符号学到语用整体论》，《当代修辞学》2020年第3期。

② 赵秀红：《卡希尔"符号"理论的研究及现实启迪》，《世纪桥》2018年第4期。

③ 许静：《传播学概论》，北京：北京交通大学出版社，2007年，第42页。

④ 霍尔：《无声的语言》，上海：上海人民出版社，1991年，第61页。

研究对象所处的文化背景，才能从文化中找到其隐藏之物，即非语言符号，把自己从潜意识的牢笼里解放出来，才能更好地理解传播，并且更好地进行传播。

第三节 "以貌取人"传播现象形成的社会文化原因

通过对"以貌取人"含义的全面的阐述，以及对"以貌取人"本质的传播意涵进行分析之后，笔者将重点从华夏社会特点出发，从华夏文化中找寻"以貌取人"传播思维的历史渊源，并对"以貌取人"的本质深入剖析，从华夏背景中提取蕴含"以貌取人"思维的传播活动，从广义的视角客观阐释"以貌取人"的华夏现实表现。

一、"以貌取人"的华夏历史渊源？

（一）礼以成貌，礼文化是以貌取人的重要文化背景

笔者认为，举止行为、仪容仪表之所以能对人的内在品质加以评判，是离不开华夏"礼"文化的熏陶的。

首先，这种礼是自上而下地推行，更具有规范和强制性。古代大一统的中央集权国家是十分重视礼仪规范的，皇室对其成员的礼仪训练亦是十分严苛的。《中国古代皇家礼仪》一书中在第九和第十章着重讲述了皇家仪仗舆服宫室礼仪和交聘礼仪，而华夏文明之所以如此注重外在礼仪的培养，就是因为要通过"礼"维持一种等级秩序。

而为了巩固这种统治，由皇室推行，普及民间，都在推崇儒家的"礼"。《周礼》中礼的部分深刻阐述了这种等级秩序的形成模式，通过对人的身份进行划分和社会规范的制定，最终形成严格的等级制度。而这种等级制度是要通过服饰、举止、饮食、教育等外部的表现进行区划分隔的。《礼记·冠义》记载："君臣正，父子亲，长幼和，而后礼义立。故冠而后服备，服备而后容体正。颜色齐，辞令顺。故曰：冠者，礼之始也。是故古者圣王重冠。"这表示此时冠的等级区分已经与人的尊卑礼仪联系起来了。人们通过衣冠来区分地位、阶级、财富。而这些外在显现又与其学识、接受的教育、家庭背景有密不可分的关系，所以人们自然可以通过外表的穿着去大致判断其社会地位、品质学识以及身份背景。反而，衣冠不整不但被认为是穷困潦倒的象征，更被视为对他人的大不敬。

在儒家思想中，作为政治和文化等诸多方面中心思想的"礼"，涉及华夏社会的方方面面。所以在华夏"礼"文化的影响之下，"以貌取人"的现象才得以存在

并传播。

（二）非语言符号也是貌的有机组成部分。

《易经·系辞下》中有云："黄帝尧舜垂衣裳而治天下，盖取诸乾坤。"分析这段话，我们不难看出，上衣下裳、天尊地卑是天道和人道的具体形象表现。古人用衣裳象征天地，表现出其效法自然的"敬天"思想，这种思想后来经过儒家的继承和发展，逐步确立起了服饰的政治化理念。由此，服饰这种非语言符号被赋予了独特的政治意义，关联起了穿着该服饰之人的等级地位。而服饰这种非语言符号作为社会地位的标志，被用来"昭名分、辨等威"，意思就是社会各阶级的服饰在阶级之间不可混淆，包括低等级的不可穿着高等级的服装样式、高等级的服饰之间也有差异，这样与宗法制度相适应的服饰制度，是统治阶级想出来用以维持社会秩序的重要手段。①

《薛仁贵征东》中有名句："人靠衣服马靠鞍。"其意就是说衣服对人体的形美有很大的影响，那么通过衣服的华贵，自然能衬托人外貌的精美，所以"以貌取人"在服饰这种非语言符号的加衬之下就变得有据可依。

那么，通过包括服饰在内的外表状态和举止特征去反映一个人本质的性质，包括家世、阶级、财富、地位等，在对非语言符号的打造下足以强化传播特定的信息。为了维护统治，统治者同时在思想上对百姓进行意识形态的影响。农耕文化将中国人紧紧联系在一起合作，孕育出集体主义意识。② 大一统的中央集权制国家要求思想高度统一，而统一思想必然会造成审美、取向、思维、行为等的大范围的统一。这种制度特性造就了华夏文化中思想的同一化，并且容易形成社会风尚，同时极易在全社会普及一种观念。而儒家思想的推广和普及，更是把社会审美和价值取向严格加以同化，在这种社会环境之下极易形成广泛认同的非语言符号系统，例如清军入关后的易发易服，就是利用对非语言符号的传播，改变大众对"貌"的认知，从而达到统治的目的，通过对"貌"的强化，来区分"顺民"和"逆民"，加强对百姓的控制和统治，这样看来，非语言符号在"以貌取人"中也确实扮演了重要的角色。

（三）以貌取人：社会阶层标志的体现。

而在魏晋时期，门阀士族作为贵族阶层，无论在政治、经济还是文化方面都

---

① 孔筝、古长生：《等级制度与服饰文化》，《大众文艺》2016年第18期。
② 谢清果、米湘月：《说服的艺术：华夏"察言观色"论的意蕴、技巧与伦理》，《现代传播（中国传媒大学学报）》2019年第10期。

处于很高的地位。所以，门阀士族重视仪表风流是贵族高贵身份与品位的体现，也是其区分其他阶层的直接手段。学者钱穆认为："故风流既是至德，至德始成风流。今人爱称魏晋门第众人为当时之新贵族，此语亦非不是，然当知此种标志风流，则即是当时人所自标其高贵风格之异于世俗常流者所在者。"①其实，在古今中外的历史之中，气度举止不凡从来都是体现贵族身份的一个重要标志。而外在仪容是贵族与庶民之间最鲜明的差异，对于仪容仪表的重视是贵族尊贵地位和良好教养的体现。在《晋书·王羲之传》中有非常具体的对王羲之本人在家闲居的描述："虽闲居终日，容止不怠，风流为一时之冠。"②王羲之赋闲于室却容止不滞，属雍容高贵之风格，风流亦自见。阎步克教授在其文章中指出："贵族社会对言貌、进止的强烈关注，被认为是贵族社会陶冶洗练的结果。春秋时代的威仪和魏晋江左的容止，应该说进入了第三个阶层，显示了浓厚的贵族文化。"③

以上，通过对华夏古代政治制度、思想文化、阶层意识的分析，我们可以清晰地看出华夏"以貌取人"的历史渊源，为什么会形成如此统一的审美，为什么上等阶层的人对仪容仪表、举止风度如此考究等等，都可以从历史背景中得到答案。

二、利用华夏文化理论对"以貌取人"进行本质分析

前文对"以貌取人"的历史渊源做出了合理的分析，那么历史之上又是什么样的思想本质才能孕育出这种传播思想呢？礼文化对于人外在的约束和刻画从而去区分人的阶级地位等内在特质的文化根源又是什么呢？以下，笔者对于"以貌取人"本质的思考力图突破已有的理论框架，从华夏文化根基出发去寻找"以貌取人"的文化渊源，并且做出合理的假设和推论，从华夏文化中寻找"外貌"与"内在"之间的联系。

笔者认为，中国古代对于"面相"的研究可谓切中了"以貌取人"的要害。《史记》中对于看相识人的论述也不胜枚举④，笔者首先查询了关于"相面"，即面相学的相关研究。

笔者发现，中国古代的"以貌取人"可以溯源至先秦"相人术"。"相人术"，即通过观察人的色、貌、声、形等外在特征，预测人的祸福吉凶、休咎寿夭的一

① 钱穆：《中国学术思想史论丛（三）》，台北：台湾东大图书有限公司，1981年，第157—158页。
② 房玄龄等：《晋书》卷80《王羲之传》，北京：中华书局，2000年，第1400页。
③ 阎步克：《中古世族的容止崇尚与古代选官的以貌取人》，北京：北京大学出版社，2005年，第330、345页。
④ 梁文丽、李亚丹：《试析〈史记〉中的相面术》，《长江师范学院学报》2015年第2期。

种方法。以此逐渐形成理论体系的面相学，作为中国五术（一般认为包括山 / 仙、医、命、卜、相五类）中的一种学问，主要从人的面上或身上的特征、行为举止等来判断一个人的性格和健康，从而推测一个人的命运。

据《大戴礼记》记载："昔尧取人以状，舜取人以色，禹取人以言，汤取人以声，文王取人以度。此四代五王之取人以治天下如此。"[①] 由此可见尧、舜、禹以及夏、商、周三代开国君主，已经开始通过观察人的面貌、气色、语言、声音、风度来选拔人才，这种遴选人才的方法无疑可以视作上古时期的相术萌芽，进而逐渐通过实践活动形成一套成熟的理论。作为五术之一的"相术"也逐渐流行起来，这种思想也逐渐影响了整个华夏文化的特质，其注重仪表、知书识礼也一度成为社会风尚，并成为华夏人际传播中最显著的特质。以此形成的华夏独具特色的民族形象，传播至世界各地，至今都成了华夏文化的一张世界名片。

据资料显示，相学最早由统治中心主导研究，后来逐渐流入民间，在中国封建时代几乎等同于当今受世人热捧的"预测学"。而故先贤有"医相之道同源"[②] 的说法，对人相学的解释离不开对中医学的了解，于是笔者又查阅了中医学的相关文献。正统人相学以中医望诊"有诸内必形诸外"[③] 为主张，以此作为观相论相的唯一原则，绝对不会捕风捉影或是胡乱推测，也反对一切荒诞不经的迷信与邪说。

而我们所说的"以貌取人"，即通过外在的状态去判断内在的本质。对于这种外与内的联系，笔者也在中医学中找到了与之对应的解释说明，即"藏象"。"藏象"作为一个中医术语出现，最早出于《素问·六节藏象论》："藏象……心者，生之本，神之变（处）也，其华在面，其充在血脉，为阳中之太阳，通于夏气。"这一段关于藏象的解释，以心为例进行了说明，认为体内的脏腑和精神情志活动、形体官窍及自然环境等是密切联系的。[④]

"藏象"学说就以此为意，勾连起人体的外在与内在，同时形成了一套完备的方法论体系，以此联系人的形象建设，告诉人们既要重视外在的行为举止、仪容仪表，又要注重内心涵养、道德文化的学习，并将内外联动，互相影响，才可以表里如一。同时华夏中医学理论，又是与华夏相学的理论来源相同，也是整个华夏重视外表仪容，注重内外兼修的文化原因。"藏象学说"还认为人体含有宇宙的信息，是天人合一的体现之一。[⑤] 对于古老华夏而言，将人体与外部状态、环境进

① （清）王聘珍：《大戴礼记解诂》卷 11《少闲第七十六》，北京：中华书局，1983 年，第 9 页。
② 郭德才：《相面术与疾病诊断》，《发明与创新（综合版）》2007 年第 3 期。
③ 《黄帝内经》，姚春鹏译，北京：中华书局，2011 年，第 259 页。
④ 赵桂芝：《"藏象"含义浅谈》，《中国中医药报》，2007 年 4 月 11 日，第 5 版。
⑤ 孟庆云：《〈易经〉与"藏象学说"》，《中医药文化》2015 年第 5 期。

行联系沟通，本身就是一种传播行为，人与人、人与自然的关系在这种传播活动之中得以窥见，并深深影响着华夏民族的文化秉性。

对于"藏象"的深刻认识影响了华夏文化以及中国人的生活状态，这种状态可以理解为一种形象传播状态，因为体内的脏腑和精神情志活动、形体官窍及自然环境等是密切联系的，所以为了更好地呼应自然与自身、外表与品质，一些身份尊贵、地位较高的人便尤为注重外表的仪态，行为规范，注重说话的语气语调，写字的规范等等，以此达到提高自身修养、区分社会阶层的目的。之前分析过，华夏社会极易形成风尚，加之儒家文化的正统地位影响，这种形象建设便成了社会共识。

中国人深知外在与内在相辅相成、互相显现的道理，所以中国人一直以来也利用"藏象"思想进行传播活动，并以此从人本身的形象建设扩大到社会建设乃至国家形象建设和传播上来。

三、华夏文化体现"以貌取人"逻辑的传播活动

"以貌取人"是华夏勾连人体内外的并进行对外传播的活动。那么在华夏社会文化中必定有利用这种勾连内外的思想进行传播的其他活动，以下笔者提出了三种在华夏的历史社会情境中充分体现"以貌取人"逻辑的传播活动，并希望对这种勾连内外的思想做出合理的印证。

（一）中医望诊实现医患之间的病症交流

对于广义的以貌取人，最突出表现在中医的望诊上。中医以"有诸内必形诸外"为主张，在医生与患者的交流中，医生通过观察患者的外表病症、环境因素等一些非语言符号的特点，从而与内部病灶相勾连。前文中讨论过的"藏象学说"就是其理论来源。

《望诊遵经》曰："诸色浅者正气虚"，"淡而白者气分寒"，"明润而有色者生，枯暗而无血者死"。中医学认为，面色与健康是彼此关联的，面色明润含蓄是富有生机之意，面色黯淡无光或颜色不含蓄则是病重。此外，中医强调五色见于面，并以此判断患者的病症轻重。[①]

而医生一般建议患者不要讳疾忌医，也不要伪装表面的病症，在病症信息的传递过程中不要给医生造成误导，这样容易耽误患者的病情。所以在望诊的过程中，非语言符号信息的传播就显得尤为重要，这是医生对患者的初步判断，没有

---

① 张超、李唯薇、肖静、孙成力：《中医望诊在临床中的应用》，《河南中医》2020年第6期。

这层传播，也就没有后续的诊断。中医的以貌取人是有一定的理论依据的，这也是广义以貌取人最直接的传播证据。

（二）相面是华夏传播中"以貌取人"的典型范例

春秋战国时，"相人"已经成为盛行当世的风气。《左传·文公元年》言商臣"蜂目而豺声，忍人也"①，眼如蜂声似豺，以观其人凶恶狠毒。《史记·蔡泽列传》记载了战国相家唐举为蔡泽看相一事，从其面相可知其寿命："先生曷鼻，巨肩，颜，蹙齃，膝挛。吾闻圣人不相，殆先生乎，……先生之寿，从今以往者四十三岁。"

而作为人际交流的门面，"貌"影响了一个人的交友、婚嫁，甚至事业。相面作为一种传播活动，已经一定程度上影响了世人对待"貌"的看法，并形成了一套自成逻辑的识人体系。相面把人的"样貌"与人的内在品质、命运态势进行勾连，俨然成了一种传播符号，在人际传播中扮演着重要的角色。

（三）古代选官制度中也带有较浓厚的"以貌取人"色彩

汉代，"以貌取人"成为选官制度。汉高祖十一年（前196）刘邦下《求贤诏》："贤士大夫有肯从我游者，吾能尊显之。布告天下，使明知朕意，……遣诣相国府，署行、义、年，有而弗言，觉免。""行"即品德，"义"即仪表，"年"即年龄。汉代实行察举制，地方举荐人才时需要向中央递交"行状"，其中必须包括人物仪表这一方面的内容，故刘邦诏书之下达，即为汉代"以貌选官"制度之确立。汉代有不少士人因为外表出众而做官。西汉时江充"为人魁岸，容貌甚壮"，汉武帝"望见而异之，谓左右曰：'燕赵固多奇士'"，由此得以提拔任用、直上青云；东汉时何熙"身长八尺，体貌魁梧，与人绝异。和帝伟其貌，特拜谒者"，也是凭借外貌出众而成为谒者。

明清之际，理论上只有中了进士，才能做官，但秀才和举人，也可以通过拔贡和举人大挑考试，进入仕途。其中举人大挑，名曰考试，实际上就是看相貌挑人。相貌生得不佳，是没有入选的机会的。清朝的挑选，还有一套不成文的标准，国字脸最佳，田字也凑合，品字脸无论正反，一律淘汰。而因为样貌不佳而科举失利的也大有人在，其中最广为流传的就是建文帝时期的王艮。当年庚辰科状元本来定的是王艮，但皇帝嫌其长得一般，改置第二，换上了胡靖，王艮就此就与状元失之交臂。②

---

①　左丘明：《左传·文公元年》，北京：中华书局，1964年，第68页。

②　张鸣：《科举考试照样以貌取人》，《深圳特区报》，2014年10月14日，B11版。

皇帝认为状元要代表国家的形象，作为国家形象传播尤为重要。其次，为皇帝选人，当然要仪表端庄，总不能惊吓到皇上和诸位皇亲国戚。此外，由相师、钦天监等预测出的相生相克关系也会影响到皇帝选人时的标准。

选官作为中国古代重要的文化传播途径之一，是实现阶层流动、人才流动的重要手段。而"以貌取人"在一定程度上影响了选官，足以看出，"貌"在华夏文化传播中的重要意义。

第四节 "以貌取人"在当下社会传播活动中的辩证分析

通过对"以貌取人"的历史渊源、华夏文化本质的分析，我们可以得出一个结论，华夏中医学的"藏象"学说以及同源的华夏面相学都认为"貌"对于人是极其重要的，并可以通过"貌"勾连人的内在，进行内在病灶、身份、地位、阶级的判断。同时，通过对非语言符号传播理论的结合，我们又可以发现，"貌"其实本质就是一种非语言符号，被华夏历史的特质赋予了独特的意义，并结合了从中医学、面相学到"礼"文化、大一统的中央集权思想以及儒家思想在内的一整套华夏文化理论，由此才有了"以貌取人"逻辑的广泛传播，并影响至今。

那么，理解了"以貌取人"的传播逻辑之后，笔者希望对"以貌取人"这种现象在当下社会做出洞察。因为现代社会与历史是不同的，但"以貌取人"的客观思维逻辑却没有因为时代的改变而改变，但进入现代文明之后，我们打破了大一统的皇权帝制，并在不断的努力中进入了社会主义社会，实现了人的独立、自由和平等，那我们就不应该继续抱有狭义的"以貌取人"的思维去评判他人。笔者将从非语言传播视角和华夏文化理论视角出发，辩证分析"以貌取人"，并在社会人际传播和形象传播活动中给出一些建议。

一、从非语言符号传播视角出发

（一）对于符号发送者：由于传播主体的能动性，对符号意义的解释起着决定性作用。所以，要充分利用非语言符号传播营造良好的传播形象，通过打造优质的外表、培养良好的行为规范，以此来烘托出自身品质的优良。而打造优质的外表必然需要做到规律的生活、合理的饮食、舒畅的心情，培养良好的行为规范的过程中则必须刻苦学习、勤于练习、博览群书。所以在这个进程中，就必然会影响自身内在的性情、品质，从而达到内外兼修，成为一个具备真正意义的传播符号。如果只是伪装意义，那就不能保证时时刻刻都存在这样一种意义，那它就无法持续性地输出意义，也就不能成为一个真正的符号，也无法进行传播。

（二）对于符号接收者：由于认识符号意义的过程是相互的，符号可以被创造，也同样可以被磨灭，所以认识事物不可"主观主义"和"狭义主义"，我们不反对由表及里的认识方法，但由表断里的方法是不可取的。在传播中不看具体实际，只看符号本身，或只在语言领域里去推测其含义，容易造成对符号的误读。同时一个人传递的符号是多样的，并不是只有一种，同时接受者在解释符号的时候虽然也可以发挥主观能动性，但需要和符号发出者进行互动，才能更好地理解符号。

二、从华夏文化理论视角出发

（一）传统东方人相学在形象传播和社会实践活动中的合理性

相学虽说不可以完全用科学来解释，因为其关于人各方各面的问题太多且复杂，人的精神、思维、灵感以及各种先天后天因素等等，这不是纯粹的科学可以解释的问题。但是，传统东方相学中绝不缺乏科学和哲学的影子。就相法来讲，杨叔和先生就将其总结为"归纳""演绎"和"辩证"三法。

它通过对不同面相的人的长时间的观察而总结出其共性的性格特征，并通过阴阳五行理论，进行匹配和分析，结合了中医学的方法论，得出了一套相面之术。并在不断的传承中更新，不断完善，并在华夏形象传播中发挥了重要的作用。相面思想让古人学会"察言观色"，并且一直影响着中国人至今都具备这种能够审时度势的能力。

然而，面相是可以后天调整的。古人通过改善面部毛发的样式，改变发型或者注重作息等改善自己的容貌观感。同时中国古代就有化妆术，发展至今，随着科技的进步，微整形也受到广泛关注。诚然，爱美之心人皆有之，但与当下整容盛行相对比，自古先贤认为外表的不足可以用内在的修养去弥补，同时气质的提升也会提升整体的颜值，"腹有诗书气自华"就是这个道理。通过动刀整容获得美貌，如果没有良好的内在修养和文化涵养支撑也最终会沦为花瓶，没有实际意义。

同时，当下很多人受生活压力、环境污染等影响，面部出现疾病，影响面部健康，造成不良的观感，影响了正常的人际传播。那现代医学皮肤科医生会针对面部疾病进行研究，并给出患者治疗方案，恢复患者的容貌，这也是现代对面相进行改善的方式。

此外，相学已经被实践于司法活动，共同承担起刑侦破案、维系社会稳定的责任。相学的刑侦功能在欧美和日本早已有人注意到，他们参照中国的相法以及西方的骨相学，实践于刑侦之上[①]。日本司法界及警察署，参酌中国相法，兼用骨

---

① 兰波：《中国传统相学及其近代化转型》，山东师范大学硕士学位论文，2011年，第94页。

相，实施于犯罪，以决疑狱，据相诘案，如见肺腑。民国时期，我国也开始有人研究相学于刑侦上的应用，与西方学者运用的原理相同。"欧西骨相家据生理解剖之学，知脑为精神之府，因验头骨，以察其脑中之精神作用，盖颜面筋肉受精神作用之影响，容貌遂生变化。东方学者所谓人心不同，各殊其面，理相符也。"[①]

（二）"藏象学说"与自我传播的关联

广义的"以貌取人"还体现在自我的"以貌取人"。即通过观察自己外表的变化，及时感知自己体内是否存在问题。而对藏象学说的研究发现，其对人本身的价值体现在自我传播上，即人的内向传播。个人接收外部信息并在人体内部进行信息处理的活动，外部信息不光包括自己以外的信息，还包括自身表面的信息。面部的倦怠、头发的稀少等等都属于外部信息，正确的自我传播首先要建立在对自身表象信息的接收和处理，再去接收更外部的信息。以人为本的华夏思想就是告诉人们，要重视人本身的信息传播，重视人的自我传播，重视人与人之间的人际传播，而不是脱离人本身去传播。

所以，人不可粉饰外表去掩盖内部的病症，亦不能只注意外表的光鲜而忽视内在的修养，要做到内外兼修，表里如一。正如华夏文化道家学派的创始人老子宣扬的那样，世人当确立起道化人生的追求，进而在自己内心深处不断去消融众人的一切世俗追求，而增益与道相合的种种信念和作为，从而达到升华自我，逍遥人生的境界。[②]

（杨霖 谢清果）

---

① 郑诚元：《相人秘法》，上海：上海文明书局，1928 年，第 1—2 页。
② 谢清果：《内向传播的视阈下老子的自我观探析》，《国际新闻界》2011 年第 6 期。

第十八章　戏剧传播演进与礼乐传播承继

作为媒介，戏剧以其强大的传播效果，在华夏文明传承上起着不可或缺的作用。在我国独特的历史背景下，同为媒介且同于一源的礼乐与戏剧走上截然不同的两条道路。礼乐媒介作为工具，首先被统治阶层利用起来，构建起由礼乐传播为主体的华夏大众传播体系。隋唐时期，戏剧传播仍以群体传播为主要传播形态。在戏剧传播演进过程中，受多种社会因素影响，至于宋元时期在礼乐难复的契机下，扩展为大众传播形式。戏剧传播在对礼乐传播的承继中，与之共同构建了华夏大众传播体系。

第一节　媒介观下的戏剧传播

戏剧是一个概念性的词汇，没有任何单一的具体形态可以与其对应。戏剧概念由戏剧代指是针对戏剧的部分特征进行抽象置于社会使用中而产生的联想所得。能指（significant）即"戏剧"这个指词的形象，所指（signifier）为戏剧的概念。在汉字符号体系中，追溯戏剧的概念特征可从"戲"和"劇"两个字略做探析。《说文》曰："戏，三军之偏也。"在《汉字字源》中解释："'戲'最初源于祭祀活动，也是军队作战前的一种仪式。"《汉字字源》解"戏"的金文说道："写法各不相同，是秦未统一文字前的普遍现象。但构成要素完全相同。均像在食器'豆'前有一虎头和戈形。会意在祭祀或进餐时有人头戴虎头面具，持戈舞蹈。"在《汉字字源》关于"劇"给出这样的解释："虡，表示老虎和野猪奋力相斗。劇，指处于使用兵器的激烈搏杀。本义是剧烈。"是以"戲劇"的原始特征可以理解为"摹仿动物剧烈冲突的持械动作舞蹈"。然这只是最原始的意指（signification），当下意涵应置于现实社会使用中来看。在《辞海》中"戏剧"解释为"由演员扮演角色，当众表演情节、显示情境的一种艺术"。这是现实中我们所使用的戏剧概念，也是对戏剧原始意指的引申。"戏剧"就像"水果"一样，没有其概念所对应的具体形象，认识戏剧最终要回归到具体的戏剧种类上。彭吉象先生认为："从广义上讲，戏剧包括话剧、戏曲、歌剧、舞剧，乃至目前欧美各国影响广泛的音乐剧等。"①这个广义上的概念还将随着技术发展、媒介嬗变而不断扩展。

一、作为媒介的戏剧范畴

以传播学角度看，戏剧是"媒介"（medium）。在传播过程中，戏剧完全能够作为信息的载体，并且用于传播。能够实现传递信息这一媒介最本质的功能，可视为媒介。探讨戏剧演化过程，戏剧概念的标准就不应限于"由演员扮演角色，当众表演情节、显示情境"上，更应将宽容值标准置于"摹仿动物剧烈冲突的持械动作舞蹈"。是以，探讨戏剧传播追溯其源头的原始乐舞与巫术礼仪也不可或缺。在关注戏剧这一媒介的特征则需把视角集中于已经被社会现实普遍接受的戏剧概念。从戏剧定义上看，我国戏剧发展至具有"真正意义"的阶段正是戏曲，亦不妨直言我国古代戏剧专指戏曲。王国维先生认为："论真正之戏曲，不能不从元杂剧始也。"②他分析我国戏剧媒介特征从"真正之戏曲"着眼更具目的性。

此外，当下多有纠缠"戏剧"与"戏曲"字面差别，窃以为舍本逐末。戏剧和戏曲的区别不妨理解为在能指上对"戏剧"概念特征的不同概括。追溯起源，世界各国戏剧元态，即使在说法上各有不同，也都趋于原始乐舞与巫术礼仪。不同地域不同时代的需求不同，戏剧所展示出来的形态均不同，但无论是哪个国家哪个时代的戏剧发展，都与人民密不可分。或当下有论戏剧"本色"者，过分强调戏剧应该如何贴近质朴生活，如何还原戏剧"本真"，甚至强求指导戏剧创作、演绎的方式。殊不知"本色"是为指出戏剧应该有什么，而非戏剧是什么。每种戏剧发展而出的形态在其特定的历史背景下都有其存在的作用，"本色"之于当代的研究意义更在传达一种分辨方法以便探寻哪些戏剧具有值得被深入挖掘的价值。创作演绎之道"善用才者酌之而已"③戏剧形态的发展走向最终还是要人民来选择。一方面，在我国文化产业的文艺演出分支中，单看戏剧一类，戏曲、话剧、歌剧、舞剧、音乐剧等多种类型的多元格局已经形成。另一方面，中国正以前所未有的自信走近世界舞台中央，我们的舞台不仅在中国，更在世界。戏剧与戏曲之辨实属小乘，纵观世界戏剧史，应知"红花白藕青莲叶"，无论世界各国诸般戏剧有何区别，或者我国戏曲多少种类，都可找到其共同之处用以相互参照借鉴，正是"他山之石，可以攻玉"。是以，探讨戏剧传播虽要聚焦戏曲，也须考量世界戏剧。

①　彭吉象：《艺术学概论（第五版）》，北京：北京大学出版社，2019年，第218页。
②　王国维：《宋元戏曲史》，北京：商务印书馆，2010年，第74页。
③　王骥德：《曲律》，陈多、叶长海注译，长沙：湖南人民出版社，1983年，第118页。

二、媒介体系下的戏剧媒介观

2020 年 4 月 2 日，英国国家剧院（National Theatre）在 YouTube 上开启 National Theatre At Home 项目。其将经营逾十年的王牌项目"英国国家剧院现场"（NT Live）投放至网络平台进行播映。NT Live 采用电影摄制技术手段记录剧院演出。英国国家剧院自 2009 年 6 月起投放，正如其官方网站的标语所述"英国国家剧院现场旨在让世界从银幕中看到最好的英国戏剧（National Theatre Live brings the best of British theatre to cinema screens all over the UK and around the world）"，迄今已推出三个季度的剧目计划，在全球 22 个国家的 700 余家影院播映。[①] 戏剧依附于电影媒介、网络媒介之上进行传播，而戏剧本身就是一种媒介。此时戏剧应当是以什么样的定位进行传播活动？传播过程中，又是哪一种媒介承担起主要的传播功能呢？

图 18–1　英国国家剧院官方网站宣传 LOGO[②]

在英国国家剧院的戏剧传播过程中，首先戏剧媒介成为电影的"内容"，以电影媒介传播特征进行传播，进而电影媒介也成为网络媒介的"内容"，服从于网络媒介的传播特征。我们看到戏剧通过高清、高保真设备在真实的剧院环境中以电影摄制技术制作为可被投映于银幕上的视听作品。此时，除了戏剧媒介的传播特征已经被电影媒介所取代，从原本的剧院现场扩展到影院。而这些视听作品投放于网络媒介之上，电影媒介的传播特征同样要受到网络媒介的控制。从戏剧媒介到电影媒介再到网络媒介，不是取代关系，而是传播范围和传播渠道的扩展。即使制作成视听作品，戏剧媒介在原本的传播渠道和范围上承担其全部的传播功能。只是在融入电影媒介后，戏剧媒介成为"内容"，由电影媒介承担其传播功能，并

---

① http://ntlive.nationaltheatre.org.uk ，最后浏览时间：2020 年 4 月 30 日。

② https://www.nationaltheatre.org.uk/nt-at-home，最后浏览时间 2020 年 4 月 30 日。

且电影媒介重塑着戏剧的观感。这在电影媒介到网络媒介的过程中，也是一样。不同于文字媒介，戏剧媒介本身无法直接触及网络媒介。文字媒介和网络媒介都可以摆脱身体在场性的限制，具有直接建立联系的共同特征。戏剧媒介必须经由数字化技术处理，才能做到这一点。在此之上，我们可以得到一些关于媒介层次关系的结论。戏剧相对于电影、电视等媒介来说，是"低阶媒介"。当"低阶媒介"被融入"高阶媒介"中，以内容的形式存在，并且在传播活动中，在"高阶媒介"的传播过程进行，服从于"高阶媒介"的传播特征。电影媒介相对于网络媒介也是如此。往往"高阶媒介"具有更为强大的传播效果。

　　当然，戏剧相对于口语、文字、音乐、舞蹈等媒介来说也是"高阶媒介"。这些媒介在戏剧中同样以"内容"存在，服从于戏剧的传播特征，同样戏剧媒介也是作为新的传播渠道扩展了其传播范围。这些媒介在其原有的渠道上，仍然承担着其传播功能，保有其传播特征。在我国，最初原始乐舞与巫术礼仪同各种媒介一道承担着信息传播的功能。在群落发展与"巫觋"匮乏的矛盾之下，这种"综合性"的信息传播形式难以推而广之。在"真正意义上"的戏剧媒介出现之前，口语、文字、音乐、舞蹈等媒介各自以其独有的形式在专属渠道上承担着信息传播的功能。受限于传播需求的满足，"戏剧"的各种萌芽形态仅能在小范围中起到作用。随戏剧媒介的发展成熟，待到社会条件允许，戏剧传播逐步扩展至大众传播。戏剧媒介将口语、文字、音乐、舞蹈等多种媒介的传播功能归入自身。戏剧媒介在传播过程中，既承载着其他媒介传递着信息，自身也以讯息形式传播着，且有着更为强而有力的传播效果。"一种新媒介的长处，将导致一种新文明的产生。"[①]戏剧媒介作为讯息，[②]背后是不断扩展的戏剧文化，丰富着文化体系，以艺术形式，传承着文化的审美意趣和价值标准。

　　在这样的基础之上，不妨做一个更大的推演：网络是媒介，通过网络传播的"内容"，例如电影，电影本身也是一种媒介。而电影的"内容"呢？可以是戏剧，戏剧还是一种媒介。戏剧的"内容"口语、文字、音乐、舞蹈等还是媒介。无论语言媒介和非语言媒介在层层剥解后，必然归于自然中的种种。只要人类需要构建社会，整个世界中的所有关系都须经由媒介来组织。媒介将制约乃至决定人类的意识形态。正如谢清果先生所言："媒介的存在，正是人存在的确证。因为人的本质是能够创造和使用工具，媒介正是人的工具，或者说所有的工具都可以在一

---

　　①　[加拿大]哈罗德·伊尼斯：《传播的偏向》，何道宽译，北京：中国人民大学出版社，2003年，第28页。

　　②　[加拿大]赫伯特·马歇尔·麦克卢汉：《理解媒介：论人的延伸》，何道宽译，北京：商务印书馆，2000年，第33—35页。

定条件下成为媒介。"① 只要视觉和听觉是人类获取信息的必要途径,具备"综合性"特质的戏剧媒介就必将出现,只要视觉和听觉还是人类获取信息的必要方式,戏剧媒介在媒介体系中就始终会有一席之地。

第二节 戏剧与礼乐的同源异路

"文化,是包括的知识、信仰、艺术、道德、法律、风俗以及作为社会成员的人所掌握和接受的任何其他的才能和习惯的复合体。"② 确实,文化的具体表现形态是复杂多样的。然而,在某个时点,文化尚未能够展示出其丰富形态的一刻,它是混沌一体,只以相对朴素而简化的形式存在于原始社会之中。"高级文化就是从人类的初级文化逐渐发展或传播起来的。"③ 戏剧,同礼乐一样,也只是文化众多具体表现形态中的一种。在某个时期,它们共存于原始社会的文化之中。戏剧与礼乐,两者同样源出于原始乐舞与巫术礼仪,在华夏文化的传播发展中,走向不同形态。

在文字产生之前的口语传播时代,由于语言符号的不稳定,人类对于信息的需求需要更多地借助非语言符号。人模仿着自然产生了体语这一非语言符号传递着信息。人类基于生存本能,对自然进行探索。观察法所得的信息,通过对自然的模仿,形成符号化的体语,以"拟态"形式保留下来,用以与自然对话。当身体媒介所传递的信息超出其本身所需传递信息的内容时,身体本身成了信息,即"美"的意识。追求"美"反映着人类为削弱对自然的恐惧而产生的意识。这存在于所有的人类原始社会中。这样的过程大抵是原始乐舞与巫术礼仪的来源,其存在彰显着文化,蕴藏着文明。④ 正如《尚书·舜典》中所载:"击石拊石,百兽率舞。"《吕氏春秋·古乐》中也同样载道:"拊石击石,以象上帝玉磬之音,以致舞百兽。"而我国最初的"戏剧美"就诞生于原始乐舞与巫术礼仪之中。⑤ "戏剧美"是叙事性与审美性的复合存在。原始乐舞倾向于审美性,而巫术礼仪倾向于

① 谢清果:《媒介哲学视角下的老子之"门"新论》,《山西大学学报》(哲学社会科学版)2020年第2期。

② [英国]爱德华·泰勒:《原始文化》,连树生译,桂林:广西师范大学出版社,20055年,第1页。

③ [英国]爱德华·泰勒:《原始文化》,连树生译,桂林:广西师范大学出版社,20055年,第23页。

④ 笔者需要就文明下一个定义:"文明是文化中有利于人类发展的部分的集合。文化愈交流,文明愈发展。"参见杨瑞明、张丹、季燕京、毛峰主编:《文明传播的哲学视野》,北京:中国社会科学出版社,2012年。

⑤ 余秋雨:《中国戏剧史》,武汉:长江文艺出版社,2013年,第21页。

叙事性。

在古希腊，也同样有着对于"模仿"认知的执着。亚里士多德的《诗学》在第一章中就谈道："史诗和悲剧、喜剧和酒神颂以及大部分双管箫乐和竖琴乐——这一切实际上是模仿。"[①]关于古希腊悲剧，其在第六章中给出了他的定义："悲剧是对于一个严肃、完整、有一定长度的行动的模仿；它的媒介是语言，具有各种悦耳之音，分别在剧的各部分使用；模仿方式是借人物的动作来表达，而不是采用叙述法；借引起怜悯与恐惧来使这种情感得到陶冶。"[②]借人物的动作来表达传播的是身体媒介模仿所得的信息。情感上的陶冶则是另一种追求信息超越的意识，这种意识引领着观众进入感情世界之中对模仿的信息进行着解读和判断。我们现在把这种行为称之为艺术鉴赏，追求艺术鉴赏的获得命名为"审美"。在审美过程中以期获得"美"的体验。这与我国的"戏剧美"是一致的。此时不禁想问，为何古希腊"悲剧"的诞生远远早于我国"戏曲"？这与我国的儒家礼乐是分不开的。余秋雨先生认为："就在戏剧美有可能凝聚的时刻，希腊的奴隶主民主派把巫术礼仪引向艺术之途，形成了戏剧；作为氏族贵族思想代表的中国思想家孔子则把巫术礼仪引向政治、伦理之途，使戏剧美的因素渗透在生活之中，未能获得凝聚而独立。与希腊的悲剧精神不同，孔子的儒家礼乐观念倡导和谐调节、温柔敦厚的生命基调，更是延缓了中国戏剧的形成。"[③]这是以戏剧观为切入角度，通过"文化风格"与"戏剧本质"异同进行阐释而得到的结论。其结果表达了"这种复杂的礼仪，把戏剧演到了生活中"的戏剧观念。我们不妨以功能角度，即传播需求满足来看待这个问题。

一、礼乐传播之于原始乐舞与巫术礼仪

随着原始乐舞与巫术礼仪的发展，传播功能在原始社会得以体现。人口增长带来社会形态发展，阶级统治要求意识形态上的统一，以此需要有更高级的媒介形态满足信息传播的需求。此时，"周礼"应运而生，原始乐舞与巫术礼仪的信息传播功能得以放大。周礼是集政治功能、教育功能和传播功能相结合的一套全面涵盖统治所需的完整制度体系。如《周礼·地官司徒》中载："以乡三物教万民，而宾兴之。一曰六德：知、仁、圣、义、忠、和。二曰六行：孝、友、睦、姻、任、恤。三曰六艺：礼、乐、射、御、书、数。"[④]可见《周礼》所望的传播效果

---

①　[古希腊]亚理斯多德：《诗学》，罗念生译，北京：人民文学出版社，1962年，第3页。

②　[古希腊]亚理斯多德：《诗学》，罗念生译，北京：人民文学出版社，1962年，第19页。

③　余秋雨：《中国戏剧史》，武汉：长江文艺出版社，2013年，第21页。

④　杨天宇：《周礼译注》，上海：上海古籍出版社，2004年，第156页。

是"教万民"。"大众传播是这么一种信息传播过程，它由一定的组织或机构向通常不知其名的分布广泛的受众提供信息和娱乐。当这种传播过程中使用了印刷和电子等机器媒介时，可以把它称为狭义的大众传播；当这个传播过程中使用了机器媒介或者传统的非机器媒介时，则可以把它称为广义的大众传播。"① 我们从黄星民先生所给出的定义，可以分解出大众传播需要满足的三个要件：一是传播者通常为组织或机构；二是受众数量众多且分散各地；三是媒介需要能够大量复制信息。以其时的社会政治经济形态，除了政府机构，再无第二家组织可以实现对于受众的全面覆盖。以《周礼》内容看，涵盖着政治功能，代表着统治集团的思想与目的。《礼记·明堂位》中载："六年，朝诸侯于明堂，制礼作乐，颁度量，而天下大服。"②"天下""万民"等都可理解为对于传播范围的描述。以华夏传播学视角来看，传播者为以周礼制作者为代表的统治集团，其传播对象"万民"遍及"天下"。而传播媒介或者传播途径呢？《周礼·地官司徒》载："以五礼防万民之伪而教之中，以六乐防万民之情而教之和。"③ 在《周礼·春官宗伯》在《大宗伯》中详述"吉、凶、宾、军、嘉"五礼，六乐则是载于《大司乐》中："以乐舞教国子舞《云门》《大卷》《大咸》《大韶》《大夏》《大濩》《大武》。"六种用于祭祀大典和宴飨活动的乐舞，亦称雅乐。以此，一种可以用于规范化、规模化复制传递信息的媒介形态形成。④ 可见，这完全符合大众传播内涵，也可见华夏大众传播体系因周朝的礼乐制度初见形态。当然礼乐制度绝非止步于周礼，更不会局限于五礼六乐。正如黄星民给出的礼乐传播内涵："'礼乐传播'，指的是中国儒家自觉地利用礼乐这一传播形式向全社会广泛地传播自己的思想观念的传播活动。"⑤ 因儒家思想提供了封建社会统治所需的文化内核，而以儒家思想为核心的礼乐传播自然成为最为适宜的传播形式手段，于后世沿袭千载。

五礼六乐从内容和形式上都可视为原始乐舞与巫术礼仪的一种发展形态。如前所述，原始乐舞与巫术礼仪是人与自然沟通的主要形式。五礼六乐亦是如此。《周礼·春官宗伯·大宗伯》载："以吉礼事邦国之鬼神示。以禋祀祀昊天上帝，以实柴祀日、月、星、辰，以槱燎祀司中、司命、风师、雨师。"⑥ 吉礼更多是对巫术礼仪的继承，对敬畏未知自然世界的一种保留。至于后世，孔子在论及智慧时，提供了一种人具有主观能动性的观点："务民之义，敬鬼神而远之，可谓知矣。"

---

① 黄星民：《"大众传播"广狭义辨》，《新闻与传播研究》1999 年第 1 期。

② 王文锦：《礼记译解》，北京：中华书局，2001 年，第 437 页。

③ 杨天宇：《周礼译注》，上海：上海古籍出版社，2004 年，第 157 页。

④ 黄星民：《从礼乐传播看非语言大众传播形式的演化》，《新闻与传播研究》2000 年第 3 期。

⑤ 黄星民：《礼乐传播初探》，《新闻与传播研究》2000 年第 1 期。

⑥ 杨天宇：《周礼译注》，上海：上海古籍出版社，2004 年，第 275 页。

（《论语·雍也》）我们要尊重自然，但更要看到人的能动作用。这种观点融入礼乐的修制之中，礼乐这种媒介正是因为其不固守周礼的形式之旧，以宏大的世界观作为根基，方能令礼乐传播具有如此长久的生命力。孔子在其中的重要性不言而喻。六乐在内容和形式上保留得更为完整。《周礼·春官宗伯·大宗伯》载："乃分乐而序之，以祭，以享，以祀。乃奏黄钟，歌大吕，舞《云门》，以祀天神；乃奏大蔟，歌应钟，舞《咸池》，以祭地示；乃奏姑洗，歌南吕，舞《大韶》，以祀四望；乃奏蕤宾，歌函钟，舞《大夏》，以祭山川；乃奏夷则，歌小吕，舞《大濩》，以享先妣；乃奏无射，歌夹钟，舞《大武》，以享先祖。凡六乐者，文之以五声，播之以八音。"六代之乐，黄帝之《云门》、唐尧之《咸池》，虞舜之《大韶》，夏禹之《大夏》，商汤之《大濩》，周武王之《大武》，各有祭祀对象，各有祭祀办法。其载六代故事，传承其美德，称之为"乐德"。《礼记·祭统第二十五》："昔者周公旦有功劳于天下，周公既没，成王、康王追念周公之所以功劳者，而欲尊鲁，故赐之以重祭……八佾以舞大夏……"①其中，乐舞的形制"佾"本身就传递了信息，规定着森严的等级制度，破格使用象征着荣誉和地位。因而方有"孔子谓季氏：'八佾舞于庭，是可忍也，孰不可忍也？'"（《论语·八佾》）而其中所载的乐所继承的"美"有多少已不得而知，是否至真至善至美，只能从"子在齐闻《韶》，三月不知肉味"（《论语·述而》）遥想一二。我们能够确定的只有礼乐是对于原始乐舞与巫术礼仪的继承和发展。

二、戏剧传播作为礼乐传播的补充倾向

其实，在礼乐传播的时代，戏剧的萌芽阶段就有作为礼乐传播补充的倾向。礼乐传播虽然依附于统治阶级构建起了一套完整的传播体系，但民间不免有无法深入触及的地方。民间祭祀之礼至今仍在，其时更是如此。原始乐舞与巫术礼仪不仅在礼乐中得到继承，并以祭祀形式在民间保留得更为原本，"戏剧美"的因素更多地在民间获得延续。屈原的《九歌》就是其中一个例证。东汉王逸的《楚辞章句》中载："昔楚国南郢（今湖北荆州）之邑，沅湘之间，其俗信鬼而好祠。其祠必作歌乐鼓舞以乐诸神。屈原放逐，窜伏其域，怀忧苦毒，愁思沸郁；出见俗人祭祀之礼，歌舞之乐，其词鄙陋，因为作《九歌》之曲。上陈事神之敬，下见己之冤结，托之以风谏，故其文意不同，章句杂错而广异义焉。"②《九歌》依托于民间祭祀之礼，歌舞之乐，整理其鄙陋之词，用以祭神享人，送神安人，是一种将死视作生的延续的观点表达。前九部分被祭祀的对象分别是"东皇太一、云中

① 王文锦：《礼记译解》，北京：中华书局，2001 年，第 725 页。
② 王逸：《楚辞章句疏证》，黄灵庚点校，北京：中华书局，2007 年，第 742—746 页。

君、湘君、湘夫人、大司命、少司命、东君、河伯、山鬼"，这是对未知自然的
呼应。到了"国殇"转颂烈士，给出了由祭神到享人的变化。终曲"礼魂"，不
称"礼神"，既包含对神明的崇敬，也蕴藏对精神的追思。这样一种有歌有舞有内
容的形式，足以视其为戏剧的"萌芽"。我国戏剧与礼乐同宗同源，由于我国独有
的历史进程，走出了两种道路。礼乐这一媒介的出现一定程度上满足了古代大众
传播的需求，[①] 有因礼乐与统治阶级的紧密关系，令戏剧发展迟滞成了历史的选择。
从这个角度看，华夏大众传播体系因礼乐传播的诞生而出现，戏剧传播也因礼乐
传播持久稳定而受到制约。

　　礼乐传播在华夏大众传播体系中主体地位的确立，深入地影响着戏剧的发展。
谢清果先生认为："礼乐协同的华夏文明传播事件正是催生中华民族情感取向传播
范式的内在机理。……以中国儒家文化为代表的华夏文明依托礼乐协同而得到了
传承，亦即在以情感为传播媒介的礼乐协同运作中，社会秩序得到了有效维系，
国家得到稳定管理，甚至在孔子的理想中可以实现世界大同。"[②] 华夏文明的传播与
延续是绵延不断的，以情感为传播媒介的礼乐协同起到了极大的作用，而戏剧嬗
变有着同样以情感作为依托的倾向。至于六朝时期的歌舞戏，是戏剧史不可或缺
的形态。《踏摇娘》这部在当时极为著名的歌舞戏，"已初步体现了中国戏剧'情
感满足型'的审美基调"[③]。《教坊记》中载："踏北齐有人，姓苏，齁鼻，实不仕，
而自号为'郎中'。嗜饮，酗酒，每醉辄殴其妻，妻衔怨，诉于邻里。时人弄之：
丈夫着妇人衣，徐步入场，行歌。每一叠，旁人齐声和之云：'踏摇，和来！踏摇
娘苦，和来！'以其且步且歌，故谓之'踏摇'；以其称冤，故言'苦'。及其夫
至，则作殴斗之状，以为笑乐。"[④] 每每夫妻关系与儒家所述"和合"[⑤] 相悖，以礼
乐传播所构建起的社会价值体系会发挥出道德审判的作用。时人的"弄"所呈现
的是对"酗酒"之态的嘲弄，观众的"笑乐"是对"殴斗之状"的耻笑。大众以
"弄""笑乐"的方式，下了其人"面子"，以此获得情感的满足，通过情感媒介回
归到礼乐传播所期望的效果之中，形成一种新的社会调节方式，起到"防万民之
情而教之和"[⑥] 的作用。因而，戏剧的成熟必然带有礼乐的烙印。戏剧传播当为礼

　　① 黄星民：《从礼乐传播看非语言大众传播形式的演化》，《新闻与传播研究》2000年第3期。
　　② 谢清果、林凯：《礼乐协同：华夏文明传播的范式及其功能展演》，《新闻与传播评论》2018
第6期。
　　③ 余秋雨：《中国戏剧史》，武汉：长江文艺出版社，2013年，第33—34页。
　　④ 崔令钦：《教坊记》，上海，古典文学出版社，1957年，第14页。
　　⑤ 取义《礼记·中庸》所言："中也者，天下之大本也；和也者，天下之达道也。致中和，天地
位焉，万物育焉。"
　　⑥ 杨天宇：《周礼译注》，上海：上海古籍出版社，2004年，第157页。

乐传播的承继与发展。

我国传统戏剧所传达出的思想探索无外乎对礼乐所构建传统文化的延续与背离。延续者所言"大我"，背离者所言"小我"，前者提倡儒家为传统社会构建起的伦理秩序，后者则是个人诉求的意识觉醒。其实，两者本不相害，但各有侧重。礼乐所传播的儒家思想本是追求人与人之间的动态平衡。礼是为了提供一种有效率的方式，让每个人了解如何与不同的人相处。正是"礼之用，和为贵"（《论语·学而》），而"人而不仁，如礼何？"（《论语·八佾》）是指在礼的践行上，需有仁之心。如何"为仁"？"克己复礼为仁"（《论语·颜渊》）。"克己"是为避免"灭天理而穷人欲"（《礼记·乐记》）。合理控制人欲的无穷，需用"中正平和"的乐加以疏导。礼乐传播所提倡建立传统社会伦理秩序从来只是实现帮助人遵循自然规律的手段，只是在后人运用之际，既有以手段为目的的蠢材庸人，也有为"穷"自己的人欲而灭他人之天理的窃国之辈，以致歪曲，使民众误解，认为儒家礼乐把天道之常以为异端，视个人诉求是为奢求。如抛却其制定者的封建传统背景，礼乐所传播的思想确是适用于和谐社会的手段方法，值得合理运用，更要正视资源有限性与人欲无限性这一矛盾的客观事实，不必矫枉过正。而借助戏剧传播来帮助大众塑造合乎规律的价值观念，在亦真亦假的戏剧中观照自身，却也符合中国人"戏如人生"的戏剧观念。

第三节　戏剧传播的演进

礼乐传播之所以为大众传播，关键在礼乐这一媒介的规范化和规模化。同样的，戏剧传播是否为大众传播也必然经历这样的过程。礼乐在程式化和规模化上做到了同步并行，依托于国家权力，由统治机构制定施行。正是"溥天之下，莫非王土；率土之滨，莫非王臣"（《诗经·小雅·北山》），我国戏剧的发展在民间，其传播形态的发展则需要较长的时间，并且先呈现出媒介形态的程式化后，再有广泛且大量的受众群体，在传播形态上的表现则是经历长时间的群体传播以至大众传播。

一、隋唐时期戏剧传播是为群体传播考辨

作为传播媒介最为本质的功能——完整准确地复制信息，要求戏剧具有一些稳定的形态以便于传播使用。至唐代的参军戏出现，戏剧的程式化已初见端倪。参军戏自六朝后赵始，从《太平御览·赵书》中载："石勒参军周延为馆陶令，断官绢数万匹，下狱，以八议宥之。后每大会，使俳优着介帻，黄绢单衣。优问：

'汝何官，在我辈中？'曰：'我本为馆陶令。'斗数单衣，曰：'正坐取是，入汝辈中。'以为笑。"至唐代演变出具有代表性行当的参军戏。宋代陆游《春社》云："太平处处是优场，社日儿童喜欲狂。且看参军唤苍鹘，京都新禁舞斋郎。"诗歌以概念式的代指，用"参军"和"苍鹘"两种行当来泛指"优场"上的演员。参军和苍鹘是两种具有较为明确指引的角色类别，可以直接用于参军戏的学习扮演。唐代李商隐《骄儿诗》："忽复学参军，按声唤苍鹘。"谈及参军可"按声"以"唤"苍鹘。唐代路德延《小儿诗》"头依苍鹘裹，袖学柘枝揎"，说明苍鹘有着一定的装扮样式。以此，参军和苍鹘两个行当提供了"且作参军暮苍鹘"的客观要求。当人们看到这种架势一出来，就知道"苍鹘"要来调侃"参军"，"优场"上要出演讥讽时事的参军戏了。以这样角度来看，参军戏其本身就是信息，而这意味着其已经发展成为一种媒介。虽然这样的程度尚未足够到达戏曲的程度，但已经足够供人一"弄"。而至于宋代，在杂剧中可见参军行当发展成副净，苍鹘成副末。①当然，除了行当的固定之外，其伴奏乐器的稳定也是一个方面。在唐代薛能《吴姬十首》中"此日杨花初似雪，女儿弦管弄参军"，宋代黄庭坚《答雍熙光老颂》"独弄参军无鼓笛，右军池里泛渔舟"等处均有描绘。

唐代以歌舞戏和参军戏为主要代表的戏剧萌芽形态，已经具备一定的传播能力，应否以大众传播来看待呢？笔者以为戏剧可传播的范围只能是群体（group）而非群众（crowd），应以群体传播来看待，并且传播范围主要集中于统治阶级和贵族地主阶级范围。

参军戏内容以滑稽调笑为主，由俳优扮演。俳优，或称之为"弄臣"，讽谏是其必备的工作技能，是以参军戏常弄于宴饮之际，舞于陛下之前。俳优于唐代自唐玄宗开元二年为教坊所掌，教坊主要为宴享提供歌舞俗乐。如《新唐书·百官志》中载："武德后，置内教坊于禁中。武后如意元年，改曰云韶府，以中官为使。开元二年，又置内教坊于蓬莱宫侧，有音声博士、第一曹博士、第二曹博士。京都置左右教坊，掌俳优杂技。"②另《唐会要·杂录》载："如意元年五月二十八日，内教坊改为云韶府。内文学馆教坊，武德以来，置在禁门内。"③而其时大约所有善"弄"参军的俳优均服务于统治阶级。从《乐府杂录·俳优》载："开元中，有李仙鹤善此戏。明皇特授韶州同正参军，以食其禄。"④这说明参军戏在唐代既没有传

①　王国维：《宋元戏曲史》，北京：商务印书馆，1924年，第86页。
②　欧阳修、宋祁：《新唐书》卷四十八《百官志》，北京：中华书局，1975年，第四册，第1244页。
③　《唐会要》卷三十四《杂录》，北京：中华书局，1955年，中册，第628页。
④　段安节：《乐府杂录》，吴企明点校，北京：中华书局，2012年，第129页。

播于民间的条件，一定程度上也没有传入民间的意义。礼乐传播之于统治阶级具有政治意义，传播者愿意通过礼乐媒介以礼乐制度自上而下至民间推而广之，用以传递其统治信息，巩固阶级性质。这也是礼乐同参军戏虽然都是由权力中心起，却一个能够全面辐射，另一个"置于禁中"的重要因素。

图 18-2　参军戏俑[①]

歌舞戏见《旧唐书·音乐志》："歌舞戏，有《大面》《拨头》《踏摇娘》《窟垒子》等戏。玄宗以其非正声，置教坊于禁中以处之。"[②] 为了提供一种更为直观的感受，我们不妨对比唐代主流歌舞伎乐在城市中的样态以作参照。唐代长安在坊间最为热闹的"夜生活"莫过于长安城北面的平康坊。平康坊位于东市之侧，临崇仁坊，与禁宫相望一街而隔耳。[③] 夜禁之后，虽坊门关闭，然坊内还是可以有相当自由，是以其时能够具备一定规模化的娱乐产业只能由此窥见，平康坊中秦楼楚馆为此中代表。[④] 唐代官员多有狎妓之风，贵族文人亦是如此。[⑤] 唐代孙棨《北

---

  ① 此俑为参军戏俑，质地绿釉三彩，左俑高 0.453 米，右俑高 0.455 米，为中国国家博物馆藏，展于隋唐五代时期展厅。
  ② 刘昫：《旧唐书》卷二十九《音乐志》，长春：吉林人民出版社，1995 年，第 1 册，第 679 页。
  ③ 参见《长安城舆图》中平康坊位置
  ④ 参见森林鹿：《唐朝穿越指南：长安及各地人民生活手册》，北京：北京联合出版公司，2017 年，第 2—3、7、125 页。
  ⑤ 参见王书奴：《中国娼妓史》，长沙：湖南大学出版社，2014 年，第 54—67 页。

里志》载："京中饮妓，籍属教坊。凡朝士宴聚，须假诸曹署行牒，然后能置于他处。"[①] 臣庶所能享用的"官妓"为教坊管制，招妓更需要得到有关部门许可。其中，以能做"席纠"为上，"色"为末。才艺是宴饮中取悦恩客最重要的手段。[②] 此外，唐代还设有养伎制度，官员能够豢养的女伎人数是被限制的。《旧唐书·百官志》载："三品已上，得备女乐。五品女乐不得过三人。"[③] 以此可以看出一方面教坊对于表演人员的控制较为严格，另一方面主流歌舞伎乐在坊间亦只能达到文人阶层，难以深入民众。对于唐代戏剧在民间广泛传播的观点，笔者持有异议。例如，吴玉贵先生所述"街头里巷表演歌舞戏的情景""参军戏在社会上流传非常广泛"[④] 说法，其所述材料是对安史之乱后，教坊没落，失去了完全的控制能力，此时戏剧萌芽形态较为自由地散落于文人、贵宦阶层场景的论述。确有民间流传趋势，然难以发展到非常广泛的程度。笔者认为，自开元二年，教坊掌俳优后，戏剧活动范围更是集于宫廷禁门之中，留于君臣仕宦之列。安史之乱后，颇有松解，且逐步发展，仍无法在民间规模化传播。以此大致推断在唐代戏剧仅能在统治阶级和贵族地主阶级范围内传播。

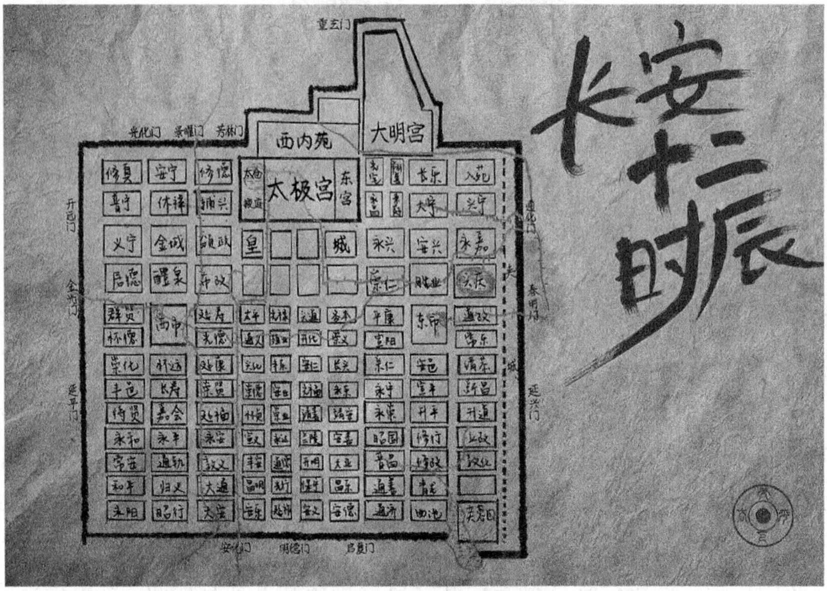

图 18-3　长安城舆图 [⑤]

---

① 孙棨：《北里志》，上海：古典文学出版社，1957 年，第 22 页。
② 参见王书奴：《中国娼妓史》，长沙：湖南大学出版社，2014 年，第 58 页。
③ 刘昫：《旧唐书》卷二十九《音乐志》，长春：吉林人民出版社，1995 年，第 1 册，第 1118 页。
④ 吴玉贵：《中国风俗通史·隋唐五代卷》，陈高华，徐吉军主编，上海：上海文艺出版社，2001 年，第 752、754 页。
⑤ 马伯庸：《长安十二时辰》，长沙：湖南文艺出版社，2017 年。

二、戏剧传播演进的社会因素

屈原的《九歌》是在民间承袭的"戏剧美"，为何后来反而难以在民间独立发展呢？以唐之繁盛，我国戏剧为何并未在此时进一步发展，却直至宋代才出现成熟戏曲的形态？笔者认为，这是由于当时的社会条件所决定。直至种种条件成熟之后，我国传统戏剧——戏曲也就应运而生。

首先，戏剧传播需要有戏剧的创作。我国每有戏剧发展必有文人参与。如前述，屈原被放逐才有因缘际会而作《九歌》之事。[①]六朝所行九品官人法至于隋唐变为科举制，科举的产生给予底层阶级一条上升的通道，将无数文人引致仕宦之途。这在客观上延缓了戏剧的发展。元杂剧的鼎盛时期，整个中国戏剧史的黄金时代，[②]正是科举中断最长的一段时间。[③]士大夫阶层的地位一落千丈，甚至有"七匠八娼九儒十丐"[④]的说法，娼妓的地位比之儒生还高上一层。这可不就是一副"'儒生'放逐，窜伏'民域'，怀忧苦毒，愁思沸郁"的场景。文人只好寄情舞榭歌台，流连勾栏瓦舍，从而戏剧水平到达一个前所未有的高度。王实甫《西厢记》、关汉卿《拜月亭》、白朴《梧桐雨》、马致远《汉宫秋》、纪君祥《赵氏孤儿》等等都是那个时代的产物。

当然，考科举不等于中科举，毕竟考者多中者少，那也有可能部分文人投入戏剧之中。而持续稳定创作编演戏剧则要视是否以之为谋生手段。这要求戏剧要有一些固定的场所用于演出，以此才可聚集创作、演出人才，招揽观众。而这从唐朝的坊市制度看是不存在的。由于自唐玄宗开元二年起，戏剧大多归入教坊，而教坊位于长安、洛阳两京。我们不妨把视角集中于两京。隋唐都城的坊市制度可追溯至秦汉的里制，魏晋时期逐步转为里坊制度。[⑤]隋唐的坊市制度"集中体现了国家对社会安定的考虑而采取的具体管理措施"[⑥]，其客观上以"坊市分离、市场官设、官司监管"[⑦]的方式对市场采取了严格的控制。[⑧]唐代袭承自周始的宵禁制度，实行最为严格的宵禁令，[⑨]也是出于同样的管理目的。坊是居民区，也是最基

---

① 王逸：《楚辞章句疏证》，黄灵庚点校，北京：中华书局，2007 年，第 742—746 页。

② 余秋雨：《中国戏剧史》，武汉：长江文艺出版社，2013 年，第 90 页。

③ 金净：《科举制度与中国文化》，上海：上海人民出版社，1990 年，第 149 页。

④ 谢枋得：《叠山集》卷六《送方伯载归三山序》，北京：商务印书馆，1934 年。

⑤ 曲英杰：《古代城市》，北京：文物出版社，2003 年，第 240—241 页。

⑥ 张泽咸：《唐代工商业》，北京：中国社会科学出版社，1995 年，第 235 页。

⑦ 包伟民：《宋代城市研究》，北京：中华书局，2014 年，第 173—190 页。

⑧ 白寿彝总主编，史念海主编：《中国通史》第六卷上册《隋唐时期》，上海：上海人民出版社，1989 年，第 728 页。

⑨ 杨鸿年：《隋唐两京考》，武汉：武汉大学出版社，2005 年，第 190—206 页。

础的城市组成单元。市设市吏，属太府寺辖制，日午起营业，太阳未落山前散市。[1]《唐六典·太府寺》载："凡市以日午，击鼓三百声而众以会；日入前七刻，击钲三百声而众以散。"[2]一方面，坊市制度的封闭性制约了人员的流动。另一方面，在这样严格的管理制度下，以小农经济为主的唐代，商品经济发展缓慢，不足以满足市场消费的产生。因而，在民间属实难以形成覆盖市民阶层的戏剧产业化，遑论以此为生的戏剧创作和演出组织。

至于宋代，由开放性的街市制取代封闭性的坊市制，[3]"随着小农愈来愈被卷入交换经济，农村商业地区日趋活跃"。[4]张泽咸先生指出："但直至宋初，坊制仍存，经北宋中期以至北宋末年，坊制完全崩溃。"[5]这绝不是巧合地与南戏和元杂剧的形成时间相吻合。在此背景下，瓦舍出现于历史舞台。瓦舍是我国历史上第一次将戏剧作者、演员和市民观众稳定而又成规模聚集起来的地方，并且把"观剧"发展成为一种市民文化。《东京梦华录》载："构肆乐人，自过七夕，便般《目连救母》杂剧，直至十五日止，观者增倍。"[6]勾栏瓦舍中因上演杂剧，每天观众都要成倍增加，其时盛景可见一斑。《水浒传》中有这样一段描述：

（燕青和李逵）两个手厮挽着，正投桑家瓦来。来到瓦子前，听得勾栏内锣响，李逵定要入去，燕青只得和他挨在人丛里，听的上面说平话，正说《三国志》，说到关云长刮骨疗毒。……随即叫取棋盘，与客弈棋，伸起左臂，命华佗刮骨取毒，面不改色，对客谈笑自若。正说到这里，李逵在人丛中高叫道："这个正是好男子！"众人失惊，都看李逵，燕青慌忙拦道："李大哥，你怎地好村！勾栏瓦舍，如何使得大惊小怪这等叫！"李逵道："说到这里，不由人喝采！"燕青拖了李逵便走。[7]

这段对于瓦子"观剧"的描绘细节丰富。我们可以看到瓦子中剧目有伴奏的，有说通俗语言的，有上演历史题材的。瓦子内也不喧闹，大家静静观剧。我们还可以了解到元明时期观剧也大致如此。为何"观剧"说已经成为一种市民文化？

① 杨鸿年：《隋唐两京考》，武汉：武汉大学出版社，2005年，第118—119页。

② 李林甫等：《唐六典》卷二十《太府寺》，陈仲夫点校，北京：中华书局，1992年，第543—544页。

③ 宁欣：《街：城市社会的舞台——以唐长安城为中心》，《文史哲》2006年第4期。

④ 包伟民：《宋代城市研究》，北京：中华书局，2014年，第190页。

⑤ 张泽咸：《唐代工商业》，北京：中国社会科学出版社，1995年，第232页。

⑥ 孟元老著，邓之诚注：《东京梦华录注》，北京：中华书局，1982年，第212页。

⑦ 施耐庵、罗贯中：《水浒全传》，上海：上海人民出版社，1975年，下册，第1284—1285页。

正是一个"村"字。隋唐以来，都市人把"村"用作嘲讽乡下人的词语，宋代这种情形更为加剧。[1] 在勾栏瓦舍大呼小叫这种行为被视为"村"，说明观剧已经成为市民阶层日常生活中司空见惯的一部分。戏剧传播实现由群体传播向大众传播转变也在这个时刻。

戏剧的发展从另一个层面对应着社会因素的波动和变革。科举制背后是中央集权思想统一要求的体现，坊市制是"重农抑商"思想、"四民分业"定居等方面综合作用的结果。[2] 这些制度手段的出现是历史走向的必然，宣告着戏剧传播的迟滞和到来也是历史的必然。在戏剧发展全过程中，每个因素都是必不可少的。在戏剧成熟的初期，经济因素起主要作用。经济发展带来的宵禁令解除、坊市制解体、街市制出现等等，从根本上促成民间的戏剧传播者组织的出现与稳定，提供了戏剧商业化运作的基础。在戏剧走向成熟的关键时刻，政治因素起主要作用。科举制的衰落乃至中断、社会阶层的重新划分，直接推动了文人投入戏剧的创作之中，带来我国第一个戏剧高峰。至于戏剧成熟之后的稳定发展阶段，文化因素起主要作用。作为礼乐的补充，戏剧传承着文化，也创造着文化。在代代传承中戏剧不断推陈出新，最终走向多样化、地方化。但不管处于哪个阶段，这些因素都是必要的。

孙旭培先生认为："中国古代社会信息传播的特点是：纵向传播发达，横向传播薄弱。"[3] 通过对这一总的特点表述的解读，恰是以传播学角度解释限制戏剧传播发展因素。当社会因素出现波动乃至变化，其对应的传播走向亦需有相应的变化。纵向传播和横向传播之间存在着一定的制衡，在一定区间内呈此消彼长的负相关关系。但无论是纵向传播还是横向传播，在总体发展进程来看，随社会发展程度，尤其是人口数量的增长，其传播需求都会增长。分析传者与受者的阶级地位，不难看出礼乐传播是以纵向传播为主，而戏剧传播则是以横向传播为主。单看纵向传播角度，总体上我国古代封建统治的权力集中呈现出螺旋式上升趋势，这要求纵向传播始终强劲有力。随造纸术和印刷术的出现与普及，礼乐传播所承担的部分功能，被以文字为媒介的多种公共传播方式分散。至于唐代，文字传播不仅分担了纵向传播的增长需求，也承担起由于社会发展带来的横向传播需求。强势的社会制度和中央集权压制着横向传播的需求扩张。到了宋代，社会经济进一步发

① 韩昇：《南北朝隋唐士族向城市的迁徙与社会变迁》，《历史研究》2003 年第 4 期。
② 孙旭培：《纵向传播强劲 横向传播薄弱——论我国古代社会信息传播的特点》，《新闻与信息传播研究》2008 年 4 期。
③ 孙旭培：《纵向传播强劲 横向传播薄弱——论我国古代社会信息传播的特点》，《新闻与信息传播研究》2008 年 4 期。论述可参见孙旭培：《华夏传播论》，北京：人民出版社，1997 年。

展，人口增长，[①]增长的横向传播需求要求有新的大众媒介来满足，且社会制度提供了戏剧发展的空间，是以戏剧传播在诸多社会因素驱动下发展为大众传播形态。因而，由礼乐传播一家独大的华夏大众传播体系走向礼乐传播、文字传播、戏剧传播等多种传播方式共同构成的体系结构。

三、戏剧传播演进契机——新礼不行、古礼难复

因礼乐传播在华夏大众传播体系中主体地位的确立，戏剧传播未直接走向大众传播。戏剧传播向大众传播发展，除戏剧成熟的诸多社会条件外，尚需有一契机，即礼乐传播未能满足大众传播需求，致使其原有传播效果弱化的时刻。

这一时刻大约在北宋末年到来。其时，宋徽宗赵佶相蔡京，欲追慕先圣之治，师法周公制礼作乐，以礼乐建设承平治世。[②]自大观元年（1107年）起编修《大观新编礼书》，政和三年（1113年）更名《政和五礼新仪》并正式颁行。虽然赵佶动用国家强制力推广至于民间，然《政和五礼新仪》终因难以适应民俗风情，并未得到有效施行。[③]至宣和元年，徽宗不得不达诏令停止《政和五礼新仪》。《宋大诏令集》载："顷命官修礼，施之天下，冠婚丧葬，莫不有制。俗儒胶古，便于立文，不知达俗。闾阎比户，贫屡细民，无厅寝户牖之制，无阶庭升降之所。礼生教习，责其毕备，少有违犯，遂底于法。至于巫卜媒妁，不敢有行，冠婚丧葬，久不能决。立礼欲以齐民，今为害民之本。开封府申请《五礼新仪节要》，并前后指挥，及差礼直官、礼生并教行人公文指挥，可更不施行。"[④]宋徽宗所制之礼是一套难以适应当前社会需求的"新礼"，并非真正古礼。徽宗欲行新礼一定程度上说明了在宋代社会，"古礼"出现了不适应的情况，原本礼乐和谐的体系无法正常运作，用以维护统治。既然新礼不行，古礼属于什么情况呢？

《朱子语类》言道："古礼难行。后世苟有作者，必须酌古今之宜。若是古人如此繁缛，如何教今人要行得！古人上下习熟，不待家至户晓，皆如饥食而渴饮，略不见其为难。"[⑤]"古礼在宋代再难复行。礼乐传播发挥作用需礼行乐和。古礼难

---

① 唐代人口峰值约为玄宗天宝十三年（754年）的8000万，而宋代人口峰值约为徽宗宣和六年（1124年）的1.26亿。参见冻国栋：《中国人口史》第二卷《隋唐五代时期》上海：复旦大学出版社，2002年，第512页。吴松弟：《中国人口史》第三卷《辽宋金元时期》上海：复旦大学出版社，2000年，第352页。

② 参见 Bol P K. *Emperors Can Claim Antiquity Too: Emperorship and Autocracy Under the New Policies*. Cambridge and London: Cambridge University Press, 2006, pp.173—204.

③ 柏晶晶、王风：《〈政和五礼新仪〉探析》，《重庆交通大学学报》（社会科学版）2013年第6期。

④ 《宋大诏令集》，北京：中华书局，1962年，第548页。

⑤ 朱熹、黎靖德：《朱子语类》，武汉：崇文书局，2018年，第六册，第2178页。

复"正是礼乐传播难以再现其传播效果的重要因素。正如黄星民先生指出，文字流行之后，礼乐传播的内容出现了空洞化，礼乐出现了简约化。[①]朱熹也就礼乐的情势给出看法："古礼繁缛，后人于礼日益疏略。然居今而欲行古礼，亦恐情文不相称，不若只就今人所行礼中删修，令有节文、制数等威足矣。古乐亦难遽复，且于今乐中去其噍杀促数之音，并考其律吕，令得其正；更令掌词命之官制撰乐章，其间略述教化训戒及宾主相与之情，及如人主待臣下恩意之类，令人歌之，亦足以养人心之和平。"[②]此时新礼不行，古礼难复，礼乐传播出现了极大程度的弱化。缺少了"礼"作为"乐"的依附，礼乐传播为戏剧传播大众传播、需求满足腾出了容纳空间。

第四节 大众传播形态的戏剧传播

戏剧传播的演进，直至其发展至大众传播形态，延续着礼乐传播，深刻影响着华夏大众传播体系的构建和华夏大众文化的转向。戏剧传播是如何发展为大众传播形态的？戏剧传播是否具备了大众传播所需的要件？当戏剧传播发展至大众传播形态后，又是如何影响并构造着大众文化？回归戏剧传播的事实进行探究分析或有所得。

一、与社会传播发展相适应的戏剧传播

我们还是采用黄星民先生对于大众传播的定义："大众传播是这么一种信息传播过程，它由一定的组织或机构向通常不知其名的分布广泛的受众提供信息和娱乐。当这种传播过程中使用了印刷和电子等机器媒介时，可以把它称为狭义的大众传播；当这个传播过程中使用了机器媒介或者传统的非机器媒介时，则可以把它称为广义的大众传播。"[③]若戏剧传播具备了大众传播形态所需要件，根据其特性需回答三个问题：民间的戏剧传播者是否实现了组织化形式？戏剧传播的受众是否覆盖了分布广泛的不特定公众？戏剧媒介是否能够稳定而准确地大量复制信息？

（一）得以组织化的戏剧制作者

当前社会，一出戏从最初的构想到与观众见面大多经过几个不同类型的组织。戏剧往往会有投资企业、制作单位、发行公司和院线集团等参与，且我国必须向

---

① 黄星民：《从礼乐传播看非语言大众传播形式的演化》，《新闻与传播研究》2000 年第 3 期。

② 朱熹、黎靖德：《朱子语类》，武汉：崇文书局，2018 年，第六册，第 2177 页。

③ 黄星民：《"大众传播"广狭义辨》，《新闻与传播研究》1999 年第 1 期。

人民政府文化主管部门申请。这是社会发展专业化分工的产物。在传统社会中，"戏剧产业"难有如此明晰的分工。戏剧只在"制作"一方。如同礼乐传播的传播者就是礼乐制作者一般，戏剧的制作者往往也是传播者。由戏剧特性可知，戏剧制作者由剧作者和演员两个部分。那么与瓦舍一同出现的"书会"不得不谈。

书会原是读书场所，后发展为以落魄文人和民间艺人为主要成员的行会组织，出现于宋代，其主要为勾栏瓦舍中演出的诸宫调、南戏、杂剧等民间文学艺术作品编撰脚本。书会组织的出现说明了南戏、杂剧作者已经具备组织化的特征。《武林旧事·卷六·诸色伎艺人》载"书会：李霜涯（作赚绝伦），李大官人（谭词），叶庚、周竹窗、平江周二郎（猢狲）"[1]，为书会做了定位。书会组织的成员称"才人"，也称"书会先生""京师老郎"。《录鬼簿》中所载"前辈才人""方今才人"等也大抵是书会才人。书会才人需要以戏剧演出谋得生计，这使得他们需要充分了解市民所喜所系。因而，戏剧的发展形态带有极强的商业性，从而戏剧传播能够深入民间，成为大众传播的形态。从1234年到1314年元朝首开科举，科举停废达八十年之久。[2] 汉族儒生沦为落魄"儒户"，入仕无门，社会政治经济地位低下，纷纷加入书会，为民间艺人编撰润色南戏、杂剧剧本，以此为生，倾诉情怀抱负、挥洒才华。是以至于元代，一些有名气的书会组织，如九山书会、玉京书会、古杭书会等，如雨后春笋般兴起。比如四大南戏中的《白兔记》为永嘉书会才人集体创作，迄今发现唯一完整保存下来的南戏剧本《张协状元》则是九山书会才人集体出品。易中天先生说道："离统治阶级越远，离底层人民就越近；自己的身段放得越低，艺术的成就便越高。"[3] 正是这样的契机下，落魄文人与民间艺人第一次以相同的身份地位深入交汇，在元代的杂剧创作中，发展出中国戏剧的第一个黄金时代。诸多杂剧大家，如关汉卿、王实甫、白朴、马致远等，均为书会才人出身。

区域经济的发展必然是相互影响的，城市经济的发展必然带动周边农村经济的发展。"书会"主要满足城市群体对于勾栏瓦舍的戏剧需求。12世纪的农村地区的戏剧表演则是"戏班子"的另一条重要经济来源。其时，农村经济已经有了相当起色。宋代陈元靓《岁时广记·游蜀江》中道："于是，都人士女，骈于八九里间，纵观如堵。抵宝历寺桥，出，宴于寺内。寺前创一蚕市，纵民交易，嬉游欢乐，倍于往岁，薄暮方回。"[4] 在许多农村地区因生活富裕，或因祭祀、节日等因素，

---

① 周密：《武林旧事》，杭州：西湖书社，1981年，第105页。
② 金净：《科举制度与中国文化》，上海：上海人民出版社，1990年，第149页。
③ 易中天：《易中天中华史：铁血蒙元》，杭州：浙江文艺出版社，2018年，第161页。
④ 陈元靓：《岁时广记》，北京：商务印书馆，1939年，第一册，第11页。

产生了观剧需求。就这一点在张庚、郭汉城所著《中国戏曲通论》中论述清晰得宜，笔者引之为援。"当然，中国地方很大，发展是不可能平衡的，何况 12 世纪并不是个升平盛世，连年的战争破坏了许多地方的经济正常发展。虽然如此，在有些地方并没有受到战争的破坏，而仍是循着中唐及宋初以来数百年经济发展的趋势在走，比如在江南和北方的平阳地区就是如此。因此，这些地方才有可能成为戏曲诞生的摇篮。许多历史事实和遗留下来的古迹、文物，就足以证明这一点。在平阳地区（今山西晋中、晋南地区）留下那么多宋元时代的古建筑，特别是许多古戏台和宋金墓葬，它们给我们展示了许多生活安定、经济生活富裕的证据。在江南，从许多诗文中，我们也看到农村生活繁荣、节日的欢乐气氛、社火歌舞十分热闹的记载，也都是当时人所留下的形象的见证。这就是在平阳地区为什么在城市（也包括农村）中养得起'散乐'班子，甚至要盖起永久性的戏台来供他们不时地演出的原因，这也是为什么在浙、闽沿海一带城市附廓的农村中，当秋熟之后，农民可以自动出钱接班子进行演出的原因。正是因为有人肯出钱看演出，才会出现职业演出班子。"①

是以，我国戏剧在遵循着适合于民众需求的方向上发展着。其时，经济作为主要驱动因素，令戏剧的诞生、成熟具有商业性，能够为一批人谋得生计，使得戏剧传播由群体传播朝着大众传播的趋势演变。

（二）南北分异的受众群体

在论述传播者时，其实已经从一个角度观察了受众方面的特点。不论城市还是农村，不同发展程度的区域中，都有戏剧演出的痕迹，只视发展程度不同，戏剧演出频度和内容有着应有的差异。大众传播要求受众数量众多且分散各地，不妨就此，从戏剧本体入手，再做探看。如前所述，在我国南北地区均有着戏剧的踪影，并且发展过程中伴随着商业化要求不断向着观众靠拢。吴自牧《梦粱录》写道："杂剧先做寻常熟事一段，名曰艳段；次做正杂剧、通名两段。"②艳段，或在院本中称"焰段"，内容与剧情无关，形式多样，"其间副净③有散说，有道念，有筋斗，有科泛"④，用于招揽观众。这是戏剧在发展过程中，形式上展现出的商业性，西方与之类似的概念为歌剧中的"幕间剧（Intermezzo）"。"艳段"可以视作一种为获得观众的商业手段，客观上能够起到扩大戏剧传播受众范围的作用。如

---

① 张庚、郭汉城主编：《中国戏曲通论》，上海：上海文艺出版社，1989 年，第 14—15 页。
② 吴自牧：《梦粱录》卷二十《妓乐》，北京：商务印书馆，1939 年，第三册，第 190 页。
③ 参军发展至于杂剧中的行当，多为被调笑者，善逗笑。
④ 陶宗仪：《南村辍耕录》，李梦生点校，上海：上海古籍出版社，2012 年，第 277 页。

果受众广而多，那么戏剧本体也应当有着相应的变化，诸如形式、语言、腔调、体裁等，以适应于不同地区人民的观剧需求。数量众多会有戏剧形式的相对稳定，分布广泛则要求语言、腔调等方面的多样化，并且这一趋势，会随着戏剧发展而愈加丰富完善。

宋杂剧和金院本，再到真正可以称得上戏曲的"南戏"和"元杂剧"，均是戏剧发展过程的南北差异化表现。宋杂剧是对唐代参军戏的直接发展，据王国维先生考证："宋之滑稽戏，大略与唐滑稽戏同……此种滑稽剧，宋人亦谓之杂剧，或谓之杂戏。"①宋杂剧起初主要也同参军戏一般演于宫廷之中，原是教坊最为主要的教授内容之一，《都城胜记》载："传学教坊十三部，惟以杂剧为正色。"②后以动荡流入勾栏瓦舍之中，成为瓦舍中的一种极具"票房"号召力的形式。③靖康之际，南北之交，虽宋廷南迁，然多有民间艺人留居北方。这些艺人所居之处金人称为"行院"，后引其意，代指艺人组织，即戏班子。金人称其演出杂剧所用脚本为"院本"。④明代朱权《太和正音谱》："院本者，行院之本也。"⑤宋杂剧在金朝得到进一步发展，其与院本在曲目、形态、行当上多有相同，而内容上更有丰富。据王国维先生考证："（院本）其与宋官本杂剧段数相似，而复杂过之。"⑥《南村辍耕录》载："宋有戏曲、唱诨、词说，金有院本、杂剧、诸公调。院本，杂剧，其实一也。国朝，院本、杂剧、始厘而二之。"⑦是以，戏剧传播在两宋历史前行之际交通南北。

我国戏剧进入真正的戏曲时期应在元代，⑧在南有宋杂剧进而得南戏，在北有承续宋杂剧的金院本发展出元杂剧。元杂剧于何时由何人发展而成记载多而不一，然诸本中推关汉卿者多。如《太和正音谱》评关汉卿语："关汉卿之词如琼筵醉客，观其词语，乃可上可下之才；盖所以取者，初为杂剧之始，故卓以前列。"⑨姑且不论谁是首位，由关汉卿、马致远、白朴、王实甫和郑光祖组成的元曲大家第一梯队已是共识。这五人籍贯值得注意，关汉卿为解州（今山西运城）人、白朴为

①　王国维：《宋元戏曲史》，北京：商务印书馆，1924年，第19，38页。

②　耐得翁：《都城胜记》，上海，古典文学出版社，1957年，第95页。

③　参见前文引（宋）孟元老著，邓之诚注：《东京梦华录注》，北京：中华书局，1982年，第212页。

④　王国维：《宋元戏曲史》，北京：商务印书馆，1924年，第77页。

⑤　朱权：《太和正音谱二卷》上卷《词林须知》，北京：商务印书馆，涵芬楼秘笈影明洪武刊本。

⑥　王国维：《宋元戏曲史》，北京：商务印书馆，1924年，第77页。

⑦　陶宗仪：《南村辍耕录》，李梦生点校，上海：上海古籍出版社，2012年，第276页。

⑧　王国维：《宋元戏曲史》，北京：商务印书馆，1924年，第89页。

⑨　朱权：《太和正音谱二卷》上卷《古今群英乐府格势》，北京：商务印书馆，涵芬楼秘笈影明洪武刊本。

隩州（今山西忻州河曲）人、郑光祖为平阳襄陵（今山西临汾市襄汾县）人、马致远和王实甫为大都（今北京）人。大都是金的国都，另作别处，其余三人均来自山西，且为前述北方民间戏剧发展的平阳地区（今山西晋中、晋南地区）。历史无巧，元杂剧大成必有民间因素的推动作用。南戏由来与前述江南地区农村社火祭祀活动频繁以及"书会"组织的诞生密不可分。其时江南农村地区社火上多有宋杂剧流传于民间。《东京梦华录》载："其社火呈于露台之上，所献之物，动以万数。自早呈拽百戏，如上竿、趯弄、跳索、相扑、鼓板、小唱、斗鸡，说诨话、杂扮、商谜、合笙、乔筋骨、乔相扑、浪子杂剧、叫果子、学像生、掉刀、装鬼、研鼓、牌棒、道术之类，色色有之，至暮呈拽不尽。"① 宋代范成大《上元纪吴中节物俳谐体三十二韵诗》云："轻薄行歌过，颠狂社舞呈。"自注道："民间鼓乐谓之社火，不可悉记，大抵以滑稽取笑。"宋杂剧混同"百戏"经由民间途径，经"书会才人"之手，于温州（包括现温州辖区下永嘉县）、临安（杭州）等地之间发展成熟。其推考之源起于现存可见最早的完整南戏剧本《张协状元》，其载于《永乐大典》，出自温州九山书会的才人们之手。因而，戏剧传播在民众之间已有较大规模和较深影响，乃至于影响到戏曲的形成与发展。

是以，戏剧传播在地域上南北纵贯，其传播范围以及传播程度已蔚为可观。

（三）戏剧媒介的叙事能力

媒介具有大量复制信息能力是大众传播所需的必要条件。戏剧是一种叙事艺术，叙事能力是戏剧媒介实现规模化信息复制的重要因素。叙事艺术离不开情节，不完整的戏剧无法围绕着所要传达的价值内涵充分而清晰地叙述故事情节。我们当前所接触的所有戏剧都是可以向不特定人群，广泛传播的大众传播媒介在观察发展过程中常因"认知基模"而被忽视。

戏剧媒介能够以稳定形态大量复制信息，要求其具有可用于复杂叙事的稳定形态。如前所述，唐代的戏剧萌芽形态是不足以实现大众传播的。隋唐时期，戏剧虽然具备了一定的程式化程度，然而主要体现于非语言部分。并且，在戏剧的语言部分多见于简单情节、单一叙事，内容单薄，未见可以用于复杂叙事的剧本程式化。戏剧要实现由群体传播发展为大众传播对戏剧这一媒介提出更高的要求，不可或缺的就是剧本的程式化。剧本的程式化令戏剧讲述复杂丰富的故事成为可能，意味着可被传播的内容获得极大程度的扩展延伸。不同于西方的话剧，我国戏剧发展至成熟的戏曲形态时，在叙事上是由词和曲相结合的方式呈现。这与我

---

① 孟元老著，邓之诚注：《东京梦华录注》，北京：中华书局，1982 年，第 206 页。

国说唱艺术诸宫调密不可分。在南戏和杂剧的叙事能力上多见诸宫调的身影。[1] 诸宫调确切说是对大曲和鼓子词的创新型发展。唐的变文与宋的诸宫调都是叙事能力强大的说唱形式。变文常用七言或间以三三言，诸宫调则显出其复杂多变。[2] 不同于之前的单一宫调、同一曲牌反复吟咏的一众说唱形式，诸宫调首次把"诸多宫调"和"各色曲牌"串连起来叙述故事。在丰富曲调和诗词结构的推动下，叙事效果大为提升。是以《碧鸡漫志》道："泽州孔三传者，首创诸宫调古传，士大夫皆能诵之。"[3] 戏剧传播释放出最大能力的体现在于传承。无数耳熟能详的故事构建起一张无处不在的价值网络，这张网随着戏剧演绎，在故事搬演中一代代传承下去，塑造着中国人的世界观、人生观、价值观。不妨就看《西厢记》。《少室山房笔丛》云："《西厢记》虽出唐人《莺莺传》，实本金董解元。董曲今尚行世，精工巧丽，备极才情，而字字本色，言言古意，当是古今传奇鼻祖。金人一代文献尽此矣。然其曲，乃优人弦索弹唱者，非搬演杂剧也。"[4] 金朝董解元《西厢记诸宫调》上承元稹《会真记》，下启王实甫《西厢记》，"把那么短短的一篇传奇文《会真记》放大到如此浩浩莽莽的一部伟大的宏著"[5]，才有那"西厢记妙词通戏语，牡丹亭艳曲警芳心"中林黛玉的"心痛神驰，眼中落泪"[6]。

随诸宫调融入杂剧出现了我国真正意义上的戏剧形态，完全体的形态令戏剧媒介的全部功能有了依附之处。当戏剧具备了大众传播媒介的要求之后，戏剧传播以其独有的方式，作为礼乐传播的补充，进入华夏大众传播体系之中。

二、戏剧媒介的"拟态环境"构建——剥离艺术真实与历史真实

戏剧传播发展至大众传播形态后，必然影响着大众文化的构建。戏剧传播的受众如果接受了戏剧所传递的信息，即进入自我传播过程。通过对于戏剧的自我深度解读，内化戏剧的把关倾向用于价值观改造。进而，其作为传者有意或无意地投入人际传播和群体传播。在人际传播和群体传播中，每个戏剧传播的受众都是传者，新传播过程的"把关人"，共识性文化的传播者和缔造者。而戏剧传播这一大众传播形式，受众范围广，接受程度高，在文化塑造和传承上起到了无可比拟的效果。以戏剧传播为基础，戏剧这种对现实世界的"戏剧化"摹写形式，在戏剧媒介构建出的"拟态环境"（pseudo-environment）中表现出剥离"历史真实

---

① 郑振铎:《中国文学史》，长春:吉林人民出版社，2013 年，第 448—464 页。
② 郑振铎:《中国文学史》，长春:吉林人民出版社，2013 年，第 452 页。
③ 王灼著，岳珍校正:《碧鸡漫志校正》，成都:巴蜀书社，2000 年，第 35 页。
④ 胡应麟《少室山房笔丛》，上海:上海书店出版社，2009 年，第 428 页。
⑤ 郑振铎:《中国文学史》，长春:吉林人民出版社，2013 年，第 454 页。
⑥ 曹雪芹:《红楼梦》第二十三回，北京:人民文学出版社，2017 年，第 307—318 页。

与艺术真实"的状态，塑造了中国人的"戏剧观"。

"现代社会的人们生活在媒介的包围之中，因而更是生活在媒介创造的虚拟环境中。由于在大多数情况下，人不可能亲身经历、亲自体验外界环境中所发生的所有变化，因此，我们所认识的世界，大部分是由媒介组织创造的'第二手真实'。"[①] 其实，不仅在现代社会，在传统社会，人们的生活同样处于多重媒介的包覆之下。戏剧正是这样一个复合了多种媒介的高级媒介形态，而历史真实更是人们所无法经历的过去的世界。迄今，我们频频在戏剧中看到三国题材的搬演，曹操奸诈、刘备忠厚、关羽忠义、孔明多智等人物形象深入人心。这些形象是非对立，正邪分明，无一例外是从唯一视角去进行描述。戏剧的特性要求情节具体、冲突明显、人物鲜明、特点明显。在传统的历史题材戏剧构造时，不仅要简化真实历史中的人物形象，做出选择倾向，设置明确的正面形象和反面形象阵营，更在有限篇幅中摒弃对故事背后人物情怀、利益博弈等因素的描绘。在信息相对匮乏的传统社会，作为历史真实的主要了解手段，戏剧媒介的特性让大众对于三国人物形象有了直观而单一的"基模"，更兼观赏戏剧时，少有观众会去考证戏剧中所演"故事"真实性，也难有观众拥有足够历史素养和丰富历史材料考证戏剧的真实性。其时是否存在还原真实历史而创作的戏剧不得而知，然存在这样的戏剧也势必少有或没有戏班子敢于拿生计去赌而演，演了也很可能难以为继。是以，在传者与受者的互动作用下，"拥刘反曹"倾向得到强化，其背后隐匿的"正统"思想得以广泛传播，"历史真实与艺术真实"在戏剧媒介主导参与并构造的"拟态环境"中剥离开来。印证这种"拟态环境"的选择可以从流传下来的剧本中窥得一二。我们不妨先从京剧《捉放曹》来看曹操的形象：

京剧《捉放曹》【第四场】片段 [②]

……

（吕伯奢下。曹操、陈宫同上。）

曹操（西皮摇板）勒住丝缰且住马，

陈宫（西皮摇板）他人不走必有差。

　　（白）明公为何不走？

曹操（白）　公台，你我只顾遭风避祸，又忘了一桩大事！

陈宫（白）　什么大事？

---

① 董璐：《传播学核心理论与概念》，北京：北京大学出版社，2008 年，第 242 页。

② 王大诺：《戏考》（第一册），上海：中华图书馆，1915 年，剧本《捉放曹》部分第 10—11 页。

曹操（白）　不曾叫伯父转来，嘱咐他两句话。

陈宫（白）　你饶他一条老命去罢！

曹操（白）　不要你管！伯父转来！

（曹操、陈宫同下马。吕伯奢上。）

吕伯奢（西皮摇板）相逢未说知心话，又听孟德呼唤咱。

　　（白）吓，贤侄，敢是有回转之意？

曹操（白）　正要回去，你身后何人？

吕伯奢（白）　在哪里？

曹操（白）　看剑！

（曹操杀死吕伯奢，吕伯奢下。）

陈宫（白）　哎吓！

　　（西皮摇板）陈宫一见咽喉哑，

　　　　　　可叹老丈染黄沙。

　　　　　　你一家大小遭剑下，

　　（哭）老丈吓！

曹操（笑）　哈哈哈……

陈宫（白）　呀呸！

　　（西皮摇板）再与孟德把话答。

　　（白）明公吓，你将他一家杀死，尚且追悔不及，为何又将老丈杀死道旁，是何道理？

曹操（白）　杀死老狗，以去后患，这叫作斩草除根！

陈宫（白）　你这样疑心，岂不怕天下人咒骂与你？

曹操（白）　这……公台，曹操一生一世，宁可负天下人，不要叫天下人来负我！

陈宫（白）　吓吓！

曹操（白）　哽！

陈宫（西皮慢板）听他言吓得我心惊胆怕，

　　　　　　背转身自埋怨自己作差。

　　　　　　我先前只道他宽洪量大，

　　　　　　又谁知是一个量小的冤家！

　　　　　　马行在夹道内难以回马，

　　　　　　皆因是花随水，水不能随花。

　　　　　　这时候我只得忍耐在心下，

既同行共大事，必须要劝解于他。

曹操（白） 你的言语多诈！

陈宫（白） 明公，

（西皮二六板）你那里休道我言语多诈，

你本是大义人把事作差。

吕伯奢与你父相交不假，

谁叫你起疑心杀他的全家？

一家人俱丧在宝剑之下，

出庄来杀老丈是何根芽？

曹操（西皮摇板） 陈公台休埋怨一同上马，

（曹操、陈宫同上马。）

曹操（西皮快板） 坐雕鞍听孟德细说根芽：

吕伯奢与我父相交不假，

俺曹操错当他对头冤家。

你说我不应该将他来杀，

岂不知斩草除根永不发芽？

这个故事的背景在东汉中平六年（189年），发生于九月至十二月间。其时，灵帝殂，董卓进京乱政，曹操不愿与其共谋天下事，从洛阳逃归陈留途中。《三国志》中仅载寥寥数语："太祖乃变易姓名，间行东归。"[1]《三国志》裴松之注载三条："《魏书》曰：太祖以卓终必覆败，遂不就拜，逃归乡里。从数骑过故人成皋吕伯奢；伯奢不在，其子与宾客共劫太祖，取马及物，太祖手刃击杀数人。《世语》曰：太祖过伯奢。伯奢出行，五子皆在，备宾主礼。太祖自以背卓命，疑其图己，手剑夜杀八人而去。孙盛《杂记》曰：太祖闻其食器声，以为图己，遂夜杀之。既而凄怆曰：'宁我负人，无人负我！'遂行。"[2]至于罗贯中《三国演义》变为大家熟知的故事。

《捉放曹》剧本大抵根据《三国演义》剧情改编。其中，据孙盛《杂记》中因自嘲而"凄怆"地说道的"宁我负人，无人负我"，至于《三国演义》被精心"改编"成为曹操"理直气壮"说道的经典名句"宁教我负天下人，休教天下人负我"。在京剧中，这一倾向通过时间状语做了进一步加强，成为"曹操一生一世，宁可

---

① 陈寿：《三国志》，岳群点校，长沙：岳麓书社，2002年，第3页。

② 陈寿：《三国志》，岳群点校，长沙：岳麓书社，2002年，第4页。

负天下人，不要叫天下人来负我！"于是，在戏剧媒介作用下，现代大众日常生活中出现了"宁可我负天下人，不要天下人负我"这一曹操坏透了的"有力证据"，令其奸诈形象深入人心。情节前后相关的曹操不与董卓同谋而被通缉，散家财聚兵勇的靖国义举均不值一哂，当然杀人事件真假更是无需稽考，乃至推理出"操卓原来一路人"的荒谬结论。

　　鲁迅先生言："欲显刘备之长厚而似伪，状诸葛之多智而近妖"①，虽是评小说《三国演义》，用于一众三国戏未尝不可。在对比古希腊悲剧与我国戏曲，可以明显看出中西哲学思考上一元统一和二元对立的区别。与二元对立具有天然亲近的戏剧艺术易于放大塑造形象的部分特征，营造扭曲的真实。在历史题材上的突出表现当为第二历史的背离。这抑或为我国戏剧发展迟滞于西方的深层原因。大多数人并非不想追求历史真实，而是在可得性范围内，艺术真实同样能够满足信息的需求，这样的艺术真实承载着民众对于社会的美好憧憬。正是道在自然，何必有出。经过时间的洗礼，流传至今的这些"理想化的摹本"，不仅是戏剧制作者这些"守门人"的推动，更是民众共同参与的"拟态环境"。这种环境令"三国戏""包公戏""杨家将"等一众剧目经久不衰。

　　随"三国戏"的普及开来的还有其背后倾向的"价值标准"，比如做人当学刘备的"忠厚真诚"、关羽的"忠肝义胆"，不可似曹操"狡诈奸猾"。"中国人就往往把为人看成和演戏一样，盖以为生命的过程，如同剧情，有悲欢离合；人性的善恶，如同角色，有生旦净丑。"②探索生活的未知，常常以戏剧中的行为为参照，把戏中所表现内化于心，外化于形，作用于生活。从功能上看，这正是依附于戏剧"潜移默化"特点而令戏剧传播延伸出的教化功能，也是对礼乐传播——这一教化式大众传播的延续和补充。当这些"价值标准"演化成"观念"、发展为"习俗"时，也就形成了"文化"。是以，戏剧传播拓宽了大众获取信息的渠道，也影响着大众对于信息的理解。在拟态环境之中，诸多"价值标准"随戏剧传播开来，影响并引导着大众的日常行为。当前，电影、电视、网络媒介为更多人所接受。然而，这些媒介又是如何构造着我们当前所未能亲身接触感受的"真实"？其运作形式与戏剧媒介别无二致。通过戏剧媒介的"拟态环境"构建在人民中塑造起的文化，也同样发生在这些媒介中，也一样会孕育生长出具有时代特色的现代文化，而现代文化更迭和变化的速度也随媒介发展速度的加快而加快。

　　当然，绝非所有戏剧都能被受众所接受，有的出于多种原因而受到排斥，异

---

① 鲁迅：《中国小说史略》，长沙，湖南大学出版社，2013年，第97页。
② 余秋雨：《中国戏剧史》（修订本），武汉：长江文艺出版社，2013年，第14页。

于主流的存在。受众多数难以接受的戏剧是难以为戏剧制作者带来可观收益的。戏剧制作者必然减少这一部分演出比重乃至取消编演。这类戏剧的诞生需以一定发展程度的"戏剧产业"为基础，历经时间洗礼仍能存在则因其大多具备艺术价值和思想深度。部分文化素养、艺术素养较高的戏剧制作者，将其思考所得，人生感悟置于戏剧之中，探索人类文明的更多可能性。虽然最终趋于小众，但不会淹没于历史洪流之中。

（叶海涛　谢清果）

第十九章　民间歌谣的情感传播论——以刘三姐歌谣为例

华夏文明历经千年经久不衰，新中国的国际影响力在当今世界也不断提升。若想站在世界舞台中央，就应该弘扬中国的文明传播方式。民歌作为华夏文明中独特璀璨的瑰宝，从古至今代代相传，最重要的是其蕴含的丰富情感。无论是歌者还是听者，达官显贵还是平民百姓，在面对这样一种特有的文化样式时都会不自觉流露出内心深处的情感。本章将以刘三姐歌谣为例，分析民歌是如何以情感为媒介将百姓联系在一起进行情感传播的。

第一节　刘三姐文化传播现象

目前对于刘三姐歌谣的研究不是特别丰富，仅仅停留在刘三姐文化的历史和发展方面，对于刘三姐歌谣中的情感传播研究不够深入，所以刘三姐民间歌谣的情感传播是一个值得研究的课题。本章主要对"情"字文化做了梳理，结合刘三姐的民间歌谣，分析其中蕴含的情感传播。

通过关键词"刘三姐"在中国知网上搜索，文献总数达到935篇，相比较在2000年以前每年不到5篇的论文数量，在2008—2016年发表的论文数量直线上升，基本上每年达到50篇，说明新世纪开始国内对刘三姐的研究逐渐火热。其中主题涵盖了刘三姐、刘三姐文化、彩调剧、刘三姐歌谣、刘三姐传说、民间文学、歌舞剧、民族文化、广西壮族自治区、文化产业和旅游产业等，以刘三姐歌谣为主题的论文一共有41篇。根据已经掌握的资料显示，这41篇论文的研究重点主要集中在以下几个方面：刘三姐歌谣的文化、艺术和传承。在文化主题方面，学者主要对刘三姐歌谣的文化阐释、文化内涵、文学性的生成与传播进行了研究；在艺术性方面，学者们研究了艺术片《刘三姐》唱词文本、刘三姐歌谣叙事长歌艺术特征；在传承方面，学者们主要研究了刘三姐歌谣非物质文化遗产传承与保护。

　　任旭彬的《刘三姐歌谣的跨文化传唱》研究了刘三姐歌谣文化传播的困境和局限，提出阻碍歌谣文化传播最大的问题是壮族歌谣的译介难题，但是汉语刘三姐歌谣不仅突破了原生壮族语言刘三姐歌谣的传播局限，也主导了刘三姐歌谣的传播和发展，认为现在需要解决的问题是如何再生产刘三姐形象的新意义并保持其艺术个性才能，推进刘三姐文化的发展。[①]另外彭年冬的《"刘三姐歌谣"的文化内涵及其传承与保护》提出了刘三姐歌谣文化传播现状遇到的问题，例如"以歌择偶"习俗逐渐淡化，"刘三姐歌谣"专项保护经费投入严重不足，保护工作难以开展，"刘三姐歌谣"后继乏人，濒临失传。学者也对此提出了发展策略，如完善非物质文化遗产保护政策法规，加大政府少数民族文化专项投入，拓展"刘三姐歌谣"的文化内涵，加大传承人才的培养，加强"刘三姐歌谣"的宣传和创建"刘三姐歌谣"立体文化景观。[②]

　　刘三姐文化的研究是当下非物质文化遗产传承与保护不容忽视的一个问题，学者们从文化、艺术、传播等角度对此做了深入详细的分析。从本课题目前收集到的资料来看，虽然众多学者对此进行了相当多的研究，但是在这些研究中也存在欠缺和不足的地方。本章主要是站在华夏文明传播的角度，以情感传播论来分析刘三姐歌谣的传播。

第二节　情从何起：传统中国的"情"源

　　中国人无论做什么事情都讲究一个"情"字，亲情、爱情、友情……从政要讲究民情，从商要讲究商情，从军要讲究敌情，从师求学要记得恩情，托人办事就欠了一份人情……到底是中国人的情感丰富还是其他国家人民"不重情谊"呢？这一切需要从传统中国的"情"源说起。

一、中西"情"源对比

　　倘若要深究坐拥上下五千年华夏文明传统中国的"情"史，我们不妨先看看当代西方人的情感取向。王向民提出当代西方的情感研究可以按照情感类型为标准大致分作两类：积极性情感，例如高兴、开心、喜悦；消极性情感，例如难过、尴尬、害怕。但是学者发现在积极性情感研究方面，探讨的议题大多局限于小型

① 任旭彬：《刘三姐歌谣的跨文化传唱》，《广西民族研究》2011年第2期。
② 彭年冬：《"刘三姐歌谣"的文化内涵及其传承与保护》，《当代图书馆》2015年第4期。

团体的研究；消极性情感则是西方社会科学界的研究重点，他们侧重于研究消极性情感的社会动员或控制机制，例如集合行为，恐惧是如何使民众丧失固有理性的，做出一些平时无法理解的举动。[①]这种把情感分为积极和消极两大类别，就如将生活中的行为看作理性与感性一样，是西方的重要思想逻辑特征。

那我们把眼光收回到传统中国，中国古代人对情感的认知方式与西方有很大的不同。从学者王向民的研究中可以发现，在中国社会，首先是情感和伦理关系在起着支配的作用，"推己及人"是政治社会共同体的价值观，也就是共同体的"道"和"理"。这种以情感为基础的"道"和"理"是理性化的情感，具有普遍性的规制意义。社会生活的基础是血缘的人伦，与此相联系的是嵌入生活的情感。对于中国古人而言，情感没有积极消极之别，而仅仅是来自世俗生活的经验。在孟子的四端思想中，虽没有西方的积极消极之分，却有善恶之别。《孟子·告子上》中说："性无善无不善也。或曰：性可以为善，可以为不善。乃若其情，则可以为善矣，乃所谓善也。"此处的"性"也即情，孟子提出"性"是分善恶的，并且主张人性本善。

二、古代"情"的源流

在中国古代文献中，"情"字的历史不是很长。在后来传世的古代文献中，"情"字则写作从心从青，指代与人的心灵有关的事物。在战国之前，"情"的思想，并没有引起广泛的重视。而在新发现的郭店楚简中，却大量出现了和"情"有关的内容。[②]《性自命出》就是一篇独立成篇的论述"情"的文章。这里的情并不是指感情的意思，而是"情实"，意思是实情、真心、真相。徐瀚《说文段注笺》："发于本心谓之情，伪貌矫饰谓之不情。"这里"不情"的意思也就是不实。

关于"情"的意义，不同学派有不同的理解，但是都大同小异。《礼记·礼运》中称："谓人情？喜、怒、哀、惧、爱、恶、欲，七者弗学而能。"《礼记》认为情是一种与生俱来而不需要学习的东西，比较接近古人对"情"的理解。在《说文·心部》中："情，人之阴气有欲者。从之，青声。"这里"情"本义为感情、情绪，即人的思想、心意、精神、感觉所呈现的总的状态。

那么情感是从哪里来的？在《性自命出》作者看来，情感是源自人的本性，所以用"情生于性"或者"性生情"来解释情感的产生，"情"与"性"是不可分而论之的。孟子也谈到了心、性、情的关系，他认为性、情都是心固有的。张载也明确表示心是总括性情与知觉而言的，性之发为情，情亦是心的内容。至此，

---

① 王向民：《传统中国的情治与情感合法性》，《学海》2019 年第 4 期。
② 舒也：《中国古代的情哲学传统》，《浙江社会科学》2014 年第 2 期。

中国古代"情"的源流就一清二楚了。

三、情感传播：将情感融合进内容的信息传播活动

情是人的特殊心理现象，生于内而发于外，即情生于人的本性，在人的言行中得以体现。所以情就像人在交往时候的触角，以此传递隐性的信息，情就是传播的体现。情在媒介传播中，经常被传播者当作一种表现性工具来使用，以此获得更高的传播效果，更好地实现传播意图。[①]因此，不管有无媒介，情无时无刻不在传播。

情感是人与生俱来的产物，在人与人的交谈中得以传播，可以是一种独立的信息，但通常作为其他信息的配角发挥着效用。传播学史似乎对于情感传播并没有一个很好的界定，是属于人际传播、群体传播、组织传播还是大众传播？是属于在场传播还是不在场传播？因为情感传播涉及不同学科多重领域，例如心理学、社会学、传播学等等，所以国内许多学者对情感传播有着不同的理解。李建军、刘会强和刘娟认为，情感传播指的是传播活动主体思维采用情感逻辑的结构和指向方式，通过情感主体活动影响传播受体，以情感为基础和传播纽带力求达到传播活动的目的和需求。[②]他们按照拉斯韦尔的5W模式，从传播者到受传者，情感可以视为传播链上重要的一环，起到影响、控制的作用。李伟代、刘星河认为情感传播就是通过情感的渠道，把人类共通的情感注入电视画面之中，使观众在情感的体验、想象、享受中自觉地接受故事叙述，从根本上与其建立起一种持续的、长久的情感关系。[③]在电视传播中，情感往往会被看作一种表现性工具来实现传播意图，发挥一种类似于电视传播媒介的作用。对此，我们可以给情感传播下一个简单的界定：情感传播指的是将情感融合进内容的信息传播活动。这个解释也是建立在基本的传播链上，但是简化了其他环节，重点突出情感在传播过程的作用。

第三节　民歌：来自人民情感的产物

情感源自人的天性，因不同国家、不同民族、不同社会之间礼仪的不同而有所差别。但是情感无时无刻不在传播，只要与外界产生了联系，情感便发生了流动。相比较西方人的热情奔放，中国人的情感是含蓄的、内敛的，甚至是不善表

---

① 朱霜：《国内情感传播研究的范式演进》，《今传媒》2018年第3期。

② 李建军、刘会强、刘娟：《理性与情感传播：对外传播的新尺度》，《江西社会科学》2015年第5期。

③ 李伟代、刘星河：《〈远方的家〉：故事化叙事视域下的情感传播》，《电视研究》2015年第6期。

达的。西方人会很容易地说出"我爱你"，而中国人更多的是把这种情感融合进行动里，通过间接的方式来抒发自己的情感以进行情感传播。比如说民歌，劳动人民通过抑扬顿挫的曲调、朴素的歌词来表达对生活的情感，或诉苦，或赞美。这种表达情感的方式体现了传统文化的强烈现实性。

一、民歌与情感传播

民歌是民间歌曲的概称，它与民间舞蹈、民间戏曲音乐、民间器乐、说唱音乐统称为民间音乐。[①] 民歌具有直接人民性、口头性、流传异变性、传统性和集体性等特征，是广大人民用自己最熟悉的传统民间形式创作和流传的作品。音乐就是一种表达情感的艺术，无论何种形式的音乐，演唱者和欣赏者都需要用自己的生活经历和所思所想去感受音乐，由此引发情感上的共鸣。所以，音乐的功能主要就是抒发情感。感情不是孤立地产生，它受到音乐的词和曲的影响。按照麦克卢汉的分类，音乐属于冷媒介，不像文学作品需要反复阅读理解才能领会其意。当演唱者通过表演，将歌曲传达至听众时，情感也就得到了传播。比如民歌演唱时会更注重内容。同一个曲调演唱不同的事情，大多为眼下之物，如同说话般交流，情感也就随之流动。

二、刘三姐的歌谣文化

刘三姐是广西壮族民间传说中的人物，来自民间文学。民间文学作品大致可以分成三大类：民间故事、民间诗歌和民间曲艺、民间戏曲。[②] 出自《诗经》的《国风》文学价值颇高，但也是来自民间，而且从那个时候开始，我国就有就把记录歌谣作为一种宝贵的传统。又比如屈原创作的《离骚》《九歌》《天问》等作品就很好地保存了许多价值不菲的历史资料和一些奇幻的神话传说。包括我国文学中别具一格的乐府诗也是从民歌开始的。再到后来唐宋的词曲《菩萨蛮》《长相思》《鹊踏枝》《渔歌子》《望江南》等都充满了民间气息。鲁迅曾经说过，歌、诗、词、曲本来就是民间之物，四言、五言、七言、杂言各种诗体，最初就起源于民间。[③]刘三姐的歌谣文化不仅为广西人熟知，也被全国人知晓。在长期的历史发展中，刘三姐歌谣文化不断与其他民族文化、社会文化相融合，逐渐成为广西对外宣传的文化名片。

---

① 李怡帆：《浅析民歌中的情感表达——以河北民歌为例》，《北方音乐》2018 年第 23 期。
② 段宝林：《中国民间文学概要》，北京：北京大学出版社，2005 年，第 2 页。
③ 马玉涛：《民间文学的文化价值》，《文化创新比较研究》2019 年第 21 期。

第四节　刘三姐歌谣文化的内在机理：华夏文明的情感传播与交流

刘三姐的传说主要流传在广西民间，是否存在刘三姐真实人物已经无从考证，但从有文字记载起刘三姐传说就在民间口口相传。作为一种地方性文化流传至今，刘三姐的故事反映了各地人民对她的喜爱。一方水土养育一方人，伴随着各地风俗习惯的变化，刘三姐的传说故事也在不断地被改编。每个地方的百姓都有着属于自己当地的刘三姐传说。但是不管各个地方的老百姓怎么样来诠释刘三姐的传说故事，其本质核心内容还是没有改变的：刘三姐能说会唱，留下山歌无数。围绕这个核心内容，不同地域的老百姓在进行文化重构的时候，都是把当地最美好的风光和祝愿赋予了刘三姐这个传说故事，也反映了当地人民的情感文化，这种情感文化也在通过刘三姐的故事不断传播与交融。

一、民间歌谣的情感传播特质

中国传统文化以春秋战国先秦诸子百家的思想为开端，其中儒家文化在几千年里都占据正统地位。从儒家所倡导的情感传播通过"礼乐"来塑造，要求合乎伦理规范，符合"善"。儒家的道德情感极力排斥迷狂式的激情及动物性情欲的宣泄，强调其社会性、理性，这对于造就绵延至今的圣贤人格发挥着巨大的作用。[①]中国的情感文化体现在衣食住行等各个方面，整个文学史就是一个比较完整的抒情传统。中国文学擅长抒情，民歌也是如此。歌是最自由的抒情形式，这不仅是因为人人都可以唱歌，唱歌也不受到任何时间和空间上的阻碍，民歌深谙此道。

民间歌谣在文学史上有崇高的地位，劳动人民通过创作表达思想感情，不同时期的民间歌谣也反映了各个时代人民的生活与思想。在电影《刘三姐》中，刘三姐和其他姑娘们喜欢边采茶边唱歌，但是地主莫怀仁霸占茶山禁止百姓采茶，后来乡亲们在刘三姐的鼓舞下拔掉了禁止采茶的牌子。莫怀仁气急败坏，又想禁止百姓唱歌。刘三姐与莫怀仁打赌，只要他在对歌中取胜，就可以禁歌。莫怀仁请来秀才与刘三姐对歌，于是有了下面的对歌：

刘三姐：没后悔，你会腾云我会飞，黄蜂歇在乌龟背，你敢伸头我敢锤。

李秀才：小小黄雀才出窝，谅你山歌有几多。那天我从桥上过，开口一唱歌成河。

---

① 郑雯倩：《华夏文明的传播情感论——以儒道佛三家为例》，《东南传播》2016 年第 10 期。

刘三姐：你歌哪有我歌多，我有十万八千箩，只因那年涨大水，山歌那个塞断九条河。

陶秀才：不知羞！井底青蛙想出头，见过几多天和地，见过几多大水流。

刘三姐：你住口！我是江心大石头，见过几多风起浪，撞破几多大船头。

罗秀才：一个油筒斤十七，连油带筒二斤一，若是你能猜得中，我把香油送给你。

刘三姐：你娘养你这样乖，拿个空筒给我猜，送你回家去装酒，几时那个想喝几时筛。

罗秀才：三百条狗送给你，一少三多四下分，不要双数要单数，看你怎样分得均？

舟妹：九十九条集上卖，九十九条腊起来，九十九条赶羊走，剩下三条，财主请来当奴才。

从对歌内容中可以看出来，刘三姐的对歌犀利又顺口，能很好地反映百姓们对财主及其身边秀才的厌恶之情。从民间歌谣的实用价值和艺术价值来看，劳动人民把民歌当作生产劳动的工具，把民歌看作斗争命运的武器，同时民歌也是人民生活和历史的教科书。民间歌谣最真实、最全面地反映了人民的生活状况，人民也将情感附着于民间歌谣，实现对象之间的交流互动，达到一定的目的和需求，呈现了华夏文明传播的情感特色。

二、情感作为社会传播媒介符号的呈现

中国古代强调人的主体性以及对人性的管控，而情感是人之为人的基本属性。人是情感的存在，情感对于人的各种活动具有重要影响，甚至起决定性作用。[1] 情感是社会的多棱镜，从中折射社会事实，聚焦社会冲突，链接社会秩序。社会结构的各种状况与主体不同情感体验之间存在着对应性、感应性。社会结构与情感结构具有某种联系，社会结构变了，情感结构自然也会发生变化。[2] 个体与个体之间、群体与群体之间的沟通都是通过一定的情感交流实现的，而民间歌谣在某种程度上就担当了传播的载体。符号互动论认为人类传播通过符号及其意义的交流而发生，民间歌谣在历史的长河中口口相传更多的是作为一种情感符号的呈现，它把握了语言这一独特的作用，给予了很大的诠释空间，以此吸引更多的人参与

---

① 谢清果、林凯：《礼乐协同：华夏文明传播的范式及其功能展演》，《新闻与传播评论》2018年第6期。

② 蒋晓丽、何飞：《情感传播的原型沉淀》，《现代传播（中国传媒大学学报）》2017年第5期。

到民间歌谣的传播中去。

广西壮族自古以来就有歌圩传统，在固定的时间和地点，壮族地区的青年人们会聚集在一起，几百人到几千人不等。歌圩的主要内容是对歌。对歌也就是赛歌，歌者必须以声悦人，以情动人，以才服人，歌者的歌声与歌才在交锋中淋漓尽致地展现。[①]青年们在歌圩上通过对歌来交流感情，情投意合的就进入交往的下一个阶段。对于壮族青年而言，歌谣只是一种媒介符号，符号背后的情感意义才是最终传递的有价值的信息。刘三姐文化在少数民族地区的传播同样也是作为一种符号进行传播，并且通过当地百姓的叙述和确认获得了广泛的认同。

第五节　刘三姐歌谣文化的外在结构：情感传播策略的运用

美国当代著名社会学家柯林斯提出了互动仪式链理论，其核心观点指出了互动仪式是社会动力的来源，而情感是人类交流互动的核心要素。按照互动仪式的发生与发展过程来看，其主要包括四个方面：首先，两个或两个以上的人需要聚集在同一场所里；其次，对局外人设定了某种界限；再次，人们的注意力需要集中在相同的对象或相同的活动上；最后，人们会分享产生的共同的情绪或相同的情感体验。[②]学者蒋晓丽、何飞认为所谓"仪式传播"是指传播不仅仅是信息的传递，更重要的是人们基于一定情境和机制而展开的人际互动和群体互动，从而达到情感和意义的共享，仪式传播也即情感传播。[③]在他们的理解中，仪式传播和情感传播的意义是一样的，都是为了达到情感和意义上的交流，这是从功能和作用的角度而言。中国素有礼仪之邦的称呼，自古以来礼乐文化已经成为中国古代社会的重要组成部分，上到皇帝登基大典，下至百姓孔庙祈福，各种各样的仪式早已屡见不鲜。时至今日，一些复杂仪式被认为是繁文缛节而被抛弃，传统文化慢慢淡出人们的视野，仅仅停留在博物馆和教科书中，与此同时西方文化大举入侵，造成一种逐渐西化的局面。究其根本，是我们没有理解仪式的意义，不懂得仪式传播策略，只看重仪式背后的情感而忽略了同样重要的表层意义。

一、传播者：美好情感的唤醒

民间歌谣的创作者也是受众，所以民间歌谣的功能应该从表演者和受众两个

---

① 李慧：《"刘三姐"作为象征符号的演变与重构》，《中南民族大学学报（人文社会科学版）》2007 年第 6 期。

② 康慕云、程涛、雷蕾：《大学生逃课原因研究——基于互动仪式链理论》，《科教导刊（上旬刊）》2013 年第 8 期。

③ 蒋晓丽、何飞：《情感传播的原型沉淀》，《现代传播（中国传媒大学学报）》2017 年第 5 期。

方面来看，不可忽视它的自我表达功能。民间歌谣从最初产生之时就不是为了流传，也不是为了审美，而是为了创作者的表达。它有表达和交流民众思想情感的功能。《诗经》中说："心之忧矣，我歌且谣。"它的意思是内心充满忧伤情怀，我低声唱着歌曲，浅吟着歌谣。《春秋公羊传》曰："男女有所怨恨，相从而歌，饥者歌其食，劳者歌其事。"它的意思是饥饿的人得到食物歌唱，劳力的人干着重活歌唱，诗歌是人们在生活和劳动中感情的流露。

戏剧《刘三姐》的创作和改编起始于 1949 年在北平召开的第一次中华全国文学艺术工作者代表大会。1959 年广西文化局及中国作协、音协、美协的广西分会和《广西日报》联合召开了四次文艺座谈会，就《刘三姐》戏剧问题展开了讨论。1960 年中国戏剧协会邀请了首都文艺、戏剧界人士举行了歌舞剧《刘三姐》座谈会。此外，1960 年至 1962 年香港《大公报》《工商日报》《华侨日报》也曾发表过歌舞剧《刘三姐》报道文章和评论文章。[①] 这一个时期关于《刘三姐》的研究极其丰富，从"新的人民文艺视角"对《刘三姐》进行了传播。

新中国成立初期，从民间发掘的关于刘三姐传说的资料越来越多，经过壮族人民不断地加工、丰富，故事情节也变得丰富起来。这个现象充分体现了壮族人民的愿望和创作才能，也是对美好情感的唤醒。在柯林斯看来，仪式传播的主要目的就是唤起情感。封建时期的百姓生活艰苦，长期受到地主、官僚的剥削和打压，需要某种方式来缓解生活的压力，民歌民谣恰好就起到了这样一个作用。在刘三姐传说中，刘二哥说要立即离开李老汉家，刘三姐不愿，于是唱道："天底下地上头，哪里没有莫怀仁，哪里能让穷人安身。"刘二哥说："咱们穷人的命可真苦呀。"刘三姐唱道："不是命，不是生来就贫寒。不是生来就命苦，财主有把铁算盘。"财主的压榨让刘三姐这样的贫苦百姓苦不堪言，心头的愁绪无处诉说，只有在干活的时候用歌声来排解。在长此以往的社会发展中，这些歌谣也就有了特定的功能：抒发歌唱者的情绪，唤醒对美好生活向往的情感。涂尔干认为在仪式中能够产生正义的能量，能够让人感觉到是在做正确的事情，这也就激发了更多的人参与到歌唱的情感传播中来。

二、传播内容：情感共同体的塑造

有学者认为共同体是一个为人们遮风避雨的温暖而舒适的场所，使人们相互依靠，各种情感体验共享、共勉，民间歌谣的情感目标就是为了建构一种情感共同体。[②] 民间文学具有情感共鸣、情绪共振的效果，促进群体成员产生共同的情感

---

① 谢金娇：《新中国"刘三姐"研究 70 年》，《广西社会科学》2019 年第 12 期。
② 齐格蒙特·鲍曼：《共同体》，南京：江苏人民出版社，2003 年，第 6 页。

体验，并致使群体相互团结。群体团结依靠的是共同的情感纽带，即情感共同体，它源源不断地生产情感能量，维系着群体的情绪稳定与个体的能量聚集。情感共同体一方面可以让群体成员产生情感归属和情感认同，塑造个体的自我认同和身份认同，另一方面有助于增加个体的情感能量，增进群体成员之间的互动，增强群体感。①

刘三姐常用山歌唱出穷人的心声和不平，故而触动了土豪劣绅的利益，但也获得了身边百姓的支持。他们不仅反抗财主的压迫，还主动加入刘三姐歌唱的队伍中，一同抵制压榨。这些歌声能够让贫农们感受到集体的力量，对抗以莫怀仁为代表的财主。这也可以让他们产生情感归属和情感认同，在表达出自己的不满和愤怒的同时，可以增进与其他百姓的关系，产生心心相印的感觉。除了刘三姐故事本身内容的情感共同体塑造，在后来传说的流传中也同样形成了情感共同体。刘三姐属于广西壮族的歌仙传说，之所以会被百姓拥戴，这和当地好歌之风息息相关。广西壮族在春节、中秋等多个节日都会举行对歌活动，这是民族特有的文化现象，也反映了壮族人的审美情趣、社会习俗上升到了一个共同体的高度。在壮族人的观念中，唱歌不仅是娱乐，还涉及一个人所得到的社会评价。刘锡蕃在《岭表纪蛮》中称壮族人"无论男女，皆认歌唱为其人生观之主要问题，人之不能唱歌，在社会上即枯寂寡欢，即缺乏恋爱求偶之可能性，即不能通今博古，而为一蠢然如豕之顽民"。可见歌谣对个人，对群体都形成了非常深刻的影响。②

三、传播效果：情感记忆的建构

美国情感学家诺尔曼·丹森认为："情感处于社会生活所有层次即微观的、宏观的、个人的、组织的、政治的、经济的、文化的以及宗教的等等中心。"③情感记忆来自集体记忆，集体记忆指的是一个特定社会群体之成员共享往事的过程和结果，当群体活动产生意义和情感的时候，集体记忆就产生了。集体记忆一词由哈布瓦赫提出。哈布瓦赫认为集体记忆是社会建构的概念，他把记忆的研究从个体层面上升到集体层面，从心理学研究转向社会学研究。

民间歌谣是立体的，已经成为我们中华民族甚至是华夏文明的一个象征性的符号。民间歌谣在仪式中成为群体的符号，被群体所关注，内化为群体内部的象

---

① 谷学强：《互动仪式链视角下网络表情包的情感动员——以"帝吧出征 FB"为例》，《新闻与传播评论》2018 年第 5 期。

② 刘锡蕃：《岭表纪蛮》，上海：商务印书馆，1934 年，第 156 页。

③ 张兵娟：《互动仪式中的情感传播及其建构——以〈中国好声音〉为例》，《新闻爱好者》2012 年第 24 期。

征，加之民间歌谣所拥有的情感，便具有长久的生命力。当社会在不断繁衍交替的时候，民间歌谣能调动人们共享的情感记忆，这种持续的情感记忆存储在人们的个体记忆中。

刘三姐传说生于唐代，在千年传承演变过程中，她已经成为广西民众文化的集体记忆。关于刘三姐的传说也众说纷纭，再加上中国专家在搜集资料时的强烈主观性，刘三姐的故事被改编成电影、著作、戏剧等形式流传，到底哪个版本是正确的也莫衷一是。尤其是类似反帝反封建及少数民族的民间传说备受青睐，对刘三姐的起源各地都有自己的一套说辞。在电影《刘三姐》上映后的几十年，刘三姐歌美人甜的女英雄形象逐渐深入人心。曲折的情节、优美的画面、动人的歌声，此时的刘三姐已经成为一种象征化的形象：反封建反压迫的民族女英雄。这也就导致了人们对刘三姐的印象标签化，只要提到反封建反压迫、少数民族、民间歌谣，大家就会想到刘三姐。自此，刘三姐所代表的情感记忆也在不断加深和巩固，不断重复地释放人们的情感，凝结成民族的情感记忆。

综上所述，刘三姐的故事源远流长，从小众的民间传说到经典的民间文化，越来越广泛地被大家接受，甚至在世界的舞台熠熠生辉。刘三姐的文化魅力也在吸引更多的学者研究和关注，无论是历史、品牌、艺术等角度，但其中最引人注目的还是所蕴含的情感。中国人的情感是五千年历史的产物，民间歌谣深刻地体现了中国人的情感，要想深入了解中国人的情感心理，挖掘华夏文明中民间歌谣的情感传播思想十分必要。

民间歌谣是广大人民自己的语言艺术，它是最古老的文学，又是最有群众性的文学。刘三姐的情感传播策略从传播者、传播内容和传播效果这三个层面来看都是别具一格的，在情感的建构与传播上有独特的方式。民间歌谣的出现体现了中国传统文明对人性的重视，并以情感为传播媒介强化人的道德意识和引导人的行为，将人的主体性放大到历史的长河中。刘三姐的情感传播也需要遵循自身的话语逻辑和文艺事业的客观规律，注入当代社会的精神和价值，才能在具体的社会文化环境中不断适应、生长和变迁。

（章余华　谢清果）